社会保障前沿论丛·社会保障专业研究生参考文丛

中国慈善史纲

THE OUTLINE OF CHINESE CHARITY HISTORY

王卫平　黄鸿山　曾桂林　著

中国劳动社会保障出版社

图书在版编目(CIP)数据

中国慈善史纲/王卫平，黄鸿山，曾桂林著．—北京：中国劳动社会保障出版社，2011

社会保障前沿论丛·社会保障专业研究生参考文丛

ISBN 978-7-5045-9219-4

Ⅰ.①中… Ⅱ.①王…②黄…③曾… Ⅲ.①慈善事业-历史-中国-研究生-教材 Ⅳ.①D632.1-09

中国版本图书馆 CIP 数据核字(2011)第 187333 号

中国劳动社会保障出版社出版发行

(北京市惠新东街1号 邮政编码：100029)
出 版 人：张梦欣

*

北京市艺辉印刷有限公司印刷装订 新华书店经销
787毫米×960毫米 16开本 15.75印张 300千字
2011年9月第1版 2011年9月第1次印刷
定价：32.00元

读者服务部电话：010-64929211/64921644/84643933
发行部电话：010-64961894
出版社网址：http://www.class.com.cn
版权专有 侵权必究
举报电话：010-64954652
如有印装差错，请与本社联系调换：010-80497374

社会保障前沿论丛·社会保障研究生参考文丛

主　　编　童　星

执行主编　林闽钢

编　　委（按姓氏拼音字母排序）

褚福灵	丛树海	邓大松	丁建定	高灵芝	顾　海
顾　昕	关信平	桂世勋	郭士征	何文炯	韩克庆
景天魁	李　放	李　玲	林　义	林闽钢	林毓铭
林治芬	刘继同	吕学静	毛　瑛	米　红	穆怀中
彭华民	钱　宁	申曙光	宋宝安	唐　钧	童　星
王保真	王思斌	王卫平	王延中	席　恒	熊跃根
徐月宾	杨文健	杨燕绥	岳经纶	张明锁	张奇林
张思锋	张秀兰	张再生	章晓懿	赵　曼	郑秉文
郑功成	周　弘	周　沛			

总　序

回顾百年历史，社会保障是在工业化和城市化的推动下，面对市场经济中的社会风险与社会问题，经过反复抉择才得以确立的一项基本社会制度，它是直接涉及国民基本权益、惠及广大民众的福祉。社会保障作为能够让全体国民共享发展成果的基本制度安排，构成了绝大多数国家社会发展的重要内容，已成为现代社会的主要标志。

中国改革开放30多年来已经创造了举世瞩目的经济增长奇迹。然而，随着社会主义市场经济体制的建立，中国社会主要矛盾和主要问题发生了重大转变，目前中国社会正处于重大的"战略转型期"，其目的是解决社会的核心问题——如何实现社会的"公平正义"。可以预测，未来30年，中国将进入一个"以社会建设为中心""建立和谐社会"的新的发展时期，这个全新的时期以科学发展，人本主义和公平、正义、共享核心价值观为主要特征。

从社会建设的任务来看，社会建设的核心是建立"良性的社会运行体制"，消除经济持续发展和社会稳定的体制机制障碍，也正是在这个意义上，社会保障成为社会建设的主体性工程。从和谐社会的内容来看，构建和谐社会的社会实践必将为社会保障制度的建立提供难得的历史依据，并对社会保障制度的发展完善及其理性定位产生深远的影响，而社会保障制度的变革与创新也将为社会和谐提供重要的制度支撑。因此，在新起点上的社会保障的改革和完善无疑具有全局性的影响和作用。

现今，中国进入到了中等收入国家行列的新起点上，呈现出快速工业化、城镇化、现代化的状态。新的时代要求中国在科学发展观的指导下，迈入政治民主进步、社会安定和谐、祖国繁荣富强、人民自由幸福的发展之路，在这条必由之路上，通过构建健全的社会保障体系来解除国民后顾之忧，提供稳定的安全预期，并促使社会财富得到合理分配，不仅是人民日益强烈的呼声和社会公正的体现，而且是国民经济由外贸、投资拉动型向居民消费驱动、民生质量改善模式转化并实现可持续发展的必要条件。经过多年努力和发展，我国已初步建立了以社会保险、社会救助、社会福利为基础；以基本养老、基本医疗、最低生活保障制度为重点；以慈善事业、商业保险为补充的社会保障体系框架，但在公平性、流动性和可持续性等方面的问题还没有根本解决。从现代社会保障制度在各国的发展实践来看，世界上并不存在公认的最佳社会保障制度模式，合理的社会保障模式只是与各国所处时代相适应的制度安排。因此，从战略高度和国情角度研究中国社会保障改革与发展之路，尽快促使社会保障改革从试验性阶段步入定型、稳定、可持续发展阶段，客观上已经刻不容缓。

随着民生开始领跑中国的经济和政治，保障和改善民生已成为我国经济社会发展的根本出发点和落脚点，国家明确提出要到2020年基本建立覆盖城乡居民的社会保障体系，努力使全体人民学有所教、劳有所得、病有所医、老有所养、住有所居。按"广覆盖、保基本、多层次、可持续"的方针，将城乡居民全部纳入社会保障体系，积极稳妥地实现让人人享有社会保障的发展目标。这种清晰的政治取向，构成了鲜明的时代发展背景，中国迎来了社会保障发展，同时也是社会保障研究的最佳时期。

近十年来，有关社会保障的研究成果大量涌现，时代的发展和社会的需求孕育和产生了一批高质量、有影响的代表著作，直接推动了中国社会保障事业的发展。在中国发展新时期、新背景下，"社会保障前沿论丛"的推出立意有两点：一方面，社会保障前沿论丛将形成一个交流平台，反映国外社会保障领域最新的研究成果；另一方面，社会保障前沿论丛将形成一个研究平台，总结中国社会保障历史发展经验和当前改革实践，为逐步形成社会保障的"中国经验"和"中国模式"作出应有的贡献。

从1998年国家审批社会保障专业至今，据不完全统计，全国已有110多所高校招收社会保障本科专业，30多所高校招收社会保障硕士研究生，10多所高校招收社会保障博士研究生。学科和专业的超常规发展，时不我待。教材和教参是学科和专业建设的重要组成部分，从全国社会保障学科教材建设来看，近年已有大量的社会保障本科生教材出版，可以说进行了非常好的探索，在本科生教学课程体系基础上，已形成了多种教材体系。但研究生教材和教学参考资料建设还相对滞后，作为国内首套"社会保障研究生参考文丛"定位有三点：一是填补国内社会保障专业研究生教材和教学参考资料的空白；二是逐步摸索中国社会保障研究生教学课程体系；三是推出国内著名教授有关课程的教学讲稿。

为了展示近年来学界最新的学术研究成果，推动全国社会保障研究生教学，在中国劳动社会保障出版社大力支持下，我们共同推出"社会保障前沿论丛·社会保障研究生参考文丛"，衷心希望这套丛书积极回应时代的发展和现实的需要，进一步推动社会保障知识传播、理论研究的发展。

林闽钢

2011年10月1日于南京大学

目 录

第一章 中国传统慈善事业的思想基础

第一节 民本主义思想 /1
第二节 儒家仁义学说 /3
第三节 佛教的因果报应说与慈悲观念 /4
第四节 民间善书所宣扬的道教思想 /6
深度阅读 /8

第二章 历代政府救济行政及对民间慈善事业的影响

第一节 先秦时期的社会救济事业 /9
第二节 秦汉至宋元时期的社会救济事业 /13
一、荒政制度的发展 /13
二、养老制度的嬗变 /18
三、政府对鳏寡孤独、废疾贫病之人的救助 /22

第三节 明清政府的社会救济事业 /24
一、救灾备荒 /24
二、养老和恤孤贫残政策 /30

第四节 民国政府的社会救济事业 /35
一、制定多部社会救济法律法规,使社会救济制度化、法制化的趋势进一步明确 /35
二、整理和改造传统救济机构,建设新型救济机构,形成常设救济机构体系 /37
三、在应对战争和自然灾害时,建立最高规格的救济机关,统筹全国社会

救济事业 /40
  第五节　政府救济行政对民间慈善事业的影响 /41
　　深度阅读 /42

第三章　民间慈善事业的发生

  第一节　宗教组织举办的慈善事业 /43
  第二节　宗族组织举办的慈善事业 /46
　　一、义庄出现之前的宗族救助 /46
　　二、义庄的宗族救助——以范氏义庄为例 /47
  第三节　乡绅富民举办的慈善事业 /49
　　深度阅读 /51

第四章　明末清初民间慈善事业的兴起

  第一节　民间慈善组织的涌现 /52
　　一、放生会 /53
　　二、掩骼会 /53
　　三、一命浮图会 /54
　　四、救生会（局）/54
　　五、育婴社（堂）/54
  第二节　同善会的出现 /55
　　深度阅读 /58

第五章　清代前期的民间慈善组织及其运营

  第一节　救助弃婴的育婴堂和保婴会 /59
　　一、育婴堂发展概况 /59
　　二、育婴堂的运营实态——以苏州育婴堂为例 /61
　　三、清代后期的保婴会 /64
  第二节　收养孤苦儿童的恤孤局、抚教局和及幼堂 /67

一、恤孤局的出现 /67
　　二、恤孤局的推广与抚教局的出现 /68
　　三、及幼堂 /71
第三节　救助孤贫的普济堂 /72
　　一、养济院的衰落与普济堂的出现 /72
　　二、普济堂的收养对象与性质 /75
　　三、普济堂的运营 /76
第四节　救助寡妇的恤嫠会、儒寡会和清节堂 /78
　　一、恤嫠会 /78
　　二、儒寡会 /80
　　三、清节堂 /81
第五节　收养流民的栖流所 /82
　　一、安置军流犯人的栖流所 /83
　　二、收养灾民的栖流所 /83
　　三、收养"病荒"的栖流所 /83
　深度阅读 /84

第六章　慈善事业的近代发展（上）

第一节　慈善理念的转变和慈善组织的职能变化 /85
　　一、慈善理念的转变 /85
　　二、慈善机构职能的变化 /89
第二节　传统慈善组织的近代发展——以苏州丰备义仓为例 /92
　　一、备荒仓储的源流与丰备义仓的出现 /92
　　二、丰备义仓的职能 /94
　深度阅读 /97

第七章　慈善事业的近代发展（下）

第一节　新型慈善组织的出现和发展——借钱局 /98

一、借钱局的出现　/98
　　二、借钱局的推广　/100
　　三、从借钱局到贷款所　/103

第二节　新型慈善组织的出现和发展——洗心局和迁善所　/105
　　一、洗心局与迁善所的出现　/105
　　二、洗心局、迁善所的推广与发展　/107
　　三、迁善所对清末刑狱制度改革的影响　/109

第三节　新型慈善组织的出现和发展——济良所　/111
　　一、济良所的出现　/111
　　二、济良所的推行与运营实态　/113
　　三、济良所的利弊和影响　/116

第四节　新型慈善组织的出现和发展——工艺局、习艺所和教养局　/118
　　一、工艺局　/118
　　二、习艺所　/120
　　三、教养局　/121

第五节　义赈的兴起与发展　/124
　　一、义赈的开始——江南士绅与苏北赈灾　/125
　　二、义赈的发展——以山东义赈为例　/126
　　三、义赈与传统民间赈灾活动的比较　/130
　　深度阅读　/131

第八章　民国时期的慈善事业

第一节　民国时期的慈善立法　/132
　　一、监管慈善团体立法　/132
　　二、慈善税收优惠立法　/134
　　三、褒奖慈善捐赠立法　/136

第二节　慈善组织的多元发展及其运作　/137
　　一、民国慈善组织多元发展格局的形成　/138

二、民国慈善事业的运作 /141

第三节　慈善组织的国际交往与援助 /150

一、国际交往 /151

二、国际援助 /154

第四节　民国慈善事业的新特点 /157

一、慈善管理的法制化 /157

二、慈善机构的多元化 /158

三、慈善人物的群体化 /160

四、慈善救济的跨区域化 /161

五、慈善资源的近代化 /162

深度阅读 /164

第九章　当代中国大陆的慈善事业

第一节　新中国成立初期慈善事业的整顿、改造与停滞 /165

一、人民政府对旧有慈善事业的整顿与改造 /165

二、慈善事业的停滞 /170

第二节　现代慈善事业的恢复与兴起 /172

一、现代慈善事业恢复的社会背景 /172

二、现代慈善事业的缓慢恢复 /173

三、现代慈善事业的全面兴起 /178

第三节　新世纪初期中国慈善事业的新发展 /186

一、当代中国的慈善政策与法规 /186

二、慈善事业的新发展 /189

第四节　中国慈善组织的国际交往 /193

一、实施国际慈善项目，参与国际慈善救援 /194

二、参加国际性会议 /197

三、进行经常性会际交往 /198

深度阅读 /199

第十章 港澳台地区的慈善事业

第一节 香港的慈善事业 /200
一、西方教会的慈善活动 /200
二、华人社会中的著名慈善组织 /203
三、香港慈善事业的繁荣发展 /208

第二节 澳门的慈善事业 /212
一、宗教慈善机构及其善举 /212
二、华人社会中的著名慈善组织——镜湖医院慈善会 /215

第三节 台湾的慈善事业 /217
一、台湾传统慈善事业的发展和近代转型 /218
二、西方教会的慈善活动与日据时期的慈善事业 /222
三、1945年以后的台湾慈善事业 /224

深度阅读 /228

参考文献 /229

后记 /240

第一章
中国传统慈善事业的思想基础

中华民族有着五千年的文明史,在长期发展过程中形成了气势恢宏、光辉灿烂、博大精深的传统文化。自古以来,中华民族就宣扬乐善好施、帮贫济困、尊老爱幼、扶弱助残的思想并视为美德,形成独具特色的慈善文化。与此相应,中国的慈善活动出现很早,并不断发展。那么,古代中国人从事慈善事业的动力机制是什么?换言之,推动中国古代慈善事业发生发展的思想因素有哪些?这是本章需要说明的问题。

第一节 民本主义思想

顾名思义,民本主义即是以民为本的思想。民历来是作为君、统治者相对立的群体概念而存在的。自从进入阶级社会以后,民的作用就逐渐为统治阶级所认识。学术界普遍认为,对民的重视是从商周之际开始的,但实际上商朝开国之主成汤对民的重要性已有认识,因而采取了利民、保民之策,从而代夏以兴。《管子·轻重法》载有齐桓公与管仲的对答:"桓公问管子曰:'夫汤以七十里之亳,兼桀之天下,其故何也?'管子对曰:'桀者冬不为杠,夏不束桴,以观冻溺,弛牝虎充市,以观其惊骇。至汤而不然。夷境而积粟,饥者食之,寒者衣之,不资者振之,天下归汤若流水。此桀之所以失其天下也。'"商汤的赈恤饥寒措施,或可视为中国古代慈善救济事业的滥觞。然而,商代后期,商王失德,以致重蹈夏桀覆亡之辙。与之形成鲜明对比的是,周文王力行仁政,采取惠民、保民政策,《孟子·梁惠王下》中孟子答齐宣王问:"昔者王之治岐也……老而无妻曰鳏,老而无夫曰寡,老而无子曰独,幼而无父曰孤。此四者,天下之穷民而无告者。文王发政施仁,必先斯四者。"可见,爱护鳏寡孤独之人是周文王施政的核心。周文王因此得到民众拥护,所谓文王"怀保小民,惠鲜鳏寡";"用咸和万民"。周族国力日趋强盛，为武王翦灭"泱泱大国"的商朝奠定了基础。

周朝建立后，更加重视民众的作用。周公摄政时，反复教导分封于卫国的康叔要以文王为榜样，施行德政，爱民保民。那么，如何进行"保民"呢？就是要明德慎罚，以德治民。周公看到了民意的重要性，认识到人民在社会历史中的地位和作用，提出"人无于水监，当于民监"的观点，"欲至于万年惟王，子子孙孙永保民"，以"保民"作为得民的手段，通过实行爱护民众的政策换取人民的拥护和支持。因此，可以认为周公已经初步具有真正意义上的民本思想。后世历代统治者和思想家，无不从"民为邦本"（即民本主义）的指导思想出发，强调赈贫恤患、救助老幼孤寡即慈善救助活动的重要性。

春秋战国时期是民本思想确立和发展的重要时期。各家各派的思想家们尽管政见歧出、学说不同，但在重视对民的研究、强调民的作用和地位方面则是一致的，诸如，《左传》"国将兴，听于民；将亡，听于神"；《孟子》"得乎丘民而为天子"；《荀子》"君者，舟也；庶人者，水也。水则载舟，水则覆舟"；《吕氏春秋》"宗庙之本在于民"等等说法，无不体现了对民的作用的重视。儒家的"民贵君轻""节用爱民"观点以及《周礼》遇大事"致万民而询"制度、《礼记》"天下为公"思想早已为人熟知，即便一向主张极端君主专制的法家，也不敢轻视民的作用，早期代表人物管仲就说过："政之所兴，在顺民心；政之所废，在逆民心"，把国之兴亡系于民心向背。由此可见，春秋战国时期的民本思想较之周公时期更趋丰富和深刻。

基于这种民本思想，有作为的统治者都十分强调从民所欲、去民所恶，并以之为治国兴邦之道，最为著名的当为春秋早期相齐的管仲。齐国宰相管仲在与春秋首霸齐桓公讨论如何"致天下之民"（即收民心为我所用）的问题时说："请使州有一廪，里有积五菇，民无以与征籍者予之长假，死而不能葬者予之长度，饥者得食，寒者得衣，死者得葬，不资者得振，则天下之归我若流水。此之谓致天下之民。"基于这样的认识，管仲提出了"兴德六策"和"九惠之教。"兴德六策即"匡其急""振其穷""厚其生""输之以财""遣之以利"及"宽其政"。其中"匡其急"是指"养长老，慈孤幼，恤鳏寡，问疾病，吊祸丧"；所谓"振其穷"，包括"衣冻寒，食饥渴，匡贫窭，振罢露，资乏绝"等内容。九惠之教的内容，在《管子·入国》中有详细的说明："入国，四旬五行九惠之教：一曰老老，二曰慈幼，三曰恤孤，四曰养疾，五曰合独，六曰问疾，七曰通穷，八曰振困，九曰接绝。"在管仲看来，实行了这些政策，百姓就能得其所欲，"夫民必得其所欲，然后听上。听上，然后政可善为也"。也即是说，慈善救济事业的施行，与国家的治理振兴有直接的关系。管仲相齐达40年之久，这些主张显然是得到了很好的贯彻执行的。齐国之所以能称霸诸侯，当与管仲推行的以慈善救济为主要内容的爱民、惠民政策分不开。这种政策不仅推行于齐国，当齐桓公立为霸主、大会诸侯时，甚至要求各诸侯国也施行"养孤老，食常疾，收鳏寡"的政策，足见其影响之大。

春秋战国时期称霸诸侯的国家大都实行了类似政策。文明开化程度较高的晋、楚等国自不待言，僻处东南一隅的吴、越二国也是如此。《左传》哀公元年称：吴王阖闾"在国，天有菑疠，亲巡孤寡，而共其困乏。……勤恤其民，而与之劳逸"。《国语·越语上》载，越王勾践"令壮者无取老妇，令老者无取壮妻。女子十七不嫁，其父母有罪；丈夫二十不娶，其父母有罪。将免（娩）者以告，公令医守之。生丈夫，二壶酒，一犬；生女子，二壶酒，一豚；生三人，公与之母；生二人，公与之饩"。

大一统封建帝国建立以后，历代皇帝在赈贫恤患方面未尝有所懈怠，这在历代会要的记载中可以观知。如汉文帝时，"赐天下孤寡布帛絮"。汉武帝时，"遣谒者存问，至赐鳏寡孤独帛人二匹，絮三斤"。南朝梁武帝时，诏"孤老鳏寡不能自存者，咸加振恤"。虽然近世以前的慈善救济事业尚未作为制度和政策固定下来而带有临时的性质，但已经形成一种传统，为历代统治者所继承。沿至宋代，更以国家力量建立种类繁多、功能多样的救济机构，开创了中国救济事业史的新阶段。

第二节　儒家仁义学说

"仁"是儒家学说的核心内容。儒家鼻祖孔子倡导的"仁"，内涵丰富，在不同的场合可以有多种解释，但"爱人"是"仁"的基本出发点。以此为基础，孔子主张"养民也惠"，即要求统治者施行惠民政策。孟子继承并发展孔子的"仁"说，把"仁"和"义"当做基本的政治范畴和道德规范，并因而把施行仁政提到极端重要的地位，认为"三代之得天下也以仁，其失天下也以不仁。国之所以废兴存亡者亦然。"孟子的仁义与仁政学说，是建立在"性善论"基础上的。在他看来，人生来就有善性，只是这种善性是作为"善端"存在于人心之中。他说："恻隐之心，人皆有之；善恶之心，人皆有之；恭敬之心，人皆有之；是非之心，人皆有之。恻隐之心，仁也；善恶之心，义也；恭敬之心，礼也；是非之心，智也。仁义礼智，非由外铄我也，我固有之也，弗思耳矣。""所谓人皆有不忍人之心者，今人乍见孺子将入于井，皆有怵惕恻隐之心——非所以内交于孺子之父母也，非所以要誉于乡党朋友也，非恶其声而然也。……恻隐之心，仁之端也；羞恶之心，义之端也；辞让之心，礼之端也；是非之心，智之端也。人之有四端者，犹其有四体也。"他认为"恻隐之心"就是仁，是仁之根本。而这种所谓的"恻隐之心"，无非是指人类情感中的同情心、怜悯心和爱心。这与西方思想家强调的"慈善"的含义是相一致的。休谟在《人性论》一书中指出："慈善（即是伴随着爱的那种欲望）是对于所爱的人的幸福的一种欲望和对他的苦难的一种厌恶。""怜悯与慈善关联，慈善借一种自然的和原始的性质与爱发生联系。"① 从"人皆有不忍人之心"出发，孟子完成了从道德到政治的推导，指出"先王有不忍人之心，斯有不忍人之政矣，以不忍人之心，行不忍人之政，治天下可运之掌上"。即是说，君主有了"仁爱之心"，方能施行仁政。这种仁政当然包括"老吾老以及人之老，幼吾幼以及人之幼"。《礼记·祭义》把三代时"先王之所以治天下"的表现归结为五点，即"贵德、贵贵、贵老、敬长、慈幼"。具体言之，"贵有德，何为也？为其近于道也。贵贵，为其近于君也。贵老，为其近于亲也。敬长，为其近于兄也。慈幼，为其近于子也。……先王之教，因而弗改，所以领天下国家也。"

儒家学说历来把"三代之治"当做国家大治的典范，加以颂扬、美化，那么"三代之治"究竟是一个什么样的盛世呢？《礼记·礼运》载孔子的话说："大道之行也，与三代之英，丘未之逮也，而有志焉。大道之行也，天下为公。选贤与能，讲信修睦，故人不独亲其亲，不独子其子，使老有所终，壮有所用，幼有所长，矜寡孤独废疾者，皆有所养。"历代贤明帝王和志士仁人为了实现这一理想的社会，确实进行了不懈的努力和追求。宋代救济事业的开展，无非是国家的"仁政"或地方有力者的"仁心"所致。明代无锡同善会的创始人高攀龙在《同善会序》中说："夫善，仁而已。夫仁，人而已。夫人，合天下言之也。合天下言人，犹之乎合四体言身，吾于身有尺寸之肤，刀斧封割而木然不知者乎？吾于天下有一人颠连困苦，见之而木然不动于中者乎？故善者，仁而已矣。仁者，爱人而已矣。"从爱人的心怀出发，必然导致博施济众的行为，这正是他创建无锡同善会的思想基础。

第三节 佛教的因果报应说与慈悲观念

公元1世纪，佛教传入中国。由于得到统治者的支持，佛教逐渐由宫廷流布民间。魏晋南北朝时期，中国社会处于分裂割据状态。频繁的战争动乱不仅给普通百姓带来灾难，也使统治者们陷于朝不保夕的境地。于是，对人生失望的情绪在社会各阶层中蔓延，寻求精神寄托和灵魂安慰的渴望随之而生。佛教以其独特的教义，迎合了社会各阶层人们的需要，因而流传日广，逐渐形成中国佛教发展的第一个高潮。在此过程中，一些高僧致力于将佛教教义与中国民族文化和习俗心理相结合，使佛教走上了中国化的道路。

佛教教义极为复杂，内容十分丰富，构成慈善事业动力机制的是因果报应学说与慈悲观念。

---

① 休谟. 人性论. 北京：商务印书馆，1980. 420

因果报应学说是佛教伦理的理论基础。其基本原理是佛教伦理的"因果律",即认为宇宙间的万事万物都受因果法则支配,是由"业"即人们自身行为和支配行为的意志决定的,善因产生善果,恶因产生恶果。这种善恶报应,是在六道轮回中实现的。应该说,这种因果报应学说对于中国人来说并不陌生,因为在中国传统文化中早就有了"积善余庆""积恶余殃"的思想。《尚书·商书·伊训》中云,"惟上帝无常,作善降之百祥,作不善降之百殃";《周易·坤·文言》谓,"积善之家,必有余庆;积不善之家,必有余殃"。如后文所述,传统道教中也有积善得善、种恶得恶的善恶报应思想。所以,佛教善恶报应学说一旦传入,便引起了共鸣。

但是,与中国的传统伦理观不同,佛教因果报应学说有其自身的特点。首先,善恶之报不是由上天主宰,而是由自身的业力感召的,自己的行为必须对善恶果报负责;其次,在中国传统伦理中,报应的主体未必是行为者本人,也可能是他的家庭子孙。而佛教则认为"父作不善,子不代受;子作不善,父亦不受,"主张自作自报。但是,在现实生活中,往往存在恶人得福长寿、善人致祸短命的现象,这就不免启人疑窦、授人口实,对佛教善恶报应说产生怀疑。为此,东晋南北朝时期的著名高僧慧远依据《阿毗昙心论》中"若业现法报,次受于生报,后报亦复然,余则说不定"的偈语,撰成《三报论》,系统地发挥了三世轮回的因果报应学说,指出:"经说业报有三:一曰现报,二曰生报,三曰后报。现报者,善恶始于此身,即此身受;生报者,来生便受;后报者,或经二生三生、百生千生,然后乃受"。"三报"说不但克服了以往"一世报应说"的缺陷,也解决了中国传统道德始终无法解决的困惑。佛教因果报应学说在中国社会产生了广泛的影响。不仅许多佛学高僧对此进行阐发,而且佛教冥界报应以及由此衍生的地狱情景还被编成故事、写进小说、绘成壁画、塑成泥雕,广为流传,深入人心。佛教因果报应说产生的道德约束力,不但对现世、还对来世发生作用。在这种道德说教的影响下,上至统治阶层,下及普通百姓,害怕来世投胎为畜牲受苦受难,因而产生怵惕之心,不断警省,去恶从善。于是,千百年来佛教善有善报、恶有恶报的思想,一直成为中国人维护道德伦理的精神支柱。①

慈悲精神是佛教教义的核心。在处理人际关系时,佛教道德是以利他平等为旨趣的。这种利他主义道德观,在佛教中称为慈悲。《观无量寿经》上称"佛心者大慈悲是",即是说佛教以慈悲为本。慈悲者,怜爱、怜悯、同情之谓也。在梵文里,慈与悲本来是有分别的,《大智度论》中说:"大慈与一切众生乐,大悲拔一切众生苦;大慈以喜乐因缘与众生,大悲以离苦因缘与众生。"慈心是希望他人得到快乐,慈行是帮助他人得到快乐。悲心是希望他人解除痛苦,悲行是帮助他人解除痛苦。这种佛教利他

---

① 参见:魏承恩. 中国佛教文化论稿. 上海:上海人民出版社,1991

主义道德观的具体实践是布施。《大乘义章》卷 12 中说:"言布施者,以己财事分布于他,名之为布;辍己惠人,目之为施。"在大乘佛教菩萨"四摄""六度"中,布施皆列为第一。布施一般分为财施、法施和无畏施。财施主要是对在家人而言,其中以金银财物、饮食衣服等惠施众生,谓之外在施;以自己的体力、脑力施舍于人,如助人挑水担柴、参加公益劳动等,称为内在施。法施主要是对出家人而言,即顺应人们请求,说法教化。无畏施是指急人所急、难人所难,随时助人排忧解难。布施的极端即是舍身,如佛经中所说舍身投虎、割肉贸鸽等故事即由此而生。布施的行为完全出于怜悯心、同情心和慈悲心,而不带有任何功利目的,具有利他的性质。中国佛教主要是在印度大乘佛教的影响下发展起来的,慈悲成为中国佛教最主要的道德观念。在深受佛教熏染的中国人眼里,布施以及基于博爱思想的不杀生是最主要的善行。不过,佛教在传布中国时有一个逐渐中国化的过程,为了迎合中国人的需要,尤其是为了调和与在中国占统治地位的思想支柱儒家学说的矛盾,一些高僧在翻译、传播佛经时往往加以变通与调整,注入了不少中国传统思想的成分。与此相应,原始佛教的慈悲观在中国也发生了变化。基于利他平等的慈悲精神的布施行为,转而以福田思想为指导。[①] 福田思想以播种田地、收获果实为喻,劝人敬待佛、僧、父母及贫人,广种福田,以便日后收获福报。这种从利己目的和现实利益出发的福田思想,成为南北朝及唐宋佛教慈善事业的直接起因。明清时期的善会、善堂,或者创设于寺庙、由僧人管理,或者由那些信佛的地方"善人"出面筹资创建,也无不说明了佛教与慈善事业的密切关系。

第四节 民间善书所宣扬的道教思想

中国传统的道教思想中也不乏劝善去恶的嘉言,如《老子》一书中就有"施恩布德,世代荣昌";"人行善恶,各有罪福,如影之随形,呼之应声"等。而道教劝人之言的深入民间,则得益于善书的广泛流传。

所谓善书,是指宣扬伦理道德、以劝人为善为宗旨的民间通俗书籍。善书的出现,据说可以追溯到先秦时期屡被《左传》《国语》征引的《语书》。秦汉之际问世的《孝经》以通俗的语言,阐述了儒家所主张的孝道,可以视为儒家善书的鼻祖。[②] 其后,善书作品逐渐增多。宋代以降,随着印刷术的普及和市民文化的兴起,善书的刊布流传呈现出前所未有的兴旺景象。明清之际,社会剧烈动荡,一方面皇帝失德,阉党专权,朝纲紊乱,政治腐败;另一方面,由于商品经济的发展,在江南地区城市中正孕育着

---

① 参见:魏承恩. 中国佛教文化论稿. 上海:上海人民出版社,1991
② 袁啸波编. 民间劝善书. 上海:上海古籍出版社,1995. 2

新的思想观念和生活方式,不断地冲击着旧的伦理观念和道德规范。在这样的背景下,为了扶世教、救陋俗,用通俗语言作成的善书被大量的编纂、重刊,出现了再度兴旺的情况。[①]

早期善书的内容,只是一些简单而零碎的宗教道德观念。东汉中叶产生的道教糅合了儒家的纲常伦理观念和佛教的善恶报应思想,形成了具有自身特色的思想体系,并在善书中得到充分的体现。因此,善书的内容虽然包括了儒、佛、道三教,却是以道教思想为主体的。

宋代出现的《太上感应篇》是现存最早、最为完整的著名善书。由于得到统治者的重视和大力提倡,加上为之作序、作注、作图赞的文人名士"纷起云集","乐善者复刷印以分贻朋好",故而几百年间流布日广,"至于家有其书",达到了家喻户晓的地步,被公认为道教善书的集大成者,与《文昌帝君阴骘文》《关圣帝君觉世真经》并称为"善书三圣经"。

善书集中反映了"教以行善立功,以致神仙之旨"的道教宗教伦理。它宣扬"天地有司过之神,依人所犯轻重,以夺人算,算减则贫耗……算尽则死"[②]。对于得善者,"加福增寿,添子益孙,灾消病减,祸患不侵,人物咸宁,吉星照临"[③]。而对于作恶性之人,"大则夺纪,小则夺算";"算减则贫耗,多逢忧患,人皆恶之,刑祸随之,吉庆避之,恶心实之";"死有余责,乃殃及子孙"[④]。因此,人们要想生活美满,长生成仙,必须积德行善,如《太上感应篇》中所说的:"所谓善人,人皆敬之,天道佑之,福禄随之,众邪远之,神灵卫之,所作必成,神仙可冀。"与儒家和佛教所进行的道德说教不同,道教善书往往通过列举大量行善获福、作恶遭殃的事例来达到劝化世人的目的。应该说明的是,道教的善恶报应思想不同于佛教,它强调的是现世报、立地报和子孙报。善书继承了道教早期经典《太平经》中的"承负"说,把善恶报应归结为"近报在身,远报子孙"[⑤],即善恶报应是不可避免的,只是有迟早而已。而且这种报应不在来世,而是今生或子孙后代。

与行善积德思想相应,善书倡导以仁爱恻隐之心利物济人的慈善行为。它劝导富有者要"矜孤恤寡,敬老怀幼";"济人之急,救人之危";"措衣食周道路之饥寒,施棺椁免尸骸之暴露";施医施药、戒杀放生、代育弃婴、创立义学等[⑥],以此积累功德,获致善报。从明清时期善书的盛行情况,可以推知其对民间慈善活动兴起所产生的巨

---

① 关于明清之际善书的流行情况可参见:酒井忠夫. 中国善书的研究. 东京:弘文堂,1960
② 太上感应篇. 见:袁啸波编. 民间劝善书. 上海:上海古籍出版社,1995. 3
③ 关圣帝君觉世真经. 见:袁啸波编. 民间劝善书. 上海:上海古籍出版社,1995. 8
④ 太上感应篇. 见:袁啸波编. 民间劝善书. 上海:上海古籍出版社,1995. 2,5
⑤ 关圣帝君觉世真经. 见:袁啸波编. 民间劝善书. 上海:上海古籍出版社,1995. 9
⑥ 太上感应篇. 文昌帝君阴骘文. 见:袁啸波编. 民间劝善书. 上海:上海古籍出版社,1995. 4,7

大影响。

　　毫无疑问，中国的传统慈善事业有着悠久而丰厚的思想基础。但是，学术界有人将传统慈善事业的思想渊源无限扩大，似乎先秦诸子百家的学说都成了传统慈善事业的思想来源，这是一种似是而非的观点。毕竟对后来中国传统社会产生重要影响的是儒家思想学说以及佛教、道教思想。基于重民保民的民本主义思想和儒家仁义学说，历代统治者或者作为仁政的一个表现，或者为了钓取仁义君主的虚誉，大都注意对鳏寡孤独残疾贫病之人予以救助。而佛教传入以后，基于佛教的慈悲观念、善恶报应思想及其延伸福田思想，在南北朝及唐宋时代，先后出现了"六疾馆""孤独园""悲田养病坊"及福田院等慈善机构。宋代以后，儒、佛、道三教出现合流趋势，尤其在道德伦理方面，佛、道二教走上了儒家化的道路。三教合一，宣扬以仁义为中心的王政思想，要求人们行善积德。以上诸方面构成了中国古代慈善事业的思想基础。由于上述诸方面的合力，加上社会因素的作用，推动了中国古代慈善事业不断趋向兴盛。

深度阅读

1. 包筠雅.功过格:明清社会的道德秩序.杜正贞等译.杭州:浙江人民出版社,1999
2. 酒井忠夫.中国善书的研究.东京:弘文堂,1960
3. 王卫平.论中国古代慈善事业的思想基础,江苏社会科学.1999,2
4. 王卫平,马丽.袁黄劝善思想与明清江南地区的慈善事业.安徽史学.2006,5
5. 游子安:劝化金箴:清代善书研究.天津:天津人民出版社,1999

第二章
历代政府救济行政及对民间慈善事业的影响

最新研究表明,从公元前 2070 年开始,中国步入了阶级社会。长达 3 900 多年的中国古代社会经历了众多的朝代更替,呈现出从野蛮到文明、从落后到先进的发展轨迹。在历朝施政中,社会救济始终是重要一环,这对民间慈善事业的发生发展起到了先导和示范作用,也为我们今天的社会保障事业建设积累了丰富经验。

第一节 先秦时期的社会救济事业

由于历史文献和实物资料都较为有限,我们对夏、商、周三代历史文化的认识还不十分清楚。然而,既存文献中已透露出不少关于社会救济行政的信息。

早在夏代以前的传说时代,已出现养老制度,这一制度尽管历经变化,却被延续下来。《礼记·王制》中记载:"凡养老,有虞氏从燕礼,夏后民以飨礼,殷人以食礼,周人修而兼用之。五十养于乡,六十养于国,七十养于学,达于诸侯。八十拜君命,一坐再至,瞽亦如之。九十使人受。五十异粮,六十宿肉,七十贰膳,八十常珍,九十饮食不离寝,膳饮从于游可也。六十岁制,七十时制,八十月制,九十日修。唯绞衾冒,死而后制。五十始衰,六十非肉不饱,七十非帛不暖,八十非人不暖,九十虽得人不暖矣。五十杖于家,六十杖于乡,七十杖于国,八十杖于朝,九十者,天子欲有问焉,则就其室,以珍从。七十不俟朝,八十月告存,九十日有秩。五十不从力政,六十不与服戎,七十不与宾客之事,八十齐丧之事弗及也。五十而爵,六十不亲学,七十致政。唯衰麻为丧。有虞氏养国老于上庠,养庶老于下庠。夏后氏养国老于东序,养庶老于西序。殷人养国老于右学,养庶老于左学。周人养国老于东胶,养庶老于虞庠,虞庠在国之西郊。有虞氏皇而祭,深衣而养老。夏后氏收而祭,燕衣而养老。殷人而祭，缟衣而养老。周人冕而祭，玄衣而养老。凡三王养老皆引年。八十者一子不从政，九十者其家不从政。废疾非人不养者一人不从政。……少而无父者谓之孤，老而无子者谓之独，老而无妻者谓之矜，老而无夫者谓之寡。此四者，天民之穷而无告者也，皆有常饩。喑、聋、跛、辟、断者、侏儒，百工各以其器食之。"由此可见，从传说时代历夏、商至西周，历代统治者对于老年人均极为尊重，并采取各种措施予以生活方面的照顾；而对于矜、寡、孤、独四种最为穷困的人则由国家给予定量口粮供应；至于身有残疾者，则各据其能，安排力所能及的工作，使其能够自食其力。

虽然这样的政策在夏、商时期的实施情况还有待资料证明，但在西周时期，养老之政和对贫苦百姓、孤幼废疾的救济政策的施行，均已得到众多资料佐证。西周建立之前，周文王（时称西伯）即力行仁政，关心爱护老幼、鳏寡孤独之民，如《史记·周本纪》载："西伯曰文王，遵后稷、公刘之业，则古公、公季之法，笃仁，敬老，慈少。……伯夷、叔齐在孤竹，闻西伯善养老，盖往归之。"《孟子·梁惠王下》中也有"昔者王之治岐也……老而无妻曰鳏，老而无夫曰寡，老而无子曰独，幼而无父曰孤。此四者，天下之穷民而无告者。文王发政施仁，必先斯四者"的说法。

一般认为，《周礼》是一部记载西周典章制度的书籍，其中保存了不少真实的内容。从中可见，西周的社会救济行政至少包括以下方面：

一是设立专门官职，负责社会救济事务。《周礼》所列官职，不少涉及社会救济职能，如"医师"执掌医务政令，为国中生病、受伤者医治；"疾医"之责是"掌养万民之疾病"；"大司徒"的职责包括实行荒政和救济孤寡等；"遗人"具体负责日常及灾荒时的救济与施舍；"司救"亦有在天灾疫病时"以王命施惠"之责；其他如"旅师""遂人""族师"等基层官吏，也都有查明老幼残疾情况，据以施惠、散利、均役的责任。可见，国家极为重视社会救济事务，从中央至地方设置专职或兼职官员，负责实施对灾民以及老幼残疾、鳏寡孤独、贫穷疾病之人的救济与帮助。

二是建立荒政制度，重视灾民救助。荒政是我国古代政府救济饥荒的制度、法令和措施的统称。《周礼·地官司徒》中提出了12条旨在灾荒之年"聚万民"的荒政措施："一曰散利，二曰薄征，三曰缓刑，四曰弛力，五曰舍禁，六曰去几，七曰眚礼，八曰杀哀，九曰蕃乐，十曰多昏，十有一曰索鬼神，十有二曰除盗贼。"也就是灾荒之年，要对人民贷给谷种和粮食、减轻各种租税、宽缓刑罚、免除为公家服务劳役、开放关市山泽的禁令、免除市场货物的稽查、简化吉礼与丧礼的礼仪、收藏乐器不奏、简化婚礼以增加人民结婚机会、求索重修旧有而已废的祭祀、铲除盗贼。这是我国历史上首次提出的系统的荒政制度。这些荒政措施约可分成两大类，一类表现在礼仪和祭祀方面，如眚礼、杀哀、蕃乐、多昏（婚）、索鬼神等，一类表现为政治经济的作为，如散利、薄征、缓刑、弛力、舍禁、去几、除盗贼等。

限于人类的认识能力以及天命观的盛行，古代人们认为灾祸是上天对人间不当行为的惩罚,故而每当灾祸发生时,总要举行祭祀仪式,所谓"国有大故,则旅上帝及四望"。而在凶荒之年,天子举行的祭仪有特别的规定,"以荒礼哀凶札,以吊礼哀祸灾"。这种"荒礼"涉及许多方面,如素服、彻膳减食、去乐或弛悬等①,实际上就是要求统治者在灾荒降临之际约束自己的行为。

与祭祀相比,政治、经济方面的荒政举措更加切实可行。《周礼》"十二荒政"中所列举的仅是政治、经济的几个方面,实际上分析全书可以发现,《周礼》的"荒政"自成系统,具有完整体系。

第一,组织保障。"荒政"是由国家组织实施的。为保证荒政的施行切实有效,《周礼》提出了政府各部门和各级组织协调行动、共同救灾的制度。《周礼·天官》"小宰"联合各部门办理王者之丧礼及有关饥荒的救济对策。在政府部门中,设立专门官员负责调剂、保管粮食以及救济事务,如"司稼",巡野观稼以察知年成好坏,决定征收赋税的办法,若民间所需粮食不敷,则加以救济;"遗人"掌理"邦之委积",以备天子施惠,乡里所余用以救济民之困乏,门关所余用以抚恤阵亡将士的老弱眷属,县都所余用以荒年的救济等。在地方基层建立乡遂组织,使其互相救助,《周礼·地官·大司徒》中说:"令五家为比,使之相保;五比为闾,使之相受;四闾为族,使之相葬;五族为党,使之相救;五党为州,使之相赒;五州为乡,使之相宾。"这些乡师、乡大夫、州长、党正、族师、闾胥、比长等均有察查居民情况"辨其施舍"之责,当居民生活困难时,要进行帮助和救济。

第二,具体措施。政治方面,主要指法律刑罚方面,荒年有特殊的政策,即《周礼·秋官》"士师"所说"若邦凶荒,则以荒辩之法治之,令移民通财,纠守缓刑",就是要宽缓刑罚,安定民心。周代实行分封制度,诸侯林立,《周礼》中规定,凡诸侯国发生灾荒,应该予以救助,《周礼·秋官》"大行人"中有"致襘以补诸侯之灾"的说法,就是要对遇灾的诸侯进行实物救济。经济方面,表现为散利、薄征、弛力、舍禁、去几等举措。此外《周礼》中还体现出积谷备荒的救荒思想。我国古代统治者历来重视建立仓储、积蓄谷物以备赈济的做法,据说夏代已有仓储的存在,《史记·夏本纪》中说:"六府甚修,众土交正,致慎财赋。"周武王克商,也曾"散鹿台之财,发巨桥之粟"。但制度设施的详情已不可知。周代在总结夏、商二代经验的基础上,更为重视灾荒的防治工作,《国语·周语》谓:"列树以表道,立鄙食以守路。国有郊牧,疆有寓望,薮有圃草,囿有林池,所以御灾也。"而在众多的"御灾"措施中,蓄积粮食尤受重视。《逸周书·文传篇》说:"天有四殃,水旱饥荒,甚至无时,非务积聚,何以备之?"而《礼记·王制》更明确阐述了长期积蓄备荒的必要性:"国无九年之蓄,

---

① 陈采勤. 试论"周礼"的荒政制度. 学术月刊. 1998, 2

曰不足；无六年之蓄，曰急；无三年之蓄，曰国非其国也。三年耕，必有一年之食；九年耕，必有三年之食。以三十年之通，虽有凶旱水溢，民无菜色。"就其成书而言，《逸周书》和《礼记》均较《周礼》晚出，其思想或即受到后者的影响。就《周礼》看，周朝非常重视仓储，有完备的仓廪管理体制。《周礼·地官司徒》中的"廪人"，掌理九谷收入的总计，据此决定君臣俸禄、救济与恩赐的数量，并根据年成好坏制定用谷的标准，如果每人每月平均的粮食用量在2鬴以下，即为荒年，需要制定相应的救济措施，如移民就谷；"仓人"是国家粮仓的保管者，掌管谷物的贮藏，除供应政府的正常开支外，将剩余的谷物存储起来，以备荒年使用；管理粮仓工作的还有"遗人"一职，主要掌管地方的积贮，用以救济老弱穷民。此外，基层政权中的"旅师"，负有"掌聚野之锄粟、屋粟、闲粟而用之，以质剂致民，平颁其兴积。施其惠，散其利，而均其政令"。"屋粟"是对有田不耕之民所罚之税粟，"闲粟"是对游手好闲不事农耕之人所罚之税粟，而"锄粟"则是把每年秋收时敛聚之粟存于当地，待来年饥荒时分发给农民，用以救助。《周礼》的仓储制度是一项积极的荒政举措，开后世储谷备荒学说的先河，也是后世社仓、义仓制度的滥觞。另外，从救荒的角度看，《周礼》提出的"移民就谷""移民通财"方法，对当时及后世也产生了深刻影响。

第三，提出"保息"六政，普遍施行社会救济。《周礼·地官司徒》"大司徒"的职责中提到："以保息六养万民，一曰慈幼，二曰养老，三曰振穷，四曰恤贫，五曰宽疾，六曰安富。"这是六项保安蕃息民众的政策。"慈幼"即爱护幼小的儿童。早在夏商时代，统治者即已实行慈幼的政策，《月令》中说夏王朝在"仲春之月"，"养幼少，存诸孤"。《尚书·盘庚》载商王告诫臣下"无弱孤有幼"。"慈幼"亦是周人传统，《史记·周本纪》中说文王遵从先祖之法，"笃仁、敬老、慈少"。虽然《周礼》中有关慈幼的具体措施很少见到，但从字里行间还是不难窥知的，如规定"乡师""族师""遂人"等官查察辖内男女户口，颁给职事，命其缴纳贡赋、征召徒役，同时又要求辨明老幼废疾之人，目的无非是给予优免。《周礼·地官·司徒》"乡大夫"中也说到，征发劳役的对象是在20岁至65岁，说明20岁以下可以免役。"养老"是指尊养高年，其中应包括两种情况，一是尊重年高德劭之人，一是善待鳏寡老人。年老的标准因时代而异，从《周礼》所定服役之人，"国"中止于60岁、"野"鄙止于65岁来看，似乎当时国中60岁以上、野鄙65岁以上为老年。年老之人享有各种优惠，如耆老、孤子可以出席天子的宴会，喝酒不受限制；行祭礼时，年长者受尊敬，饮食在先；年老之人可以免除徭役，甚至可以免除刑罚。《周礼》把"养老"之责归于"大司徒"，而由"乡大夫"具体负责登记"老者"免除赋役等事项。"振穷"即救助困穷者，"恤贫"乃周济贫苦者，两者意思大致相同。《周礼》在这方面的记载也相当具体，如《周礼·天官》"小宰"掌有"敛施之事"；"遗人"执"掌邦之委积，以待施惠"；至于基层政权内部，更要做到"相保""相受""相葬""相救""相赒""相宾"，一言以蔽之，即是要相互救助。"宽疾"意即宽免残疾之人的徭役，这从上述"乡师""族师"等官的职责中可以得到反映。

由此可见，西周时期已建立起相当完备的社会救济体系。虽《周礼》的记载不免带有理想色彩，但很多举措得到确实施行，并对后世历代王朝的施政产生了广泛而深远的影响。

第二节　秦汉至宋元时期的社会救济事业

在经历了春秋战国的动荡以后，自秦汉开始，中国进入了封建大一统时期。尽管之后一度经历魏晋南北朝的分裂与社会动荡，但民族融合与国家统一始终是社会发展的主流。政治的相对稳定，促进了封建经济的大发展，不仅多次出现诸如"文景之治""贞观之治"的盛世局面，而且区域开发不断加速，全国经济重心逐渐南移，奠定了迄今为止中国经济发展的基本格局。

适应国家统一局面的需要，专制主义的中央集权制度得以确立。秦汉以后历代王朝均曾制定并实行一系列巩固政权、发展经济、保障社会安定的政策与措施。以灾害救济、尊老养老、扶贫恤困为主要内容的社会救济行政随之进一步发展。

一、荒政制度的发展

中国地域辽阔，各地自然条件相差悬殊，灾害的发生非此即彼，非常频繁，无灾之年极为罕见。据邓云特《中国救荒史》统计，秦汉时期灾荒约为375次，魏晋南北朝时期304次，隋唐时期515次，两宋时期874次，元朝513次。就其特点而言，越到后期，灾荒次数越多，灾发频率越高；在所有灾种中，以水、旱二灾最多，风、震、雹、蝗等次之。这一统计可能远远少于实际数字[①]，但即便如此，也足以让我们对中国的"多灾多难"留下深刻印象。中国传统社会中"荒政"之所以如此发达，便是基于这样的国情和社会背景。

中国是一个古老的农业国家，历朝历代以农立国，农为邦本，农业又是最容易受自然灾害影响的产业。因此，每一次见诸历史记录的灾荒，都会给人畜、建筑、田地造成严重损害，伤人性命，断人生计。举其甚者，据《汉书》载，汉武帝元鼎三年（前114年）"关东旱，郡国四十余饥，人相食"；成帝建始三年（前30年），"三辅霖雨三十余日，郡国十九雨，山谷水出，凡杀四千余人，坏官寺民舍八万三千余所"。据《新唐书》，唐开元年间，水灾频发，见于史籍者有"溺死者千余人"；"损居民数百

---

① 据陈业新统计，仅两汉时期即有549次自然灾害．见：陈业新．两汉荒政初探．淮南师范学院学报．2002，1

家"；"万余人皆溺死"；"漂居民二千余家"等等记录。类似事例，举不胜举。灾害的频繁发生，不仅导致庄稼无收、房屋损坏、生灵涂炭，而且造成严重的社会问题，使流民遍地，直接威胁到统治政权的稳定。审视中国古代史，虽然农民起义未必都由灾荒引起，但不可否认，灾荒往往成为农民起义的导火线。有鉴于此，历代统治者面对灾情，总是煞费苦心，采取多种措施，实行救荒之政。

秦汉以后的各王朝在救灾过程中，在西周以来的荒政制度化倾向的基础上，继承《周礼》《管子》中的荒政措施，并有所发展，制度日趋完备，使荒政不断走向程序化、制度化和法律化。

首先，历代统治者大都比较重视荒政。在思想上，历代统治者已认识到灾荒的危害及荒政的重要性，因此要求各级官府采取备灾防荒措施，关心民瘼。如汉元帝建昭四年（前35年）诏曰："朕承先帝之休烈，夙夜栗栗，惧不克任。间者阴阳不调，五行失序，百姓饥馑。惟蒸庶之失业，临遣谏大夫博士赏等二十一人循行天下，存问耆老、鳏寡孤独、乏困失职之人，举茂材特立之士。相将九卿，其帅意毋怠，使朕获观教化之流焉。"① 西晋泰始二年（266年）诏曰："夫百姓年丰则用奢，凶荒则穷匮，是相报之理也。……今者省徭务本，并力垦殖，欲令农功益登，耕者益劝。"② 在行动上，灾荒发生时，统治者多能采取积极措施，救助流离失所、生活无着的灾民。如东汉建武六年（30年），光武帝刘秀颁诏称："往岁水旱蝗虫为灾，谷价腾跃，人用困乏。朕惟百姓无以自赡，恻然愍之。其命郡国有谷者，给禀高年、鳏寡孤独及笃癃、无家属贫不能自存者，如《律》。二千石勉加循抚，无令失职。"③ 唐太宗贞观元年（627年）夏，"山东诸州大旱，令所在赈恤，无出今年租赋。"④ 贞观七年、八年、十二年、十三年均有遇灾"遣使赈恤"的记录。除非政局已至无可挽回，历朝历代的皇帝，无论贤明昏庸，大都有赈灾的诏谕颁发。即便是游牧民族建立的元朝也不例外，如元武宗至大元年（1308年）六月，"益都水，民饥，采草根树皮以食，免今岁差徭，仍以本路税课及发朱汪、利津两仓粟赈之"⑤。可见灾年救助已成共识。

其次，灾荒救助的程序化。汉代的荒政实施已有固定程序。第一步为报灾，即灾荒发生以后，地方官通过逐级上报的方式，将地方灾情奏报朝廷。第二步为勘灾，朝廷接报后，临时派员赴灾区核实受灾范围及程度，为采取救灾措施提供依据。如西汉成帝鸿嘉四年（前17年），"水旱为灾，关东流冗者众，青、幽、冀部尤剧"，成帝接

---

① 班固. 汉书（卷9）. 北京：中华书局，1962. 295
② 房玄龄. 晋书（卷26）. 北京：中华书局，1974. 786
③ 范晔. 后汉书（卷1下）. 北京：中华书局，1965. 47
④ 刘昫. 旧唐书（卷2）. 北京：中华书局，1975. 32
⑤ 宋濂. 元史（卷22）. 北京：中华书局，1976. 499

报后,"遣使者循行郡国"。先行勘灾,并据此作出对策:"被灾害什四以上,民赀不满三万,勿出租赋。逋贷未入,皆勿收。"① 第三步为免除赋役,即根据勘灾结果,决定免除赋役的标准。如东汉和帝永元四年(92年)诏:"今年郡国秋稼为旱蝗所伤,其什四以上勿收田租、刍稿。"② 安帝永初七年(113年)诏:"郡国被蝗伤稼十五以上,勿收今年田租。"③

应该说,汉代的荒政程序化才刚刚开始,一些环节的执行还不够严格,标准亦不统一。但这种灾荒救助的程序化,对后世的荒政实践产生了重要影响。经过长期实践,在总结经验的基础上,荒政程序趋于完善。在唐代,灾害发生后,朝廷即委派官员巡抚灾区,或要求所属州府派遣"清干官"分赴灾区主持救荒,根据灾害程度决定赋役的蠲免。《唐六典·尚书户部·赋役令》载:"凡水旱虫霜为灾害,则有分数:十分损四以上,免租;损六以上,免租调;损七以上,课役俱免;若桑麻损尽者,各免调。若已役已输者,听免其来年。"唐代后期,虽以两税法取代租庸调,但因灾减免赋役之制未废,而是以"式""敕文"的形式确立了"量管内诸道州县灾歉重轻","作等级蠲放"的原则。元和四年(809年)规定:"其元和三年诸道应遭水旱所损州府,应合放两税钱米等,损四分以下,宜准式处分;四分以上者,并准元和元年六月十六日敕文放免。"④ 宋代以后,荒政程序愈益完备与固定,报灾、勘灾、审户、发赈环环相扣,救荒效率大为提高。

再次,灾荒救助的制度化。荒政制度的完备经历了相当长的时间,其中汉、隋、唐、宋四朝在荒政制度发展过程中具有创辟之功,元、明、清三朝尽管制度完备,但多因袭而少创新。

汉代常平仓制在中国历史上影响巨大。常平仓的思想渊源尽管可上溯到春秋时期管仲的"通轻重之权"思想以及战国时期李悝在魏国推行的平籴之法,但它的正式出现是在西汉。据《汉书·食货志》记载,汉昭帝时,大司农中丞耿寿昌"遂白令边郡皆筑仓,以谷贱时增其贾而籴,以利农,谷贵时减贾而粜,名曰常平仓。民便之。"由此可见,常平仓最初的作用是丰年平籴,荒年平粜。唐宋以后,逐渐发展为赈济与平粜并行。

隋朝始创的义仓制度也不应忽视。据《通典》记载,隋文帝开皇五年(585年),工部尚书长孙平上奏设立义仓:"古者三年耕而余一年之积,九年作而有三年之储,虽

---

① 班固. 汉书(卷10). 北京:中华书局,1962. 318
② 范晔. 后汉书(卷4). 北京:中华书局,1965. 174
③ 范晔. 后汉书(卷5). 北京:中华书局,1965. 220
④ 参见:潘孝伟. 唐代救荒措施总体特征. 安庆师院学报. 1993,3;陈明光. 唐宋田赋的"损免"与"灾伤检放"论稿. 中国史研究. 2003,2

水旱为灾，人无菜色，皆由劝导有方，蓄积先备。请令诸州百姓及军人劝课，当社共立义仓，收获之日，随其所得，劝课出粟及麦，于当社造仓窖贮之，即委社司执帐检校，每年收积，勿使损败。若时或不熟，当社有饥馑者，即以此谷振给。"由此可见，隋代设立的义仓最初是"立于当社"，救济"当社有饥馑者"的一种仓制，因此，时人也称其为社仓。义仓作为一种民间备荒仓储，无论在当时还是在后世，在防灾救荒过程中都发挥着积极作用。唐贞观初年，尚书左丞戴胄在奏章中曾说："故隋开皇立制，天下之人，节级输粟，多为社仓，终于文皇，得无饥馑。"①

南宋大儒朱熹创立的社仓法，对后世也产生了重要影响。隋朝义仓创立不久，便被移置城市，转为官办，唐宋义仓也继承这一做法。义仓移至城市、收归官办后，因距乡村较远，产生了荒年不利于赈济灾民的弊端。对此，朱熹曾有精辟分析："而隋唐所谓社仓者亦近古之良法也，今皆废矣。独常平、义仓尚有古法之遗意，然皆藏于州县，所恩不过市井惰游辈，至于深山长谷力穑远输之民，则虽饥饿濒死而不能及也。又其为法太密，使吏之避事畏法者，视民之殍而不肯发，往往全其封鐍，递相付授，至或累数十年不一訾省，一旦甚不获已，然后发之，则已化为浮埃聚壤而不可食矣。"南宋乾道四年（1168年）春夏之交，福建发生饥荒，一些地方因此发生骚乱，此时正在崇安县开耀乡的朱熹，与地方绅士刘如愚等请求府县发粮救灾，官府即发常平米600石，由朱熹等人散放给灾民，灾情得以缓解，骚乱很快平定。秋收之后，朱熹等将赈米收还。知府决定将米石留存乡里，以备日后灾荒救济，只需将贮粮民户、数额登记造册上报。于是，朱熹利用此项米石设立崇安县五夫社仓。②在朱熹等人办理下，社仓运营情况良好，"凡十有四年，得息米造成仓厫，及以元数六百石还府，见管米三千一百石以为社仓，不复收息，每石只收耗米三升，以故一乡四十五里间，虽遇凶年，人不阙食"③。后来，朱熹总结其举办社仓的经验，制定"社仓事目"上报。从社仓实践及"社仓事目"可以窥知朱熹社仓法大概。

（1）社仓由地方绅士和官府共同管理，"差本乡土居官员、士人有行义者与本县官同共出纳"，下设社首等人负责具体事宜。（2）社首将甲中大小人口造册登记，春夏时节贷米，成人若干，儿童减半，秋收时节还谷回仓，借米一石收息二斗，小灾之年减息一半，大灾之年则全免利息，本米待丰年收回。社仓积米渐多之后，不再收息。（3）社仓积谷由官办常平仓拨借，如有富人愿出米作本，"亦从其便"。④

由此可见，朱熹创办的社仓是设于乡村、由民间择人管理、官府监督、采用"春

---

① 刘昫. 旧唐书（卷49）. 北京：中华书局，1975. 2111
② 朱熹. 建宁府崇安县五夫社仓记. 见：朱熹. 晦庵集（卷77）. 上海：上海古籍出版社，1987. 611
③ 马端临. 文献通考（卷21）. 上海：商务印书馆，1935—1937
④ 朱熹. 社仓事目. 见：朱熹. 晦庵集（卷99）上海：上海古籍出版社，1987. 389～391

借秋还"方法救助贫民的仓制。

朱熹社仓法在当时产生了很大影响,"时陆九渊在敕令局,叹曰:社仓几年矣,有司不复举行,所以远方无知者。十二月遂下其法于天下。"由此社仓法大为流行,如"其后真德秀帅长沙,仿其制行之,于是各州县亦间有行之者。皆以熹之已行者为定式"。①

朱熹社仓法大行于天下的根本原因,是由于其设于乡间,由民间管理,便于赈济,具有"近民"的特点,弥补了仓储设于城市、乡村民众难得实惠的缺陷。这种做法对后世产生重要影响,明清两朝社仓多沿用朱熹之法。常平仓、义仓及社仓构成了中国古代仓储体系的主体。后世各种名目的仓储,万变不离其宗,无不与常平仓、义仓、社仓有着渊源关系。

荒政制度化还表现为相关规章的一步细化。如:(1)仓储储粮数量及储存时间的规定。唐朝规定,常平仓谷本上州三千贯,中州二千贯,下州一千贯;"粟藏九年,米藏五年。下湿之地,粟藏五年,米藏三年,皆著于令"②。(2)报灾及灾分蠲复的规定。灾荒发生后,民间往往秋诉夏涝,或冬诉秋旱,报灾在收获之后,政府无从核实,以致"拒之则不可,听之则难信"。宋太宗淳化二年(991年)规定:"诏荆湖、江、淮、两浙、四川、岭南管内州县诉水旱,夏以四月三十日,秋以八月三十日为限。自此遂为定制。"③后世虽有时限变动,但报灾有期限的规定被一直沿用。如元世祖至元四年(1267年)规定:"今后田禾如被旱涝灾伤,河南至洛、卫等路,夏田四月,秋田八月;其余路分,夏田五月,秋田、水田并以八月为限。人户经本处陈诉。若次月遇闰者,展限半月。非时灾伤,自被灾日为始,限一月陈诉。限外告者,皆不为理。"这是对北方报灾时间的规定,元朝攻灭南宋、占领江南后,因"江南天气风土与腹里俱各不同,稻田三月布种,四、五月间插秧,九月、十月方才收成,若依腹里期限,九月内人户被灾,不准申告,百姓无从所出",将江南报灾期限定为"秋田不过九月,非时灾伤,依旧一月为限"④。若地方官不能及时勘察和如实上报灾情,将追究责任:"诸郡县灾伤,过时而不申,或申不以实,及按治官不以时检踏,皆罪之。"⑤

最后,灾荒救助的法制化。在程序化、制度化的基础上,汉代以后的荒政又出现法制化倾向。在日常施救方面,汉代政府比较注重立法,养老有养老令、受鬻法,抚幼有"胎养令""律",在灾荒救助方面也有专门的法律规定,如《后汉书·光武帝纪》

---

① 王圻. 续文献通考(卷27). 上海:商务印书馆,1935—1937. 3035
② 欧阳修,宋祁. 新唐书(卷51). 北京:中华书局,1975. 1344
③ 李向军. 清代荒政研究. 北京:中国农业出版社,1995. 7
④ 方龄贵. 通制条格校注(卷17). 北京:中华书局,2001
⑤ 宋濂. 元史(卷102). 北京:中华书局,1976. 2620

谓:"诏曰:往岁水旱蝗虫为灾,谷价腾跃,人用困乏。朕惟百姓无以自赡,恻然愍之。其命郡国有谷者,给禀高年、鳏寡孤独及笃癃、无家属贫不能自存者,如《律》。二千石勉加循抚,无令失职。"对于灾民中高年、鳏寡孤独、笃癃、无家属贫不能自存者四种人,按照既有的法律进行救助。说明有关法律早已存在。再如《后汉书·桓帝纪》中也有对因灾荒而致"民有不能自振及流移者,禀谷如科"的记载,"科"即法律规定。汉代以后,历朝均有相关法令规条,前述唐代后期因灾减赋的"式",即是法律条文;宋太宗要求将报灾时间定为四月、八月,并形成所谓"定制",也即法制化了。

二、养老制度的嬗变

尊老养老的传统在中国有着悠久历史,历代王朝都曾以国家名义制订或颁布过养老礼仪和法令,并不断发展演变,形成我国古代社会特有的养老制度。

如前所述,周代对养老已作出不少具体规定,诸如对于老年人口的界定,养老事务有专门官员负责,每年举行隆重的养老仪式,对老年人及其家属给予免除赋役的优待等,说明周代养老已从传统习俗向礼仪化、制度化方向发展。秦汉中央集权国家制度建立后,统治者逐渐认识到忠、孝一体,所谓"忠臣以事其君,孝子以事其亲,其本一也",遂提倡以"孝"治天下,希冀由"孝"求"忠",维护政权稳固和社会安定。由此,作为孝的主要表现,"善事"父母和尊长,即尊老养老,受到历代统治者的重视。

从汉代开始,养老方面主要实施了如下制度与措施:

(一)存问制度

存问或可追溯到先秦的"问疾"之制,《管子·入国》中说:"所谓问疾者,凡国都皆有掌病。士人有病者,掌病以上令问之。九十以上日一问,八十以上二日一问,七十以上三日一问,众庶五日一问。"这种制度在汉代以后演变发展为存问高年、鳏寡废疾贫苦之制。从汉代资料来看,存问的对象至少包括老年人、鳏寡孤独之人、废疾之人和贫困无业之人等种类。如《汉书·武帝纪》元狩六年诏:"今遣博士大等六人分循行天下,存问鳏寡、废疾"。《汉书·元帝纪》初元元年(前48年)诏:"临遣光禄大夫褒等十二人循行天下,存问耆老、鳏寡孤独、困乏失职之民"。不过,高年老人当是存问最主要的对象。如《汉书·文帝纪》中所说:"今岁首,不时使人存问长老,又无布帛酒肉之赐,将何以佐天下子孙孝养其亲?"此外,鳏寡孤独群体也以老年人居多,按孟子之说:"老而无妻曰鳏,老而无夫曰寡,老而无子曰独,幼而无父曰孤",四者中鳏、寡、独三者其实也属于老年人口,同属"天下之穷民而无告者"。存问制度在汉代比较盛行,后世王朝虽有所继承,如南朝宋文帝、宋武帝时均有"遣使巡行百姓,问所疾苦""遣使巡慰,问民疾苦"等记载。唐代有关"存问高年"的记载也时有所见。元大德十一年（1306年）诏："鳏寡孤独不能自存者，常加存问，合得衣粮，依期支付，病者官给医药，毋致失所。"① 但相较而言，这种关心老年人的做法已不再受到充分重视。

（二）赐高年王杖

"高年赐王杖"之制可谓是汉代养老制度的创举。武威磨咀子出土《王杖诏令》称："高皇帝以来，至本始二年，朕甚哀怜耆老，高年赐王杖。"西汉王杖制度包括以下内容：年过70岁的老年人即可获赐王杖，持王杖的老人可享受多种优待，如政治地位与"六百石"的官吏相当，可以自由行走官府，行走驰道；经商不征市税；可以像追随汉高祖打天下的关东吏民那样终身免除赋役；凡能善待抚养老人者，也可免除赋役；若有殴打辱骂执杖老人的吏民，按"逆不道"罪论处。因殴辱受王杖高年的事情屡有发生，故成帝时又两次下诏重申王杖令。据学者研究，"授王杖者只是老年群体的一少部分，其绝大部分是没有王杖的；实行王杖制度有着尊崇老年的目的，但这并不是其目的的全部，甚至不是主要目的；其主要目的是要使老年人垂范乡里、纯洁风俗、教导乡民；作为官府治民的一个补充，他们是乡民尊敬效法的榜样，也是其他老人模仿的对象"②。换言之，作为养老制度而言，王杖制度的象征意义大于实际意义。西汉王杖制度对后世产生重要影响。东汉时继续实行王杖制度，《后汉书·礼仪志》载："仲秋之日，县道皆案户比民。年始七十者，授之以王杖，辅之以糜粥。八十、九十，礼有加赐。王杖长九尺，端以鸠鸟为饰。"似乎授王杖已推及所有70岁以上的老年人。北魏孝文帝时期，对老年人采取的优待措施也包括赐"几杖"。北齐规定："都下及外州人年七十以上赐鸠杖黄帽"。唐太宗时也还有对103岁的老人甄权赐给粟、帛、被、褥、几杖等的记载。③

（三）物质赏赐

对老年人进行定期或不定期的物质赏赐，是封建王朝最通行的做法，其起源亦可溯至先秦。至西汉时期，这一做法已走向法制化，《汉书·文帝纪》载文帝诏书："诏曰：方春和时，草木群生之物皆有以自乐，而吾百姓鳏寡孤独、穷困之人或陷于死亡，而莫之省忧，为民父母将何如？其议所以振贷之。又曰：老者非帛不暖，非肉不饱。今岁首，不时使人存问长老，又无布帛酒肉之赐，将何以佐天下子孙孝养其亲？今闻吏禀当受鬻者，或以陈粟，岂称养老之意哉！具为令。有司请令县道，年八十已（以）

---

① 大元圣政国朝典章（卷2）．北京：中国广播电视出版社，1998．89
② 臧知非．"王杖诏书"与汉代养老制度．吏林．2002，2
③ 高成鸢．中华尊老文化探究．北京：中国社会科学出版社，1999．157

上，赐米人月一石，肉二十斤，酒五斗。其九十已上，又赐帛人二匹，絮三斤。赐物及当禀鬻米者，长吏阅视，丞若尉致。不满九十，啬夫、令史致。二千石遣都吏循行，不称者督之。刑者及有罪耐以上，不用此令。"汉文帝认为，解决鳏寡孤独、穷困之人的生活困难是政府的职责，而不关心老年人的生活、不予以布帛酒肉的养补，无以体现国家的"养老之意"，因而要求各级官员对此加以重视，并以"令"即法律的形式加以强调。以此为基础，西汉对老年人的物质救助已走向常规化，如汉宣帝地节三年（前67年）春三月下诏："鳏寡孤独、高年贫困之民，朕所怜也。前下诏假公田，贷种、食。其加赐鳏寡孤独、高年帛。二千石严教吏谨视遇，毋令失职"。虽然在人治社会中，制度法规的执行情况往往因施政者的个人素质而异，但从史书记载可知，历代王朝在这方面时加强调，只是在年龄标准或赏赐物品数量方面有所差异。有学者统计《后汉书》诸帝纪的材料后指出："东汉诸帝，大多都有以赐粟帛等方式救助特殊困难人群的行政事迹"，其中有不少是针对老年贫困之人的。① 南朝宋虽国运不长，但文、武诸帝均极重视优恤高年穷困，多次下诏要求"其高年、鳏寡、幼孤、六疾不能自存者，可与郡县优量赈给"，一般为"人赐谷五斛"。② 北魏孝文帝在位29年，几乎每年都有救助孤老贫困的行迹，如太和十七年九月，"诏洺、怀、并、肆所过四州之民：百年以上假县令，九十以上赐爵三级，八十以上赐爵二级，七十以上赐爵一级；鳏寡孤独不能自存者，粟人五斛，帛二匹"；太和十八年八月，"诏六镇及御夷城人，年八十以上而无子孙兄弟，终身给其廪粟；七十以上家贫者，各赐粟十斛。"③ 宋代以后，尽管已出现福田院、居养院、孤老院、养济院等以收养贫困老人为主要职能的机构，但皇帝对高年人群的物质赏赐从未中断。如元代在国家庆典便常对高寿老人有所赏赐，大德九年（1305年）六月立皇太子诏书云："年八十以上者赐帛一匹，九十以上者两匹"；至大四年，"凡年各九十以上者人赐绢二匹，八十以上者一匹。"④

（四）赋役方面的特权

周代已赋予老年人免除赋役的特权，一般而言，50岁以上的老人即可不服徭役，《管子》中规定：70岁以上的老人可以"一子无征"，即允许一个儿子不服徭役，80岁以上"二子无征"，90岁以上"尽家无征"。《礼记·王制》的说法略有不同。汉代以后历代王朝继承《礼记》《管子》中的做法，并予以发展。如西汉规定，担任乡三老者，50岁即可"复勿徭戍"。一般平民60岁（或说56岁）亦可享受免役待遇。汉景帝时规

---

① 王子今等. 中国社会福利史. 北京：中国社会出版社，2002. 80～83
② 沈约. 宋书（卷5）. 北京：中华书局，1974. 75，82；宋书（卷6）. 110，131
③ 魏收. 魏书（卷7下）. 北京：中华书局，1974. 172～174
④ 大元圣政国朝典章（卷2）. 北京：中国广播电视出版社，1998. 91

定:"高年九十者一子不事,八十者二算不事。"汉武帝诏令80岁者"复二算"(免除两口人赋税),90岁者"复甲卒"(全家免除兵役)。武威出土的《王杖诏令》中规定,对于60岁以上无子男的老人,国家允许其在市场上从事经营,免于征税。北魏孝文帝时,分别有70岁以上、80岁以上"一子不从役"的记载。在免除赋税之外,有王朝还对老人"赐爵",提高其政治社会地位,如北魏孝文帝规定:"百年以上假县令,九十以上赐爵三级,八十以上赐爵二级,七十以上赐爵一级。"北魏均田法令中对老年人也有特殊规定,即"诸有举户老小癃残无授田者……年逾七十者,不还所受"。唐朝均田法更明确规定,老人与残疾人均可受田(四十亩),且可以"不课"。唐朝养老方面的另一重大举措是实行给侍制度,对于80岁以上的老人,许给侍丁,享受免役优待。《唐六典》卷三云:"凡庶人年八十及笃疾,给侍丁一人,九十给二人,百岁三人。"(也有百岁五人之说)《唐大诏令集》卷九谓:"高年给侍,本属存养,因时定式,务广仁恩。其天下百姓,丈夫七十五已上、妇人七十已上,宜各给中男一人充侍,仍任自简择。至八十已上,依常式处分。"尽管具体规定有所变化,但无不反映了唐朝政府对于养老问题的重视,是唐朝政府"在社会发展条件下对古代养老礼的发展"①。这一做法被后世继承,如元世祖下诏:"老人年八十以上,与免一子杂泛,使之侍养";元大德九年(1305年)又规定:"老者年八十以上许存侍丁一名,九十以上存侍丁二人,并免杂役"。②

(五)刑法方面的优遇

汉代规定,老年人触犯刑律时,可以量刑从轻。据《汉书》载,汉惠帝提出:"民年七十以上……有罪当刑者,皆完之。"景帝规定:"年八十以上,八岁以下……当鞠系者,颂系之。"宣帝下诏:"朕惟耆老之人,发齿堕落,血气衰微,亦亡暴虐之心,今或罹文法,拘执囹圄,不终天命,朕甚怜之。自今以来,诸年八十以上,非诬告杀伤人,它皆勿坐"。又据武威出土成帝时的《王杖诏令》所说:"制诏御史:年七十以上,人所尊敬也,非首,杀伤人,毋告劾,它毋所坐。年八十以上,生日久乎?"由此可见,鉴于"高年老长,人所尊敬也"的传统,以及出于对年长者来日无多的怜悯,西汉诸帝一再要求对触犯刑律的70或80岁以上的老人予以宽免。沿至后世,这一做法更被列入法典,影响深远。《唐律疏义》卷四"老小及疾有犯"条列有对老年人处罚从宽的规定:"诸年七十以上、十五以下及废疾,犯流罪以下,收赎";"八十以上、十岁以下及笃疾,犯反、逆、杀人应死者,上请";"盗及伤人者,亦收赎";"九十以上、七岁以下,虽有死罪,不加刑"。另有"犯时未老疾"条:"诸犯罪时虽未老、疾,而

---

① 李锦绣. 唐代制度史略论稿. 北京:中国政法大学出版社,1998. 357~374
② 大元圣政国朝典章(卷2). 北京:中国广播电视出版社,1998. 91

事发时老、疾者,依老、疾论。"不仅老人本人享有宽免特权,即便是其子孙犯罪,出于侍亲的需要,亦可酌情从轻发落。《唐律疏议·名例律》中规定:"若犯死罪、非十恶,而祖父母、父母老疾应侍,家无期亲成丁者(成年叔伯兄弟),上请。犯流者,权留养亲。亲终周年者,则从流。"这些法律规定,充分体现了中华民族文化中尊老优老的原则。唐律是后世法律的蓝本,所以后世法规大都沿用《唐律疏议》有关宽免老人的条例,并且予以引申、发展。少数民族建立的元朝也立法规定:"诸年老七十以上,年幼十五以下,不任杖责者,赎。"① 说明老人可以用财物赎罪。

三、政府对鳏寡孤独、废疾贫病之人的救助

由于生产力水平低下和贫富两极分化等原因,在古代中国的"穷民"为数众多,即文献中习惯的鳏寡孤独、废疾贫病之人。为解决他们的生计,避免社会矛盾激化,历代政府采取了各种救助措施。主要包括如下几类:

(一)进行定期或不定期的物质赏赐

历代统治者物质赏赐的对象,除老人外,一般还包括鳏寡孤独、废疾贫困之人。事实上,历代王朝在实行救济时,往往将鳏寡孤独与老年人并列。如汉初文帝元年三月(前179年),"上为立后故,赐天下鳏寡孤独、穷困及年八十已(以)上、孤儿九岁已下布帛米肉各有数"。文帝十三年(前169年)六月,"诏曰:'农,天下之本,务莫大焉。今廑身从事,而有租税之赋,是谓本末者无以异也,其于劝农之道未备。其除田之租税,赐天下孤寡布帛絮各有数。'"可见鳏寡孤独已与老人一样,成为国家救济性赏赐的主要对象。汉武帝以后,国家要求官吏重视"加赐鳏寡孤独高年帛"的行为,并将办理不力者视为失职,说明经历多次推行之后,对鳏寡孤独、废疾贫困者的赏赐已渐成常制。② 东汉不仅多有赐鳏寡、孤贫、高年粟帛的举措,且出现新的趋势,即更为关注残疾人救助。据王子今考察,东汉颁布的赏赐诏书中已专将"笃癃"列为救助对象。③《后汉书·殇帝纪》载延平元年(106年)诏书云:"诸官府、郡国、王侯家奴婢姓刘及疲癃羸老,皆上其名,务令实悉。"东汉政府要求核实并准确上报"疲癃羸老"的姓名,表明开始重视赏赐的针对性和精确性。汉代还给予鳏寡孤独及残疾人其他方面的优惠,汉成帝建使元年(前32年)规定,孤、独、盲者及侏儒,官吏不得擅自征召,狱讼时不需缚绑,鳏寡无子之人结为夫妇后,农耕不收租,经商不征赋。④

---

① 宋濂. 元史(卷102). 北京:中华书局,1976. 2609
② 王子今等. 中国社会福利史. 北京:中国社会出版社,2002. 74
③ 王子今等. 中国社会福利史. 北京:中国社会出版社,2002. 86
④ 王子今等. 中国社会福利史. 北京:中国社会出版社,2002. 91

汉代赏赐并优待鳏寡孤独、废疾贫困者的政策为后世继承。曹魏政权屡有赐鳏寡孤独、废疾贫病者谷帛的举动，如魏文帝黄初三年（222年），"赐天下男子爵人二级。鳏寡笃癃及贫不能自存者赐谷"。西晋泰始元年（265年），司马炎登基之时，首先大赦天下，并赐"鳏寡孤独不能自存者谷，人五斛"。十六国时期的前秦也有"恤孤独不能自存者"的举措。唐朝实行均田制，明确分给废疾、守寡之人田地，并不许课征，《新唐书·食货志一》载："老及笃疾、废疾者，人四十亩，寡妻妾三十亩，当户者增二十亩"；"若老及男废疾、笃疾、寡妻妾……，不课"。元代对孤苦无依者的物质赏赐已较为系统和常态，涉及衣食、医疗、丧葬等各个方面。元世祖至元二十一年（1284年）规定："养济贫民每口日支柴五斤，于本处年销柴内放支。"① 至元三十一年，又应江浙行省之请，将口粮定为每人"日支米壹升，小口减半"。对御寒衣物的分发也有具体规定，大德年间江西行省临江路鳏寡孤独之人，每年依例可得木绵、絮子及夏衣土布等物。② 大德十一年（1307年）诏曰："鳏寡孤独不能自存者，常加存问，合得衣粮，依期支付，病者官给医药，毋致失所。"③ 孤老去世后，由政府施给棺木和墓地掩埋，大德六年（1302年）定制："孤老病故者，城郭周围空闲官地内斟酌标拨为坟，官为给棺，令孤老头目主丧，仵作行人应付轝车埋瘗，合用棺板价钱，于赃罚钱内支给。"④

（二）设立专门的收养救助机构

魏晋南北朝时期，国家分裂，战乱频繁，政权更迭，给民众带来极大苦难。但各政权为笼络民心，扩张实力，多有救济孤贫的作为，"六疾馆"与"孤独园"遂于此时出现。

六疾馆创立于南齐，据《南齐书》载："太子与竟陵王子良俱好释氏，立六疾馆以养穷民。"六疾是各种疾病的泛称⑤，说明其职能为养赡贫病者。六疾馆由太子及竟陵王创立，应属官办机构。据《魏书》载，北魏宣武帝永平三年（510年），诏"太常立馆，使京畿内外疾病之徒，咸令居处，严敕医署分师救疗"，与六疾馆的做法大致相同。孤独园出现于南朝梁武帝年间，据《梁书》载，普通二年春（521年），武帝诏曰："春司御气，虔恭报祀，陶匏克诚，苍璧礼备，思随乾覆，布兹亭育。凡民有单老孤稚不能自存，主者郡县咸加收养，赡给衣食，每令周足，以终其身。又于京师置孤独园，孤幼有归，华发不匮。若终年命，厚加料理。尤穷之家，勿收租赋。"从"主者郡县咸加收养"的记载看，梁朝统治者已意识到政府收养"单老孤稚"的责任，而"于京师

---

①② 方龄贵. 通制条格校注（卷4）. 北京：中华书局，2001
③ 大元圣政国朝典章（卷2）. 北京：中国广播电视出版社，1998. 89
④ 方龄贵. 通制条格校注（卷14）. 北京：中华书局，2001
⑤ 王子今等. 中国社会福利史. 北京：中国社会出版社，2002. 125

置孤独园",则说明已创设专门收养"单老孤稚"的机构。六疾馆与孤独园的创立,开国家设立收养机构,对鳏寡孤独、贫病无依者予以集中救助的先河。自此以后,类似的救助机构代有所闻。唐代武周长安年间,出现"矜孤恤穷,敬老养病"的悲田养病坊,由政府"置使专知"。宋朝官办社会救济事业尤为发达,各种救助鳏寡孤独、废疾贫困的机构种类更多,规模更大。北宋建立之初,即于开封设立了东、西二福田院,收容老幼、乞丐与残疾之人。宋仁宗嘉祐八年(1063年),又增设南、北二福田院,每院收容300人,四院共计收容1 200人左右。宋徽宗即位前后,又设立收养安置鳏寡孤独贫民的居养院和救疗贫病之民的安济坊,后二者逐渐合流,成为后世养济院前身。此外,宋代收养救助鳏寡孤独及废疾贫困者的机构还有广惠院、实济院、安养院、利济院、安乐坊、安济坊、安乐庐、安乐寮、举子仓、婴儿局、慈幼局、合剂局、太平惠民局、施药局等不同名称种类,遍布全国各地,兴盛发达的局面可见一斑。[①] 元代官办社会救济事业虽不如宋代兴盛,但也沿袭宋代旧制,设有养济院、惠民药局等官营救助机构。

第三节 明清政府的社会救济事业

明清是我国封建社会的最后阶段,在这一时期,政府主持的社会救济事业在继承前代的基础上继续发展。在救灾备荒、救助社会弱势群体、养老事业等方面,明清两代都有较为详备的制度,并设立多种救助机构。

一、救灾备荒

顾名思义,救灾备荒由救灾和备荒部分组成。备荒指灾前预备措施,主要是建设仓储,储备粮食,以备荒年救济灾民;救灾则指在灾害发生后采取一系列临灾救助和善后措施。

(一)仓储建设

明代沿袭前代旧制,在城乡各地广泛设立备荒仓储,以备荒年救济。明朝推行的仓储有预备仓、常平仓、社仓、义仓等种类。其中常平仓、社仓、义仓等仓制仿自前代,预备仓则是明代首创和独有的仓制。它兴于洪武元年(1368年),衰于嘉靖中期,历时170余年,在明代荒政中发挥了重要作用。

据《明实录》载,洪武元年,明政府命户部尚书杨思义在各地推行预备仓,朝廷

[①] 张文. 宋朝社会救济研究. 重庆:西南师范大学出版社,2001

发200万宝钞为仓本，选老人籴粮贮于"乡村辐辏之处"。每县东、南、西、北各立一所，派富民守之，以备赈济。至永乐年间，朝廷下令将预备仓移至城内。除州县外，地方府一级行政单位，亦设有预备仓。军队卫所也有设立预备仓的情况。

预备仓救济饥民采取赈济和借贷两种方法。预备仓兴办之初，多采取无偿赈济的方式。至明英宗正统年间，明政府规定："凡赈饥米一石，俟有年，纳稻谷二石五斗还官"①，改为有息借贷。从救助方式看，预备仓与历代的常平仓有别，而近似于社仓和义仓。正统年间（1436—1449年）以后，明代预备仓时废时兴，如河南新乡预备仓，"在县者三年有常积，在乡者年久废堕，悉为近民所有。正德元年（1506年），知县储珊奉檄覆实，重建如故，储蓄多而凶荒有备"②。成化年间（1465—1487年），又推行纳谷充吏政策，捐谷多者还可得授散官衔。明世宗（1522—1566年）时，"令有司设法多积米谷，仿古常平法，春振贫民，秋成还官，不取其息"；"其后积粟尽平粜以济贫民"。③ 但因为吏治腐败等原因，预备仓谷仓常空，方志中常有"久废""仓毁基存"或合并到禄米仓的记载，名存实亡。

预备仓衰落后，民办的社仓逐渐兴起。正统元年（1436年）年七月，明英宗接受顺天府推官徐郁建议，令各地官府增设社仓，"令军民人等各验丁口，自愿出粟备荒者，听从其便"。嘉靖八年（1529年），迫于日益严重的灾荒，明政府又令各地抚按用官督民办的方式推行社仓，"令二三十家约为一会，每会共推家道殷实、素有德行一人为社首……上等之家，出米四斗，中等二斗，下等一斗，每斗加耗五合入仓，上等之家主之。但遇荒年，上户不足者量贷，丰年照数还仓；中下户酌量赈给，不复还仓。各府州县造册送抚按查考，一年查算仓米一次。若虚，即发令首出一年之米"④。由于受到朝廷重视，社仓在明中后期异军突起，在全国得到普遍设立，"在城居者，或设仓于祠堂以周宗族，或设仓于近境以济邻人；在乡居者，或各堡创设之，或一都合力为之"。

明代义仓建设始于万历二十九年（1601年）十二月，福建巡抚金学增接受乡官陈长祚的提议，并上报朝廷，"以倡缙绅之尚义者"。⑤ 义仓存粮来自百姓缴纳的"义租"，由官府负责贮藏和管理。

明弘治年间，江西巡抚林俊提议在全国广设常平仓，每里积谷1 500石，或捐纳，或籴买，"秋成谷贱六石籴入，春夏谷贵五石四斗粜出。每石明扣一斗以备折耗存积。俱令社长、社正开报贫民，每丁止买二钱以杜兼利……审实极贫，量加赈粜，如时一

---

① 张廷玉. 明史（卷79）. 北京：中华书局，1974. 1925
② （正德）新乡县志（卷2）. 上海：上海古籍书店，1982
③ 张廷玉. 明史（卷79）. 北京：中华书局，1974. 1925—1926
④ （万历）明会典（卷22）. 上海：商务印书馆，1935—1937
⑤ 续文献通考（卷27）. 上海：商务印书馆，1935—1937

钱四斗则与六斗。果甚孤独无依，委难自粜，方与赈济，不必归还"①。后来，这种赈济和平粜并行的仓制在全国陆续推行。

综上所述，明代备荒仓储建设经历了从单一仓制转向多种仓制并行的过程，在此过程中，民间社会的作用日益扩大。明代仓储的建立，对减轻灾害损失、稳定社会秩序、促进社会经济的恢复和发展起到了良好作用。

清代备荒仓储体系主要由常平仓、社仓和义仓组成，"省会以至州郡俱建常平仓，乡村则建社仓，市镇则设义仓，而近边有营仓之制，所以预为之备者，无处不周矣"②，备荒仓储体系较为完备。

清朝建立不久，便仿前代旧制，推行常平仓建设。顺治十一年（1654年），清政府令各府、州、县清查前代设立的常平等仓，"稽查旧积，料理新储"③。顺治十七年，户部议定常平仓每年春夏出粜，秋冬籴还，平价生息，凶岁则按数给散贫户。④ 此后，历代清帝屡颁诏旨，要求各地推行常平仓，并采取劝谕官绅富民捐输、按亩摊征、截漕增补、拨帑银采买乃至开贡监捐纳例等多种手段，充实仓廒。常平仓由此在全国范围内普及。

为使常平仓发挥应有的功能，清政府对其管理制度、运营方式、救助范围及积谷规模作了具体规定。在管理上，常平仓是官仓，因此清政府明确地方官员的管理责任。雍正帝规定，如地方官失职而造成常平仓谷朽腐，将依溺职例予以追究，情况严重的可革职查办；官员接任之时，须将州县仓廒盘查清楚，方许交接。⑤

在运营上，清代常平仓通常采用"存七粜三"的办法，即每年平粜时只准卖出三成积谷，七成留仓；仓谷粜出后，需趁谷价低廉时买谷还仓；如受灾州县的仓谷动用过多，所剩无几，须在丰年秋收时，奏请上司拨银买补。⑥ 不过，由于气候、米价、灾荒等原因，各地常平仓的实际存粜比例并不相同。如康熙四十九年（1711年）清廷对陕西、甘肃两省的常平仓存粜比例作了调整，规定粮贵之年，存半粜半；粮贱之年，存七粜三。如歉收之年米价高涨，或需接济邻近省份，使平粜超出规定比例的，必须由地方督抚奏报办理，决不许出现粜空仓廒的情况。⑦ 乾隆元年（1736年）将湖南常平仓的存粜比例分为三等：长沙等45府州县地势干燥，谷物可久存，存七粜三；永州

---

① 林俊. 请复常平疏. 见：皇明经世文编（卷87）. 上海：上海古籍出版社，1996
② 清朝通志（卷88）. 上海：商务印书馆，1935—1937
③ （嘉庆）松江府志（卷28）. 清刻本
④ 赵尔巽. 清史稿（卷121）. 北京：中华书局，1977. 3554~3555
⑤ （光绪）大清会典事例（卷189）. 上海：上海古籍出版社，1995
⑥ （嘉庆）大清会典事例（卷160）. 台北：文海出版社，1992
⑦ （光绪）大清会典事例（卷189）. 上海：上海古籍出版社，1995

等31府厅县卫稍湿，存半粜半；龙阳等四县尤湿，存三粜七。①

在救助范围上，清代前期常平仓一般只用于本地赈粜。但由于各地丰歉情况不一，灾区本地仓谷不敷赈粜、需外地支援的情况时有发生。因之至乾隆年间，此例渐废。乾隆二十三年（1758年），曾从山西宁武等十余州县常平仓存谷中碾运4万石，协拨陕西。②拨后缺额，以截漕粮补足。这种跨地区协拨的做法，是有利于发挥常平仓备荒救灾功能的。

在存谷规模上，康熙四十年（1701年）规定，大州县常平仓额定积谷1万石，中州县8千石，小州县6千石。至雍正年间，标准有所提高，改为大县1万5千石，中县1万石，小县8千石。③但从实际情况看，因南北气候不同，北方干燥寒冷，更有利于粮食储存，故各州县常平仓贮谷额数较高，多超出标准。如山东、山西的大州县存谷2万石，中州县1万6千石，小州县1万2千石。南方则多不足额，如江苏、四川两省，大州县5~6千石，中州县4千石，小州县不过2~3千石。康熙至乾隆初年，常平仓发展迅猛，全国额定储谷数达4千8百余万石。由于官仓储粮过多，甚至造成了全国米价上涨的情况，为此，乾隆十三年（1748年），中央政府不得不调低各省额定贮量。但全国实际积谷数仍达3千3百余万石。④多者如甘肃，达3百余万石，少者如广西，30万石。⑤可见在乾隆中期以前，常平仓贮谷是比较充裕的。

但至乾隆晚期，情况发生了变化。乾隆五十七年上谕指出："不肖官吏平时任意侵挪亏缺，或以借陈易新为名，勒买勒卖，短价克扣，其弊不一而足"，造成积谷"所存无多、不敷散赈"，说明常平仓已显颓态。⑥晚清常平仓更是全面废弛，如苏州府常平仓在同治初年即处于"久已名存实亡"的状态。⑦

清代社仓建设始于康熙十八年（1679年），此年"户部题准乡村立社仓，市镇立义仓，公举本乡之人，出陈易新。春日借贷，秋收偿还，每石取息一斗，岁底州县将数目呈详上司报部"。但终康熙一朝，社仓建设成效不佳，这在康熙帝上谕中有明确反映。据《清史稿·食货志》载，康熙六十年，朱轼奏请在山西建立社仓，康熙谕曰："从前李光地以社仓具奏，朕谕言易行难。行之数年，果无成效。张伯行亦奏称社仓之益，朕令伊暂行永平地方，其有效与否，至今未奏。"说明社仓尚处于试验阶段。

雍正帝则高度重视社仓建设，认为"备荒之仓莫便于近民，而近民莫便于社仓"，即位不久即谕令各省建立社仓，要求"有司善为倡导于前，留心稽核于后，使地方有

①③（光绪）大清会典事例（卷189）．上海：上海古籍出版社，1995
②中国第一历史档案馆藏宫中全宗朱批奏折内政类．乾隆二十三年十一月二十四日．转自：李向军．清代荒政研究．北京：中国农业出版社，1995．44
④⑤（嘉庆）大清会典事例（卷159）．台北：文海出版社，1992
⑥（光绪）大清会典事例（卷189）．上海：上海古籍出版社，1995
⑦潘遵祁．长元吴丰备义仓全案（卷1）．清刻本，1877

社仓之宜，无社仓之害"。① 由于受到皇帝重视，各地社仓建设捷报频传，雍正二年时，各省已"渐行社仓之法"。②

清朝社仓奉朱熹社仓法为圭臬，设于乡村，由民间推举社长管理，用春借秋还的方法救助贫民。要而言之，"（社长）公举本地善良之人，出陈易新，春贷秋还，每石取息一斗，每岁抄州县核数，申详上司，上司报部。储谷多者，管仓人给与顶带；管理搭克者，照侵欺钱粮例处分，强派抑勒扰民者罪"。"其收息之法，本谷一石收息二斗，小歉减半，大歉全免，至息倍于本，只以加一行息"。"每岁四月出贷，十月完纳，每社设用印官簿二本，一社长收执，一缴州县存查，凡州县官止听稽查，不许干预出纳，如有抑勒强借巢卖侵食等弊，许社长首告"。③

社仓积谷来源有二，一是官府调拨，二是民间捐输。在社仓创始阶段，官府调拨起到很大作用。雍正七年（1729年），清政府下令裁减火耗银，用于采买谷石分贮社仓，极大推动了社仓建设。民间捐输也是社仓积谷的重要来源。为鼓励民间捐输社仓，清政府于雍正二年制定奖励措施："有司劝捐，不得苛派，所捐之数，立册登注，不拘升斗，如有捐至十石以上者，给以花红；三十石以上者，给以匾额；50石以上者递加奖励；其有年久不倦，捐至三四百石者给以八品顶戴带。"④至乾隆二十年（1755年），标准进一步放宽，只要捐谷五十石以上，就能得到八品顶戴，且捐资不论多寡，都会将捐输者姓名及出资数目刻石立碑，以示表彰。

在政府重视下，清代社仓建设在雍正、乾隆年曾出现繁荣局面，但因制度本身存在着缺陷，且受清中期后吏治腐败的影响，不久即由盛转衰，作用受到很大影响。⑤

清代义仓主要由民间捐建，运营办法未有定制，往往因时因地而异。在清代前期，影响较大的有盐义仓。雍正四年（1726年），两淮众盐商捐银24万两，盐政缴公务银8万两。清政府以其中30万两在扬州建仓积储，名曰盐义仓。由两淮巡盐御史委派商人经理，每年青黄不接时，照存七粜三例出陈易新。地方遇灾时则开仓平粜，秋成籴补。⑥ 参照了常平仓的运营办法。乾隆七年，山东利用按盐票认捐的方法筹资，在各城镇修造义仓，仿照社仓做法，设社正、社副管理，出借谷物，加息收还。道光年间之后，陶澍创立的丰备义仓流传颇广，江苏、安徽等地多有仿行者。但丰备义仓也未有定制，如安徽丰备义仓多设立于乡村，规模较小，而道光十五年（1835年）创立的苏州长元吴丰备义仓则设于城市，一度发展到拥有田产上万亩、积谷十数万石、存银十

---

① 清朝文献通考（卷35）. 上海：商务印书馆，1935—1937
② （光绪）大清会典事例. 上海：上海古籍出版社，1995
③④ 清朝通志（卷88）. 上海. 上海古籍出版社，1987
⑤ 黄鸿山，王卫平. 清代社仓的兴废及其原因. 学海. 2004，1
⑥ （光绪）大清会典事例（卷193）. 上海：上海古籍出版社，1995

几万两的规模。①

（二）灾中救助

在救荒方面，明代政府主要有蠲免、调粟、赈济、养恤等办法。灾蠲指灾年免除民众钱粮赋税，明代曾屡次举行。《明史·食货志》称："太祖之训，凡四方水旱辄免税"。根据被灾范围的大小，或蠲免一府或数府州县，甚至一省或数省租税，或单免夏税或秋粮，甚至二税全免。洪武六年（1373年），免北平、河间、河南、开封、延安、汾州旱蝗田租。②太祖"在位三十余年，所蠲租税无数，考实录岁不胜书"③。以后各朝大都依例律实行，并规定"有司水旱灾伤不以闻者，罪不宥"。弘治年间，明政府进一步规定蠲免分数，"全灾免七分，自九分灾以下递减"。

明代还实行移粟就民和平粜等调剂民食措施。《明史·食货志》中即有"被灾处无储粟者，发旁县米赈之"的记载。平粜盛于成化，自成化元年（1465年）发太仓粟赈畿辅，先后有五六次大的赈粜之举。国家还经常下拨赈银，或于地方存留库筹办银两前往丰收地方买粮，运至歉乡赈粜。

明代举行赈济时，通常需经朝廷核实灾情，并委派主赈官员。主赈官按贫困程度额定救济标准，赈济物资主要来源于国库、地方公仓及少量富户的劝借。赈济分赈谷、赈银和工赈等形式。赈谷是遇灾急赈中最常见的形式。洪武二十七年（1394年），颁布《灾伤去处散粮则例》，规定赈谷标准为"大口六斗，小口三斗，五岁以下不与"。永乐十四年（1416年），"北京、河南、山东饥，免永乐十二年逋租，发粟一百三十七万石有奇赈之"。④万历二十一年（1597年）五月，"顺、永二府所属地方，宝坻、武清、东安、香河等五县频遭重灾"；"议将梁城所剩米五千余石就近给散。又请通州漕粮二万石"等等。这些赈米，概由户部遣发官仓粮食解决。当赈谷之法不便施行时，又有赈钱之举。如嘉靖三十八年八月，辽左被灾，"诏户部即发太仓银六万两，务济百姓之急"。"岁终，仍发给牛具银五万两，以备来春播种"。万历二十九年五月，畿辅八府及山东、山西、辽东、河南荒旱，每户"斗米银二钱，小米斗银一钱"。此外，明代也沿用前代工赈（以工代赈）之制。《康济录》载："万历间，御史钟化民救荒，令各府州县查勘该动工役，如修学、修城、浚河、筑堤之类，计工招募，以兴工作，每人日给米三升，借急需之工，养枵腹之众，公私两利。"

明代养恤之政包括施粥、居养、赎子等。施粥是临灾时实行的救急方法。明代每

---

① 黄鸿山. 长元吴丰备义仓研究. 苏州大学硕士学位论文，2004
② 谈迁. 国榷（卷5）. 北京：古籍出版社，1958
③ 王圻. 续文献通考（卷33）. 上海：商务印书馆，1935—1937
④ 张廷玉. 明史（卷7）. 北京：中华书局，1974. 95

遇饥荒，照例煮粥以赈民，粥厂推行甚广。《江南通志》记载，神宗万历十六年（1588年），吴中大荒，发"银共三十万两，命户科杨文举赈济，有司各处设厂煮粥赈饥"。邓云特《中国救荒史》转引《康济录》谓："御史钟化民发河南赈饥，令各府州县官遍历乡村，察举善良，以司粥厂。就便多立厂所，每厂收养饥民二百，不拘土著流移，分别老幼、妇女，片纸注明某厂就食。以油纸护之于臂，汇立一册，听正印官不时查点，使不得东西冒应，期至麦熟而止。听到必行拾遗之法，遍历州、县、村、墟粥厂。以故地方官望风感动，竭力赈济，而民赖以生。"居养、赎子分别指临时收容抚恤灾民、政府出资为被迫鬻卖子女的饥民赎子，这也是明代常见的救灾措施。

与明代相比，清代救荒程序进一步完备，对报灾、勘灾、救灾的程序有着严格规定。救荒手段日趋多样化，包括蠲免和缓征钱粮赋税、设粥厂煮粥散给饥民、散放棉衣、以工代赈等众多措施。在灾后，政府则采取措施，尽量减少灾害带来的损失，帮助灾民渡过难关，恢复农业生产，如安辑流民、放贷牛种、组织补种等。

二、养老和恤孤贫残政策

明清两朝在承袭历代尊老养老传统的基础上，制定并实施系统的养老政策，并赋予其重要的社会责任，以此作为维持封建统治秩序与等级制度的重要手段。明清的养老行政包括如下几方面内容：

（一）免除老人及其亲属的徭役

明代男子16岁以上成丁，必须为官府服徭役，满60岁时则可免徭役。70岁以上的老人则被划入高年的范围，免役范围还可扩展至其亲属。洪武元年（1368年）诏令："民年七十之上者，许一丁侍养，免杂泛差役。"[1]至洪武十九年著为令。主要内容有：遣官慰问，送给米粮酒肉布帛，赐爵位，进官阶，免差役等。同年六月又下令："有司存问高年，凡八十以上者皆复其家。"[2]这一规定似并未普遍推行，所以明代还有"凡民年八十以上，止有一子，若系有田产，应当差役者，许令雇人代替出官，无田差者，许存侍丁，与免杂役"之规定。[3]这可视为特殊情况下的补充条文。宣德五年（1430年），明政府对军户的养老问题作出专门规定："应充军之人，而父母年七十之上及笃废残疾者，许于附近卫所充军。"清顺治元年（1644年）规定："凡军民人等，年70岁以上者，免其丁夫杂差"，年过七十的老人即不必承担国家差役。康熙二十七年（1688年），为使家庭能充分照顾老人生活，诏令："军民七十以上者，许一丁侍养，免其杂

---

[1] （万历）明会典（卷20）．上海：商务印书馆，1936
[2] 王圻．续文献通考（卷17）．上海：商务印书馆，1935—1937
[3] （万历）明会典（卷20）．上海：商务印书馆，1936

派差役。"① 开始把免除差役的范围扩展至老人的家庭成员。为防止发生子孙为官在外、对老人赡养不周的情况,清政府还实行官员告养制度。顺治十三年首先颁布汉员的告养制度:"凡内外官员有祖父母父母年老,无伯叔兄弟,准其终养。"康熙三年,又作补充:"父母年七十以上,其子均出仕在外,户内别无次丁者,或有兄弟笃疾,不能侍奉者,或母老虽有兄弟而同父异母者,皆准回籍终养;其父母年至八十以上,虽家有次丁,愿归养者听。"康熙七年又对旗员的告养制度作出规定。② 这些规定给有老人的家庭带来优惠,也为照顾老人提供人力保证,进而提高了老人在家庭中的地位与尊严。

(二) 对老年人的物质赏赐与救济

这项政策主要对鳏寡孤独及贫困家庭的老人实施。洪武十九年六月,明太祖下令各地官府审查,将辖区内年过八九十岁,并非隶、卒、倡、优,邻里称善的老人,上报朝廷。贫无产业者,80岁以上,月给米5斗、肉5斤、酒3斗;90岁以上,岁加赐帛1匹、絮10斤;虽有田产,仅足自给者,不给米,酒、肉、絮、帛如数赐给。并要求"著为令"。③ 永乐二十二年(1424年)令,"民年七十以上及笃废残疾者,许一丁侍养;不能自存者,有司赈给。八十以上者,仍给绢二匹,绵二斤,酒一斗。"④ 天顺八年(1464年)令,"凡民年七十以上者,免一丁差役,每年给酒十瓶,肉十斤;八十以上者,加赐绵二斤,布二匹;九十以上者,给与冠带,每年设宴招待一次;百岁以上者,给予棺具。"清顺治元年(1644年)规定,军民年80岁以上者,赏给绢1匹,棉花10斤,米1石,肉10斤;90岁以上,加倍给予。雍正四年(1726年),又遍赏全国70岁以上老人钱物,共费银89万余两、米16万5千余石。逢朝廷庆典时,清政府通常会对老人有所赏赐,康熙帝60大寿时,"凡兵民男妇自六十五岁以上者,赐缎匹衣服及银两有差"⑤。清代还要求地方官不时"存问"90岁以上的老人,如果老人系孤寡或因子孙贫困而不能得到赡养,地方官应采取赈恤措施。⑥ 因百岁老人尤为难得,清政府不仅赏给财物,还常予以旌表。康熙九年规定:"命妇女孀居,寿至百岁者,题明给予'贞寿之门'匾额,建坊银三十两。"康熙四十二年(1703年)后,旌表对象的范围有所扩大,无论男女,只要年过百岁,都准予旌表,"老民年登百岁,照例给予建坊银,并给'升平人瑞'匾额"。⑦ 至雍正四年,又作补充规定:"年至一百一十岁者,加

---

① (雍正)大清会典(卷68).上海:上海古籍出版社,1987
② (嘉庆)大清会典事例(卷116).台北:文海出版社,1992
③ 优恤高年并穷民诏.见:皇明诏令(卷3).台北:文海出版社,1984
④ (万历)明会典(卷80).上海:商务印书馆,1935—1937
⑤ (雍正)大清会典(卷68).上海:上海古籍出版社,1987
⑥ 席裕福,沈师徐.皇朝政典类纂(卷379).台北:文海出版社,1982
⑦ (嘉庆)大清会典事例(卷314).台北:文海出版社,1992

一倍赏银;至一百二十岁者,加两倍赏赐;更有多得寿算者,按其寿算加增。著为定例。"①

(三)对老人法律和政策方面的优待

明清两代沿袭前代定制,规定老人触犯刑律时,量刑应予以适当减轻或免除。万历《大明会典》卷161《老小废疾收赎》条规定:"凡年七十以上,十五以下及废疾,犯流罪以下收赎;八十以上,十岁以下及笃疾,犯杀人应死者,议拟奏闻,取自上裁;盗及伤者,亦收赎;余皆勿论;九十以上,七岁以下,虽有犯罪,不加刑。"又有《犯罪时未老疾》条:"凡犯罪时虽未老疾,而事发时老疾者,依老疾论。若在徒年限内老疾,亦如之。"清代法律对老人犯罪也有特别优待,年过70岁以上者犯流罪以下、即罪行不重者,可以钱赎罪;80岁以上老人罪行严重应判死刑者,须由皇帝亲裁;90岁以上者,"虽有死罪不加刑"。此外,在科举考试中,老人也享有特殊待遇,清政府对坚持参加考试的老人往往格外开恩。乾隆五十四年顺天府的乡试中,乾隆帝将"年在八十以上之左昌宗等九名,并年在七十以上之副榜单备,俱著加恩赏给举人,准其一体会试;其年在七十以上之高日新等三十三名,俱著加恩赏给副榜;以彰寿世作人至意"。乾隆五十七年,河南省81岁中式举人曹逢庚,诗中平仄用错,按规定应停科,但念其年老,加恩免其罚科。②

(四)举行乡饮酒礼、"千叟宴"等提高老年人的社会地位

明朝政府明确指出:"乡饮之设,所以尊高年,尚有德,兴礼让。"民间里社以百家为一会,每季行之于里中。洪武十六年,颁行《乡饮酒礼图式》,规定乡饮酒礼每年正月十五日、十月初一日于儒学举行。洪武十八年重定乡饮酒礼,明确要"叙长幼,论贤良,别奸顽,异罪人",规定"其坐席间,高年有德者居于上,高年淳笃者并之,以次席齿而列",而那些"曾违条犯法之人,列于外坐,同类者成席,不许干于善良之席"。③ 这比以往各朝乡饮酒礼的内容有所改进。明代最有特色的是行于里社的乡饮酒礼,里社于"每岁春秋社祭令饮毕",行乡饮酒礼,"所用酒肴于一百家内供办","百家内,除乞丐外,其余但系年老者,虽至贫亦须上坐;少者虽至富,必序齿下坐,不许僭越,违者以违制论"。但"其有过犯之人,虽年长财富,须坐于众宾席末,听讲律受戒论"。④ 因此,里社乡饮酒礼较之州县,实际作用更大,内容更具体,的确起到了

---

① (雍正)大清会典(卷68).上海:上海古籍出版社,1987
② 刘锦藻.清朝续文献通考(卷99).上海:商务印书馆,1936
③ 龙文彬.明会要(卷14).北京:中华书局,1956
④ (万历)明会典(卷79).上海:商务印书馆,1935—1937

"敦化乡俗，尊敬长老"的作用。

清代康熙、乾隆两朝曾举行"千叟宴"，旨在提高老人地位，提倡敬老风气。康熙五十二年（1713年），为庆祝康熙帝60寿辰，清政府邀请全国65岁以上在职和退休的文武官员及全国各地推举的贤德长者共两三千人进京赴宴。首先宴请汉人，3日后宴请八旗长者。与宴汉人中90岁以上有33人，80岁以上538人，70岁以上1 823人，65岁以上者1 864人。① 举行宴会之际，康熙颁布谕旨，遍赏天下老者，"凡兵民男妇自六十五岁以上者，赐缎匹、衣服及银两有差。群臣自六十五岁以上者，赐砚、帽、袍、褂、靴、袜有差。旧臣讠圭误落职者，衿其年老，准复原官"②。乾隆50大寿时，曾仿行"千叟宴"，与宴者3 000人，"闽人国子监司业衔邓钟岳年百三岁，自闽至京赴宴，尤为盛事"③。

为救助孤、贫、残等社会弱势群体，明清两代设立了一系列救助机构。

洪武元年（1368年）八月，明太祖下诏："鳏寡孤独废疾不能自养者，官为存恤。"五年，"诏天下郡县立孤老院"，后更名养济院。为保证这一政策的实施，朱元璋将它著之为令，既而著之于律。《大明律》中对收养孤老有明确规定："凡鳏寡孤独及笃疾之人贫穷无亲属依倚不能自存，所在官司应收养而不收养者，杖六十；若应给衣粮而官吏赳减者，以监守自盗论。"由于朱元璋的倡导，洪武年间，不少州县恢复或新建养济院。《明史·土田志》载洪武五年孤老院、养济院的救助标准是："月给米三斗，薪三十斤，冬夏布各一匹。小口给三分之二。"稍后，户部颁布则例，明确规定："大口十五岁以上，月支米三斗，柴三十斤，岁支冬夏布各三丈；小口十四岁以下至五岁，月支米二斗，柴三十斤，岁支冬夏布各三丈。"④ 洪武十九年，明政府又规定："贫民鳏寡孤独者，不能自存者，岁给米六石。"⑤ 永乐三年（1405年）二月，巡按福建监察御史洪堪奏报各地养济院情况时指出："存恤孤老，王政所先。今处各府州县养济院多颓坏，有司非奉勘合不敢修葺，孤老之人多无所依。又或有一县之内，素无建置者……乞敕有司常加修葺，未建置者即建置之，如例收养。"明成祖采纳这一建议，责令各地付诸实施。至永乐十年四月，"天下府州县俱有惠民药局、养济院"。后孝宗又采纳工部左侍郎李遂建议，于弘治十五年（1502年）七月，"命延绥镇等官于沿边各卫设立养济院、漏泽园各1所"⑥，养济院之设由内地州县扩展到沿边各卫。

清代养济院遍布全国县治以上城市，以每城一所的情况最为常见，但也有例外，

---

① 刘松林. 浅谈我国古代的养老政策. 文史杂志. 1999，6
② （雍正）大清会典（卷68）. 上海：上海古籍出版社，1987
③ 吴振棫. 养吉斋丛录. 转引自：刘松林. 浅谈我国古代的养老政策. 文史杂志. 1999，6
④ （弘治）徽州府志（卷5）. 上海：上海古籍书店，1981
⑤ 龙文彬. 明会要（卷51）. 北京：中华书局，1956
⑥ 明孝宗宝训（卷30）. 台北：中央研究院历史语言研究所，1962

如清代广东东莞、番禺二县即各有2所。① 养济院规模大小与城市等级密切相关，等级愈高则规模愈大，反之亦然。如清初松江府城养济院有屋51间，其所属华亭县、娄县养济院则各有屋25间。② 又如嘉兴府城养济院额定收养孤贫人数608名，而其下辖嘉善县为80名，海盐县为120名。③ 此外，养济院规模还受当地人口、财力及地方官个人因素的制约。

清代前期，养济院收养对象以当地"鳏寡孤独残疾无告之人"为限，外来者需移送本籍养济院收养。但是随着社会形势的发展，养济院逐渐将部分外来者列入收养范围。雍正十三年（1735年）规定，"军流犯年逾六十不能力食者，照例拨入养济院。"④ 乾隆二年（1737年），因"四川省居民流寓最多，与他省不同。若将远方流丐照各省之例一概送回原籍，老病穷民，举步维艰，既多跋涉之苦，亦非矜全之道"，乾隆帝谕令"将川省外来流丐，饬令地方官稽查。果系疲癃残疾无告穷民，准其一例收入养济院，动支地丁钱粮给养"。乾隆四年，清政府复申此令，要求各地养济院收养流民中的残废人。⑤ 至此，养济院收养对象只限于本地人口的规定已基本废除。

各级养济院对收养人数也多有限定，如嘉善县养济院便额定收养80人。但若"鳏寡孤独残疾无告之人"过多，而本地财力又允许的话，也常会超额收养，如松江府崇明县养济院收养人数便远远超出定额，其"额养孤贫"不过14名，而"额外孤贫"则有240名之多。⑥

养济院收养孤贫时，有着严密的程序规定。以清代广东省乐昌县养济院为例，在办理收养时，首先孤贫必须出示乡约及邻里的保状书，证明符合收养条件；入住养济院后，必须登记姓名、年龄、相貌、特征和入住原因，并注明原居村庄里图；最后按此内容制作腰牌，发给住院孤贫。养济院收养满额后，即暂停收养，待出现空额后按序顶补。为便于管理，养济院还对入住孤贫进行编制，每10人设立一甲长，轮流担任，互相监督；若有人滋事，须报官府处理；如有孤贫沟通作弊，则"革粮另补"；住院者男女分居，称男院女院，各设院头；住院孤贫患病由官府"拨医调治"；孤贫病故，则"给棺掩埋"。⑦

因养济院房屋有限，救济对象并不能全部住入，所以有时还有住院孤贫与不住院孤贫的分别，住院指入住养济院者，不住院孤贫则散住在外，按时到养济院领取救济

---

① （民国）东莞县志（卷19）. 南京：江苏古籍出版社，上海：上海书店，成都：巴蜀书社等，1990—
② （嘉庆）松江府志（卷16）. 南京：江苏古籍出版社，上海：上海书店，成都：巴蜀书社等，1990—
③ （光绪）嘉兴府志（卷24）. 南京：江苏古籍出版社，上海：上海书店，成都：巴蜀书社等，1990—
④ 席裕福，沈师徐. 皇朝政典类纂（卷379）. 台北：文海出版社，1982
⑤ 席裕福，沈师徐. 皇朝政典类纂（卷182）. 台北：文海出版社，1982
⑥ （民国）崇明县志（卷7）. 南京：江苏古籍出版社，上海：上海书店，成都：巴蜀书社等，1990—
⑦ （民国）乐昌县志（卷7）. 南京：江苏古籍出版社，上海：上海书店，成都：巴蜀书社等，1990—

钱物。清代养济院的救助标准有定章可循，但存在地区差异。乾隆二年时清政府曾统一标准，"每孤贫一名，岁给银一两二钱六分，米二石八斗三升各有奇；遇闰加银三分，加米二斗三升各有奇"①。但因地方财力强弱不一，各养济院的救济标准实际上还是存在较大差异。大略而言，地方财力雄厚则救济标准高，财力窘迫则标准低。

与养济院的经费来自官府相对应，养济院多由地方官管理。为提高官员的重视程度，清政府将养济院的经营情况列入考绩内容，并具体规定地方官的管理责任。如地方官必须登记孤贫个人资料、发放银米、点验人员、维修设施。但这并不能完全保障养济院的正常运行，雍正年间，养济院已显弊端。如不法官吏欺蒙舞弊，任意克扣侵蚀；孤贫头目利用代散之机，中饱私囊；无赖混充冒入，传为"世业"，真正孤贫却难得养恤。雍正十二年（1734年）时，山东历城县养济院额定应收养孤贫242名，"现在院内居住者实止四十八名"，其中"或系夫妻子女团聚，或系母子姑媳同居"；"冒滥者竟至一百五十三口"。在厉行整顿后，情况稍有好转，但不久又旧态复萌。为消除官营所带来的弊端，清代晚期，民间力量开始介入养济院建设，如嘉兴府桐乡县养济院，"同治十三年，知县袁绩庆捐廉为倡，邑绅严辰募捐助之，建屋悉如旧制"②。养济院的官营色彩渐趋淡薄。

第四节 民国政府的社会救济事业

民国时期，特别是1927年南京国民政府成立后，对社会救济事业进行了较大规模调整，使社会救济事业呈现出一些新的面貌。

一、制定多部社会救济法律法规，使社会救济制度化、法制化的趋势进一步明确

1915年12月，北京政府颁布《游民习艺所章程》，对习艺所的设施、收养对象及教养内容进行规范。③一些省区也相继出台地方性社会救济法规。至1928年6月，南京国民政府内政部公布《各地方救济院规则》，要求各级政府设立救济院，次第筹办或合并办理养老、孤儿、残废、育婴、施医、贷款等所。④20世纪40年代以后，国民政府先后公布《社会救济法》《救济院规程》《管理私立救济设施规则》《私人办理济渡事业管理规则》等法律法规，以规范各类救助机构的管理运作。1943年《社会救济法》

---

① 席裕福，沈师徐. 皇朝政典类纂（卷182）. 台北：文海出版社，1982
② （光绪）桐乡县志（卷4）. 南京：江苏古籍出版社，上海：上海书店，成都：巴蜀书社等，1990—
③ 商务印书馆编译处编. 最新编订民国法令大全. 上海：商务印书馆，1924. 480~481
④ 上海市社会局编. 公益慈善法规汇编. 1932. 20，21

的出台表明，国民政府已将社会救助明确为国家的行政责任。

在救灾备荒方面。民国沿袭历代做法，建设备荒仓储，以备荒年救济灾民。为加强仓储管理，南京国民政府于1928年7月颁布《义仓管理规则》。在此基础上，1930年1月又修订《各地方仓储管理规则》，规定备荒仓储分县仓、市仓、区仓、乡仓、镇仓、义仓六种，义仓由个人捐办，其他五种由政府兴办。义仓视作慈善机构，依《监督慈善团体法》及《监督慈善团体法施行规则》办理。政府举办的仓储则设于治所，由官员管理，经费来自地方公款或派收捐募。仓储积谷采取贷与（借贷）、平粜（平价粜卖）和散放（无偿赈济）三种方式救助民众。1934年12月，行政院发布《各省市举办平粜暂行办法大纲》，对积谷平粜的时机和数量进行规定。

民国政府在救灾程序上也有明确规定。1915年1月，北洋政府借鉴清代制度，制定《勘报灾歉条例》。1928年10月，南京国民政府内政部颁布同名法令，1934年2月经行政院修正。1936年8月，行政院公布《勘报灾歉规程》。在上述条例中，民国政府对勘灾、报灾、蠲缓的程序作了详细规定。为严格查灾和放振程序，杜绝流弊，行政院于1947年5月公布《灾振查放办法》。

为筹措救灾资金，民国政府出台一系列规章制度。1914年8月，北洋政府颁行《义赈奖劝章程》，鼓励社会各界捐款赈灾，达一定数额者由政府予以奖励。南京国民政府成立后，相继公布《振款给奖章程》《振务委员会助振奖给章程》，规定按照捐款数额的多少，由政府或振务会给予匾额、褒状、褒章等奖励。1934年11月，国民政府出台《公务员捐俸助振办法》，规定公务人员按比例捐俸助振。1931年底，国民政府公布《振务委员会收存振款暂行办法》和《振务委员会提付振款暂行办法》，对赈款管理作出明确规定。

发行赈灾公债是民国政府筹措救灾资金的重要手段。1920年11月，为救助华北灾荒，北洋政府颁布《赈灾公债条例》，决定发行公债400万元，年利率7厘。南京国民政府承袭这一做法，立法院于1929年4月通过《公债法原则》，规定公债主要用途之一为"充非常紧急需要，如对外战争及重大天灾等类皆属之"。自此而后，国民政府几乎每逢大灾都要发行公债。如1931年公布《国民政府民国二十年振灾公债条例》，预备发行公债8 000万元，实际发行3 000万元。又如1935年11月公布《民国二十四年水灾工振公债条例》，发行公债2 000万元。

救灾准备金制度在南京国民政府统治时期也被提上立法议程。1930年4月，振务委员会呈请国民政府，拟自本年度起，每年预算内列备荒专款500万元，为救灾备荒之用，并拟定《备荒基金法》草案。1930年10月，国民政府公布《救灾准备金法》，1935年6月，又颁行《实施救灾准备金暂行办法》。据上述法规，救灾准备金由中央和省区两级政府筹集，国民政府每年在经常预算收入总额内支出1%，作为中央救灾准备金，积存满5 000万元止；省政府每年在经常预算收入总额内支出2%，作为省救灾准备金，每百万人口积存达20万元止。市县无力救助的灾荒，以省救灾准备金补助，不足再以中央救灾准备金补助。1935年6月，国民政府公布《救灾准备金保管委员会组织条例》，对救灾准备金的保管机构进行规定。

为加强对办赈机构和人员的管理，国民政府颁布《办理振务人员奖恤章程》（1930年）、《办振人员惩罚条例》（1931年）、《办振公务员奖励条例》（1931年），《办振团体及在事人员奖励条例》（1932年）、《办振团体在事人员恤金章程》（1932年）等一系列章程条例。①

此外，民国政府为加强对民间慈善事业的监管、促进慈善事业兴起，也颁布了系列法令规章（详见后）。

二、整理和改造传统救济机构，建设新型救济机构，形成常设救济机构体系

清末光绪三十四年，清政府要求各地设立自治公所，公选合格绅民，组成地方议事会和董事会，举办地方自治。《城镇乡地方自治章程》规定，"本城镇乡之善举"属地方自治应办事宜，包括救贫事业、恤嫠、保节、育婴、施衣、放粥、义仓积谷、贫民工艺、救生会、救火会、救荒、义棺义冢、保存古迹和其他关于本城镇乡善举之事。此后，各地地方自治机构随即对慈善救济机构进行整理和改造，如1909年成立的上海城自治公所已商讨重组善举的办法。民国成立后，上海地方自治转由市政厅主持，成立上海慈善团，统合市内各善堂，统一经营慈善事业。上海慈善团的善举范围包括恤嫠、赡老、矜孤、济贫、施棺、赊棺、义冢、育婴、保赤，以及兴办养老院、残废院、贫病院、贫民习艺所和妇女工艺院等救助机构。清末民初地方自治时对善举的重视或可视作政府整理改造传统社会救济机构的开端。但随着1914年袁世凯下令停止地方自治，上海慈善团摆脱了与行政机构的关系，重新成为民间组织。② 上海的情形可视作全国的一个缩影。

北洋政府曾有建设新型救济机构的举措。1915年时，北洋政府继承晚清以来"教养兼施"的救济思路，颁布《游民习艺所章程》，要求设立内务部直隶的游民习艺所，"专司幼年游民之教养及不良少年感化等事项，以获得有普通知识，谋生技能为宗旨"，收容8至16岁的贫苦无依或"性行不良"的青少年入所接受普通或职业教育，传授的职业技能有染织、打带、印刷、刻字、毡物、铁器、木工、石工、制胰、缝纫、制帽、制鞋、抄纸等，另补习修身、习字和珠算，以便出所后经商营业。③ 北洋政府统治时

---

① 关于民国时期的灾荒救济立法，详见：岳宗福. 民国时期的灾荒救济立法. 山东工商学院学报. 2006, 3
② 小浜正子. 近代上海的公共性与国家. 葛涛译. 上海：上海古籍出版社，2003. 52~57
③ 戴鸿映. 旧中国治安法规选编. 北京：群众出版社，1985. 103~106

期，类似救助机构纷纷涌现。1912年，上海设贫民习艺所，"招收贫寒子弟，额定一百五十人，学习各种工艺，教养兼施"①。1913年，南京设立贫民工厂；同年又设立贫民工艺厂，至1926年改名为仁寿贫民工厂。②1915年，天津绅商宁世福等禀准直隶巡按使，利用天津育黎堂及栖流所旧址等处开办天津教养院，要求警察将街面流浪乞丐一律送院学艺。教养院中分设男、女工厂，教授织毯、织布等工艺；附设养病所，为患病乞丐诊治；设惩戒所，私逃或不听管教者送入罚作苦工。③1921年，湖南长沙创办贫民救济会，下设贫民工艺厂和"惠老工场"，收容沿途乞丐。④1923年，江苏盐城县设立贫儿教养院，"招收贫苦儿童，给以衣食、半日读书，半日工作"，后改归教育局管理。⑤根据对地方志资料的统计，浙江省内的萧山、汤溪、新昌、寿昌等县均在民国初年创办平（贫）民习艺所。

南京国民政府成立后，名义上完成国家统一，开始着手整理改造救济机构。1928年5月，内政部颁布《各地方救济院规则》，规定各级政府应在治所或人口聚集地设立救济院，救济院基金以地方收入酌量补助或设法筹募，救济院院长、副院长由政府选任。救济院下分设养老、孤儿、残废、育婴、施医、贷款各所，职能分别如下：

（1）养老所。以60岁以上、无人抚养且无力自救的老人为收养对象。在保证老人基本生活的同时，养老所"应教以有益身心之课程"，并要求身体健康的老人从事裱糊、纺织、编造、书画、饲养、栽种等劳作。

（2）孤儿所。以6~15岁的贫苦无依幼童为收养对象。适龄者送就近学校免费入学，孤儿许人领为养子女，无人领养者成年后出所，由救济院为之介绍职业。

（3）残废所。以无依靠的残废人为收养对象。视残废程度轻重，分别教授文字、算术、手工、音乐、词曲、说书等技能。经费充足时应开办盲哑学校。残废人可自谋生活时，替其介绍职业，出所谋生。

（4）育婴所。收养6岁以下的贫困和被遗弃婴孩，雇乳母喂养，许人领为养子女。所中设游艺场、浴室，置办玩具。年至6岁以上者送孤儿所。

（5）施医所。负责治疗贫民疾病，并辅助卫生防疫，如种痘等。

（6）贷款所。救助对象为"无资营业或经营农事之男女"，免息贷给每人5~20元的小额资本，分期归还。

《各地方救济院规则》颁布后，各地纷纷对原有的救济机构进行改造，建立救济

---

① （民国）上海县志（卷10）．民国刊本
② 南京民政志．深圳：海天出版社，1994．205~206
③ 直隶巡按使为津教养院试办事批天津县绅民宁世福等（1915年7月19日）．见：天津档案馆编．北洋军阀天津档案史料选编．天津：天津古籍出版社，1990．78~83
④ 湖南省志（卷4）．北京：中国文史出版社，1994．335
⑤ （民国）续修盐城县志（卷10）．南京：江苏古籍出版社，上海：上海书店，成都：巴蜀书社等，1990—

院。兹举数例：

1929年5月，首都南京成立市立救济院，该院由原设的江宁普育堂、救生局、济良所、乞丐收容所等机构改组而成，下设养老所、残废所、育婴所、妇女教养所、游民习艺所、贫民贷款所和水上救护所。1930年，养老、残废二所合并为残老所。1933年，又分立养老、残废所，并增设孤儿所。1936年，成立难民乞丐收容所。救济院在抗战期间停办，1945年9月复建，设育幼所、安老所、残废教养所、妇女教养所、节妇堂和乞丐收容所。①

1928年后，北京官立救济机关有第一习艺工厂、第二习艺工厂、第一救济院、第二救济院、妇女救济院和乞丐收容所6个。1934年合并为北平市社会局救济院，分设第一习艺部、第二习艺部、儿童部和收容部。②

1928年，安徽省政府民政厅根据规则，设省会救济院，下辖育婴所、游民感化所、施医所、养老所、妇女教养所、孤儿所和施材掩埋所；1929年，又将原设之因利局改为贷款所。省内有21县设立救济院。③

1930年，按《各地方救济院规则》要求，吉林省有14县成立救济院，下设养老所、孤儿所、育婴所和济良所等，其中长春救济院设设庶务、救疗、孤儿、老残、济良、授业6部。④

1925年，甘肃省政府政务厅成立兰州慈善院，收养流浪社会的孤老残人员。1932年，照《各地方救济院规则》要求，兰州慈善院改为"甘肃省区救济院"，设养老、孤儿、残废、育婴、妇女、贷款6所。⑤

从以上事例可见，《各地方救济院规则》对全国产生了普遍影响，各地纷纷遵照规则，对原有救济机构进行整理改造，成立救济院。但从实际情况看，各地救济院下辖所的数量多寡不一，与规则的要求并不完全一致。究其原因，是由于救济院各所多由既存的慈善救济机构改组而来，当地原有慈善救济事业的兴盛与否，决定了救济院下辖所数量的多少。当然有例外情况，如慈善救济事业特别发达的上海，在《各地方救济院规则》颁布后，由于受到1927年成立的"上海慈善团体联合会"的抵制，救济院就未能如期成立，慈善救助事业仍然维持原状。这是由于上海民间慈善团体力量特别强大的缘故。⑥

---

① 南京民政志. 深圳：海天出版社. 1994. 310～315
② （民国）北京市志稿·民政志（卷5），北京：燕山出版社，1998. 156
③ 安徽省志·民政志. 合肥：安徽人民出版社，1993. 196～197
④ 吉林省志·政事志·民政. 长春：吉林人民出版社，1991. 250
⑤ 甘肃省志·民政志. 兰州：甘肃人民出版社，1994. 672
⑥ 小浜正子. 近代上海的公共性与国家. 葛涛译. 上海：上海古籍出版社，2003. 112

三、在应对战争和自然灾害时，建立最高规格的救济机关，统筹全国社会救济事业

在应对突发重大自然灾害方面，1920年10月，华北出现严重旱灾，北洋政府组织"国际统一救灾总会"，并设置赈务处。赈务处附设于内务部，分设总务、赈粜、工赈、赈务、运输五股。1924年，北洋政府将赈务处升格为督办赈务公署，下设总务、赈务、稽查三处，主持全国官赈。南京国民政府继承北洋政府的做法，于1928年重新成立赈务处，处长由内政部长兼任，下设赈款委员会和总务、调查、赈济三科。随着一些临时性、地区性的救灾机构的陆续设立，为加强各救灾机构的联系，统筹救灾工作，国民政府行政院又于1929年增设赈灾委员会。因其与赈务处功能重叠，国民政府于1930年将赈务处和赈灾委员会合并，成立振务委员会，负责灾民、难民的救济事务。委员会由各部部长为委员，下设总务、筹赈、审核三科，在各省、市、县设振务分会。此外，遇有特大灾害时，国民政府仍会设立临时救灾机构。如1931年特大水灾时，国民政府便设立救济水灾委员会，负责救灾工作。

抗日战争爆发以后，为救济战争难民，1937年9月，国民政府成立"非常时期难民救济委员会"，总会设于南京，各地设分会和支会，负责难民收容、运输、给养、救护、管理等事务。1938年4月，国民政府将振务委员会、非常时期难民救济委员会合并改组，成立振济委员会，并将内务部民政司的救济行政并入管理。振济委员会的职能包括：救济灾难机关及团体之指导监督、振款之募集、保管和分配、灾民难民之救护、运送收容给养、灾民难民之组织训练、移殖配置及职业介绍、灾民难民生产事业之举办及补助、急振、工振、平粜之举办或补助、勘报灾歉之审核、防灾备荒之设计、捐款助赈及办振出力之奖励、慈善团体之指导监督、残废老弱之救济、孤苦及被灾儿童之教养、贫民生活之扶助、游民技能之训练、贫病医疗之补助，等等。各省县振务会、难民救济分会随即改组，设立省振济会、县振济会。振济委员会成立后，在全国成立6个救济区，在难民迁徙路线上设置26个难民运送总站和132个分站，166个招待所。抗战胜利后的1945年11月，振济委员会取消，其业务合并到善后救济总署。

抗战胜利前夕，为办理战后善后救济，尽快恢复生产生活秩序，中国政府根据1943年11月9日签署的《联合国救济善后公约》，成立直属行政院的联合国救济善后总署中国分署（又称行政院善后救济总署）。善后救济总署的职能包括：难民输送及复业、难民福利、难民工业、流离人民之调查、工商业损害调查、泛滥区域之灾情调查、其他有关善后救济之调查等。总署在全国设15个分署和5个直辖办事处，主持善后救

济工作。至 1947 年裁撤。①

虽然制度不断走向完善，但由于政治腐败、军阀混战、灾害频繁、外敌入侵等原因，民国政府内忧外患不断，制度的执行情况不容高估。

第五节 政府救济行政对民间慈善事业的影响

从社会功能的角度看，政府救济行政与民间慈善事业同为社会保障事业的有机组成部分，都具备保障民众生活的作用。但就两者关系而言，政府始终处于主动，主导着社会救济事业的发展，因此，政府救济行政对民间慈善事业产生了重大影响。

第一，政府救济行政对民间慈善事业起到示范作用。

一般而言，中国民间慈善事业的主持者往往具备官僚、地主或商人身份，属于统治阶级的成员，他们和政府在意识形态、政治立场方面一致。所以，政府的救济行政很容易引起他们的共鸣和认同。他们举办慈善事业时，往往仿效政府的做法。民间举办的慈善事业，除举办主体不同以外，在救助方式、救助对象、机构设置等方面都与政府救济行政存在很大程度的相似性。由此可见，政府救济行政对民间慈善事业起到了示范作用。

第二，政府救济行政鼓励民间力量参与社会救济，促进了民间慈善事业的兴起。

中国历代政府已经认识到民间力量的重要，有意识地鼓励和吸引民间力量参与社会救济，以弥补政府救济的不足。历代政府对捐资或出力参与社会救济的民间人士，往往会采取荣誉表彰（如旌表）、授予官衔等方式进行奖励。政府有时还通过颁布法令的方式，在全国各地提倡、推行民间慈善组织。在民间慈善机构遭遇困难时，政府常会动用政治权威和财政力量，助其渡过难关。这些做法，促进了民间慈善事业的兴起和繁荣。

第三，政府救济行政对民间慈善事业起到主导和监管作用。

中国中央集权制的传统非常悠久，在这一模式下，民间慈善事业很难取得完全独立于政府救济行政的地位，而是始终处于政府的监督和管理之下。在政府的眼中，民间慈善事业有时也可视作政府救济行政的组成部分。所以，中国历史上的民间慈善团体往往得到政府与民间两方面力量的共同参与，有时很难确切判断其究竟属于政府机构还是民间组织。而从政府与民间的关系看，政府往往处于主导和决定地位。政府可以根据需要，随时将救济机构转变为"官办"或"民办"。如南京国民政府举办的救济院，其下属各所其实都是由传统意义上的民间慈善机构改造而来。

---

① 关于民国政府救灾机构设立情况，详见：蔡勤禹. 国家、社会与弱势群体：民国时期的社会救济（1927—1949）. 天津：天津人民出版社，2003

深度阅读

1. 王卫平,黄鸿山.中国古代传统社会保障与慈善事业.北京:群言出版社,2004
2. 蔡勤禹.国家、社会与弱势群体——民国时期的社会救济(1927—1949).天津:天津人民出版社,2003
3. 李向军.清代荒政研究.北京:中国农业出版社,1995
4. 王文涛.秦汉社会保障制度——以灾害救助为中心的考察.北京:中华书局,2007
5. 王子今等.中国社会福利史.北京:中国社会出版社,2002
6. 张文.宋朝社会救济研究.重庆:西南师范大学出版社,2001

第三章
民间慈善事业的发生

明清以前的社会救助事业是以政府为主体开展的,但民间慈善事业也已产生。我国古代不仅有大批救孤恤贫、周急帮困的仁人义士,而且还出现了专门致力于此的民间组织。它们对鳏寡孤独、废疾贫困等社会弱势群体展开了有效的救助行动。

第一节　宗教组织举办的慈善事业

在古代中国,宗教在慈善事业中发挥了积极作用。传播最广的佛、道二教均以劝人为善、救贫济困为宗旨,伊斯兰教也宣扬"施济行善"思想。受其影响,各宗教组织及其信徒积极投身慈善事业,兴办了一系列慈善救济机构。

公元1世纪,佛教传入中国后,备受王公贵族推崇,信徒日增,发展迅速,建立起大量以寺院为中心的宗教组织。通过国家赏赐、民众捐施、收取"赎身钱"乃至侵占勒索等途径,寺院拥有大量土地和奴婢,积累起巨额财富。以雄厚的财力物力为基础,寺院及僧人在救贫济困方面贡献甚大。

东汉时期,佛教寺院的济贫事业已相当发达。东汉末年,"督广陵丹阳运漕"的丹阳人笮融"大起浮图祠,以铜为人,黄金涂身,衣以锦采,垂铜盘九重;下为重楼阁道,可容三千余人,悉读佛经。令界内及旁郡人有好佛者,听受道复其他役以招致之。由此远近前后至者五千余人户。每浴佛,多设酒饭,布席于路,经数十里。人民来观及就食且万人,费以巨亿计",可见当时佛教布施规模的庞大。南北朝以降,北魏孝文帝创"僧祇粟"之制,划出部分民户为僧祇户,以其课纳收入专作救济贫民灾民之用。寺院和僧人救济贫苦的行为更是屡见不鲜,北齐武平六年(575年)发生水灾,后主诏令寺院救济流亡;刘宋道猛法师将宋明帝赐予的3万钱均用于救济贫穷;唐至德二年

（757年），僧人英干在成都施粥等等。① 由于僧人多兼通医术，所以常主持或参与施医散药、防治疾疫等救助事业。② 在开凿水井、建筑桥梁、植树造林等公益活动中，同样可以发现佛教寺院和僧人的身影。③ 此外，受惜生护生思想的影响，寺院和僧人常常修建放生池、放养鱼虾之类的活物，这也是传统慈善事业的组成部分之一。

正是在佛教参与慈善救助的过程中，我国最早的慈善组织逐渐形成。最早的民间慈善组织是东魏初年范阳郡范阳县（今河北定兴县）设立的、以专门从事掩埋尸骨为职能的"义"。至北齐年间，随着佛教僧侣的参与和主持，"义"逐渐演变为佛教慈善组织，其善举范围有所扩大，开始救济饥民、散给"义食"和为贫病者提供医疗服务，其成员由官员、僧侣和平民组成，共有200多人。④ 南朝齐的官办救助机构六疾馆与佛教也有重要关联，《南齐书》载："太子与竟陵王子良俱好释氏，立六疾馆以养穷民。"随着佛教影响的日益扩大和寺院的广泛建立，佛教慈善事业日趋兴盛，唐宋出现的悲田养病坊和福田院，都受到了佛教的重大影响，并一度由寺院和僧人主持。

唐朝悲田养病坊初创于武则天长安年间。悲田是佛教用语，指对贫穷孤老乃至动物的布施。悲田养病坊以收容贫穷老人、病人、残疾人及孤儿为职能，为之提供生活和医疗救助。创建初期的悲田养病坊由国家设官管理，唐玄宗即位后，悲田养病坊曾脱离政府控制，成为由寺院主持的民间慈善机构。唐玄宗开元二十二年（731年），下令把京城所有乞丐收入悲田养病坊，国家予以经费补贴。唐武宗上台后，于会昌五年公布"毁佛寺勒僧尼还俗制"，没收寺院田产，拆毁寺院房屋，勒令僧尼还俗，史称"会昌废佛"。事件发生后，悲田养病坊处于无人管理的状态，于是国家在下级官员中择一年龄稍大、且素为地方推崇的人负责管理，并由政府酌情拨给田地，以充经费。养病坊遂再次成为官营慈善救济机构。另外，唐代寺院中还设有疠人坊，隔离和救助麻风病人。⑤

宋朝建立之初，仿唐代悲田养病坊之制，在国都开封设立东、西二福田院，收容老幼、乞丐与残疾之人。福田院创始之初，由僧侣经营，后转变为官办机构。宋代设立的、以掩埋贫困死者为职能的漏泽园，也多规定由僧人负责管理。⑥ 如南宋嘉熙元年（1237年），常熟县令王爚购买民地创建漏泽园时，"命僧主掌，别创屋三间以居之"。⑦

宋元时期的寺院和僧人还举办过其他类型的慈善救济活动，如北宋常熟东灵寺天

---

① 何兹全. 中古时代之中国佛教寺院. 中国经济. 1934，9
② 全汉升. 中古佛教寺院的慈善事业. 食货. 1935，4
③ 张宏慧. 略论魏晋南北朝佛教寺院的公益活动. 许昌学院学报. 2010，3
④ 刘淑芬. 慈悲清净. 台北：三民书局，2001. 5~14
⑤ 张国刚.《佛说诸德福田经》与中古佛教的慈善事业. 史学集刊. 2003，2
⑥ 张文. 宋朝民间慈善活动研究. 重庆：西南师范大学出版社，2005. 250
⑦ （宝祐）重修琴川志（卷1）. 苏州方志数据库

台教院始修于熙宁年间,"四远学徒闻风而至者无虑百数,岁比不登,邑民艰食,崇师患无以赡学徒,则每推施利之应已有者,悉归之众"①。南宋乾道初年,常熟僧人怀果鉴于"吾徒之往来者无所共其困乏,始议所以为接待院以居焉",就佛塔废基,建成"接待院",用于接待和救助往来的佛教徒。②宋代吴江僧人德一,"建炎初为金人所擒,遂宵遁,于二都卓墓结草菴,煮茗以施行人"③。南宋苏州广化寺,"都僧正清立以医药,利施一方"④。元至正二十四年(1361年),平江路吴县灵岩寺主持净标,"闻县尹杨彝修县学缺赀,率其徒输金助工,工始落成"⑤。

与佛教类似,中国古代的道教、伊斯兰教也有救贫济困之举。东汉后期,道教在巴蜀地区广泛传播,其代表人物张鲁"据汉中,以鬼道教民,自号师君……诸祭酒皆作义舍,如今之亭传。又置义米肉,悬于义舍,行路者量腹取足"。宋代道士沈若济,精于医术,"乃出囊中金,大市药以济病者"。道士陈明,在蜀地化缘建桥。⑥元世祖至元二十六年,道士莫起炎奉旨赴京祈雨,"命有司索钞五十锭,持之遍游于市,见贫者辄与之"。⑦伊斯兰教也采取过一些济贫措施,其"散乜贴"习俗要求穆斯林在重大节日或宗教仪式中把钱物分散给邻里和贫人;伊斯兰教还实行"天课"制度,向教徒收取教内税,"天课"的主要用途为救济贫困;伊斯兰教"瓦克夫"(捐献)制度的收入,除保障宗教人士的生活开支外,亦用于济贫活动。一些民间教派和秘密会社,也常举办救济事业。⑧

中国历史上宗教组织参与慈善事业的传统一直绵延不绝。至清末民初,政府举办新式教育时,由于缺乏资金,曾发起庙产兴学运动,号召宗教组织捐出庙产,兴办学校。1929年,民国政府颁布《监督寺院条例》,明确规定佛、道二教需以庙产创办社会公益事业。抗战期间又颁布《寺庙兴办公益慈善事业实施办法》和《佛教寺庙兴办慈善公益事业规则》,对寺院参与慈善公益事业的义务、内容、程序等进行规定。表明政府已力图将寺院的慈善公益事业纳入国家制度体系,以此作为政府救济事业的有力补充。

---

① 东灵寺天台教院庄田记. 见:(宝佑)重修琴川志(卷13). 苏州方志数据库
② 吴塘接待院庄田记. 见(宝佑)重修琴川志(卷130). 苏州方志数据库
③ (弘治)吴江志(卷11). 苏州方志数据库
④ (绍定)吴郡志·宫观. 苏州方志数据库
⑤ (崇祯)吴县志·义侠. 苏州方志数据库
⑥ 张文. 宋朝民间慈善活动研究. 重庆:西南师范大学出版社,2005. 247~250
⑦ (清)元妙观志(卷3). 苏州方志数据库
⑧ 刘志扬. 我国古代的社会救助:途径与成效. 学习与实践. 2007,9

第二节 宗族组织举办的慈善事业

宗族是以父系血缘关系为纽带的人类生活共同体，在数千年的中国历史中发挥过非常独特的作用。在历史发展的不同阶段，宗族制度的表现形式与性质各不相同，发挥的社会作用也有区别。与早期的贵族宗子制、门第等级制相比，宋代以后的宗族制出现了平民化趋势。换言之，宋代以后，随着土地关系与国家选官制度的变化，封建的人身依附关系不断削弱，人们的宗法血缘观念日渐淡薄，地主阶级为了加强对农民的控制，希望通过血缘关系来掩盖两者的对立，因而有意识地重振宗族制度，通过各种物质和精神手段"敬宗收族"，从而使宗族观念在更广泛的意义上得到了社会的普遍认同。作为宗族的经济基础，族田及其管理机构义庄是宋代以后的宗族为了保障族众的基本生活而设立的，是地主阶级"敬宗收族"的主要手段，也是明清以前宗族慈善事业的表现形式。

一、义庄出现之前的宗族救助

宗族由原始社会的氏族脱胎而来。由于生产环境恶劣和生产条件落后，原始居民必须依靠群体力量才能获取食物、维持生存，在当时的情况下，最现实、最可能的就是强化血缘群体的凝聚力。具有血缘关系的群体成员之间，通力协作，共同生活，有无相恤，患难与共，出现所谓的"人不独亲其亲，不独子其子，使老有所终，壮有所用，幼有所长，矜寡孤独废疾者皆有所养"的"大同"局面。进入阶级社会以后，宗族制度得到强化，并对国家政权组织形式产生了重要影响。西周时期实行家国同构宗法制度，即宗族内部的等级序列和国家政治统治的行政序列合而为一，便是宗族制度强化的典型表现。与此同时，伴随宗族生发而来的"赈赡贫穷"的社会保障功能也被后世所继承。东汉政论家崔寔《四民月令》中劝勉宗族乡党说："三月，是月也，冬谷或尽，堪麦未熟，乃顺阳布德，赈赡穷乏，务施九族……九月，存问九族孤寡老病不能自存者，分厚撤重以救其寒；十月……五谷既登，家储蓄积，乃顺时令，救丧纪，同宗有贫窭久丧不堪葬者，则纠合宗人共兴举之"。要求在青黄不接、天气寒冷的季节对贫困族人予以救助。只是由于社会生产和生活较为落后、简单，社会保障功能也比较单一，主要表现为对宗族贫困成员的临时物质救济。从历代正史列传可见，汉唐时期的门第等级性宗族中，不少官僚以自己的俸禄散济族众，西汉朱邑，"身为列卿，居处俭节，禄赐以共九族乡党，家亡余财"；东汉任隗，"所得奉秩，常以赈恤宗族，收养孤寡"；韦彪将"其赐钱二十万、布百匹、谷三千斛……禄赐分与宗族，家无余财"；晋汜腾"举孝廉，除郎中……散家财五十万以施宗族"；南齐崔慰祖之父为梁州刺史，以"梁州之资，家财千万，散与宗族"；唐朝王珪"宗族匮乏，周恤之"。其他如东汉的刘翙、郭仮、杨恽，三国曹魏的温恢、荀彧，南朝陈的陆琼、梁的张稷、北朝的司马休之、柳虬、杨播、唐的毕諴等人，均有散财于宗族的事迹。这种情况在宋代亦不鲜见。

从已知最早的家法族规中，我们也可看到这方面内容。制定于唐大顺元年（890年）的《江州陈氏义门家法》规定："立二人学医，以备老少疾病，须择谙识药性方术者。药材之资，取给主事之人……诸房令掌事每月各给油一斤，茶、盐等，以备老疾取便，须周全。"① 制定于五代初期的《上虞雁埠章氏家训》也要求族人"恤其孤寡，同其好恶，贷其贫急"。可见宗族对鳏寡孤独及废疾贫困的族人是有所照顾的。但总体而论，宋代以前宗族施行的救助主要局限于单纯的生活救济，且救济活动极为零散，表现出范围狭窄、内容少、非制度性的特点。直至北宋宗族义庄出现后，情况才有所改观。

二、义庄的宗族救助——以范氏义庄为例

宗族制度在宋代以后发生了显著变化。针对人们血缘观念淡薄的现象，官僚士大夫发起重整活动，一方面通过提倡孝悌伦常，加强对族人思想控制，另一方面设置族田、建立义庄，采用制度化的手段保障或改善宗族成员的生活，以维护子孙的生存、延续祖宗血脉，达到"敦本收族"，使"人人亲其亲，长其长"的目的。在这一方面，北宋名臣范仲淹起了开导风气、模范后世的作用。

范仲淹（989—1052），北宋著名政治家、军事家、思想家和文学家，1015年中进士后，历任知州、都转运使、经略安抚招讨使、副枢密使、参知政事等职。1049年任杭州知州时，尽出多年积余俸禄，在故乡苏州买田千亩，捐为范氏宗族公产，称作"义庄"，其所得租米，分与全体宗族成员，"供给衣食及婚嫁丧葬之用"。为保证义庄的正常运营和久持不坠，范仲淹亲自制定《义庄规矩》，对义庄收入的分配作了具体安排。大致而言：（1）宗族内部计口给米，男女5岁以上每人每日白米1升；（2）每人每年冬衣布1匹，5岁以上10岁以下减半；（3）嫁女者给钱30贯，再嫁20贯；娶妇给钱20贯；（4）丧葬之事，尊长给钱25贯，次长15贯，19岁以下至7岁以上者分为三档，分别给钱7贯、3贯、2贯；（5）子弟中有为官者，若在待选、丁忧期内或任川、广、闽官而留居乡里者，照样赡给米、钱；（6）乡里、外姻、亲戚中有贫困、急难不能度日者，诸房商议核实，酌量济助；（7）年成丰熟，必当预留3年以上粮储，以备凶荒。②

从范仲淹所定《义庄规矩》可见：第一，范氏义庄的"赡族"措施并不限于贫困

---

① 费成康编. 中国的家法族规. 上海：上海社会科学院出版社，1998. 238~243
② 范文正公义庄规矩. 见：周鸿度等编著. 范仲淹史料新编. 沈阳：沈阳出版社，1989. 116~118

族人，而是惠及宗族所有成员，有时还有赈济乡里之举。第二，每人每日给米1升，约略相当于每人1天的粮食消耗量。而范氏族人并非仅依赖宗族的救助，大多有其他生活来源，因此仅从给米数量而言，也难以济贫视之，可算作额外补助；第三，婚娶丧葬之事，有钱则繁，无钱则简，虽关涉伦常礼教，却与基本生活保障没有必然关联。所以，范氏义庄的"赡族"行为已大大超出社会救济的概念范围，具有社会福利的性质。正因如此，范氏族人的生活不只是能够基本维持，而是得到较大改善，普通族人自不待言，"虽至贫者，不复有寒馁之忧"。① 明末清初顾炎武称，自范氏义庄立，"至今裔孙犹守其法，范氏无穷人"。②

范氏义庄初创时，保障内容仅涉及"供给衣食及婚嫁丧葬之用"。随着时代发展，义庄保障内容愈益广泛丰富，其突出表现是开始奖励科举入仕和设义学教养子弟。熙宁六年（1073年）《续定规矩》中规定："诸位子弟得赴大比试者，每人支钱一十贯文，再贡者减半。并须实赴大比试乃给，即已给而无故不试者，追纳"③；嘉定三年（1210年），根据物价涨动情况，为使"诸房子弟知读书之美，有以激励"，又对"得贡大比者"追加奖励金额，"得解赴省，支钱一百千文，中举人及补入太学者支五十千文"。④范仲淹逝世后，范氏义庄又增设义学，教授同族子弟。

值得注意的是，范氏义庄还对族人提出道德要求，以道德是否高尚作为能否得到救助的标准之一。南宋宁宗嘉定六年（1213年），范仲淹六世孙范良在《续定规矩》中把扬善惩恶与义庄的赡族行为相联系，加强对族人伦理道德的要求，规定："诸房闻有不肖子弟因犯私罪听赎者，罚本名月米一年；再犯者除籍，永不支米（奸盗、赌博、斗殴、陪涉及欺骗善良之类，若户门不测者非）。除籍之后，长恶不悛，为宗族乡党善良之害者，诸房具申文正位，当斟酌情理，控告官府，乞与移乡，以为子弟玷辱门户者之戒。"

范氏义庄对后世宗族产生了广泛而深远的影响。所谓"范氏设义庄以赡族之贫，至今吴人效法者颇众"⑤。"苏郡自宋范文正公建立义庄，六七百年世家巨族踵其法而行者，指不胜屈"⑥。清代更有"义庄之设遍天下"⑦的说法。许多族田义庄的收入分配，都明确表示仿行范氏义庄，如浙江龙泉汤氏义田收入的分配方法，"大略仿范文正公之

---

① 范仲淹. 范仲淹墓志铭（卷13）. 范文正公集，上海书店. 1989
② 顾炎武. 庶民安故财用足. 黄汝成集释.《日知录》集释（卷6）. 上海：上海古籍出版社，1985
③ 多贺秋五郎编. 宗谱研究（第三部"资料"）. 东京：株式会社开明堂，1960. 503
④ 多贺秋五郎编. 宗谱研究（第三部"资料"）. 东京：株式会社开明堂，1960. 506
⑤ （同治）苏州府志（卷24）. 清刻本
⑥ 济阳丁氏义庄碑记. 见：王国平等主编. 明清以来苏州社会史碑刻集. 苏州：苏州大学出版社. 1998. 257
⑦ 冯桂芬. 汪氏耕荫义庄记. 见：显志堂稿（卷4）. 清刻本

成规而微有损益"①。江苏暨阳陆氏亦"仿范文正公定义庄法，计口而散之"。

第三节 乡绅富民举办的慈善事业

除宗教和宗族之类的团体举办慈善事业外，中国古代还存在个人自发的慈善救助活动。由民族学资料可知，处于原始社会阶段的鄂伦春族人在打猎结束后，通常"平均分配猎物"，其方法是"参加的人，不分男女，每人一份。对于虽未参加劳动，但为鳏寡孤独或有其他困难的户，也分给一些皮张和肉类"。②鄂温克族人的劳动成果，"按公社劳动力人数以及寡妇、孤儿、失去劳动力的人数进行分配，一个劳动力得一份，孤儿、寡妇和失去劳动力的人都得半份"。③独龙族人的家庭公社实行共食制，对于老人和病人给予特殊照顾，"例如吃肉时，便多分给老人和病人一些，有的成员甚至主动的从自己的份里拿出一部分送给老人和病人"。④上述资料说明，自发的慈善救助活动在原始社会已经产生。进入阶级社会之后，乡绅富民也常常举办救济活动。《礼记·檀弓》载，春秋时齐国大饥，富人黔敖"为食于路，以待饿者而食之"；"左奉食，右执饮，曰：'嗟！来食！'"。卫国大夫公叔文子也曾在灾年"为粥与国之饥者"。虽然这种施舍行为有触犯受济者人格尊严之嫌，甚至有受济者不食"嗟来之食"而宁愿饿死。但这种荒年施粥的行为，实乃先秦富民的慈善举动。

后世乡绅富民参与慈善救济的事迹屡见不鲜。魏晋南北朝时期，曾任幽州刺史、甘陵相等职的刘虞"以疾归家"后，"常降身隐约，与邑党州间同乐共恤，等齐有无"。所谓的"同乐共恤"即体现了一种互助共济的关系。张范"救恤穷乏，家无所余，中外孤寡皆归焉"。任峻"于饥荒之际，收恤朋友孤遗，中外贫宗，周急继乏，信义见称"。成都人赵定"以延仁赴义、济穷恤乏为业"。⑤从遗存的敦煌社邑文书中看，隋唐五代的基层社会组织"社"也常常强调民众之间的互助互济，"危则相扶，难则相久（救）"。⑥

宋代乡绅富民参与救济事业的事迹尤为突出。汉州人李发，富甲一方，自绍兴六年（1136年）开始，"遇岁不登，辄为食以食饿者，自春徂冬，日以千数"。乾道四年（1168年），民间大饥，"就食李家者，日至三四万人"。据时人估计，李发举办救济活

---

① 黄潜. 汤氏义田记. 见：文献集（卷7）. 上海：上海古籍出版社，1987
② 杨堃. 原始社会发展史. 北京：北京师范大学出版社，1986. 285
③ 吕光天. 额尔古纳河的鄂温克族人由原始社会向社会主义直接过渡. 见：北方民族原始社会形态研究. 银川：宁夏人民出版社，1981
④ 宋恩常. 独龙族家庭公社及其解体. 见：云南少数民族研究文集. 昆明：云南人民出版社，1986
⑤ 王子今等. 中国社会福利史. 北京：中国社会出版社，2002. 142～143
⑥ 王子今等. 中国社会福利史. 北京：中国社会出版社，2002. 180～183

动的 30 年间，救济总人数达 207 万有奇，费粟 10 460 斛有奇。熙宁年间，吴越间发生饥荒疫病，黄颐"独为粥药救治之，无所不至，至取家人首饰以贷之，扶其病而葬祭之者，盖不可胜数"。富裕商人朱冲经营药肆致富，"每遇春夏之交，即出钱米药物，募医官数人，巡门问贫者之疾，从而赒之，又多买弊衣，择市妪之善缝纫者，成袖衣数百，当大寒雪，尽以给贫者。诸延寿堂病僧，日为供饮食药饵，病愈则已"。台州黄岩县人陈容，"田甲于县"，家境富裕，"尚义乐施，忘己为人，筑河堤，甃江浒，凋年食饿，方春掩骼，皆为人所难者"，并曾创建"本价庄"，"岁出钱千缗，收粟于秋，而以本价粜于春"，即在青黄不接时节减价卖粮，救助乡里。① 在造桥修路，兴修水利等社会公益事业方面，宋代的乡绅富民也贡献甚多。宋代富家妇女也常常参加救济灾荒、助婚济丧、施衣舍药、慈幼恤孤等慈善活动。②

元代乡绅富民举办慈善活动的记录亦不少见。元代前期，松江人夏椿在灾年"出粟贱卖以粜，庚寅又侵，贱粜犹不给，则设糜于僧寺。大德丁未旱，明年大饥，越尤甚，死相跐籍，幸不死则气息仅属，携持老幼归夏氏，始至为辟庐舍，具馔药，视其羸壮，食饮必时。生则赈之归，死则给椟以瘗，而书其姓名邑里于木，以俟来收骨者"，被官府表彰为"义士"。③ 上海人何敬德，号孤岩善人，"惟布衣蔬食，积赀以济贫乏，江南北其夫妇施舍处甚多。杭州大饥，敬德借大寺，日鬻米七八石作粥，如是者半年，活饥民不可胜数。明年又集诸好善人，掩骼数十万，财尽而卒"。淮西安丰人（今安徽寿县）吴贵，在太仓为官期间，"好善急义，出于天性，至顺辛未岁大荒疫，遗弃满道，浮尸盈途塞河，贵悉收录存养，且捐赀募人捞摅尸数千躯，就西关外祭而葬之。其功及存殁如此"。④ 徙居太仓的上虞人杭仁，"性好善乐义，捐赀施棺以周贫乏，凡力所可及者无不为之"，被官府旌表为"高年耆德"。⑤ 吴县人金德久，"乐善好施，惠多及人，尝自枫桥抵浒墅凿七井，以资行旅人，德之，因号'金井'"。元末至正年间，平阳一汤姓富人，"辛卯岁饥，家米一斛，价则减半，老羸食之；丙申岁饥，家米四斗，价亦减半，贫者贷之；甲辰谷价涌贵……故井里不越，一家与粟一庾"。⑥

明清以前，中国的民间慈善活动已经出现并不断发展。从慈善活动的内容看，多集中于生活救助，即侧重于保障鳏寡孤独贫病及灾民等社会弱势群体的生活，为之提供食物、医药、棺木；同时也涉及部分社会公益活动，如助学、修桥铺路、兴修水利和植树造林之类。从救助方式看，明清以前的民间慈善活动多采取施舍的救助方式，

---

① （光绪）黄岩县志（卷6）．清刻本
② 详见张文．宋朝民间慈善活动研究．重庆：西南师范大学出版社．2005. 80～119，253～265
③ 邓文原．巴西集（卷下）．上海：上海古籍出版社，1987. 570
④⑤ （弘治）太仓州志（卷7）．苏州方志数据库
⑥ （民国）平阳县志（卷64）．南京：江苏古籍出版社，上海：上海书店，成都：巴蜀书社等，1990—. 633

即无偿赠予财物，属于消极救助。从组织形式看，明清以前的慈善事业可分为两类，一是由宗族、宗教等团体实行的慈善活动，二是乡绅富民个人自发的慈善活动。

明清以前的民间慈善活动，一定程度上弥补了政府救济行政的不足。但与明清以后的情况相比，民间慈善事业还不够发达。宗教、宗族组织虽然实行善举，但多侧重于组织内部成员的互助，且其并非专门的慈善组织，换言之，慈善救助并非组织的主要目标。乡绅富民的慈善活动则多属个人行为，救助活动的规模和延续性，都不能与明清时期的善会善堂相提并论。严格意义上的民间慈善组织（以行善为目的的民间结社），在明清以前还较为少见。

深度阅读

1. 王卫平,黄鸿山.中国古代传统社会保障与慈善事业.北京:群言出版社,2004
2. 刘淑芬.慈悲清净.台北:三民书局,2001.5～14
3. 李文治,江太新.中国宗法宗族制和族田义庄.北京:社会科学文献出版社,2000
4. 张文.宋朝民间慈善活动研究.重庆:西南师范大学出版社,2005.250
5. 张国刚.《佛说诸德福田经》与中古佛教的慈善事业.史学集刊.2003,2

第四章
明末清初民间慈善事业的兴起

明清时期，随着社会的发展，中国传统慈善事业出现了革命性的变化，大批以行善为目标的民间结社（善会善堂）纷纷涌现，民间慈善事业出现空前繁荣的局面，在社会救助事业中发挥着日益重要的作用。

第一节 民间慈善组织的涌现

明末清初，随着地主城居化趋势的进一步加强，散处于乡间的大批乡绅富民纷纷聚集到城市，使城市成为财富和人口的聚集地，为民间慈善组织的涌现奠定了经济基础。[1] 明代又是"结社"风气盛行的时代，社会各个阶层，如文人士大夫、农民、僧道乃至城市游民都惯于结成"会""社"之类的团体，从事政治、经济、军事和文化等各种活动，为善会善堂的出现作了组织准备。[2] 此外，以规劝民众"诸恶莫做、众善奉行"为宗旨的劝善书，如《太上感应篇》《功过格》《阴骘文》之类，在明末也走出了宗教界的局限，在民间得到广泛传播。这对宣扬慈善风气，促进慈善组织兴起也起到了积极作用。[3] 所以在明末清初以后，善会善堂等民间慈善组织在全国各地涌现。这一现象在江浙、北京等经济发达的地区表现得最为明显。

明末清初出现的民间慈善组织有同善会、放生会、掩骼会、一命浮图会、救生会（局）、育婴社等多种，同善会拟下节专论，先看其他几种。

---

[1] 夫马进. 中国善会善堂史研究. 伍跃等译. 北京：商务印书馆，2005. 161
[2] 陈宝良. 明代的社与会. 历史研究. 1991，5
[3] 游子安. 劝化金箴：清代善书研究. 天津：天津人民出版社，1999. 24

一、放生会

放生指释放、救护被捕捉或将被宰杀的动物,如鸟兽虫鱼之类。这种善举在中国有着悠久历史,至少可以追溯到南朝梁代。后世更加盛行,唐宋两代的皇帝都曾下令在各地广设放生池。宋代放生善举尤为盛行,在北宋首都开封和南宋首都杭州,都曾以放生为时髦,放生池在宋代的设立也非常普遍。南宋杭州还曾组织"放生会",每年四月八日在西湖举行放生活动,参加者有数万人之多。但需特别说明的是,南宋时期放生会的"会",性质属于集会或祭祀活动,并非民间结社或团体之意。

从元代到明代中期,放生活动处于衰落期。从明末开始,受高僧云栖袾宏《戒杀放生文》的影响,放生善举又开始盛行起来,放生会、放生社之类的民间慈善组织随之出现。明末清初的杭州、绍兴、南京、常熟、吴江、昆山、桐城、北京、番禺等地都设有放生会或放生社,放生事业十分兴盛。以致时人称:"江南之人奉放生教者,十家而五"。一般而言,放生会由10名以上的"会友"组成,由会友轮流担任会首,每月举行聚会一次。聚会时,会众将购买来的鸟兽虫鱼放归山林河湖,同时常常举行劝善演说,并诵经念佛。所需经费来源于会员按月缴纳的会费和社会捐赠。

二、掩骼会

掩骼会也是明末清初兴起的善会之一,其职能为收集掩埋暴露的无名尸骨。对强调入土为安的传统中国社会而言,掩骼是备受重视的善举,早在《周礼》和《礼记·月令》中已有"掩骼埋胔"和"四闾为族,使之相葬"的记载。相关救助组织亦早已出现,设立于东魏初年范阳郡的"义",即以掩埋暴露尸骨为主要职能;北宋时又出现了用于收埋无名尸骨的"漏泽园"。① 民间好善之人也常常有自发掩埋暴露尸骨的举动,如明代苏州人沈涛,乐善不倦,"年饥设粥施药,又倡义掩骼,台司旌其义"。② 万历四十五、四十六年(1617—1618年)间,苏州发生灾荒,"民间死亡相枕",苏州人杨大溁"奔走掩骼事,凡两年,所瘗枯骨于娄关漏泽园者以万计,费亦不赀也"。③ 但在明末之前,专以掩埋无名尸骨为职能的民间慈善组织并不多见。至明末崇祯年间,北京和绍兴先后组织掩骼会。绍兴掩骼会的功能为"醵钱作社,集枯藏朽"。清雍正十年(1732年),苏州人费廷俞等也在家乡创办埋骼会,用于"掩藏道路遗骸";"置塚凤巢山,岁以万计"。④ 清代中期以后,以掩埋和代葬为职能的慈善组织设立日渐普遍,根

---

① 刘淑芬. 慈悲清净. 台北:三民书局,2001. 5~14
② (崇祯)吴县志(卷49). 苏州方志数据库
③ (崇祯)吴县志(卷41). 苏州方志数据库
④ (同治)苏州府志(卷24). 清刻本

据我们对清代江南14个市镇慈善事业的统计,所有市镇都设有施棺代葬的慈善机构,其普及程度超出了育婴机构,名列第一。

三、一命浮图会

这是在饥荒年份举行临时救济的慈善团体,其名称应源自佛教"救人一命、胜造七级浮图"之语。崇祯十四年,江苏太仓州遭遇严重旱灾,知州钱肃乐组织一命浮图会。其救助办法为:事先编纂《察举饥户册》,册中每页分三段,上段记施主姓名,中段书写"认救一命",下段记录被救济者的姓名及救济日期。有意参加一命浮图会的人,在收到《察举饥户册》时,首先在上段签上自己名字,表示愿救人一命,可1人救济多人,也可多人合救1人。从当年六月到九月,会员每隔10天向被救济者提供米5升和钱100文,使其得以维持基本生活。救济活动结束前的九月十五日,参加者手持写有被救济者姓名的册簿,召开法会,诵读《莲华经》,向佛祖报告施主和被救济者的姓名。一命浮图会也流行于明末的浙江宁波、绍兴一带。

四、救生会(局)

其主要功能是救助倾覆船舶和落水者,一般设于重要的水道或渡口。基本运营模式是,由民间或政府出资,雇佣水手,置备救生船,在容易发生事故的水面巡视。一旦发生船舶倾覆或有人落水的事故,救生船应迅速前往打捞,并根据救助效果对水手进行奖励。遇难者被救后,由救生机构发给衣被,提供食物和医药,并给予返家路费;若不幸死亡,提供棺木和墓地掩埋,并进行登记,以便家属前来认领。目前所知,救生船最早出现于明朝天启年间的归州。清代以后逐渐增多,在水系密布的长江流域,救生会(局)的设置最为集中。据学者统计,清代长江上游的四川青神县到湖北宜昌东湖县1 000多公里水程中,至少在85个险滩处设有救生船。其经费主要来自民间捐助,由官府委员和民间绅士共同管理。[①] 在清代湖南、湖北地区,鼎盛时期亦有救生机构数十处,分官办、官督民办和民办三种管理形式,其经费主要来自捐款。[②] 在长江下游,清代江苏江宁、高淳、镇江、泰兴、江阴、靖江、上海等沿江地区均设有救生局,此外太湖周边也设有多处救生局。

五、育婴社(堂)

这是以收养遗弃婴孩为职能的慈善组织。救助弃婴的活动在中国出现很早,《周礼》提出的"保息"六政中,第一即为"慈幼",即爱护幼小的儿童,这当然应该包括

---

① 蓝勇. 清代长江上游救生红船制研究. 见:西南历史文化地理. 重庆:西南师范大学出版社,1997
② 杨国安. 救生船局与清代两湖水上救生事业. 武汉大学学报. 2006,1

弃婴在内。《管子》中提出行"九惠之教",即九种惠民的政策,其中也包括"慈幼"和"恤孤",对无力抚养子女的家庭提供补助和救助孤幼儿童。沿至宋代,已出现收容遗弃婴孩的官办机构——慈幼局。明嘉靖年间,泗州判官林希元亦曾在灾荒年份设立专门救助弃婴的机构,募集抚养人,收养弃婴,每天向其支付米1升,每月检查1次。但这类机构均由官吏经营,经费也主要来自官府财政,性质属于官办。严格意义上的民间育婴组织出现于明末清初。明末扬州设有育婴社,后在明末清初的战乱中毁败。至清初顺治年间,善士蔡琏在扬州小东门复建育婴社,采取的办法是:遇有遗弃路边的婴孩,带回收养;4人合养1婴,每人每月出资银1钱5分;雇佣贫妇领养婴孩,月给工钱银6钱,每月检验婴孩,据抚育情况考核乳妇;婴孩收养满3年后,待人领养。扬州育婴社出现后,对各地产生很大影响。明末崇祯年间,浙江绍兴善士钱元登主持设立名为保婴局的慈善团体,收养被遗弃婴孩,雇老妇和乳妇,照顾婴孩生活起居和喂养婴孩,并准许家境贫寒的夫妇将子女寄养于保婴局。被遗弃婴孩准人抱养,无人抱养者长成后,保婴局将为女子择配婚嫁,为男子提供教育机会和生活出路。清代前期,响应清廷号召,各地府、县纷纷设立育婴堂等机构。[①]

第二节 同善会的出现

在明末清初出现的善会善堂中,最有代表性、对后世影响最大的莫过于同善会。同善会起源于河南,明万历年间,官员吕坤在家乡河南宁陵县联合数名地方士绅,创立同善仓,施舍贫民。万历十八年(1590年),杨东明在河南虞城县原有的地方名士亲睦会的基础上,创立同善会。杨东明认为,亲睦会的活动主要是名士的聚餐娱乐,"一饮外无余事",并无实际益处。所以,他提出倡议,希望地方名士捐款,用于救济贫困和资助善举。在他的呼吁和主持下,虞城成立"同乐会",后用"为善最乐"之典,改称同善会。

虞城同善会的成员一共有13人,主要由退休官僚和地方士绅组成,均属当地社会名流。和原有的亲睦会不同,虞城同善会开始办理修路架桥、资助婚丧、救济贫病、施医舍药、表彰孝义等一系列活动,表现出慈善团体的性质,但它仍然带有名士亲睦会的特征,如每月十五日成员们仍举行聚餐活动,且特别强调团体成员之间的互助,要求成员"和气流通、爱如骨肉"。

虞城同善会出现后,不久便被移植到江南地区。从万历后期到崇祯年间,江苏武进、无锡、昆山、苏州、松江、华亭、太仓,浙江的嘉善、杭州均设立了同善会。与

---

① 夫马进. 中国善会善堂史研究. 伍跃等译. 北京:商务印书馆,2005. 143~151,180~186

虞城同善会相比，江南地区同善会的亲睦会特征逐渐减弱，而把重点放在教化民众和施行善举方面。

江南地区最早的同善会是由东林党人士钱一本在其家乡常州府武进县创立的。武进同善会每年聚会4次，筹集经费，实施救济，寒者给衣、饥者给食、病者施药、死者施棺。但值得注意的是，江南地区的同善会在实施救济时，除贫穷这一物质标准外，还对救济对象提出严格的道德要求，表现出强烈的教化特征。其中，无锡同善会与嘉善同善会最具典型。

无锡同善会的创立者高攀龙、陈幼学、叶茂才等都是东林书院的著名学者。由于受到友人钱一本的影响，他们商议创建无锡同善会，目的是想要建树良好的社会风气，并以此消除杀气，挽救日益衰颓的时势。因此，每当同善会聚会之际，都设有公开讲演一项，由主持人向听众进行道德说教，内容包括两个方面，一是用黑白分明的道理劝导众人为善、安分守己；二是为官方的政策作宣传，要求民众遵纪守法，努力向善。《高子遗书》中收有高攀龙的三次同善会演讲。

第一讲中称："这个同善会，专一劝人为善……我等同县之人，若是人人肯向善，人人肯依着高皇帝六言：孝顺父母，尊敬长上，和睦乡里，教训子孙，各安生理，毋作非为。如此便成了极好的风俗，家家良善，人人良善，这一县一团和气，便感召得天地一团和气……若是人心不好，见识歪邪……一味凭着自己的意力，一切非为，要做便做，一人作歹，十人看样，便成了极不好的风俗……我等各宜真心实意做个好人，做好人虽吃些亏，到底总算是大便宜，做恶人虽讨些便宜，到底总算是大吃亏。"

第二讲中说："这同善会今日是第十四次了……可见善是人的本心，为善是人的本分事，如着衣吃饭，人人喜欢做的。从此岁月日久，凡在同善会中人，看得一县中老者、贫者、病者、死而无葬者真如一家之人，痛痒相关，有无相济，这一段意思岂不是极好风俗、天地神明所极喜的？……我等生在世间，百年有尽，所做善业恶业，浩劫无涯，过了一日便没了一日。所以吉人为善，惟日不足……各各思量，各各努力。"

第三讲中谓："这同善会广劝世人为善……人人有父母，人人随分孝顺他；人人有长上，人人随分尊敬他；人人有乡里，大家要和气些；人人有子孙，大家要教训他；生理是该做的，人人做自家该做的事，各有过活；非为是不该做的，若做不该做的事，各有罪名。但看世间盗贼哪有不破的，但看世间嫖赌、打降、告状、诈人的哪有善终的？到得官府访拿囚禁牢狱之时，想着那街上本本分分肩挑步担做小生意的人，也都是天堂，何苦只贪暂时快意，造成无穷苦楚……"①

嘉善同善会是由举人出身的陈龙正于崇祯四年（1631）创立的。他创建同善会的

---

① 高攀龙. 同善会讲语. 见：高子遗书（卷12）. 上海：上海古籍出版社，1987

契机，一方面受到无锡同善会的影响，同时也受到南宋朱熹学说的启发。① 与无锡同善会一样，嘉善同善会也进行演讲，劝人为善为诚。陈龙正在《同善会一讲》中说："官府讲乡约，有劝有戒……这会（即同善会）只当是讲乡约的帮手"；"这会本是助贫，缘何又专拣好人来助，虽则为钱粮不多，其实因此劝人，使那些放肆游花、日就穷苦的生些懊悔，庶几转头……庶几人人各守本分，共成一县好风俗。"②《同善会三讲》中声称："贪口是消财的病……懒惰是不出息的病……心想不定是一事无成的病，人若戒此三病，除了大荒年，决不愁饿死，所以今日这会中第一助好人。"②

江南地区同善会规则具体体现了劝善的指导思想。高攀龙制定的无锡《同善会规例》和陈龙正所作《同善会式》中都提出，劝善是同善会最主要的目的。对于贫困无依的孝子、节妇，要优先给予救济，其次才考虑那些未被养济院所收、贫困潦倒而不愿为乞的贫老病人，至于"不孝不悌、赌博健讼、酗酒无赖，及年少强壮、游手游食以致赤贫者"，一律不予救助。《同善会式》还进一步列举四种"宜助而不助"的对象：一是衙门中人，他们年轻时不劳而获，年老贫困不过是"销偿其孽"；二是僧道，他们不耕而食，并能自行广募；三是屠户，他们以屠宰为业，害命无算，"仁心必短"；四是败家子，他们游手好闲，败坏风俗。这些规定，清楚地反映出江南地区同善会的性质与特点，即，"（同善会）扮演了养济院没法扮演的角色：用道德标准来区别该被接济与不该受惠的人。其最终的目标并非简单地施济一切贫苦无依之人，而是一方面以施济来表扬'孝子、节妇'所代表的道德标准，一方面以禁济来惩罚败坏风俗、杀生怠惰的'不良分子'，借此重新整顿地方的道德风纪"③。

从太仓同善会的运营过程中我们看到，这种道德标准是得到严格执行的。据当事人陆世仪的记载，他曾向同善会推荐了四个救助对象：一是已故友人的妻子——友人具有生员身份；二是亲友陈瑚的父亲——陈瑚有生员身份，其父是私塾先生；三是友人的叔父——友人是生员；四是同族叔祖，该人曾为私塾先生。结果四人都得到了同善会的救济。后来当他想帮族婿费伯言争取一具棺木时，由于费平时"游手好闲，喜食懒作"，而未能如愿。④

同善会是由地方绅士创立的。从江南地区同善会的情况来看，创立者一般都具有进士、举人或者生员的功名，有些人还有过为官的经历。他们往往结成团体，利用群体的力量从事慈善活动。如无锡同善会的创立者高攀龙、陈幼学等都是东林书院的骨干，高攀龙不仅是进士，且官至都御史；嘉善同善会的陈龙正、周丕显都是举人；太

---

① 夫马进. 同善会小史. （日本）史林. 1982，4
②② 陈龙正. 几亭全书（卷42）. 北京：北京出版社，1998
③ 梁其姿. 明末清初民间慈善活动的兴起. 食货. 1986，7～8
④ 夫马进. 同善会小史. （日本）史林. 1982，4

仓同善会的主要人物顾士琏是生员，而且同善会组织与太仓知州、复社领袖张采也有密切关系。因此，同善会创立后，能够不断扩大影响，参加人数持续增加，无锡同善会成立仅3年，成员已达100多人。嘉善同善会开始时有会员近100人，10年后更增加到数百人。

同善会的经费主要依赖会员捐献。每次捐献的金额，按照嘉善同善会的规定，从银9分到9钱不等。在聚会日由会员交给会计。崇祯五年春季聚会时，共收到70份捐款，计银19两，平均每份银2钱7分左右。崇祯十三年春季聚会，共收到459份捐款，计银93两4钱1分、钱1万1千6百30文。按银1两为钱1千文换算，平均每份银2钱3分左右。随着申请救济人数的增多，每次筹集的捐献已不敷支出，时有捉襟见肘之忧，故陈龙正时已开始置办田地，以地租收入来维持同善会的运营。①

同善会定期举行聚会。聚会的次数各地有所不同，如嘉善同善会每季一次，即1年4次，原则上定在二月十五日、五月十五日、八月十五日、十一月十五日。太仓同善会每年2次，即四月十五日和十月十五日。聚会的目的主要有三：一是向会员收集捐款；二是根据会员平时调查的情况（如确认没有做过恶事的贫困之家、贫穷无依的孝子、节妇等），确定施济对象，讨论款项的具体分配；三是由主会人用通俗浅显的语言进行讲演，以劝人为善、做安分守纪的良民，共建地方"好风俗"。

同善会的救济对象。首先是生活无着的孝子、节妇，其次是未被养济院收容而又不愿以乞讨为生（即知礼义廉耻）的贫老病者。这些人先要经过会员推荐，再由同善会调查核实，才有资格领取善款。

明代同善会对清代兴起的慈善团体给予了不小的影响。在清代慈善团体的组织形态、资金募集方式、救助内容、救助对象等方面，都可以看到来自同善会的影响。②

深度阅读

1. 陈宝良.中国的社与会.杭州：浙江人民出版社，1996
2. 夫马进著，伍跃等译.中国善会善堂史研究.北京：商务印书馆，2005
3. 梁其姿.施善与教化——明清的慈善组织.石家庄：河北教育出版社，2001
4. 游子安.善与人同：明清以来的慈善与教化.北京：中华书局，2005

---

① （光绪）重修嘉善县志（卷5）.南京：江苏古籍出版社，上海：上海书店，成都：巴蜀书社等，1990—
② 关于同善会，主要参考夫马进《同善会小史》一文。

第五章
清代前期的民间慈善组织及其运营

明代末期，民间慈善事业有了一定程度的发展。进入清朝以后，与清初统治者压制民间结社的政策取向相关，慈善组织的设立一度步入低潮。但在清朝政权日渐稳固之后，清政府放宽了对民间结社的限制；加之随着社会经济的发展，各种社会问题不断涌现，促使清政府转变政策，开始鼓励民间设立慈善组织，以补政府救助的不足。以此为背景，各种民间慈善组织在全国各地纷纷涌现，使清代民间慈善事业得到快速的发展，趋于鼎盛。

第一节 救助弃婴的育婴堂和保婴会

一、育婴堂发展概况

据调查，清代育婴堂的普及率在民间慈善团体中位居第一，是最常见的慈善组织。[1] 育婴堂的出现和普及，有着深刻的历史原因。中国传统社会缺乏有效的避孕节育措施，生育率居高不下，但由于社会生产力的低下，贫困的父母缺乏养活众多子女的能力。这种生产力发展与人口增长之间的矛盾，使得贫困父母杀死初生婴孩的"溺婴"之风大为盛行。受传统的"重男轻女"观念影响，溺死的婴孩中又以女婴为多，所以有时也称"溺女"之习。这种陋习流行于中国各地，清顺治十六年（1659年），官员魏裔介向皇帝奏报江南等地盛行的溺女陋俗，顺治帝闻报后下令各地严禁。但仅靠一纸公文，显然不能断绝溺婴之风，所以，康熙元年，首都北京于广渠门外设立育婴堂，

---

[1] 星斌夫. 明清时代社会经济史研究. 东京：国书刊行会，1989. 302

收养弃婴,力图挽救被抛弃婴孩的生命。康熙四十五年(1706年),清廷要求全国各地设立育婴堂,并褒奖设立育婴堂的举动。雍正二年(1724年),清廷下诏,明令各地仿京师育婴堂例推行。以此为契机,各地府、县纷纷设立育婴堂等机构,掀起了兴办育婴事业的高潮。乾隆皇帝对育婴堂建设也非常关注,甚至将育婴堂的建设成效作为衡量地方官政绩的标准之一,并通过国家或地方财政补助等方法对育婴堂建设进行扶持。在政府的大力提倡和扶持下,育婴堂在全国各地得到普及。

江南地区是清代育婴堂分布最为密集的地区。顺治二年(1645年),太仓已出现了清朝最早的育婴堂,但影响不大。顺治十二年(1655年),扬州育婴堂设立,并影响到邻近的高邮、杭州等地。大约在康熙十五年前后,育婴堂已在江南地区府(州)一级城市中普遍设置。此后以府州城为据点,向县级城市扩散,至乾隆年间,育婴堂在江南府县城市的普及率已达62.5%。①

从江南地区的事例看,乾隆以前的育婴堂多属地方社会主持、自筹资金经营的民间慈善机构。至乾隆以后,由于官府介入较多,育婴堂逐渐染上官营色彩。沿至晚清,江南地区的育婴堂大多毁于太平天国战争的战火,清政府镇压太平军以后,为恢复江南地区社会秩序,曾努力重修或创建各种慈善机构,从而使育婴堂的设立再次出现高潮。需要指出的是,这次高潮的出现与西方传教士的行为有着密切关系。晚清来华的外国传教士为博取中国人民的好感、发展教会势力,曾在各地举办一些包括医疗、育婴等在内的慈善事业。但由于许多教会育婴堂的设备和保育措施不足,婴儿的死亡率普遍较高。而当发生婴儿大量死亡的情况时,传教士又常常掩盖真情,以致激起中国人民的疑窦和愤慨,与传教士发生冲突,酿成所谓"教案"。为杜绝教案的发生,清政府号令各地举办育婴事业,与洋人相抗衡,使洋人失去收养中国弃婴的借口。如同治十二年(1873年),苏松太道沈琛"以华人子女被洋人收养为虑,通饬各属举办保婴"②。光绪十七年清廷上谕指出:"现在教案繁兴,半由各国育婴起衅。"通饬各地"广设育婴堂",由"地方官筹办尽善"。③这类措施对各地育婴堂的恢复和重建起了很大的推动作用。

清代后期江南地区育婴事业发展迅速,育婴机构开始向市镇普及。国家倡导建立的育婴堂一般只到达县级城市。但随着江南地区商品经济的发展,市镇趋于繁荣。作为地方的经济中心,市镇既聚集了财富,也聚集了大量人口,因而往往有必要、也有能力仿照大中城市推行包括育婴在内的善举。清代前期,育婴机构已在江南市镇陆续出现,但为数不多。同治年间以后,在慈善事业的复兴过程中,育婴机构在市镇逐渐

---

① 星斌夫. 明清时代社会经济史研究. 东京: 国书刊行会, 1989. 302
② (光绪) 吴江县续志 (卷2). 南京: 江苏古籍出版社, 上海: 上海书店, 成都: 巴蜀书社等, 1990—
③ 整顿推广育婴章程. 见: 江苏省例. 清刻本

得到普及,并以市镇为基地,辐射广大乡村地区。由于乡村地区的经济实力较差,缺乏建立育婴堂的必要财力,只能根据各地的具体情况采取简便易行的方式。概而言之,通行的方法有两种:

（一）接婴

由于育婴堂多建立于县以上城市和一些大市镇中,远离城镇的贫民很难把初生婴儿送至育婴堂。有鉴于此,一些地方士绅便出资在偏僻乡村与城镇育婴堂之间的某个适中地点（如市镇或大村庄）建立一个中转机构,即接婴所（堂）。这种接婴所,一般房屋简陋,所费不多,如平湖县芦川接婴堂只有平屋1间、披屋1间①;有的则利用原有的庵、庙建筑作为办公之地,吴江县平望的接婴所就是"以太平尼庵废址改设"的②;有的地方经费较为富余,接婴所则较具规模。根据财力大小,有些接婴所在收得弃婴后立即转送城镇育婴堂;有的接婴所则考虑到婴儿初生即抱着长途跋涉,易致病殇,故而留养一段时日再转送育婴堂养育,如南浔附近的马要接婴公所,"同治九年设,凡乡人之力难留养者,先送至公所,接乳数月,送至南浔育婴堂,名曰接婴,示接而非留之意也"③。

（二）保婴

对于保婴方式的缘起,保婴会创始人余治有过如下的叙述:"查向来善举,育婴堂之外,有留婴、接婴等堂,为乡民递送婴孩,洵为善事。但初生即为抱送,恐小小血泡,一经跋涉,未易保全。今特仿苏东坡先生黄鄂救婴及彭南畇撰济溺说之意,变通其例,用酌助钱米一法,令其自养,以补育婴堂之所不及,集成一会,名曰保婴。"④即采取补贴生产子女的贫家钱物的办法,鼓励其自养子女。保婴会自道光后期创行以后,在江南地区产生了广泛影响。尤其同治以后,保婴会以其较之于接婴、留婴、育婴更为简便、有效、且与育婴堂有互补功能而得到政府的肯定,命令各地施行。因此,清代后期,保婴方式在江南地区大为流行。

二、育婴堂的运营实态——以苏州育婴堂为例

（一）苏州育婴堂的设立与管理

苏州育婴堂成立于康熙十五年（1676年）。创办者都是苏州本地人,且大多具备功

---

① （光绪）平湖县志（卷4）.清刻本
② （光绪）平望续志（卷4）.南京:江苏古籍出版社,1992
③ （民国）南浔志（卷34）.南京:江苏古籍出版社,19
④ 余治.得一录（卷2）.台北:华文书局,1969

名职衔，身份当属地方绅士，创办所需资产皆为募捐所得。由于募捐收入不够稳定，康熙三十二年左右的苏州育婴堂曾出现"育者日以积，助者日以稀"的窘境。面对这种情况，时任河南巡抚的苏州人顾汧认为，苏州育婴堂若想长久维持，只有设法置办田产，以稳定的田租收入作为育婴堂的经费保证。为此，顾汧要求河南按察使劝导下属官吏，捐资为苏州育婴堂置办田产，并撰文号召地方绅富"量力捐助，积陌累阡，共襄盛举"。①

苏州育婴堂刚刚成立之初，便受到包括皇帝在内的各级统治者的关注。康熙十五年，清帝曾颁给苏州育婴堂"广慈保赤"的御书匾额。时任江苏巡抚的慕天颜为育婴堂捐建门楼，江苏布政使丁思孔按月捐资以发放乳妇薪资，二人分别为育婴堂题写了"保赤"和"大德曰生"的匾额。苏州知府高晫除捐资外，还撰写《育婴堂募疏》，号召人们捐助育婴堂。不过，这时官府对育婴堂的支持还只是体现为荣誉表彰和官员个人的捐助，并没有动用财政力量资助育婴堂的举动。

与创办者为地方绅士、运营经费主要来自募捐的情况相应，在很长一段时间内，苏州育婴堂由地方绅士直接管理。创建者之一的长洲县贡生许定升，就曾长期主持育婴堂的管理工作。许定升在康熙二十五年至二十八年间曾出任山东禹城县知县一职，但退职返乡后仍继续致力于育婴堂的经营。另据顾汧在康熙三十二年所言，其弟顾凌苍和"诸生"张循斋、陈林岫二人都曾襄理经营育婴堂事务。②可见在创办后相当长的一段时间中，苏州育婴堂的管理工作基本上由地方绅士全权负责，并没有出现官府直接干预的迹象。

沿至乾隆初年，随着地方官府大规模地动用财政力量资助育婴堂建设，情况开始发生变化。乾隆二年（1737年），地方官府奉旨拨给育婴堂"没官房价银一万二千两有奇，置产"③；乾隆四年，江苏巡抚张渠鉴于育婴堂原有房屋逼仄不堪，不能满足收养弃婴的需要，遂动用公款，历时八月，为育婴堂另择新址建屋140余间，大大扩充了其规模④；乾隆九年，江苏巡抚陈大受又奏请清廷，将江苏江宁县沿江的"新涨芦洲"（长期冲积而成的生长芦苇的滩涂或江心洲）拨给育婴堂。⑤随着来自官方的资产源源不断地涌入育婴堂，官府也开始直接插手育婴堂的管理工作。乾隆四年育婴堂新址落成后，巡抚张渠就曾经令僚属"与在堂绅士细酌规条，申明惩劝，定为四十则"，使苏州育婴堂开始染上官方色彩。而这种官方色彩在后来的发展中更出现了进一步加深的趋势。

道光五年（1825年），鉴于苏州育婴堂收养婴孩人数不断增加，用广费繁，经费日渐支绌的情况，时任江苏巡抚的陶澍倡率苏州织造、江苏布政使、按察使及属下府县

---

①② 顾汧. 募田育婴疏引. 见：贝理泰等编. 苏州育婴堂续志（卷6）. 1922
③⑤ （同治）苏州府志（卷24）. 清刻本
④ 张渠. 移建育婴堂记. 见：（同治）苏州府志（卷24）. 清刻本

官员等数十人捐廉3 000余两，发往典当生息，以利息贴补苏州育婴堂经费，并规定："但取其余，历十年、历百年毋支其本"。在记载此事的碑记中，对当时育婴堂的管理方式作了如下描述："董事月计其成，有司岁申其令"。当时育婴堂的"司总"为元和县学生许文燝，仍属地方绅士，但他也必须对"有司"负责、接受官方的监管。① 至道光十五年苏州育婴堂增建房屋时，江苏巡抚林则徐曾亲赴现场验收新建房屋，由此可对官府的监管力度略窥一斑。②

道光十六年（1836年），苏州育婴堂的管理方式发生了彻底的转变。江苏按察使裕谦记道："省城育婴堂收养遗弃婴孩，最为保赤善政……嗣因司事经管失宜，房屋亦多倾圮，经陈升司查明，捐修整饬，另立章程详明各宪，改归专员驻办，不复再设董事，已奉批准，由司饬行。"所以，裕谦在接任按察使之后，便着手推行这种做法，为苏州育婴堂增补章程十八则。其中规定：育婴堂原由董事管理，现改为委派专员负责，从省城衙门"候补、试用佐贰杂职"中选择老成朴干、任劳任怨的官员，由江苏布政使委派赴堂，准其携带家眷，赴育婴堂接管，育婴堂的一切账目、田房产业、各项收入等应"按时按数分别设立簿册，照章经理"，诸如招募乳妇、查验婴儿、放给口粮、编造册籍等事务由委员悉心筹办，遇有"应行变通之事"时，委员应会同身负"监堂"之责的总捕同知，"禀司听候酌核饬办"，因事务繁琐，育婴堂委员可以自主延请"司事"3人，负责操办各项具体事务。③ 也就是说，道光十六年之后的苏州育婴堂已不再由地方绅士管理，而是由地方官府直接委派官员经营，这就意味着苏州育婴堂已彻底转变为官方管理和经营的救助机构。

在太平天国战争中，苏州育婴堂毁于战火。在同治年间重建后，又重新采取由地方绅士充当董事的管理模式。但这时育婴堂在经济方面仍然对官府存在很大的依赖性。地方官府经常动用厘金、典捐、茶捐等收入补贴育婴堂经费。育婴堂的田产收租也得到官府的支持，如江苏布政使曾委派官员至育婴堂协助征租。以此为背景，晚清时期的苏州育婴堂官方色彩依然非常浓厚，被视作"官堂"。

（二）苏州育婴堂的职能和运作

育婴堂所收婴孩主要是弃婴。因抛弃婴孩有损颜面，为防有人因羞于送婴入堂而宁愿选择溺杀婴孩的情况，苏州育婴堂在门房墙壁上设"转桶"，系以铜铃，送婴者可在夜深人静时将婴孩放入桶中，并拉响铜铃，值班者闻声起接，避免了送婴者公开露面的尴尬。除收养来自城区的弃婴外，苏州育婴堂也收留来自乡间的弃婴。苏州育婴

---

① 募捐经费碑记. 见：程肇清编. 苏郡育婴堂志. 清光绪刻本. 8~9
② 中山大学历史系中国近代现代教研组、研究室编. 林则徐集·日记. 北京：中华书局，1962. 186
③ 裕谦. 饬苏州府育婴堂章程檄. 见：裕忠节公遗书（卷4）. 台北：文海出版社，1969

堂在太湖周边的陆家港、环良港以及盛泽、严墓、浒关、光福等市镇设有接婴、护婴局十余处，接受婴孩，再汇送苏州育婴堂。此外，苏州育婴堂的收养对象还包括贫苦之家因妻子过世等原因无力抚养、但又不愿抛弃的婴孩，这类婴孩可送入育婴堂暂养，以半年为限，到期领回自养。

为救助弃婴，苏州育婴堂出资雇请乳妇，负责抚养婴儿，乳妇一般由刚刚生育的贫家妇女充任。具体方式有留养与寄养两种，留养指乳妇住在育婴堂中，喂养育婴堂分发的婴孩；寄养则指乳妇将婴孩领回家中抚养。留养制便于监督和管理，但对育婴堂的房屋设施要求较高，苏州育婴堂房屋有限，所以至清代后期时，婴孩"寄养在外者十居七八"。为使婴孩得到有效救助，育婴堂规定，乳妇要选择乳汁充足、性情柔和的妇女，并要求乳妇"必须均匀乳哺，与自己子女一般看待，若有不顾堂婴，独哺己婴，以致堂婴日弱怯，此亦居心不善，不可领婴，勒令搬出"。育婴堂有专人查验，如乳妇领养的婴孩白皙肥壮，说明其尽心尽力，应予以奖励；如果婴孩出现枯憔羸瘦、面色青黄、扑跌伤损、沾染疮痍等情形，说明乳妇照料不善，应将其遣散，将婴孩另拨乳妇领带。

婴孩的生活费用均由育婴堂支出，育婴堂规定，所收婴孩由育婴堂发给棉衣、抱裙、毛衫、尿布、棉被褥等，交乳妇收领，鞋袜帽带等随时发给，破损后呈报更换。育婴堂雇请内外科医生两人，婴孩罹患疾病后，由乳妇报告育婴堂延医诊治，所需医药费用由育婴堂支出。

为给婴孩提供生活出路，育婴堂规定准人领养育婴堂婴孩为养子女或童养媳，但不准领出后充作奴婢、小妾或转卖。有意领婴之人到育婴堂报明姓名、籍贯、住址、年龄、职业等情况，并说明领婴意图，由本人、保人和邻居等出具保证书，写明"如有情弊，邻保是问"后，方允许领出。领婴后，育婴堂仍需不时派出司事查访，以防弊端。为避免领出男婴因义父母去世，族人觊觎财产，加以欺凌逼逐，致使其流离失所、甚至性命堪虞的情况，育婴堂呈请苏州知府颁发印照，予以严禁。为防止领出女婴因父母亡故，以致被亲族串卖，或受人引诱，陷身失所的情况，育婴堂规定，"查有此等情节，立时吊回雇人抚育"。

对于无人领养的婴孩，育婴堂规定：所收婴孩养至五六岁时，男孩入义塾读书，至十五六岁时，资质聪颖者可继续深造，资质驽钝者则量才学习手艺。身有残疾的婴孩，也需学习谋生技能，如盲童可学习算命和占卜。无人领养的女婴则学习女红，10岁后转送清节堂，由节妇管领，成人后为其择配婚嫁。病殇的婴孩，由以施棺代葬为职能的广仁堂置棺埋葬。

三、清代后期的保婴会

在长期运营过程中，育婴堂尽管在收养弃婴、改变民间溺婴陋风方面取得显著成效，但其问题也逐渐暴露。一是育婴堂限于财力，无法全部采取在堂养育的方式，而往往将婴儿寄养于乳妇之家，尽管规定每月 1 次进行集中检查、视养育状况决定乳妇工钱或是否继续雇用，但婴儿散处民间，平时难于管理，势必造成高死亡率的情况，这个问题在清代前期即已暴露，后期更为严重。如浙江海宁州城留婴堂在光绪十七年五月至十二月的婴儿死亡率为 39％，即每 3 人中有 1 人死亡。① 二是育婴堂一般设于府县城市及大市镇，对于偏远地区的乡民来说距离过远，送婴甚为不便。尽管不少地方通过在市镇或乡间设置留婴堂、接婴所的措施来弥补这一缺憾，但未能全面铺开，况且留婴堂、接婴所同样存在送婴的问题。不少乡民畏于长途，宁可溺毙婴儿也不愿跋涉往返于育婴堂；即使送入婴堂，也由于初生婴儿难耐长途颠簸跋涉，常常生病夭折。三是乳妇难觅，有时一个乳妇要养育 2 个或更多的婴儿。特别是散处民间的乳妇，往往将领养婴儿与自己的子女同养，尽心于自己的子女，而对领养婴儿照护不周，这是导致育婴堂婴儿死亡率高的重要原因。② 为了弥补育婴堂的上述不足，道光年间产生了称之为保婴会的育婴机构，并在其后广为推行。

保婴会发端于道光后期，最早出现于无锡乡间，是针对民间溺女风气并补育婴堂之不足而出现的新型育婴机构，其方法为："凡乡里有生育男女，果系极贫而不能留养者，局中例给钱米半年，令其暂养。如万不能养，再为设法安置，或代送婴堂，全其性命。"婴儿由父母自养，会中助以一定数量的费用，数月以后，婴儿已能嬉笑、娇憨之态，"最动人怜"，以致父母不忍溺毙。这种方法不失为"救婴最上法门"。道光二十三年（1843）由绅士余治创行于无锡北门外青城乡莲蓉道院以后，颇见成效，"数年来全活颇多，二十里内溺女之风亦渐稀少"，并很快影响到附近地区。余治等不仅制订《保婴会规条》呈送江苏巡抚，请求颁行，还亲自前往杭州，将规条 300 本交与地方士绅，转呈浙江巡抚颁行。数年之间，保婴会法即扩散到了江、浙、皖、闽等省。③

保婴会以其办法简单、有效，在同治、光绪年间经政府提倡而得到进一步的推广。从同治六年（1867 年）开始，江南各府县纷纷设立保婴会、保婴局，仿照余治所定成规加以适当的修改，从事以保婴为主要方式的育婴事业。保婴会面向广大的乡村地区，但其经费又不能不依赖居于城镇的士绅和商人，因而其组织形式通常是总局设于城市或大市镇，在中小市镇或乡村设立分支机构，从而构成一张覆盖城乡的保婴网络。在上海县，保婴总局设于县城城隍庙，另在所属的闵行镇、马桥镇、高行镇、陆行镇、洋泾镇及引翔港等地设立了 6 所保婴分局。④ 在青浦县，尽管县城仍以接婴堂为名，实

---

① 夫马进. 清末的保婴会. 见："对世界史的质问"系列 5 "规范与统合". 东京：岩波书店，1990
② 示禁溺女并劝设保婴会. 见：江苏省例. 清刻本
③ 保婴会规条. 见：余治. 得一录. 台北：华文书局，1969
④ 夫马进. 清末的保婴会. 见："对世界史的质问"系列 5 "规范与统合". 东京：岩波书店，1990

已兼办接婴、育婴及保婴事务，立有《接婴保婴章程》，同时在所属各地设有珠溪保婴会、章练塘保婴局、金泽保婴局、莲滨全婴会、白鹤江保婴会、黄渡接婴堂、凤溪保婴局、七宝接婴堂等机构。① 青浦县接婴、保婴兼办的方法曾经被江苏省作为典范、要求各地仿照施行。② 保婴会、局一般设有司事数人，包括全面负责的司总（或称司董、总董等）、管理账目的司账、管理捐款的司捐、管理查察的司察、管理医病的司医等。这些司事皆由地方士绅担任，但一般须接受官方的指导。

保婴会、局的经费主要来自民间捐献，所谓"其经费由官绅富商集成"，也有部分系由地方官"劝谕"或拨款而来，如江阴保婴局除民间捐助外，还有"局栈典关及各铺户按年月资助"，包括"铺局每月捐钱二千文，盐栈每年捐钱七千二百文，税关每年捐钱七千二百文，济善典每月捐钱四千文，库书每年捐钱二十千文，鱼行每筹捐钱一文，城乡铺户每年约捐钱二百千文"等。③

保婴会的保婴方法，大致按以下程序进行：（1）极贫之家生产婴儿不能自养，产前由地保或邻居、亲戚等向保婴会（局、公所、堂）报明，经司察亲往查看核实，登记簿册，凭照按月给发费用。时间有长短，经费有多少。保婴期间，若婴儿死亡，则要缴照停发费用。（2）登记簿册必须注明婴儿父母与保人的姓名住址、婴儿的出生年月日、特征（如头顶螺纹双单偏正、手足螺箕若干）等，以杜弊陋。若有欺骗冒领行为，追回费用，呈官处罚。（3）如有遗腹孤孩或双生婴儿，酌情加长保婴期间或多给费用，其中寓有恤嫠、敬节之意。（4）婴母因病无乳或不幸身故，由保婴会设法将婴儿寄乳。（5）婴儿生病，轻者可赴堂医治，重者报明堂中派医赴诊，方药费用由堂中给发。婴儿夭折，由堂中提供木匣殓费。（6）保婴期满，缴销凭照。④

但保婴会的育婴方式也不够完善。因为保婴会一般都定有保婴期限，在保婴期满、极贫之家仍无力养育的情况下，保婴会便无能为力。因此在实际施行中，各地都是保婴和育婴同时并举的。有些地方既设育婴堂，也设保婴会，各自独立地开展工作，如平湖县，"近复于育婴堂外，添设保婴会，以补堂之所不及"⑤。武进、青镇等地亦是如此。而更多的地方则只设育婴堂或保婴会，实行保、育兼办，如晚清苏州育婴堂便添设保婴善举，再如南浔、濮院、罗店等市镇所立育婴章程，既包括接婴、留婴或育婴，也包括保婴的内容。

---

① （民国）青浦县续志（卷3）. 台北：成文出版社，1970
② 整顿推广育婴章程. 见：江苏省例. 清刻本.
③ （光绪）江阴县志（卷3）. 南京：江苏古籍出版社，上海：上海书店，成都：巴蜀书社等，1990—
④ 参见：保婴章程. 见：江苏省例. 清刻本；保婴章程. 见：（光绪）罗店镇志（卷3）；育婴堂条规. （民国）南浔志（卷34）. 濮院保婴现行简章. 见：（民国）濮院志（卷9）；莘塔保婴章程. 见：（光绪）吴江县续志（卷2）.
⑤ （光绪）平湖县志（卷4）. 清刻本

保婴会因为采取了"自乳"即产妇自己哺育的方法，大大降低了婴儿的死亡率。同时，保婴会的触角伸入广大的乡村腹地、保婴网络散向广阔的乡村空间，因此在根绝主要存在于乡村地区的溺女陋习方面，其作用是不容低估的。

第二节 收养孤苦儿童的恤孤局、抚教局和及幼堂

与育婴堂、保婴会的功能类似，恤孤局、抚教局和及幼堂也属于传统的未成年人救助机构，但不同的是，育婴机构收养对象的年龄很小，一般是出生不久仍需哺乳的婴儿。事实上，除弃婴外，清代社会还存在许多年岁稍长但尚未成年的无依无靠的孤苦儿童，恤孤局、抚教局和及幼堂正为救助这类人群而设。而且，与育婴堂相比，恤孤局、抚教局和及幼堂这类机构，更加重视对收养对象进行知识和技能培训，救助办法较为积极，表现出鲜明的"教养兼施"特色，这或可视为近代以来"教养兼施"救助思想的先声。

一、恤孤局的出现

恤孤局由清代官员裕谦（1793—1841）创立。道光十二年（1832年）冬，湖北武昌风雪交加，天气严寒，时任武昌知府的裕谦发现有小儿冻卧于雪地，经查问后发现，他们均属"父母既亡，无亲属收恤"的孤儿，亟须设法收养。但此类孤儿为数众多，若全归官办的养济院收养，则经费和房屋均不足用，势必力有不逮；且孤儿年幼，在养济院中也不能生活自理。育婴堂专收3岁以下的乳婴，亦不能顾及此类孤儿。鉴于此，裕谦利用武昌育婴堂的空余房屋新创恤孤局。裕谦指出：恤孤局与育婴堂"事相类而不同"，育婴堂的幼婴需乳母喂养，抚教局则无需乳母，但孤儿年龄渐长，应"养而兼教，以为之终身之谋"。① 即在保障孤儿基本生活的同时，还要传授知识技能，以便其日后可以自谋生计，所谓"教养兼施，因材就业，务专一业之能"。从裕谦制定的恤孤局章程中，我们可对恤孤局的运营模式有较全面的了解，其主要内容包括：

1. 恤孤局的经费由官府调拨

每年由盐道衙门拨银3 000余两，由官府委派专员监管，每月三、六、九日赴局办事；另雇常川住局的"首事"1人，负责恤孤局的日常管理，其须行事公正、心地慈祥、通晓书算且能吃苦耐烦；局中雇"号长"16人，由老成勤慎而又身有技艺者充任，以便管教孤儿，此外恤孤局还雇有门厨杂役人等；号长、杂役均由40岁以上的清白良民充任。

---

① 裕谦. 武昌府恤孤局记（道光十三年正月）. 见：裕忠节公遗书（卷4）. 台北：文海出版社，1969. 353～357

2. 恤孤局的收养对象为 5 至 14 岁的无依孤儿

年过 14 岁、或有亲属可依者不收，收养前由保甲核实身份。收容人数以 160 名为限，人数过多时优先收容年幼或患病的孤儿。入局孤儿须登记姓名、年龄、籍贯以及面貌、疤痕、箕斗等身份特征，并发给腰牌。恤孤局将为孤儿提供衣食、住宿和医疗等基本生活保障。孤儿的抚养和教育事务由号长具体负责，每名号长照顾 10 名孤儿。

3. 在保障孤儿生活的基础上，恤孤局将教授孤儿知识工艺

聪颖者随首事读书识字，平庸者随号长学习纺花、织布、刊字、编蔑、结网巾、打草鞋和搓麻绳等手艺，身有残疾的孤儿亦可因材施教，如盲者学习卜算，跛者学习捆屦织席，以便日后谋生有术，不至废弃终身；学艺有成的孤儿，由恤孤局贷给资本，令其自制物品售卖，所得盈余由号长和孤儿分得；为使孤儿及时学成一技之长，"以为终身衣食之计"，恤孤局将按时考核 8 岁以上孤儿的学艺情况，怠惰者答罚，实在懒惰或不服管教者驱逐出局。

4. 15 岁以上孤儿应出局自谋生计

出局孤儿可领取"工本"银 1 两，充作营业资本，亦可由首事代其在各店铺谋业，废疾而不能自立者转归养济院收养。①

从上述规条看，恤孤局的救助办法颇具特色，除了保障孤儿的生活以外，裕谦还特别重视"教"的作用，对培养孤儿的职业技能尤为重视，他已明确将这种办法称作"教养兼施"。这种救助办法，使恤孤局表现出有异于传统慈善事业的新特点。

二、恤孤局的推广与抚教局的出现

在创办武昌恤孤局后的道光十四年（1834 年），裕谦调往江苏，历任江苏按察使、布政使、巡抚和两江总督等职。在此期间，裕谦将武昌恤孤局章程通饬江苏各属，要求仿照推行。为解决经费问题，裕谦还要求各地仿照北京悦生堂的办法分股筹款。② 与此同时，裕谦也注意到江苏当地的一些行之有效的办法。当他看到无锡、金匮两县绅士刊布的《冬月收养遗孩录》后，认为此举"布置得宜，规划尽善"，又饬令苏州长（洲）、元（和）、吴三县仿行，并将武昌恤孤局章程与无锡、金匮两县的办法一并下发，要求各属遵照仿行。其办法为：

（1）每年冬季十一月中旬开局，收养 6、7 岁至 10 岁左右的流浪乞儿，14 岁以上者应自谋生计，不予收养，身有残疾者可放宽至 16 岁；至来年春季二月中旬遣散，每

---

① 裕谦. 议设恤孤局详（道光十三年正月）. 见：裕忠节公遗书（卷 4）. 台北：文海出版社，1969. 365~392

② 裕谦. 通饬筹议恤孤酌仿京师悦生堂章程檄（道光十九年正月）. 见：裕忠节公遗书（卷 4）. 台北：文海出版社，1969. 393~396

人发给本钱 300 文，令其作小本营生。

（2）局中为幼孩提供食宿，雇人看管照料；请蒙师教授读书识字，并讲授"孝子悌弟""因果报应"等事，"令各孩环坐静听，俾知为人之道"；不能读书者则教授纺纱、做草鞋、作纸锭等手艺，或使之投师习艺。①

裕谦的努力取得了一定成效。太平天国战争之前的苏州便设有恤孤堂，每年冬季收养流浪孤儿，至来年春二月后出资遣散；又有抚孤堂，"择可教者教之读书工艺，学成而后遣之"。咸丰十年太平军攻占苏州之际，恤孤堂、抚孤堂毁于战火，至清军收复苏州以后的同治五年，长洲知县又将二堂合并重建为"恤孤局"。② 道光十六年，常州府武进、阳湖县也遵照裕谦的指令，捐设恤孤局，"冬岁收养十四岁以下，五岁以上幼孤，十月开局，至来岁二月撤局"。③

相较于武昌恤孤局，江苏地区的恤孤局发生了一些变化，由常年收养改为短期收养，这应是受无锡、金匮两县原有办法影响的结果。但教授幼孩知识工艺、以便其日后自食其力的做法仍然得到保留。

其后，恤孤局的办法被一些慈善组织所继承。同治五年，苏松太道应宝时创办的上海抚教局，便与恤孤局极为类似。应宝时在创办抚教局时颁布的告示中指出："查得上海乞食难童散处城厢内外暨洋泾浜等处者甚多，大多异乡客籍，流落难归，父母俱无，茕茕孤露，频年漂泊，寒暑交侵，往往转填沟壑。"若不及时救助，多数乞儿难逃一死，侥幸活命者也很容易走上邪路。鉴于此，应宝时创设抚教局，收容 16 岁以下的流浪孤儿。可见抚教局的救助对象与恤孤局基本相同。

抚教局的救助办法同样表现出"教养兼施"的特色。应宝时认为，对于孤儿而言，"养为目前计，教为终身计"，只有"抚养而兼教习"，才能做到标本兼治。这便是"抚教"一名的由来。具体办法是：

（1）由知县谕令丐头、地保，将符合条件的流浪孤儿送入抚教局，不愿入局者亦须强制收容。

（2）入局乞儿先调养数日，随后令其读书 2 月，略识数字，局中亦可借此"试其资性之高下"，以便因材施教。

（3）局中雇请工匠，教给孤儿刻字、印书、裁衣、皮匠、竹匠、扇骨、洋铁、编芦、编蒲、剃头等各项手艺，以一两年为期，学成后发给器具和本钱，令其出局谋生，亦可由店铺收为学徒。④

---

① 冬月收养遗孤条程. 见：余治. 得一录（卷4）. 台北：华文书局，1969
② （同治）苏州府志（卷24）. 清刻本
③ （光绪）武进阳湖县志（卷3）. 南京：江苏古籍出版社，上海：上海书店，成都：巴蜀书社等，1990—
④ 抚教局章程. 见：余治. 得一录（卷16）. 台北：华文书局，1969

从救助的对象和办法看，上海抚教局与武昌、苏州等地的恤孤局如出一辙，可以视作对恤孤局的继承。上海抚教局的实际主持人是无锡绅士余治，同治年间，他在上海协助办理太平天国战争后的善后抚恤事宜，并接受应宝时的要求，任广方言馆监院，抚教局即创于此时。《余治年谱》称："初，先生尝偕诸绅士募建恤孤局，留养难民中十六岁以下之幼童。事平，访其父母归之。其无归者，令习艺自食其力。至是见其中或有流为丐者，观察（应宝时）复捐廉设抚教局，仍命先生主之。"① 可见上海抚教局的前身即为恤孤局。

上海抚教局成立后，引起了一定社会反响，即便是来华的西方传教士也注意到抚教局的存在。德国传教士花之安在《自西徂东》一书中极力批评中国救助孤儿的办法"徒有养而无教"，宣扬中国应学习西方，"抚、教二端当并行而不失"。但他也承认，上海抚教局"使异日谋生有术，不至无所依归"的救助理念，与西方的做法相符，值得各地仿效。②

沿至光绪初年，以华北义赈为契机，恤孤局和抚教局的办法更得到进一步的推广。光绪初年，华北的山西、河南、陕西、直隶、山东等省发生严重灾荒，并波及周边省份，死亡人口至少在1 000万左右，人称"丁戊奇荒"。③ 灾荒发生后，除清政府组织的救灾活动以外，以谢家福、李金镛、经元善等人为首的一批江南绅商也纷纷行动起来，筹募大批资金和物资，并亲赴灾区救灾，拉开了晚清义赈的序幕。④ 由于义赈的主持者多为江南绅商，所以他们在主持救灾时往往采纳江南地区慈善事业的一些做法。光绪三年（1876年）五月二十日，准备前往山东青州收养灾童的谢家福便"托苏友向抚孤局抄一章程寄来，以备青州设局之用"。⑤ 从实际情况看，光绪三年山东青州设立的"抚教局"其实便是仿自上海"抚教局"和苏州"抚孤局"（即恤孤局）。

光绪三年，当无锡绅士李金镛到达山东灾区后，为收容灾后孤儿，随即在青州设立抚教局和留养局，抚教局根据孤儿的资质高下，分别教以读书或习艺，留养局收养残疾和生病的婴孩，请医生为之治病，并供给其生活，病愈后再送抚教局学习。⑥ 光绪三年六月初一日，谢家福制定《收养弃孩章程》，对抚教、留养二局的运营办法作了具体规定。主要内容包括：（1）留养局专收流离失所的无依孤儿，收容名额以1 000名为

---

① 吴师澄编. 余孝惠先生年谱. 北京：北京图书馆出版社，1999. 331
② 花之安. 自西徂东. 上海：上海书店出版社，2002. 12~13
③ 李文海等. 中国近代十大灾荒. 上海：上海人民出版社，1994. 98
④ 王卫平. 光绪二年苏北赈灾与江南士绅——兼论近代义赈的开始. 历史档案. 2006，1；王卫平，黄鸿山. 江南绅商与光绪初年山东义赈. 江海学刊. 2006，5. 朱浒. 地方性及其超越——晚清义赈与近代中国的新陈代谢. 北京：中国人民大学出版社，2006
⑤ 谢家福. 齐东日记"丁丑年五月二十日"（卷上）. 苏州博物馆藏稿本
⑥ 申报，1877-11-20

限,"父殁母存、孤贫乏食"的幼孩亦可收容,有家可依、或年过14岁者不收。符合条件的幼孩由邻人或地保送局收养,登记姓名、年龄、父母、家庭住址等情况,并发给腰牌。(2)孤儿每日开饭2次,并发给衣被,"五日一洗澡,十日一剃头",雇老妇为之梳洗补缀,病者延医诊疗,死者施棺掩埋,一切费用概由局中负责。(3)孤儿须服从教导,每日清晨至孔子位前行礼,并跪诵《圣谕十六条》。男孩调养1月后,分别资质高下,送往抚教局读书或习艺,不遵教导者,令其诵读浅显的劝善诗词,俾略知"为人大义"。教授的工艺包括剃头、织绸、织带、织毯、成衣、洋铁、制鞋等类。①

从主持者的设想、机构名称、收容对象和运营办法看,青州抚教局明显是沿袭江南地区的恤孤局和抚教局而来。

在后来的义赈活动中,恤孤局的办法得到继续发展。光绪四年秋,当华北义赈工作暂告一段落后,江南绅商李金镛、吴大澂等考虑到,在大灾之后,"孤儿嫠妇往往无以自存,情甚可悯,必须创设善堂,兼筹教养"。②遂动用江南绅商集捐银两,在天津创办广仁堂,"以收恤灾区妇孺,为赈务之善后"。④广仁堂下分设慈幼、蒙养、力田、工艺、敬节和戒烟6所,分别举办各项善举。慈幼所收养男孩,治病调养后分别拨入蒙养、力田、工艺等所读书或习艺;蒙养所设义塾五斋,教习聪俊子弟读书;力田所购置田地,由老农教习粗笨子弟耕种;工艺所教习不能耕读的子弟刻字、印书、编藤、织帘等手艺;敬节所收容青年寡妇和无依幼女,令其"各勤女工,不使闲逸",幼女成年后为之择配婚嫁;戒烟所办理戒烟,"使吸食者有自新之路"。⑤从广仁堂收养幼孩的办法中,我们不难看到恤孤局、抚教局的影子。天津广仁堂成立后,在华北地区引起很大反响,光绪年间北京、山东等地出现的一系列广仁堂,均与天津广仁堂有着渊源关系。⑥

三、及幼堂

及幼堂最先出现于贵州。道光十二年(1832年),贵州粮储道张经田在贵阳设局煮粥散济幼童,俗称稀饭局。至道光十七年,贵州巡抚贺长龄与布政使庆禄、按察使唐鉴及其他官员、绅士等合捐银4 000余两,将稀饭局改为及幼堂,"额收养幼孩一百二十名,每名日给米七合,菜钱三文,冬给布䋺绵衣裤,夏给单衣裤,又设诵读及工艺之师以教之"。⑦

---

① 谢家福. 齐东日记 "六月初一日". 苏州博物馆藏稿本 (卷上). 工艺种类另见六月初九日和九月二十七日日记.
②⑤ 阁爵督宪李 (鸿章) 奏案及钦奉谕旨. 见:津河广仁堂征信录 (卷1). 清刻本
④ 盛宣怀序. 见:津河广仁堂征信录 (卷首). 清刻本
⑥ 朱浒:跨地方的地方性实践——江南善会善堂向华北的移植. 中国社会历史评论. 2006,6;47~48
⑦ 贵阳市方志编纂委员会办公室校注. 道光贵阳府志校注. 贵阳:贵州人民出版社,2005. 909

及幼堂所收幼童为"虽有父母亦力不克任,甚或并其父母而无之"的孤贫儿童,6岁入堂,17岁出堂。贺长龄在《及幼堂记》中说,"爱子者非徒养之而已,必将为之终身之计焉。"幼孩正处于成长关键期,"知识日已开,嗜欲日已萌,是天人之交也,是成败之关也"。所以堂中设教习,"或授之读焉,将俾其识字也;或习之艺焉,将俾之食力也",即在保障生活之外,必须进行教育,使其掌握一定的文化知识和谋生技能,以便日后自立。①根据教育对象的资质不同,及幼堂的教育内容也有所不同,资质聪颖者教以读书写字,粗笨者教以打草鞋绳索、编竹器篾篮以及一切皆可以自食其力之事。"其或木匠、瓦匠、烟铺、药铺等项,有愿领为徒弟者,均听其便。"②

由上可见,从救助对象和救助办法看,及幼堂与裕谦创设的恤孤局十分类似。曾参与贵州及幼堂建设的唐鉴后调任江苏,恰逢裕谦兴办恤孤局。唐鉴认为,贵州及幼堂与裕谦创办的恤孤局"章程相合"。④及幼堂出现后,在贵州省内产生很大影响,类似机构在各州县纷纷设立。道光十七年,遵义设养幼堂,收养5~7岁的孤贫男童,4~12岁的孤贫女童,实行"养教合一",即除收养以外,还教授读书识字。⑤道光十八年,务川知县陈文衡设"及幼堂",收容13岁以下的孤寡小儿,雇工匠教习幼儿编制竹器草具等技艺,为之提供谋生出路。⑥此外,思南、都匀等县均设有及幼堂。

第三节　救助孤贫的普济堂

普济堂是以救助鳏寡孤独贫病之人为主要职能的民间慈善组织,在其出现之前,已有功能类似的官办救助机构养济院的存在。但由于养济院收养名额非常有限,不能满足社会需要;加之养济院在经营过程中腐败现象严重,导致机能渐趋衰废。在这种背景下,作为补充手段的普济堂逐渐兴起,取代了养济院的功能和地位。

一、养济院的衰落与普济堂的出现

清朝政府继承前代政策,重视对鳏寡孤独残疾贫民的救助,并沿袭明代做法,要求各地养济院收养"鳏寡孤独及残疾无告之人",一应经费照旧由政府支出。尤其从顺治八年开始,不仅要求旧有养济院照例运作,并号召没有养济院的地方也要"设立给养"。从此以后,各地养济院陆续设置。

清代的养济院在州、县一级设置,规定名额,完全由官方经营,基本承袭明代养

---

① 贵阳市方志编纂委员会办公室校注. 道光贵阳府志校注. 贵阳:贵州人民出版社,2005. 1837~1838
②④ 唐鉴. 育养幼孩不可领作奴仆移文. 见:中国学前教育史资料选. 北京:人民教育出版社,1989. 35
⑤ 遵义市志编纂委员会编. 遵义市志. 北京:中华书局,1998. 31
⑥ (民国)务川县备志(卷6). 油印本. 1965

济院的特性。① 不同之处在于管理更加严格,不仅要求地方官时加督促,更把养济院的经营与地方官的业绩挂钩,对经营管理不善者加以处罚。如乾隆六年七月清廷要求,地方官员应每年定期至养济院查验,检查房屋是否完好、孤贫是否在院、有无冒名入院等情况,若有违规情况,按照情节轻重不等,负责管理养济院的官员及其上司将受到降级调用、罚俸以至于革职等处罚。同时清廷还对胥吏营私舞弊的行为从制度上加以防范,规定在收养者中每10人选定1人为甲长,负责领取官府散发的钱粮,完全不让胥吏经手发放口粮。② 无论是加强管理抑或防止胥吏贪污舞弊,总而言之是希望养济院能够充分地履行职责,也就是要使真正的鳏寡孤独残疾无助之人得到实惠。

但理念不等于现实。中央政策一到地方就会因各种情况而不能得到切实的贯彻实行。其中一个重要原因是地方官的素质。致力于"仁政"的地方官毕竟是少数,更多的人是利用权力捞取私利。这在任何一个缺乏监督机制或监督机制不健全的国家或时代都是不可避免的现象。清代中国尤其如此。嘉庆二十三年十二月的诏谕中便曾经提到,各地养济院运行过程中已出现官员将朝廷规章视为具文、克扣孤贫口粮为胥吏使费和有人冒名领取国家救济的情况,并命令地方督抚加强对养济院的监督,严查违法违规现象。③ 可见养济院运行过程中的腐败现象十分严重。如前所述,尽管朝廷针对养济院中胥吏的中饱私囊现象采取了相应措施,发放口粮不经胥吏之手,而由收养者中选出的甲长等直接向官府领取,但这些甲长在侵蚀、横领口粮方面较之胥吏有过之而无不及,虞崇兴《守禾日记》卷4谈及嘉兴的情况时说:"审得钱交等一班无赖,钻充甲头者也。查秀邑孤贫额载三百名,每名每年给银三两六钱,共银一千八十两。……乃钱交等托足卑田,雄称丐长,恃刁欺众,恣意侵吞。"当然,养济院的贪污腐败现象决不是直到清代中期才出现的。事实上,早在康熙年间类似的情况已经发生。康熙《束鹿县志》的编纂者刘昆曾经说到养济院"有豪民、积蠹、老衾、巨奸吞食","其中养者非贫,贫者未养也。"当时的杭州,"近养济院有充院长者……凶恶异常,领给口粮,每岁侵蚀"。④ 雍正十二年,鉴于山东省历城县养济院中约近4/5的人不在院(收养名额242名,实际在院人数为48名)、在院者中还有很多不符合收养条件、且腐败现象严重的情况,河东总督王士俊建议对全国的养济院进行清查,得到雍正帝的认可。⑤ 可以说,乾隆时期对养济院的严格管理及对胥吏贪污现象的防范对策,就是在这样的背景下出现的。因此,养济院经营不正的现象自它产生以后不久即已发生,并且

---

① 夫马进. 中国善会善堂史研究. 伍跃等译. 北京:商务印书馆,2005. 431~433
② 清实录(乾隆三十五年八月). 北京:中华书局,1985
③ 清实录(嘉庆二十三年十二月丁卯). 北京:中华书局,1985
④ (康熙)杭州府志(卷12). 清刻本
⑤ 夫马进. 中国善会善堂史研究. 伍跃等译. 北京:商务印书馆,2005. 430~431

越演越烈，终于导致了其机能的衰败。

普济堂的出现与养济院机能的不振和逐渐衰败有着内在的联系。尤其养济院所规定的对收养对象的名额限制，使得不少孤贫之人被排除在院外，从而导致普济堂的发生。如乾隆三年四月十九日户部尚书海望等"遵旨行文事"提到："虽各州县皆有养济院，而额粮有限。现在院内之孤贫俱已足数，地方虽有无告之民，无从编入"；乾隆十二年四月二十日户部尚书傅恒等"为愿捐己资以济孤贫以广皇仁事"更称："当涂养济院，日久人多，栖止无所。恭逢父台独捐廉俸，启建普济堂，收养额外孤贫……卑职查普济堂原以济养济院之不足……以为收养额外孤贫之所。"① 普济堂是为补养济院之不足而产生的这种观点在乾隆以后几成公论。

最早的普济堂出现于康熙年间的北京。康熙四十五年（1706年），在北京广宁门外，士民公建普济堂，得到皇帝颁发的御制碑文及"膏泽回春"匾额。由于朝廷的支持和褒奖，京师普济堂的影响逐渐扩大，如苏州普济堂就是在京师普济堂的影响下建立起来的。雍正二年（1724年）"上谕"也曾大加提倡，谓："京师广宁门外，向有普济堂，凡老疾无依之人，每栖息于此。司其事者，乐善不倦，殊为可嘉。圣祖仁皇帝曾赐额立碑，以旌好义。尔等均有地方之责，宜时加奖励，以鼓舞之。但年力尚壮及游手好闲之人，不得借名混入其中，以长浮惰而生事端。"② 普济堂在收养"老疾无依之人"方面，以其成效显著，特别是不需动用国库分厘而完全由民间社会筹资兴办，在乐善好义、提倡社会好风俗方面起了典范作用，故得到雍正皇帝的肯定，并要求地方政府"时加奖励，以鼓舞之"。雍正帝的这一诏谕不管是否出于本心，但对于唯皇帝之命是从的一方守土之臣来说，却被视为行动的准则。因此，普济堂的设置一时成为时尚，极为盛行。尤其河东总督王士俊，积极响应雍正的诏谕，通过行政手段，命令河南省每一州县，必须在境内建造普济堂1所，"多置义田，以溥皇恩，以恤茕独"，并限令在文到1月内开建。③ 在他的强力推行下，河南省109个州县共建立了129所普济堂，山东省101个州县卫所中也设置了131所普济堂。与其他地方通过行政手段建立的救助组织不同，河南、山东二省各州县的普济堂"纤毫不需公项"，完全是用民间资金建立的。仅仅一二年时间，筹集了数万两银钱及数万亩土地的资金（河南省官绅士商百姓捐银78 912两1钱、义田11 164亩、麦豆谷23 912石；山东省官绅士商百姓捐银84 246两7钱、义田15 238亩、麦米谷4 122石余）④，建立起260所普济堂，在并不富庶的河南、山东二省，当地百姓再怎么"欣然慕义，咸愿捐输"，似乎也是不可

---

① 夫马进. 中国善会善堂史研究. 伍跃等译. 北京：商务印书馆，2005. 452～453
② 清实录（雍正二年闰四月癸未）. 北京：中华书局，1985
③ 王士俊. 河东从政录. 转自：夫马进. 中国善会善堂史研究. 伍跃等译. 北京：商务印书馆，2005. 449
④ 夫马进. 中国善会善堂史研究. 伍跃等译. 北京：商务印书馆，2005. 425～426

能的。其奥妙正如夫马进指出的,在于如雍正十一年五月己丑"上谕"中所许诺的,对于捐额多者加以议叙、少者由地方官给予匾额,同时登录在案免除差役。换言之,"捐输"可以得到政府的回报;而且,所谓"欣然慕义,咸愿捐输"无非是冠冕堂皇的说法,其背后应是"官捐",即带有半强制性质的"捐输"。①

二、普济堂的收养对象与性质

普济堂主要收养孤贫,即鳏寡孤独贫病之人。但它与养济院有所区别。养济院最早规定收养的是有着本地户籍的鳏寡孤独残疾贫病之人,而普济堂则不管本籍、外来,一概收容。以苏州普济堂为例,其收养固然有"商贾行旅"中之"流离困乏、待于赈赡者",也不乏众多的"土著之民"中的"失所者"。

普济堂与养济院收养对象的另外一个不同点,是普济堂以收养贫病老人为主,而养济院则比较强调贫困的残疾之人,如乾隆四年上谕中所说:"各府州县设立养济院,原以收养鳏寡孤独疲癃残疾之穷民。"浙江省平湖县《普济堂规条》中也强调:"废疾目盲,例应归养济院者,毋庸保呈(进入普济堂)。"② 由此可见,普济堂与养济院虽都以孤贫为收养对象,却是各有偏重的。

普济堂最初是由以士绅为主体的地方有力者自发创设的民间慈善机构。其经费由民间筹措而得。但自雍正二年发布倡议各地建立普济堂的"诏谕"以后,普济堂性质开始发生变化。前述王士俊在山东、河南两省推广设置普济堂,虽然"纤毫不需公项",但已带有明显的半强制性质。就大多数地区来说,普济堂性质的转变是在乾隆即位以后。乾隆元年,杨名时代通州通判田尔易上奏称,各地养济院收养名额有限,已不能满足救助无告之民的实际需要,应由朝廷诏谕天下,令各地一概设立普济堂,并拨给入官田产及社仓积谷,以便养赡孤贫。同时各地育婴堂缺乏资金时,也应由地方官员查明,并酌情调拨公款接济。③ 从普济堂的发展来看,杨名时代拟的这个奏折具有重要意义。奏折中提出的"拨给入官田产及社仓积谷养赡"的方法,也即是通过国家或地方财政支助来推广普及普济堂。这个建议由于得到户部的支持并取得皇帝的裁可,而得以实施。从此以后,不少地方即由官方担负起创设、管理普济堂的责任。苏州普济堂在乾隆二年,一次即得到相当于购买844亩土地的"没官房价银"的官方资助,至乾隆二十七年,更由"绅士经理"变为"归官经理"④。太仓普济堂的情况大致类似,"清雍正二年奉旨劝谕开设。乾隆四年,知州江之炜、知县平其政奉文将入官房屋改为

---

① 夫马进. 中国善会善堂史研究. 伍跃等译. 北京:商务印书馆,2005. 429
② (光绪)平湖县志(卷4). 清刻本
③ 夫马进. 中国善会善堂史研究. 伍跃等译. 北京:商务印书馆,2005. 462
④ (同治)苏州府志(卷24). 清刻本. 亦见:顾禄. 桐桥倚棹录. 上海古籍出版社,1980. 84~85

一州四县医赡老疾之所,计屋四十九间半,续又奉文拨给入官田产暨绅士前后捐田充用……五十五年,奉两江总督孙士毅行令,停止董事,官为经理。"① 由此可见,从乾隆元年开始,随着官方经费的大量流入,普济堂由民间慈善机构一变而为官督民办乃至官办的慈善救济机构。

三、普济堂的运营

(一)组织管理

初期的普济堂作为地方社会出资创建的民间慈善机构,经费主要来自地方士绅与有力者的捐助,其管理责任也由这些出资的人轮流担任。平湖县普济堂,系嘉庆二十年(1815年)由邑人袁渤、吴嘉德等公建,堂内设司岁1人,"总理征租、办赋、收发钱米及劝捐等事,择人品端方、身家殷实者于四月初公举接办";司月6人,以1月为期,轮流执事;司旬3人,"浃旬交管,周而复始";司堂1人,"通年居停在堂,管理堂务,酌送薪水"。② 一般来说,司岁是主要负责人,司月司旬为协办人员,他们不支薪水,由出资建堂者轮流担当;而司堂则由司事公请地方上德行卓著之人担任,每月给以薪水。各地情况虽不可一概而论,但大都采取了董事负责制的形式。松江府华娄普济堂,设"经董管理堂务,向以华娄二邑绅富择其身家殷实、才具干练者四人,逐年轮当,定以八月二十五日交卸。嗣后或经董常川管理,或逐年照章轮办,均不得推诿"③。每年由华亭、娄县二县地方士绅4人出任经董,全面负责,不支薪水。而具体操作,则有另聘的经账、外账、走账等人,他们每月领取薪水。如前所述,普济堂的性质有一个变化的过程。一般来说,民办或官督民办者采取董事负责制,而官办时则采用聘任制,如苏州男普济堂,系康熙四十九年(1710年)由陈明智、顾如龙等募金创建,至雍正三年(1725年)时仍有"该堂董事"的说法。④ 乾隆二年(1737年)以后,得到官方大力资助,并接受官府监督,转变为官督民办的慈善机构,堂中事务仍由"董事者"负责。至乾隆四十九年,因普济堂司总毛烜"经理不善,堂务废弛",遂仿照江宁普济堂的方法,延请绅士轮流经管,举出身家殷实的绅士12人,到堂抽阄决定司总人选。司总有正、副之分,1年轮替。本年为副总者,下年即为正总,然后再抽阄决定副总。堂中承办具体事务(如收录、稽查等)的"散董",由正、副司总"公延

---

① (民国)太仓州镇洋县志(附录).南京:江苏古籍出版社,上海:上海书店,成都:巴蜀书社等,1990—
② (光绪)平湖县志(卷4).清刻本
③ (光绪)松江府续志(卷9).南京:江苏古籍出版社,上海书店,巴蜀书社等,1990—
④ 为舍田以资普济、酬愿以慰先灵碑(雍正三年四月).见:夫马进.中国善会善堂史研究.伍跃等译.北京:商务印书馆.455~457

相信之人帮办，不得官为勒派"；既经推举而本人身故的绅士，如家境殷富而子嗣已经长大成人，也应该参与抽阄决定是否充任司总。司总一旦选定，不得藉词推诿规避。如因年老多病而不能担任，"必献重资，始准另派"。担任司总之人，除管理普济堂事务以外，还要填补堂中食用经费，"盈千累百，并不给还"，年复一年，"赔累无穷"。所以，本来有益于地方的善政变成了盘剥富户绅士的苛政，以致"绅士人等，视为畏途"。原来担任普济堂董事完全是出于个人自愿，而在官方介入后，变成了一种相当于徭役的负担。这样一来，严重地挫伤了地方士绅与有力者从事慈善事业的积极性。有鉴于此，乾隆五十六年，经江苏巡抚及布政使司的批准，"总令官为经理"，普济堂完全官营化。在组织管理方面，"不许点派绅士暗地勒充，按年轮换"，同时"一切在堂司事医士，亦系官为延请，给辛（薪）造册"，即改为聘任制。①

（二）经费来源

乾隆以前创设的普济堂，一般由地方士绅及有力者出资捐助。乾隆以后创设的普济堂，情况较为复杂，官营者系由官方出资创建，民办者系由地方社会筹措费用，更多的是官督民办机构，既接受官方财政资助，也接受民间捐款。此外，各地普济堂也往往置办田产，以收租所得贴补开支。

（三）制度规定

各地普济堂一般订有堂规，对普济堂的具体运作有所规定，从中可以窥知普济堂的运营情况。这些堂规，通常包括组织管理、经费筹措、对国家的义务（如完纳国课）、经费使用及对收养对象的限制等。其中特别注意对收养对象的规定，从各个方面加以种种限制。如年龄限制，要求收养对象至少必须在50岁以上，平湖县规定为70岁以上。名额限制，一方面可能是受到养济院的影响，更主要的是受到经费的制约，不少地方的普济堂根据具体情况作出名额限制，如华娄普济堂在太平天国战争前所定名额为220名，战争后额定160名②；南汇县普济堂规定收养名额为60名。③ 在孤贫人数较多的情况下，往往采取补缺之法，名额出现空缺后才可依次递补。在堂规定，在堂老民每人每天或为两饭一粥，或为两粥一饭，逢年过节加给荤菜；老民到堂，除自带衣服外，堂中提供蚊帐、棉絮、棉被等物，其他日常用品，也由堂供给；老民生病，堂中延医诊治，有些普济堂还设有供重病之人或易传染病人休养的养病房；倘若身故，由堂中提供棺木葬具，有亲族者准其领棺埋葬，无亲族者由堂中代为掩埋；老民中如

---

① 禁派郡绅充董碑记. 见：夫马进. 中国善会善堂史研究. 伍跃等译. 北京：商务印书馆，2005. 459~460
② （光绪）松江府续志（卷9）. 南京：江苏古籍出版社，上海：上海书店，成都：巴蜀书社等，1990—
③ （光绪）南汇县志（卷3）. 南京：江苏古籍出版社，上海：上海书店，成都：巴蜀书社等，1990—

有手工艺人尚能从事生产者，听其操作，但不得出外交易，成品可托堂中工人代为出售；在堂老人不得私自外出，如确有要事，应向堂中办理请假销假手续。外出时一般不许在外过夜，特殊情况（如清明扫墓路远等），可酌定往返日期，逾期不归者即行逐革。有些普济堂如平湖普济堂，每月初二、十六允许在堂老人外出游览。外地之人生病送入堂中，由堂延医诊治，愈后提供路费，送其回乡。①

第四节 救助寡妇的恤嫠会、儒寡会和清节堂

鳏寡孤独是中国传统社会中主要的社会弱势群体，其中"寡"即指寡妇，向来是慈善救助事业的重点关注对象。在清代，专门救助守节寡妇的慈善救济组织有恤嫠会、儒寡会和清节堂（贞节堂）等不同名目，三者各有区别。在救助对象方面，恤嫠会重点救助儒士家庭的节妇，儒寡会则专门救助来自儒士家庭的节妇，二者带有特别优抚的意味；清节堂则对节妇的家庭背景没有明确要求，带有普遍救助的意味。在救助方法方面，恤嫠会、儒寡会属于"善会"，没有固定的运营场所，采取会集善友捐资，将钱款或实物直接发放到孀妇手中，补贴其生活的办法。清节堂则属于"善堂"，拥有房屋堂宇，有专职办事人员，对寡妇进行集中收养。

一、恤嫠会

清代最早的恤嫠会由彭绍升创立于乾隆年间的苏州。彭绍升（1740—1796）是清代著名的佛教居士，字允初，号尺木，又号二林居士、知归子，法名际清。彭绍升出生于苏州科宦世家，明清两代彭氏一族共出 14 名进士，创造过科举史上的多项奇迹，彭绍升的曾祖彭定求、父亲彭启丰均为状元，是科举史上有名的祖孙状元，彭启丰后来官至兵部尚书。乾隆二十二年（1757 年），年方 18 岁的彭绍升与其兄彭绍观同榜成进士，亦是科举佳话。但彭启丰认为，一门之中荣耀太过，恐非幸事，遂命彭绍升还家。至乾隆二十六年，彭绍升才补殿试，并得授知县。但这时他已绝意仕进，"一意读宋元明先儒书"。② 29 岁时转而信佛，自号知归子。5 年后受戒，取法名际清。此后彭绍升笃信佛教净土宗，在苏州、杭州等处建念佛道场、刊教典、饭僧众，撰写多部佛学著作，对清代净土宗的昌盛起到了重要作用。但与一般佛教居士不同，彭绍升并未因皈依佛门而"泯心禅寂，独善其身"③，反而更加关怀民生休戚，积极举办或参与各项慈善救助活动，成为江南地区著名的慈善家。

---

① 参见：（光绪）松江府续志（卷9）.（光绪）南汇县志（卷3）.（光绪）平湖县志（卷4）
② （民国）吴县志（卷68）. 南京：江苏古籍出版社，上海：上海书店，成都：巴蜀书社等，1990—
③ 彭文杰. 二林府君述. 见：彭氏宗谱（卷7）. 刻本. 1922

乾隆三十九年（1774年），彭绍升设立恤嫠会。恤嫠会成立初期，经费主要来自募捐，3年间救助130多家，花费了1千多两银子，均系司事者募捐所得。① 募捐时可能借鉴"合会"这一传统民间互助措施的某些做法。嘉庆元年（1796年），常州仿照苏州恤嫠会成例设立敬节会，主持者曾提到："长洲始行时，按月分募，每年出银十二两为一会。"②

彭氏恤嫠会的运营情况，因资料不详，难于知晓，但乾隆五十年（1785年）成立的镇江恤嫠会和嘉庆元年（1796年）设立的常州敬节会均系仿照彭氏恤嫠会而设，且时隔不久，所以，从这两个慈善组织的章程中，我们可以推知彭氏恤嫠会的大概情况。

镇江恤嫠会的章程内容包括：（1）恤嫠会首先将嫠妇分为"清门士族"与"寒微之家"两类，前者列入正册，后者另立副册，"清门士族"的嫠妇是重点救助对象。（2）由于财力有限，恤嫠会的救助人数有一定限额，出缺后依次递补，希望得到恤嫠会救助的嫠妇，须先由亲友代为申请，登记姓氏、家口、住址、守节时间、亡夫职业等情况，由恤嫠会细加查访，确实贫无依靠者即按月发放银钱。（3）30岁以内守节者每月可得钱350文，40岁以内者可得280文，40以上者可得200文，未婚贞女每月得银1两；儿女尚幼的嫠妇另加发抚育费，每月每一子女100文；公、婆年迈又无人赡养者，另加发赡养费每月200文；嫠妇身故由恤嫠会助葬。③

常州敬节会的救助对象也有正、副额之分，正额50人，每人月给钱500文；副额100人，每人月给钱400文，另设广额150人，每人月给钱300文，并在冬季发给棉衣。身故嫠妇发3月钱助葬，"极贫力不能殓者"加给，若嫠妇去世后其年幼子女或公婆无人照料，敬节会将继续发给银钱，孤儿长成后由敬节会助其婚配。④

恤嫠会以守节的寡妇和贞妇（指已定亲但未成亲、便因未婚夫过世而守节者）本人和其子女、公婆等为救助对象，尤其侧重于救助儒士家庭的寡妇及其子女。这是因为在彭氏看来，儒士家庭的寡妇特别困难的缘故。彭绍升曾说："古称穷无告者，惟鳏寡孤独，而孤寡较鳏独尤穷，士族之孤寡者较小户又甚焉。"⑤ 其父彭启丰也曾说过，寡妇中最困难无告的当属"士族"人家的孤儿寡妇，普通人家的寡妇难以自给的，还可以充当佣妇谋生，但贫困士族家的寡妇和子女则难以靠此谋生，一是由于文弱，二是于颜面有损。面临衣食之忧，往往只能靠变卖器物、衣服甚至书籍为生，饥寒交迫，朝不保夕。而且，士族子女的教育也难以得到保证，使崇尚诗礼传家的士族子弟不得

---

① 彭绍升. 近取堂记. 见：二林居集（卷9）. 清刻本
② 敬节会纪略. 见余治. 得一录（卷16）. 台北：华文书局，1969
③ 京口仿行彭氏恤嫠会例. 见余治. 得一录（卷3）. 台北：华文书局，1969；亦见：（光绪）丹徒县志（卷36）. 南京：江苏古籍出版社，上海：上海书店，成都：巴蜀书社等，1990—
④ 敬节会纪略. 见：余治. 得一录（卷16）. 台北：华文书局，1969；亦见：（光绪）武进阳湖县志（卷3）
⑤ 彭绍升. 近取堂记. 见：二林居集（卷9）. 清刻本

不"流为下贱",使人目睹心伤。① 由此可见,恤嫠会之所以将儒士家庭的孤寡列为首要的救助对象,主要出于两方面考虑:一是儒士遗孀有着不一般的社会身份,不应以佣工的办法谋生;二是儒士后代不应放弃读书而去从事其他"下贱"职业。为维持儒士家庭的体面,需对其孤寡提供经济援助,使其遗孀安心守节,并解决好儒孤的教育问题,避免其流为下贱。这种考虑应与彭氏科第世家的身份及其认同有关,反映出他们心中"万般皆下品,唯有读书高"的心态。这种做法对后世影响很大,受彭氏恤嫠会影响而设立的镇江恤嫠会,便将救助重点放在"清门士族"的儒寡和儒孤上,它一共设有400个救助名额,仅留出100个名额救助普通人家的寡妇。②

彭氏恤嫠会另一显著特点是融合佛、儒二教的色彩。作为著名的佛教居士,彭绍升不仅主张对节妇进行生活救助,还对救助对象宣扬佛教教义。③ 但恤嫠会的儒家色彩也很强烈,彭氏恤嫠会重点救助对象是儒士家庭的寡妇,表现出对儒士阶层的特别优待。从这个意义上,彭氏恤嫠会不只是佛教居士活动的伸延,同时也是作为儒士阶层捍卫儒家价值观的有效途径。

受彭氏恤嫠会的影响,江浙地区出现了不少同类机构,包括镇江恤嫠会、常州敬节会、杭州恤嫠集等,在救助儒寡方面发挥了重要作用。

二、儒寡会

如前所述,恤嫠会重点救助儒士家庭的节妇,这一特征发展到极致后,又出现了儒寡会这一专以儒士家庭的节妇为救助对象的慈善组织。道光初年,江苏常熟、昭文县便曾设立"儒寡儒孤总会",救助儒生家庭的寡妇和孤儿。咸丰元年彭氏族人创办的苏州儒寡会,是一个专门救助"儒寡"的慈善组织,其职能为"由私人捐款以恤已故庠生之妻室"。④ 后来经费渐裕,儒寡会又兼办"民寡",开始将救助范围扩大到非儒生家庭的寡妇。太平天国战争期间,善会活动陷入停滞。同治初,彭福保重兴家族善举,他仍然坚持优先救助"儒寡"的理念,认为"恤嫠民寡可从缓办",将有限的经费全部用于救助儒士家庭的孤寡。据载,当时的儒寡会共资助孤寡400余户,大小600余口,每月支钱500余千文,每个季度由在庠诸生分别将补助金送至孀妇家中。⑤ 光绪二年(1876年)彭福保去世后,他的弟弟彭康保接办儒寡会,继承父兄之志始终不渝。而救助"民寡"的业务自停办后,直到光绪二十三年,彭康保才与同乡周铁英相商,集资

---

① 彭启丰. 恤嫠会缘起叙. 见:芝庭先生集(卷8). 清刻本
② 京口仿行彭氏恤嫠会例. 见余治. 得一录(卷3). 台北:华文书局,1969
③ 彭绍升. 恤嫠会回向文. 见:一行居集(卷1). 清刻本
④ 彭氏宗谱(卷8). 刻本,1922
⑤ (民国)吴县志(卷30). 南京:江苏古籍出版社,上海:上海书店,成都:巴蜀书社等,1990—

捐助贫寡，名之曰"民寡会"，以示与儒寡会相区别。此外，同治七年的松江府青浦县也创办儒寡会。光绪年间，江苏镇江、昆山、上海等地，浙江桐乡、嘉兴、海宁等地先后出现名为儒嫠会、儒嫠局、儒寡会、儒寡集的类似机构。

三、清节堂

清节堂的出现较之恤嫠会要晚一些。乾隆年间，扬州学者汪中曾提出设立贞苦堂、收养无依寡妇的设想，可以视作清节堂的思想渊源。至嘉庆十一年（1806年），江苏南京建成全国第一家清节堂。其提倡者是僧侣镜澄，实际建立者是其弟子蔡荣。嘉庆十一年，蔡荣和扬州江都的丁准等一起，耗费巨资购置田产，向官府申请建立清节堂，用于收养江宁府的节妇和贞女，并附设义学，为节妇的孩子提供教育。南京清节堂出现后，产生一定社会反响。[1] 嘉庆十七年，苏州仿效南京成例设立清节堂，从其章程中可以看出清节堂的基本运作模式，章程大意如下：

（1）清节堂设堂目的是"保全贫孀母子"，即救助寡妇及其未成年子女，同时也兼收"未嫁夫亡，不愿改适，往夫家守节之贞女"。愿意入堂守节的贞节妇女，事先向清节堂提出申请，经查明属实后即可入堂守节，其未成年子女也可一并携入堂中抚养。

（2）清节堂将为入堂妇女提供住宿、衣食、医药等基本生活保障。守节达到一定年份，符合旌表标准的，由清节堂代为向官府申请建立牌坊。若在堂节妇故世，由清节堂施棺掩埋，并在祠堂设立牌位，定期祭祀。

（3）清节堂设"抚婴馆"，延师教育节妇之子，13岁以上的男孩随师读书，不得随母居住。延请教师的费用及书本、纸张、笔墨等开支，均由清节堂支出。节妇之子可读书应考，考试费用亦由堂中支出，资质顽钝、不能读书的男孩，满14岁后由清节堂保送至各店铺充当学徒，学习谋生技能，此后与堂无涉。随母在堂的节妇之女，及笄后由其母主持择配婚嫁，清节堂酌给嫁妆。

（4）清节堂防范森严，"中门以内，三尺之童概不许入"，节妇入堂之后，不准出入，不准滋闹生事，"俱宜各安本分，彼此和协，共完贞操，毋得恃性构隙，致生是非"。只能于每年三节时在大堂与公婆或父母相会。公婆和父母过世时，准许节妇回家视殓，但"成礼即回，不得借事留连"。若入堂节妇不耐羁苦、不安本分，由清节堂通知其亲族领出，不准再入。

（5）有无人侍奉的父母翁姑在家的青年节妇，可先发给补贴，待父母翁姑过世后再入堂守节。名门旧族之节妇，若无亲族可靠，衣食不周，但又不愿入堂的，可斟酌多寡，发给部分津贴。[2]

---

[1] 夫马进. 中国善会善堂史研究. 伍跃等译. 北京：商务印书馆，2005. 327
[2] 清节堂章程（苏郡旧章）. 见：余治. 得一录（卷3）. 台北：华文书局，1969

由于清节堂鼓励寡妇守节，有利于维持封建道德秩序，所以得到了官员和地方绅士的大力支持，各地陆续有所设立。大约在嘉庆、道光年间，浙江杭州设立清节堂。同治十一年（1872年），通商口岸上海设立清节堂，这所清节堂一直维持到民国年间。光绪九年（1883年），在安徽籍官僚李鸿章、叶伯英等人的支持和捐助下，安徽安庆设立清节堂。为给清节堂提供稳定的经费来源，官僚们还捐资购置田产，以田租所得供给节妇生活费用。光绪十五年，江苏镇江设立完节堂。①

第五节 收养流民的栖流所

流民问题是中国历代都要面临和解决的重大社会问题。流民是因各种原因流落外地、生活没有着落的人。他们是最容易爆发动乱的社会群体之一，如果流民众多而又得不到基本的生存保障，势必会给统治秩序和社会稳定带来严重威胁。所以，中国历代政权和民间有识之士均对流民问题予以高度关注，以此为背景，收容、救助流民的慈善救助机构遂应运而生。清代的栖流所便是其中之一。

清代栖流所最初出现于顺治十年（1653年）的北京。据乾隆《大清会典则例》记载，顺治十年，北京五城共设栖流所6所，中、东、南、北城各设1所，西城设2所。雍正十三年（1735年）议定：栖流所由五城兵马司指挥修葺，各所分雇平民1人，负责看守房屋和照料所中流民；遇有无所依靠和病卧街头的流民，由各铺总甲送往栖流所收养，每人日给小米1升，制钱15文，冬季发给棉衣棉被，患病者施药医治；倒毙街头或病故于所中的流民则施给棺木，掩埋于义冢；北京栖流所的经费由户部调拨，每年每城预算银200两，五城合计1 000两，不足准其再领，年终将经费收支情况造册上报。至嘉庆十五年（1810年），因流民日渐增多，原有经费不敷所用，清政府将栖流所每年经费增至2 600两。② 由此可见，北京栖流所属于官办救助机构，其职能有三项：（1）收养无依流民；（2）为患病流民提供医疗救助；（3）掩埋身故流民。

首都北京设立栖流所，对全国各地有着巨大的示范作用，各地屡有仿行举动。乾隆初年贵州按察使陈悳荣"广置栖流所，收行旅之病者"。嘉庆二十三年（1818年）广西巡抚赵慎畛也"广置栖流所"。栖流所由此在全国范围内得到一定程度普及。梁其姿的统计显示，清代18省至少设331个栖流所，其中239个设立于1850年之前，92个设立于1850年之后。

一般而言，栖流所依其功能可分为三种类型。

---

① 夫马进. 中国善会善堂史研究. 伍跃等译. 北京：商务印书馆，2005. 320~404
② （光绪）大清会典事例（卷1036）. 上海：上海古籍出版社，1995

一、安置军流犯人的栖流所

乾隆年间瑞安县曾分建栖流所两处,用于"安置在地军流各犯"。① 光绪年间设立的浙江遂安县栖流所亦是"原为流犯栖身而设",至清末刑狱制度改革后废弃。②

二、收养灾民的栖流所

乾隆七年,因北方发生水灾,渡淮河南下逃荒的灾民络绎不绝。为救助灾民,淮安府山阳县知县金秉祚在城中修葺房屋4座,每座4间,命名为栖流所,用于安置灾民。乾隆十二年秋,因飓风引发潮灾,江淮间流民"颠踣道路者相望",淮安知府卫哲治又与山阳、桃源两县知县一起在淮安境内分设栖流所8处,为流民提供食宿,且无衣者施衣,生病者给药。至次年春遣散,共救助灾民11万多名。③ 这类栖流所均属临时应急措施,淮安府境内的九所栖流所,事后均废弃不置。

三、收养"病茕"的栖流所

除灾民以外,尚有一些因其他原因造成的流民,其中不乏孤身行旅、以致病卧道路而无人理会者,即所谓"病茕"。江浙两省在嘉庆、道光年间设立的栖流所,多数以收养此类流民为职能。如嘉庆年间嘉定县南翔镇设立的栖流所专门收养"路过病茕"④;道光年间宝山县罗店镇、杨行镇设立栖流所,救助"外来茕病之人"⑤;道光六年(1826年)设立的杭州栖流所"专为病茕流落而设"⑥;道光十一年华亭县设立的栖流所"为旅居贫病者所栖"⑦。这些栖流所均为常年设置。

在以上三类栖流所中,第一类性质类似于监狱,第二种为临时应急机构,二者多由官方举办,职能比较清楚和单纯。只有第三类,即嘉道年间出现的、以收养"病茕"为职能的栖流所,不但分布范围广,持续时间长,而且得到地方社会的积极参与。

需要指出的是,清代前期栖流所虽系为解决流民问题而设,但对于政府和地方社会而言,维持社会稳定才是最重要的目的。正因为如此,栖流所在收养对象和救助措施等方面是有很大局限的。进入晚清以后,栖流所的功能和运营办法发生了显著变化,表现为:一是收容对象的范围有所扩大。清代前期的栖流所大多只收"将毙未毙"的

---

① (嘉庆)瑞安县志(卷2).清刻本
② (民国)遂安县志(卷2).南京:江苏古籍出版社,上海:上海书店,成都:巴蜀书社等,1990—
③ (光绪)淮安府志(卷3).南京:江苏古籍出版社,上海:上海书店,成都:巴蜀书社等,1990—
④ (光绪)嘉定县志(卷2).清刊本
⑤ (民国)宝山县续志(卷11).民国刊本
⑥ 栖流所旧章.见:丁丙.乐善录(卷4).清刻本
⑦ (光绪)华亭县志(卷2).清刻本

"病荣"，对收养对象的资格有着严格的限制，而晚清时期苏州、上海、扬州栖流所收养对象的范围则大为扩充，乞丐、女性流民开始成为栖流所的收养对象；二是救助手段的改进。清代前期的栖流所只为流民提供衣食和医疗方面的救助，使其维持生存，救助办法比较消极。而晚清苏州、上海、扬州栖流所的救助办法则要积极得多，它们开始兼办"戒烟"善举，上海、扬州的栖流所还注重训练流民的职业技能并为之提供就业机会。之所以出现这种变化，原因有两方面：一是近代流民问题日趋严重，社会治安日益恶化，迫使人们对流民问题投入更多关注，并采取更为有效的措施；二是西方国家相关制度的影响。

深度阅读

1. 夫马进. 中国善会善堂史研究. 伍跃等译. 北京:商务印书馆,2005
2. 梁其姿. 施善与教化——明清的慈善组织. 石家庄:河北教育出版社,2001
3. 王卫平,黄鸿山. 中国古代传统社会保障与慈善事业. 北京:群言出版社,2004
4. 黄鸿山. 清代江浙地区栖流所的运营实态及其近代发展. 史学月刊. 2008,2

第六章
慈善事业的近代发展（上）

从鸦片战争开始，中国迈入素有"三千年未有之大变局"之称的近代社会。对中国社会而言，这是挫折和屈辱接踵而至的阶段，也是各种新思想、新事物纷至沓来的时期。随着中国社会形势的急剧变化和西潮的冲击，中国传统慈善事业也开始了近代转型的历史进程。不仅传统慈善组织在近代时期出现了变化，新型慈善组织和具有近代色彩的新型慈善救助活动也陆续出现。

第一节 慈善理念的转变和慈善组织的职能变化

中国传统慈善事业的近代转型，主要表现为观念与实践两个方面。从观念来说，伴随西学东渐的浪潮，人们开始发现重养轻教的中国传统善堂较之西方国家教养兼施的慈善机构有明显的缺陷，因之而提出了变革主张；从实践而言，中国传统善堂逐渐扩大职能范围、创设新的慈善内容，尤其是顺应时代发展潮流、有利于提高国民素质的内容，从而使得传统慈善事业发展为近代慈善公益事业。近代慈善公益活动的作用，不仅仅限于对鳏寡孤独、贫病残疾之人的救助，有利于社会的稳定，更主要的是面向社会大众，"体现于使社会走向进步和发展"。[①] 传统慈善事业的近代转型是与中国的近代化同步进行的，是中国近代化的一个组成部分。

一、慈善理念的转变

1840年鸦片战争的失败，在中国思想界引起了空前的震动，一向以天朝上国自居

---
① 朱英.戊戌时期民间慈善公益事业的发展.江汉论坛.1999，11

的大清帝国居然败于"蛮夷"、落得个割地赔款的结局,这一冷酷的现实不能不引起人们的深思。先进的中国人在反思的过程中,提出要认识"夷情",学习西方的先进科学技术。这是中国人睁开眼睛看世界的开始,也是中国传统慈善事业发生转变的起点。

在主张学习西方的先进中国人中,苏州人冯桂芬最具代表性。1860年,太平军东征苏州,冯桂芬避居上海,开始大量接触、阅读西学书籍,思想逐渐发生变化。为抒发自己救时辅世的理想,他撰写了一系列谋求改革的政论性文章,主张采西学、制洋器,他提出的"以中国之伦常名教为原本,辅以诸国富强之术",作为处理中学与西学关系的原则,后来被概括成"中学为体,西学为用",成为洋务派和改良派共同提倡的口号。在此期间,冯桂芬还撰有《收贫民议》一文①,主张学习西方国家教养贫民的方法,他介绍说:荷兰设有养贫局和教贫局,沿途乞丐由官绅收容入局,其中,没有劳动能力的老幼残疾送入养贫局,维持其生活,而少壮者则收入教贫局,按照其能力,请严师进行管教,每日规定一定的课程或任务,不能完成的予以严厉责罚,直到其能够达到标准为止。此外,若有不听管教的不肖子弟,国人也可以将其送入教贫局代为管教。不肖子弟慑于责罚,往往从此痛改前非。正因有以上二局的设立,荷兰国内既无游民,也无饥民。为此,冯桂芬提出应发扬古来传统,"推广义庄",并"饬郡县普建善堂,与义庄相辅而行,官为定制,择绅领其事,立养老室、恤嫠室、育婴室、读书室、严教室,一如义庄法",而在各善堂中,要求吸取荷兰、瑞典等国的教养方法,如在收容"民间子弟不率教、族正不能制"及"赌博、斗殴、窃贼初犯未入罪而遇赦若期满回籍"之人的"严教室"中,教授耕田、园艺及各种技艺,并"严扑作教刑之法,以制其顽梗";又设专门收容妓女的"化良局",选诚实朴质的老妇教授她们纺织技术,3年后保释。如此则可达到"境无游民、无饥民、无妓女"之目的。至于国外推行的由官府强制民众接受学校教育的政策,虽然为"中国所难行",但也可责成族长稽查,责罚15岁以下不读书、15岁以上不习正业的族人,并令其入善堂读书或习业。很明显,冯桂芬不仅扩大了传统慈善事业的内容,而且明确提出了对贫民教、养并重的观点。这是对传统慈善思想的更新和突破,开启了近代慈善理念的先河。

在镇压太平天国农民起义的过程中,清朝统治阶级内部逐渐发生分化。以恭亲王奕䜣和依靠镇压太平军起家的军事实力派人物曾国藩、李鸿章等人为代表的洋务派,主张为应付"变局",有必要引进西方科学技术。他们打出"自强""求富"的旗号,以"强兵富国"相标榜,推进了洋务思潮的发展。洋务运动尽管最后以失败而告终,但它在客观上却促成了中西文化的交流融合,在中国宣传了西方的政治制度、先进科学技术和思想文化。在此过程中,洋务派思想家及从中分化出的资产阶级改良派思想

---

① 冯桂芬. 收贫民议. 见:校邠庐抗议. 郑州:中州古籍出版社,1998. 154~156

家们，进一步宣传西方的慈善理念和方法，并在一定程度上进行了实践，推动了传统慈善事业的近代转型。

同治十二年（1873年）八月九日的《申报》发表了一篇题为《拟添局收养强壮乞丐使之工作以儆懒惰论》的文章，作者对中、西收养乞丐的善堂的职能进行了比较，指出西方之所以能够消除市面上的乞丐，是因为设有收养乞丐的专门机构，被收容的乞丐可得到救助，但其中的老弱残废才可以无条件接受救助，年少强壮的则必须按照能力大小进行劳动，不能白白浪费资金和粮食。不愿工作者则"逐之远方，投诸蛮夷，不令与人齿"。与此对比，中国虽设有养济院，但只是由国家出资，收养"孤贫之老弱残废者"，年少强壮者则不予收容。作者深感西方善堂的教养方法较为合理，故而提出建议：城市商家和居民放任乞丐日日乞讨和骚扰，仍不免于耗费钱财，不如每户捐资，设立收容乞丐的专门机构，"仿西国之法，择其年力强壮者，使之工作，不令安闲，不愿工作者，立毙杖下"。口气不免过分激烈，但其目的却是希望改变乞丐遍地的社会环境，通过善堂养、教结合的改造，使之成为有用之人。

著名改良派思想家陈炽在作成于1895年甲午战争以前的《庸书》中，也批评当时国内的善举"措施无具，董劝无方"，而主张仿行西方国家的善举措施。在他看来，西方各国善举值得中国仿效的至少有八类，一是收留病人的"施医院"。院中男女分别居住，置办有衣被、饮食、药物等，并设有图画器玩，愉悦病人。病愈之人送往别处进行调理，最后听其回家。医院中还罗列各种药方病例，供学医者考察。每院有医生数百，患者数千，经费由绅士富人捐助。二是"育婴堂"。"男女自初生之七八岁皆可留养。每房十六榻，二榻相并，一为乳媪，一卧婴儿，衣食起居，无不精洁。"收养的婴孩至四五岁后，便教授其读书识字，教以技能，由粗而精，渐开智慧。成年后即量材授事，使其皆能自赡身家。其费用一半出民捐，一半提自政府拨款。三是"义学堂"。令5岁以上的贫民子弟入塾读书，并学习工商方面的技能，弃学者罪其父母。旷废学业者由严师督察，迫使其改过。还有富人自制教练航船，招收贫民学习驾驶，以2年为期，学成后分派各商船充当水手。四是"养老院"。英国都城便设有1 300多所，分别男女，收容穷老而无告之人，院中"衣履完善，饮馔适宜"，若有人有余力从事缝纫等工作的，院中提供工具供其劳作，售货所得一半归本人，一半充当院中经费。五是"老儒会"。这是为防止"寒士宿儒"顾全脸面、不愿入院接受救济而设，由地方官将口粮送至老儒家中。六是"绣花局"，家道中落的世家妇女，无依无靠，可入局居住，从事纺绣等事，产品由官府代为销售，并禁止男子擅自入局。七是"养废疾院"。其房屋整洁，收容聋、哑、瘫痪人等于其中读书，并根据其能力，教授工作技能。八是"养瞽堂"。收容对象是盲人，教其学习工艺，亦可读书，所得工资均代为存储，备本人之用。陈炽建议清政府饬令出洋使臣分门别类，将这些慈善机构的办法译成中文，然后参考其做法，制定规章，颁行天下，由地方官员推行。陈炽所述西方国家的八种慈善机构，有的在我国早已存在，有的对国人而言却是全新的。但即便我国已有的机构，在具体职能方面也与国外慈善机构存在重要区别。最突出的表现即在于，中国传统的善堂重养轻教，容易养成收养之人的懒惰习性。而西方国家的慈善机构，普遍重视教养结合，除老儒会外，无不强调收养之人的"习工商""习艺""织作"等事。通观陈炽的介绍，重点是提倡建立教、养并重的慈善机构，反映出陈炽进步的慈善观。

  在19世纪90年代，学习西方慈善理念和方法的议论颇为热烈。与陈炽相前后，在倡导近代慈善事业方面颇具影响的还有郑观应、杨茂才、经元善等人。在《善举》一文中，郑观应列举了西方各国的慈善机构，主张在国内通过官绅合力，遍设善堂，酌定章程，"所有无告穷民，各教以一工一艺，庶身有所资，贫有所资，弱者无须乞食市廛，强者不致身罹法网"①。这无疑是一种积极的济贫方法。杨茂才不仅参与过1878年上海筹办直灾义赈活动，还是天津广仁堂的发起人之一。在《论泰西善堂》一文中，他指出："西国善堂法良意美，而其规制不外乎教工艺、严部勒、洁居室、别勤惰而已"。"严部勒"即严格管理，"洁居室"指改善居住环境，这在中国传统善堂中也是十分强调的。至于"教工艺""别勤惰"则是西方善堂的特色，也是杨茂才力主学习、仿行的地方。他介绍说：各国养济院"所教工艺男女不同，男如做靴鞋，理破布，制木器、铜器、铁器等物，为一等；聪明者，教以印书、绘画、制造、织造之细工，为一等；粗愚者，教以农工、种茶、种谷、垦地、肥地、兴修水利之法，为一等。女工，有作绣货缝衣裤者，有织布者，有纺线者，有修皮者，各视其性之所近，曲成不遗。艺成愿住院者听，否则准其出外谋生。司事无需索，贫民无拘挛，即毫无伎俩者入院数年，技艺渐精，是以莠化为良，民皆向善也"。这样的认识，在他参与发起的天津广仁堂中曾有所实践。经元善是清末著名的绅商，也是一位著名的慈善家。作为上海传统慈善组织同仁辅元堂的董事，他从1877年冬开始发起募捐救济河南灾荒，次年又创立协赈公所，规模宏大，影响及于海外。戊戌维新运动期间，经元善的慈善观发生了新的变化，认为"养与教同为仁政"，主张救急不如救贫，即不仅在灾荒发生后临时募捐赈济，更应在平时筹措"善后之法"。而所谓的"善后之法"，主要包括"兴农开荒"和"课工教艺"。前者早有行之，后者则具有近代慈善事业的性质。他认为在当时条件下设立工艺院是课工教艺、惠泽广远的最大善举。工艺院中既推广中国已有之工艺，又创举中国未有之工艺，学习外国的先进生产技术。"工艺院教成一艺，则一身一家永可温饱，况更可以技术教人，功德尤无限量……此举不但恤贫，且以保富；不仅可变通赈济，亦可变通一切善堂。"因此，他建议善堂均可改为工艺院，或在育婴堂、恤嫠

---

① 郑观应. 善举. 见：郑观应. 盛世危言. 王贻梁评注. 郑州：中州古籍出版社，1998. 247~253

院等善堂内"各设小工艺所,俾孤儿长成,可谋生成家,孀妇得资,可赡育后嗣"。①

由此可见,随着洋务思潮勃兴和近代资产阶级改良主义思想的兴起,不少先进思想家通过大量接触西方文化,看到中西文化的差距,一改拒外心态,主张向西方学习。通过中西慈善事业的比较,认识到西方国家"教养并重"慈善理念的合理性,符合时代趋势和"世界公理"②,因而要求转变传统慈善理念,主张对中国传统善堂的职能进行改革。在这样的背景下,产生了以"教养并重"为特征的近代慈善机构。

二、慈善机构职能的变化

相对于传统的慈善事业而言,近代慈善事业发生了明显变化。不仅传统善堂的活动内容有所增加,并且出现了新的活动内容更为广泛的社会公益机构。换言之,近代慈善事业的变化主要表现在外延和内涵两个方面。

(一) 慈善事业的外延扩张,逐渐转变为近代公益事业

在如前所述《善举》一文中,郑观应曾对西方各国的"善举"机构作了较陈炽更为详细的介绍,所列举的名称包括恤穷院、工作场、养病院、训盲哑院、育婴堂、义学堂、养老院、老儒会、绣花会、童艺院、保良会、疯人院,以及美国的劝世会、义学会、戒烟会、抚孤会、化罪会、防恶会、劝和会、劝农会、虞后会及德国的保险方法等。这种对国外慈善事业的介绍,无疑是产生了重要影响的。正是从这一时期开始,中国传统慈善事业的外延发生了明显的变化。

光绪七八年间(1881年、1882年),江、浙等地士绅在赈济华北灾民取得显著成效后,又将放赈余资及政府奖金用于建设天津广仁堂。广仁堂有房屋280余间,分设敬节、慈幼、蒙养、工艺、力田、戒烟6所。其中,慈幼所收养男孩;蒙养所义塾五斋,选择聪俊子弟,延师教读;力田所购置田地,种植棉花、稻黍、菜蔬等,雇老农教习粗笨子弟农耕之术;工艺所令不能耕读者学习编藤、织席、刻字、印书等技术,学成后听其出堂自谋衣食;敬节所收养青年节妇及无依幼女,令其从事女红;戒烟所延请良医,妥置方药,治疗鸦片烟瘾。③ 以上6所中,除慈幼、蒙养、敬节属于传统慈善事业的内容以外,余皆属于新创,尤其戒烟所的设立,说明其职能范围扩展至了社会公益事业,慈善机构逐渐演变成近代意义上的社会公益机构。

在戊戌维新运动期间,新型社会公益事业的发展更为迅速,各种新式民间公益机构和团体大量出现,如阅报会、阅书会、戒烟会、不缠足会、新学堂及具有地方自治

---

① 虞和平编. 经元善集. 武汉:华中师大出版社,1988. 246~247
② 刘锦藻. 清朝续文献通考(卷83). 上海:商务印书馆,1936
③ 李鸿章. 创设广仁堂折. 见:李文忠公全集·奏稿(卷43). 台北:文海出版社,1977

雏形特点的新式公益性机构保卫局等,尤其这些机构和团体往往是由热心慈善公益之人如经元善等所创办,有的还与传统慈善机构存在着紧密的联系,社会公益活动广泛开展。对此,朱英在《戊戌时期民间慈善公益事业的发展》一文中曾有过精辟分析,指出"它们与传统的慈善活动有着显而易见的区别",这些公益活动"是面向大众,甚至是面向整个社会",而不是如传统慈善活动那样"仅仅是面向特定范围的一部分人"。因此,"戊戌维新运动期间新型民间社会公益事业的出现,是近代中国民间慈善公益事业从传统向近代发展变化的一个重要的初始时期"。①

(二) 慈善事业的内涵转变,"教"与"养"并重

中国传统慈善机构并非绝对排斥教、养兼施的理念,早在道光年间裕谦任官武昌时就曾创设恤孤局,"计其教习技艺之方"。②后来他升任江苏按察使,在苏州也设立了专在冬季收养孤儿的"抚孤堂","择可教者教之读书、工艺,学成而后遣"。③但这都是短期善堂中的临时性举措,而且这种理念似未得到广泛响应。只是在西方慈善理念的启发之下,"教养并重"的慈善机构才日趋增多。

在镇压了太平天国农民起义以后,为了尽快恢复遭到严重破坏的社会秩序,清政府以及地方士绅无不力谋自救,建立善堂成为统治阶级重建社会秩序的重要手段。在此背景下,善堂数量大为增加,其中大部分为传统类型,有些善堂则改变职能,向近代慈善机构转型。

仍以天津广仁堂为例。广仁堂立有"大纲"八条,其一指出:"是堂专为天津、河间二郡而设,所属孤寡之无依无告者,均准收养,正额先以三百名为率。男孩上等资质,立义学以教诗书;中等资质,雇梓人教以宋字刊印,余如修发、制衣,皆可因材施教;下等资质试种桑棉蔬稻及区田代田之属,觅浙江老农教以种法,农隙于左近开井,庶凿耕并行,旱年可资灌溉。妇女则纺纱织布,零星女工……"传统善堂重养轻教,而广仁堂却是"兼筹教养",并于教、养中更重视前者,"因材施教"。"大纲"第三条中强调:"历来善堂能于衣食上用心,已云尽美,然养成一班惰民,于世何补?北方素懒,更当力挽其弊。故本堂之设,于读书农工加之意焉。务俾一人有一人之事,渐冀自能谋生,在事者当力求成效,毋贻空言之讥。"在晚清时期,类似的慈善组织更是纷纷设立。如朱英曾以设于桂林的两粤广仁堂为例,说明戊戌维新运动时期传统善堂的改变、新式公益组织的接连产生和公益活动的广泛开展,并认为所有这些都"直接反映了传统慈善事业向近代社会公益事业扩展的趋向"。④

---

①④ 朱英. 戊戌时期民间慈善公益事业的发展. 江汉论坛. 1999,11
② 冬月收养遗孩条程. 见:余治. 得一录(卷4). 台北:华文书局,1969
③ (同治) 苏州府志(卷24). 清刻本

众多慈善思想家、实践家的宣传推动,促使清政府易弦更张,对传统慈善事业进行了变革。其中最重要的是改变过去重养轻教的做法,号召在善堂内附设工艺厂或独立设置工艺所。光绪三十一年(1905年),商部转上御史王振声要求"变通官粥厂,改设教养局"的奏折,其中称:北京设立的普济堂、功德林2处粥厂,本为收养老弱之民,并非要供养游惰。但在上年监放粥厂时看到,每厂的救助人数由两三百人增至500余人,其中老弱废疾为数无几,大半是少壮游惰,每日2次饱食出游。与其将钱白白花在这些人身上,不如进行变通。北京5城设有教养局,拘收犯罪情节较轻的民众,采取供给衣食,并教以粗浅工艺的办法,颇有成效。应请饬令顺天府援照此办法,将2粥厂改为教养局,对贫民采取"教养兼资"的救助办法。得到清廷同意。① 未几,顺天府上奏请求逐步举行,先将功德林粥厂改设教养局,应习工艺暂分织布、织毯、织带、编筐四科,一切办法照五城教养局章程并参以日本习艺所规则制定。并在教养局附设习艺所,收容16岁以上40岁以下之游惰穷民和无力缴纳罚金的轻罪人犯,量材授艺。光绪三十三年(1907年),民政部奏请各省督抚严饬地方官会同士绅查明善堂一应情况,"并令责成地方官绅以育婴堂附设蒙养学堂,养济院、栖流所、清节堂附设工艺厂"②。自此以后,教养并重的慈善机构,在全国各地普遍设立。如上海绅士于光绪三十一年创设"勤生院",以教授贫民工艺为职能,宣统二年改称"贫民习艺所";三十二年创立"孤儿院",从中分立小学堂和工艺所,"工艺,男孤分藤、木、农、织四科;女孤分缝纫、烹饪、图画、造花、刺绣五科。"三十三年又创设"贫儿院",宣统元年(1909年)正式"开院收儿","凡男女贫儿合格者,得保证入院,照两等小学章程,分班教授,高等毕业者入艺科(或酌送中学),艺科为木工、漆工、印刷、图画、音乐、保姆、产婆、看护妇、农桑、裁缝、刺绣、编物、造花、机织、革工、烹饪等科"。③ 北京亦于光绪三十四年创办"京师内城贫民教养院",其职能在其"章程"第一章第八条有明确规定:"本院之设原取教养兼施,除老弱废疾不堪劳动者,其余俱施以相宜之训诲工作。"④ 由此可见,尽管各地的名称有别,其实质基本相同,即都是收养贫民(含残疾人)或其子弟、教养兼施的慈善机构。甚至当时还出现了专事工艺等教育的"贫民习艺所",如江苏太仓"艺徒学堂"创于光绪三十四年(1908)年,"分木工、藤工两种,专收贫民子弟之有志习艺者"。⑤

---

①② 刘锦藻. 清朝续文献通考(卷83). 上海:商务印书馆,1936
③ (民国) 上海县续志(卷2). 民国刊本
④ 田涛、郭成伟整理. 清末北京城市管理法规(1906—1910). 北京:燕山出版社,1996
⑤ (民国) 太仓州镇洋县志(附录). 南京:江苏古籍出版社,上海:上海书店,成都:巴蜀书社等,1990—

第二节 传统慈善组织的近代发展——以苏州丰备义仓为例

我国古代备荒仓储体系主要由常平仓、社仓和义仓组成。其中常平仓属官办机构，社仓和义仓则得到民间广泛参与，带有慈善组织的性质。晚清时期，随着原有仓储体系的衰败和社会经济状况的变化，以及西方救助思想对中国的影响，传统仓储制度也发生了明显变化。如作为传统救荒机构而设立的苏州丰备义仓，本由官府管理，只具备救济灾民的职能。太平天国战争以后重建的丰备义仓则转为官绅合办，其职能也得到长足发展，保障面不断扩大，保障层次也有所提高。

一、备荒仓储的源流与丰备义仓的出现

常平仓、义仓和社仓是我国历史上分布最广、影响最大的备荒仓储。常平仓的渊源可追溯到春秋时期齐国管仲的"通轻重之权"思想和战国时期李悝推行的平籴之法。正式出现是在西汉昭帝时，大司农中丞耿寿昌"遂白令边郡皆筑仓，以谷贱时增其贾而籴，以利农，谷贵时减贾而粜，名曰常平仓。民便之"。其救济手段为丰年平籴（平价买谷）、荒年平粜（平价卖谷），以维持粮价的稳定。常平仓被后世历代沿用，通常由官府管理，设立于城市。

义仓出现于隋代。其积谷本系劝令民间捐输所得，设立于乡村地区，在灾年发粮救济当地饥民，时人也称为社仓。义仓创立不久后，被移置城市。唐宋时期的义仓继承了这种做法，均掌管于官府，设立于城市。这使义仓距乡村较远，不便赈济乡村地区的灾民。鉴于此，南宋大儒朱熹在乡村地区设立社仓，并制定社仓法。标志着社仓和义仓分离为两种仓制。

经过长期发展，沿至清代，备荒仓储体系形成常平仓、社仓和义仓三足鼎立的局面，其中常平仓为官办，义仓、社仓则多由民间出资，掌管于地方绅富之手。救济方式也各有区别，常平仓主要是平粜，社仓是"春借秋还"，义仓则为无偿赈给。

由此可见，我国古代的仓储制度一直处于动态演变过程当中，仓储的种类不断增多，功能不断细化，它们相互补充，救济面覆盖了城乡广大地区。但无论是最先出现的常平仓，还是后起的义仓和社仓，其社会保障功能都存在局限：就保障对象而言，它们主要的救济对象是灾民，保障面较窄；从保障措施的层次而言，它们只能保障灾民的最低生存需要，使其不致饿死而已，保障的层次较低。长元吴丰备义仓在建立初期也未能摆脱上述局限，但近代以来，随着社会形势的急剧变化和新的社会问题的出现，丰备义仓不仅在管理上出现重大变化，而且功能也有长足发展。

丰备义仓创自道光年间的陶澍。道光三年至五年，陶澍任安徽巡抚期间，恰逢重大水灾。在主持救灾过程中，他对原有备荒仓储的弊病有深刻认识。为此，灾后陶澍

即着手创设新仓制,并在安徽各地试行。陶澍将此仓命名为"丰备义仓",寓"以丰岁之有余,备荒年之不足"之意。① 并为之手订章程12条。

道光五年(1825年),陶澍调离安徽,历任江苏巡抚和两江总督等职。在此期间,江苏地方屡遭重灾,为预备灾荒,道光十五年,两江总督陶澍与江苏巡抚林则徐会衔上奏,在江宁、苏州两地举办义仓,仍沿用丰备义仓的名称,并要求各地仿行。② 受其影响,苏州、江宁、六合、句容、川沙、娄县、奉贤、青浦、通州、如皋、昆山、新阳等地在道光十五年以后均设立丰备义仓。其中,苏州丰备义仓由林则徐主持创办。道光十五年,林则徐在苏州巡抚衙门内建设"丰备仓",二月底筑成大小廒座十间,并从无锡买谷存放,标志着苏州丰备义仓正式建成。③ 因其救助范围为县治设于苏州的长洲县、元和县和吴县,所以又称长元吴丰备义仓。

丰备义仓建立后,得到地方绅士的积极捐助。道光十五年,绅士韩范呈文称,为遵其父"遇有地方公举,竭力捐助"的临终遗命,将父遗田产捐入义仓,"官为收租办粮收储,以备歉岁公用"。韩范因捐田之举得到官府表彰,陶澍和林则徐在奏章中为之请奖,道光帝认为此举属急公好义之举,予以韩范"交部照例议叙"的奖励。④ 官府的奖励进一步刺激了地方绅士的捐助积极性,捐田者络绎不绝,义仓田产随之不断增多。至咸丰十年,已有长洲、元和县境内田14 900多亩。

虽然田产主要来自地方绅士的捐助,但创办之初丰备义仓的管理权完全掌握在官府手中,所谓"出纳官主之,士绅不与"。作为义仓田亩的捐输者,地方绅士并不参与义仓的经营管理,只对义仓有少许监督和建议权。如义仓须逐年将存谷、存银数量告知绅士;发生灾荒时,绅士可请求官府发赈。⑤ 这种局面一直延续到咸丰十年太平军攻占苏州为止。

咸丰十年(1860年),太平军席卷苏南,占领苏州,丰备义仓毁于兵燹,积储一空,义仓田亩散落民间。同治二年,清政府收复苏州以后,以冯桂芬和潘遵祁为首的苏州地方绅士承担起丰备义仓的重建工作。同治五年,丰备义仓在苏州平江路庆林桥东堍建成仓廒,标志着丰备义仓正式重建。为加强义仓的管理和运营,冯桂芬、潘遵祁等还制定规条16则,大意如下:(1)义仓为官绅会办,绅士经理,官府监督。义仓每年造册向官府上报收租和经营情况。除主管义仓的绅士外,义仓雇用"司事"数人作为具体办事人员,另外还雇有"执役""厨杂"等工役人员。(2)义仓董事人选由官

---

① 陶澍. 劝设丰备义仓折子. 见:陶文毅公全集(卷6). 台北:文海出版社,1968
② 陶澍. 会同苏抚筹设江宁省城丰备义仓折子. 见:陶文毅公全集(卷6). 台北:文海出版社,1968
③ 中山大学历史系中国近代现代教研组,研究室编. 林则徐集·日记. 北京:中华书局,1962. 175
④ (民国)吴县志(卷31). 南京:江苏古籍出版社,上海:上海书店,成都:巴蜀书社等,1990—
⑤ 潘遵祁. 长元吴丰备义仓全案(卷1). 清刻本

府和绅士商定。官府每年收租时派"委员"到义仓协助收租。(3) 义仓所收货币地租交官府银库寄存,也可以发往当铺取息,需用时"随案请给"。(4) 义仓每年买谷存放,妥善保管,以备荒年救济灾民。(5) 义仓田亩分布在苏州府长洲、元和、吴3县,救济范围也以3县为限。①

丰备义仓重建以后,地方绅士在管理中开始发挥重要作用,负责管理义仓的绅士被称为"义仓董事",从同治五年起直至辛亥革命后义仓划归苏州"城市自治公所"管理为止,共有过三任5人,第一任董事为潘遵祁、第二任董事为吴大根、第三任董事为潘祖谦、张履谦和吴景萱。他们均拥有较高的功名或职衔,是苏州著名绅士。但值得注意的是,前两任董事属于传统绅士,而后一任董事则具备了双重身份,既是绅士,又是著名商人,即所谓"绅商"。

在潘遵祁及其继任者的主管下,丰备义仓运转顺畅,发展势态良好。丰备义仓一度成为全国各地仿效的榜样。光绪二年(1876年)八月,便有人奏请清廷,要求全国各地"仿江南丰备仓之法,劝谕民间遵办",并得到清廷同意。② 辛亥革命以后,丰备义仓先是划归苏州城市自治公所办理。③ 民国三年(1914年)自治停办之后,丰备义仓交由地方绅士管理,并一直在备荒救灾、公益善举等方面发挥着作用。

二、丰备义仓的职能

丰备义仓本为备荒而立,如陶澍所言:"以丰岁之有余,备荒年之不足"。道光二十九年苏州发生大水灾时,丰备义仓发挥了重要的备荒功能,在国家救灾款尚未拨下之时,便已开仓放粮,使嗷嗷待哺的数十万灾民借以存活。重建以后,丰备义仓的职能得到进一步发展,呈现出与传统仓储不同的新特点。这主要体现为救济面的扩大和保障层次的提高两个方面。

(一) 救济面的扩大

苏州丰备义仓从设立时起直至重建后,一直把救灾备荒视作自己的主要任务。丰备义仓救济灾民有两种方式。一是无偿赈济,指用米谷或现钱散济灾民;二是平粜,即在灾年粮价高昂时,将仓谷碾米平价出售,待粮价平稳时买谷还仓。重建后的丰备义仓在历次救灾事业中都发挥了重要作用。光绪二年(1876年),苏北发生灾荒,灾民纷纷南下,云集省会苏州。丰备义仓除借出钱谷供官府赈济以外,还分别发谷1993余

---

① (民国)吴县志(卷31). 南京:江苏古籍出版社,上海:上海书店,成都:巴蜀书社等,1990—
② 朱寿朋. 光绪朝东华录(第1册). 北京:中华书局,1958. 273~274
③ 潘灏芬. 序. 见:长元吴丰备义仓全案四续编. 1914

石和 500 石至"留养江北灾民"的官厂和绅厂，用于救济灾民。① 光绪十五年（1889年），苏州发生水灾，丰备义仓将"贫户一体编查，酌量每大口给米 1 斗 5 升，小口减半"②。光绪二十三年（1897 年），苏州发生旱灾，次年又发生水灾，导致米价昂贵，民情困苦。丰备义仓办理平粜，2 年中共计用谷 88 840 石。③ 光绪三十二年（1906 年），因"米价腾贵"而"秋收又复歉薄"，丰备义仓在苏州城中以及城外木渎、光福等处设局平粜，共用谷 54 118 余石。④ 宣统二年（1910 年），因上年"雨旸失调，秋收歉薄，入春来米价逐渐增涨"，丰备义仓举行平粜，用谷 76 152 余石。宣统三年（1911 年）雨水为灾，丰备义仓平粜用谷 87 610 石。⑤

但是，重建后的丰备义仓已不仅局限于救济灾民，其救济对象的范围有所扩大，表现之一是丰备义仓开始大规模救济失业的手工业工人——机户。丰备义仓对失业机户的救济始于光绪二年，当时出现了丝织业原料价格昂贵、产品滞销的情况，导致苏州各丝织业账房停止织绸，转而出售原料，最终使得机户失业达半年之久。这些人平常并无积蓄，面临着生活无着的境地。鉴于此，丰备义仓对失业机户进行清查和救助，"查最苦机户共大小七百五十一口，每口每日给米三合，计三个月"，共计费米 202 石有奇。⑥ 此后每逢机户失业之时，丰备义仓都会予以救济。尽管这种救济只能保障失业者的最低生存需要，但从救济对象是失业劳动者及其家属的意义上说，这或者可视作我国近代失业保障制度的雏形。

丰备义仓救济范围扩大的另一表现是其"协济粥厂"的行为。清代苏州的粥厂本为官办济贫机构，每年冬季在苏州六门、寺院等地开设，由县治设立于苏州城中的长洲、元和和吴县 3 县官府主持，地方绅士并不过问。在太平天国战争之后，地方绅士开始参与其事。同治十年（1872 年），在地方政府的资助下，苏州绅士程肇清主持"添设六门粥厂"。⑦

由于晚清苏州地方财政窘迫异常，无力为粥厂提供充足经费，丰备义仓开始承担向粥厂提供部分经费的任务。从同治十年到十二年，丰备义仓每年拨钱 2 千余千文；同治十三年到光绪二年，改为拨谷 2 千余石；光绪三年至光绪二十六年，在每年拨谷 2 千余石的基础上，增拨钱 5 千千文左右；光绪二十七年至宣统三年，又改为每年支付现银或现钱，合每年 5 千千文之数。建立粥厂，赈济贫民，本是官府的职能，但随着官府财力匮乏，由丰备义仓起而助之，表明丰备义仓的救济范围有所扩大。

---

① 潘遵祁. 长元吴丰备义仓全案（卷 7）. 清刻本
②③ 吴大根. 长元吴丰备义仓全案续编（卷 5）. 清刻本
④⑤ 潘祖谦. 长元吴丰备义仓全案三续编（卷 8）. 清刻本
⑥ 潘遵祁. 长元吴丰备义仓全案（卷 8）. 清刻本
⑦ （民国）吴县志（卷 30）. 南京：江苏古籍出版社，上海：上海书店，成都：巴蜀书社等，1990—

(二) 保障层次的提高

赈济机户和协济粥厂的行为反映了义仓救济范围的扩大,但这种保障和救济灾民一样,只是保障人们的生存需要,属于社会保障措施中层次最低的社会救济的范畴。而重建后的丰备义仓采取的其他一些措施,则不仅表明其救济范围的扩大,同时也反映其保障层次的提高,如保障失学儿童的就学、对无业贫民进行就业培训等等。这种保障主要体现在为相关机构提供经费支持上。

丰备义仓对失学儿童的保障始于光绪二十二年(1896年)。同治年间,苏州绅士谢家福在苏州创建儒孤学堂①,选择长洲、元和和吴县县学已故生员的子弟中"聪颖寒俭、存志读书者"入堂读书。当儒孤学堂经费不敷时,得到了丰备义仓的支持。自光绪二十三年起,丰备义仓在利息收入中每年拨银一千元,资助学堂经费。儒孤学堂所收的学生是长元吴三县儒生家庭的孤儿,还带有一种特别优抚的意味。但继之而后,丰备义仓的资助面又有进一步扩大。

光绪三十二年,在收回路权运动蒸蒸日上、全国各地兴起商办铁路浪潮之际,江苏也成立了商办铁路公司,计划修筑苏杭甬铁路。但资金无从筹措,"仅丰备义仓历年积存项下为数较多,尚可动拨",于是江苏巡抚便从义仓积谷项下拨借10万银元,作为铁路股本。从光绪三十四年起,义仓开始对这笔借款收息。经义仓董事与地方绅士的会商,这笔股息收入的一半,即3 500银元,被用于资助苏州"蒙小学堂"建设。这些蒙小学堂是清末废除科举运动的产物,属于新型教育机构。每年3 500银元的资助,对促进苏州蒙小学堂的发展起到了很大作用。

除资助学堂外,丰备义仓还为苏州其他的一些社会慈善公益机构提供经费支持。如苏州自光绪二十年扩充栖流所,因经费不济,从光绪三十四年起,由丰备义仓每年协济1 000千文。② 后栖流所改办为"贫民习艺所",专门收养无所依靠的贫民,并教授其各种手工工艺,使其有一技之长。这种兼具收养与就业培训双重职能的新式社会慈善公益机构得到了丰备义仓的资助,从民国二年(1913年)七月至三年三月不到1年的时间内,丰备义仓"协拨"贫民习艺所达4 746元之多。③

蒙小学堂、贫民习艺所等都是近代出现的新式慈善公益机构,与传统慈善机构侧重保障人们的最低生存需要相比,它们开始涉及教给知识工艺和进行职业培训等层次较高的方面,从中反映出丰备义仓社会保障层次的提高。

---

① (民国)吴县志(卷30). 南京:江苏古籍出版社,上海:上海书店,成都:巴蜀书社等,1990—
② 潘祖谦. 长元吴丰备义仓全案三续编(卷6). 清刻本
③ 潘灏芬. 长元吴丰备义仓全案四续编(卷6). 1914. 刊本

深度阅读

1. 黄鸿山,王卫平.传统仓储制度社会保障功能的近代发展.中国农史.2005,2
2. 王卫平.论中国传统慈善事业的近代转型.江苏社会科学.2005,1
3. 朱英.戊戌时期民间慈善公益事业的发展.江汉论坛.1999,11
4. 朱英.经元善与晚清慈善公益事业的发展.华中师范大学学报.2001,1

第七章
慈善事业的近代发展（下）

第一节 新型慈善组织的出现和发展——借钱局

借钱局，又称因利局，在推行过程中曾出现便民局、借本公所、利民局等名称，是在晚清时期出现、以提供小额借贷办法救助城市失业贫民的新型慈善组织。借钱局最初出现于光绪二年的扬州，此后全国各地纷纷仿效。至民国年间，借钱局终被政府实施的现代社会保障制度所吸纳。

与传统慈善组织偏重采取赈济和收养等消极救助相比，借钱局则着眼于帮助贫民依靠自身力量摆脱贫困，化"输血"为"造血"，化"授鱼"为"授渔"，显然是对传统救助理念的实质性突破。与当今推行的"小额信贷"的救助模式十分类似。

一、借钱局的出现

借钱局最早出现于江苏扬州。在太平天国战争后，扬州出现了贫民无力谋生、不得不依靠印子钱取得谋生资本的情况。印子钱是明清城市中广泛流行的一种高利贷形式，因采取按日索还、还毕盖印的借款收还方式而得名。其利息极为苛重，百日内的利息就要达到本金的 40%～100%。尤为窘迫的贫民即便愿出重利亦告贷无门，形成"强者流为匪类，弱者毙于饥寒"的局面。扬州贫民的窘境引起一些有识之士关注。光绪二年（1876年），寄寓扬州的镇江府丹徒绅士严寿彭等筹集制钱 1 000 串，设立借钱局。

借钱局本为纠补印子钱之弊而设，但运作办法却与印子钱极为相似。其章程规定："借一千文者，每日还本十文，五日一送，以百日为期，收清为止"，这与印子钱分期收还的方式完全相同。借钱局收款时"立小折一个，亦加收字戳记，交借户收执"，同样是沿袭印子钱而来。但与印子钱的重利盘剥截然相反,借钱局借款时不收分文利息。

扬州借钱局的救助对象是愿以小本经营谋生但缺乏必要资本的城市无业贫民。每户借款金额自800文起至5千文止,属于小额借贷,标准为"钱业相符合",根据借款者需要本钱的多少而定,要尽可能做到"借钱多寡要与所做生意相合,不多不少"。贫民申请借款时须履行一定的程序。首先必须寻觅可靠的担保人或与邻人"连环互保"。觅得保人后,即可赴局申请借款。将姓名、住址、职业等一一登记后,借钱局还要派人访查确实,然后借款。借款后须按期偿还,不能及时归还者须说明理由;无正当理由而拖延还款者由借钱局派人催还,此人再借时将受到减数借给或不借的处罚。①

值得注意的是,除经济上"小本营生"而又"本资无措"的硬性指标外,扬州借钱局还对救助对象的道德操守提出了明确要求。借钱局有"十不借"的规定:"十不借,作保者同,吸洋烟者不借,赌博游荡者不借,无家室者不借,无保又不能连环互保者不借,限地之外者不借,僧尼道士不借,屠户不借,瓦木匠不借,兵勇差保丁役不借,剃头修足不借,如开店者须要妥保,若在浴堂须要开堂者保,似可借与。""十不借"的限定大多出于道德方面的考虑,反映了当时社会的道德标准和伦理观念。在地方绅士眼中,"杀生害命"的屠户和"不耕而食"的僧道无疑属于不习正业、违背伦理道德规范者。他们陷入贫困属于罪有应得,不值得救助。这说明,除经济功能外,借钱局还具有强烈的道德教化色彩。

扬州借钱局开办后的近3年中,运转非常顺利。因此借钱局的规模得以扩大,出贷本金由1千串增至2千串,通过将每日还款循环借出的办法,光绪四年(1878年)四月时,借钱局的借出资金总额达到4千余串,同时救助2千4百余户、约7千余口。其实际耗费很少,每年耗费的只有借钱局的日常行政经费4百余千文,每年4百余千文即可养活7千余人,"真可谓惠而不费矣"。借钱局又称因利局,应由此得名,取《论语·尧曰》"因民之所利而利之,斯不亦惠而不费乎"之意。

扬州借钱局的出现引起社会舆论关注。光绪五年十一月,《申报》分三期转载借钱局章程。② 该报主笔特地撰写《推广借钱局说》,对借钱局进行评论和推介。③ 文中将借钱局的作用归结为四点:一是"权缓急"。贫民积蓄有限,只能勉强维持生计,当遭遇疾病、丧葬及婚嫁等必须用钱之事,常会陷入无本经营的境地。至走投无路之时,往往堕入高利贷的罗网。借钱局的无息借款恰好可以起到救急的作用,使贫民可以从容料理。二是"警游惰"。许多无业游民其实并非天性懒惰,只是因为缺乏营业资本,不得已而为之。借款可提供谋生机会,使游民免于游荡。三是"杜奢侈"。易奢难俭是人

---

① 郑观应. 拯贫借钱局序. 见:夏东元编. 郑观应集(下). 上海:上海人民出版社,1988. 1151~1154
② 申报,1879-12-27,28,29
③ 推广借钱局说. 申报,1880-2-5

之常情，假如只施舍钱财而不要求归还，很容易造成受助者只顾眼前方便却不思长久的情况。借钱局采取借贷和分期索还的办法，迫使借钱贫民兢兢业业，不敢浪费钱财，不致助长贫民奢侈习气。四是"清盗源"。得到借款的贫民糊口有资，不会铤而走险、以身试法，社会就会安定。总之，借钱局可以"化急为缓，化惰为勤，化奢为俭，化莠为良"，具有重要的社会保障功能。

运营成本的低廉也是借钱局受到好评的关键。一方面，它可以将每日还款循环借出，用较少的钱救助尽可能多的贫民，发挥善款的最大效用；另一方面，如果能顺利收还借款，除必要的办公经费外，借钱局的本金仍可完璧归赵，不会发生任何损耗。

由于上述优点，借钱局得到了社会舆论的支持。从光绪六年到十五年（1880—1889）的10年间，《申报》宣传推介借钱局的文章有15篇。传教士主办的《万国公报》也对借钱局有所报道。一些先进思想家对借钱局也赞誉有加。陈虬认为，中国善堂"莫妙于借钱局……八口之家若得数贯钱为资本，日赢百数，即可无忧。此莫大之善举也"①。他同时还提出改进意见，认为借钱局出借时可以酌收利息，以便善举得以长久维持、不断扩充。② 一些地方官员对借钱局也明确表示支持。光绪七年九月，两江总督刘坤一就曾要求属下官员酌情仿行。光绪八年，两江总督左宗棠也下令推行。

二、借钱局的推广

扬州借钱局章程公布后，各地屡有仿行之举，除江苏省内的常熟、无锡、丹阳、泰州、高邮等中小州县城市和樊汊、仙女庙等繁华市镇外，苏州、南京、北京、杭州等大城市以及湖南、湖北、安徽等省也曾大力推广。为了解各地借钱局设立和运营的具体情况，下文将以苏州、宁波和武昌等地为例，略作介绍。

（一）苏州因利局和借本公所

光绪八年（1882年），苏州先后设立城东因利局和城西借本公所两个同类机构。

苏州绅士顾文彬在日记中记载了城东因利局的创办过程："（因利局）创始于扬州，吴子实、吴子和昆仲特仿而行之，商之于余，余竭力怂恿，并捐五十元助之，局名因利。其数由数百至二千文止，以示限制。"③ 城西借本公所的主持者为苏州绅士谢家福。据其《苏州王枢密巷城西借本公所节略》所述，光绪八年三月，苏州阊门钱业、绸业商人借用城西王枢密巷的电报局房屋举办借本公所，所需资本合银1 111两，其中455两来自苏州桃花坞赈局办理华北义赈后的余资，656两由各商号捐集。借本公所的借款

---

① 陈虬. 经世博议. 见：胡珠生辑. 陈虬集. 杭州：浙江人民出版社，1992. 41
② 陈虬. 善举尽可计利以图扩充说. 见：胡珠生辑. 陈虬集. 杭州：浙江人民出版社，1992. 176
③ 顾文彬. 过云楼日记（光绪八年二月）. 手稿

数额原定每户不得超过2千文,但鉴于先期开办的城东因利局已有借出3~4千文的情况,遂仿照扬州成例,改为以5千文为上限。还款不收利息,分20期还清。至当年十一月止,已顺利收还423户共计948千文的借款,没有发生任何拖欠。新借出209户计573千文的借款亦能"按期拨还,必可收清"。和扬州借钱局一样,贫民借款时需寻觅保人,并由所中派人核实。由于收还一期借款就需过账数百户,一旦发生拖延,还需派人多次催促,借还事务格外烦琐,所以借本公所雇佣3人经办具体事务。每月薪资、饭食、茶水、纸笔等开支约需24~25千文,后规定每月不得超过银13两,由地方官府每月补助5两,主持者另从借款本金中拨出1000两交存钱庄生息,按月息8厘计,每月可得8两,二者相加恰符13两之数。本金拨出1000两后,尚余100余两,主持者拟再筹募数百两,一并交钱庄收存,以便随时出借周转。①

从上述内容看,苏州借本公所的运营方式与扬州借钱局极为相似。不过,我们并没有看到类似"十不借"的规定。但从时人评论中所谓"独以烟霞癫疾者使之向隅"的情况看,至少吸食鸦片者是没有借钱资格的。此外,苏州借本公所可能对借款采取了"借出九八,收回足串"的折扣办法,即每千文扣20文贴补日常开支。

(二)宁波便民局

光绪年间,宁波先后设立3个借钱局一类的机构。光绪八年,宁波已设有"甬东借钱局",专门救助旅居宁波的福建人。不久,因为"困苦者非独福建人,即他处穷民亦有因饥寒而陷入匪类者",宁波知府又筹集制钱1000串,同样仿照扬州办法,在宁波设立借钱局一所,选择公正绅士管理。具体运营方式与"甬东借钱局"大体相同,但增补了对开烟铺者、吃洋烟者、无家室者及僧尼等不予救助的规定。② 数年后,宁波江北岸又出现了名为"便民局"的同类机构。

光绪十三年(1887年),浙江宁绍台道薛福成从宁波江北岸巡捕房积存钱款项下提出制钱400千文,就巡捕房内设立便民局一所,由宁波洋务委员兼管。为节省资金,委员不另支薪水,局中另雇经管具体事务的司事1名,薪水及办公经费均由薛福成捐给。便民局的救助对象为宁波江北岸的地方贫民,如果贫民生计困难而又愿借钱作小本营生,即可遵照章程规定赴局申请借款。

宁波便民局的规定,大体仿照扬州借钱局,但也有自身的一些特色,如将5日一还款改为每周一还款,体现出早期通商口岸特色;便民局还针对女性贫民制定了专门办法,以针线为生或做小本生意糊口的寡独妇女,可由保人代为申请,待访查确实后,

---

① 望炊楼主人. 苏州王枢密巷城西借本公所节略. 见:申报,1882-12-22;借本营生. 见:申报,1882-12-22

② 宁郡复设借钱. 见:万国公报,1882-12-16

可以借给，但一切借还事务均由保人代办，借款妇女不准亲自到局。① 另外，扬州借钱局和苏州因利局、借本公所由绅士或商人举办，宁波便民局的经费则来自官方调拨，由官员直接管理，应属官办机构。

（三）武昌因利局

武昌因利局也是由官方举办。光绪十三年（1887年），湖北保甲总局、武昌知府和江夏知县发布告示，在武昌城隍庙设立因利局。这些地方官员认为，省会武昌商民杂处，贫富不一。富者自然无虑温饱，贫户却难得糊口之资，即便愿谋生计也难以筹措资本。为预防贫民铤而走险，故特设因利局进行救助。具体办法是：借户寻觅保人赴局挂号，由司事查核确实后借款，每户借钱数额自800文至3千文，按生意大小、需本多少酌定。借款不取利息，经办者不准乘机勒索费用。借款于百日内分20期还清。借款时发给借户小折，还款时加盖收字戳记。武昌因利局的限制门槛是"八不借"，即对吸食洋烟者、尼僧道士、赌博者、游荡者、船户、无家室者、兵丁差役、优人、无保者、剃头修足者，一律不予救助。显然，设定准入条件，是当时普遍的做法。②

总的来看，各地借钱局名称不一，具体措施不完全相同，但都参照扬州的做法。它们均着眼于为缺乏营业资金的城镇贫民提供小额贷款，大都对借款者的行为操守有所要求。从举办方式看，大致有三种情况。第一种是由地方绅士或商人等地方有力者举办，地方官府再予以一定支持和协助。第二种是官绅合办。第三种经费来自官府调拨，由官员直接管理。

在各地纷纷设立借钱局的背景下，光绪十五年八月，安徽巡抚陈彝将借钱局的运行办法奏报清廷，希望由朝廷通令各省推行。然而出人意料的是，清廷断然否决了他的建议。该年八月十日的谕批提出，借钱局采取的种种做法，不仅"各节殊属琐屑，不成政体"，而且借贷之事本应由民间自理，如果由官方主持，必然引发诸多弊病。谕批还引用宋代王安石的青苗法加以说明："且民间得钱，易于耗散，逾期不还，势必按户追呼，或并责偿邻保，不肖官吏因缘为奸，抑勒需索种种弊端，断难保其必无。宋时青苗法贻害天下，此奏立意与青苗稍异者，系还本而不取息。然试思五日一还本之琐碎拖累，不较之谷熟取息为更甚耶？本欲利民，适以扰民。"总之，清廷担心借钱局由官方推行不仅会增加不必要的麻烦，而且很可能产生扰民的危险，得不偿失。因此，上谕批复："万万无此办法，所请著不准行。"③

虽然清廷只是不准官方举办借钱局，并未对民间自办行为明确表态，但事实上，

---

① 钦加布政使衔监督海关分巡宁绍台道薛设立江北岸便民局章程. 申报，1887-8-17
② 设局贷钱. 申报，1888-1-5
③ 中国第一历史档案馆编. 光绪宣统两朝上谕档（第15册）. 桂林：广西师范大学出版社，1996. 292

诏谕所揭示的弊端并非官办机构所独有，民间借钱局同样可能存在。如果没有国家的强大力量作后援，借钱局至少在理论上很难确保借还业务的长期顺利运转。因此，对积极推行借钱局的官员和绅商而言，上述谕旨不啻当头棒喝。此后，各地兴办借钱局的热潮遂呈消退之势。一些已经设立的借钱局也停止了运行。

尽管如此，借钱局仍未销声匿迹，不少仍得以维持。如至光绪二十八年（1902年），宁波便民局仍在运营。借钱局的做法还被一些慈善组织所仿效。光绪二十年设立的苏州积善局的职能即包括"借本"；光绪二十一年创办的昆明体仁善堂也附设借钱局，助人小本营生。一些地区还时有创设借钱局的举动，如北京、江苏铜山县、浙江余姚县等。

三、从借钱局到贷款所

1901年后，随着清末新政的实施，贫民生计问题愈益突出，借钱局又出现复兴趋向。1904年，《商务报》上一篇文章公开呼吁设立因利局，认为借钱局不停周转资金，100千文的钱每年即可养活数百口贫民，比单纯施舍衣食的善举"为功更大"，并号召"海内之好行其德者从事于斯"。① 清末兴办地方自治，也明确将"救贫事业"及恤嫠、保节、育婴、施衣、放粥等善举规定为应办事宜，借钱局无疑属"救贫事业"的范畴。

在此形势下，借钱局建设再度呈现出兴盛局面。除江苏、浙江、安徽等早已推行借钱局、因利局的地区以外，清末新政时期，借钱局、因利局还在山东、四川等省份得到进一步普及和推广。

清末还有人开始考虑在农村救灾中引进借钱局的做法，光绪三十三年，盛宣怀为治理江北水灾提出"治标四策"，其中就包括"设借钱局，以田作押，轻息宽期，俾可后续"。②

民国年间，借钱局得到进一步发展。首先是各地城镇仍屡有设立借钱局、因利局的举动，江苏海门、如皋、姜堰，浙江平阳、分水、寿昌、汤溪、定海等，民国年间均曾设立因利局。一些新型慈善组织也往往附设因利局、借钱局，如红十字会和红卍字会分别在山东博山、莱阳、莱芜、牟平等地设立因利局。江苏无锡的红卍字会和溥仁慈善会也合作开办因利局，设有1 200个借贷名额，"以无锡城厢住户为范围，分二元、四元、六元三级，由本局酌量情形，视其生业之大小，以定借款之多寡"。"凡借贷之人自借本之日起，以一百天为限，分二十期归还，每五天为一期，按照借本平均分期缴还"。③ 根据抗日战争时的社会调查，四川成都设有20多个办理无息或低息借款

---

① 论创设因利局之善. 商务报. 1904，12：15～17
② 盛同颐等. 盛宣怀行述. 见：盛宣怀. 愚斋存稿. 台北：文海出版社，1975. 30
③ 朱翙新编. 大众应用文件集成. 上海：世界书局，1937. 91～92

业务的慈善组织。借款数目从 1 元至 10 元不等，借款后需分期归还，以 10 日或 7 日一还、分 10 期还清的做法最为普遍，这显然也是因袭借钱局的办法而来。①

其次，沿袭盛宣怀的思路，民国时期借钱局在农村救灾事务中的作用非常突出。1917 年，熊希龄在主持赈济京津特大水灾时，曾设立"因利局"309 处。1921 年，直隶省长曹锐为补救灾荒，亦在各县分设因利局。1921 年冬，安徽省赈抚处为救济灾民，制定《各县因利局简章》，规定各县设因利局，办理灾民和失业贫民小额贷款。因利局除设于县城外，还在乡镇设分处，凡因灾失业的本地安分贫民，均可就近借贷，极贫者免息。② 1932 年，受灾荒、战争及蚕歉茧荒等因素影响，江苏农村经济面临崩溃的局面，江苏省实业厅建议各县同时筹设因利局，办理低利借贷，救济贫民，并拟呈请省政府通饬各县一律筹办，限期成立。③ 同年，浙江省"为挽救本省农村经济"起见，也要求各县"广设农民薄利借钱局"。④

最后，借钱局逐渐融入国家实施的社会保障体系，成为政府的市政职能。1918 年，北京市政公所屡次接到市民请求设立"贫民借本处"的呈文，市政公所的主持者认为，贫民借本处"与从前因利局办法大同小异"，随即"采取成法，参以现情"，在北京分区举办贫民借本处。办法是：借款不收利息，只需还本；借款数额分铜圆 200 枚和 300 枚二等，由保人作保，50 日内分 10 期还清；游荡赌博者、不习正务者、拟用借款还债者以及无需资本者不借；由北京市政公所委派专人办理。⑤ 南京国民政府成立后，更以法规的形式将向贫民贷本规定为地方政府的职能。1928 年国民政府内政部颁布的《各地方救济院规则》规定：各地方政府皆应设立救济院，救济院下设贷款所，对"贫苦无资营业之男女"发放无息贷款，采取保人作保、小额借贷、分期收还的形式。⑥ 对贫民借本处的做法多有继承。至 1943 年，国民政府又颁行《社会救济法》，其中列举的救济办法仍然包括"资金之无息或低息贷与"。⑦ 尽管具体做法和名称不断变化，但从这些机构和办法中，仍然可以清晰地看到借钱局的影子。原为民间慈善组织的借钱局，因此，一步步融入国家实施的社会保障制度体系中。

---

① 马必宁. 成都市慈善机关调查. 见：李文海，夏明方，黄兴涛编. 民国时期社会调查丛编"社会保障卷". 福州：福建教育出版社，2004. 260～262
② 安徽省地方志编纂委员会. 安徽省志·民政志. 合肥：安徽人民出版社. 1993. 204
③ 苏省筹设各县因利局. 工商半月刊. 1932，13：19～20
④ 浙民财建厅拟定农民薄利借钱局章则. 合作月刊. 1932，12. 23
⑤ 督办京都市政公所拟定市立贫民借本处章程（1918 年）. 中国第二历史档案馆藏北洋档案，档案号：1011-1814.
⑥ 内政部制定各地方救济院规则. 见：徐友春等编. 国民政府公报（第 4 册）. 南京：河海大学出版社，1989. 120～122
⑦ 社会救济法. 见：国民政府公报（第 87 册）. 徐友春等编. 南京：河海大学出版社，1989. 2～3

第二节　新型慈善组织的出现和发展——洗心局和迁善所

中国传统慈善事业的道德教化色彩浓厚，除贫困这一经济标准外，还往往对受助者的道德操守有严格要求，对道德不良者往往不予救助。但沿至晚清时期，开始有人注意到传统做法的不足，并尝试加以改进。洗心局（所）、迁善局（所）等专以收容改造不肖子弟和地痞无赖等道德不良者为职能的慈善组织首先在江浙地区出现，继而在全国各地得到广泛设立。但在仿行过程中，其性质不断发生变化，由慈善组织逐步演变成类似于现代监狱或劳教工厂的机构。

由洗心局和迁善局的发展过程可见，"教养兼施"的救助理念，并不仅仅指在保障救助对象生活的基础上，注重传授知识工艺，进行职业培训。[①] 它还有强烈的惩戒和矫正含义。正因如此，洗心局和迁善局对中国监狱的现代化也产生了深远影响。洗心局、迁善局的出现说明，近代慈善组织的道德教化手段更加多样和有效，已经开始采取监禁、强迫教育和强制劳动等手段，以达到矫正和改造道德不良者思想的目标。换言之，洗心局、迁善局已经把"拯救"的目标从"肉体"扩展至"灵魂"，表现出"拯救灵魂"的努力。

一、洗心局与迁善所的出现

太平天国战争期间，避居上海的苏州绅士冯桂芬在博览西方书籍的基础上，对传统慈善事业提出改革构想。冯桂芬首先介绍西方救助和教育民众的措施，其中提到："荷兰国有养贫、教贫二局，途有乞人，官若绅辄收之，老幼残疾入养局，廪之而已；少壮入教局，有严师，又绝有力，量其所能为而日与之程，不中程者痛责之，中程而后已。国人子弟有不率者，辄曰逐汝，汝且入教贫局，子弟辄詟，为之改行。"荷兰"教贫局"给冯桂芬留下深刻印象。他随即指出，中国应设立"严教室"这一新型慈善机构："严教室，教之耕田治圃及凡技艺，严扑作教刑之法，以制其顽梗。凡民间子弟不率教、族正不能制者，赌博斗殴窃贼、初犯未入罪者，入罪而遇赦若期满回籍者，皆入焉。三年改行，族正愿保领者释之。"[②] 冯桂芬还号召宗族义庄设立"严教室"，"不肖子弟入焉"。[③] 从收容对象和教养办法看，"严教室"明显有着"教贫局"的影子。

[①] 乔志强. 中国近代社会史. 北京：人民出版社，1992. 382；朱英. 戊戌时期民间慈善公益事业的发展. 江汉论坛. 1999，11；朱英. 经元善与晚清慈善公益事业的发展. 华中师范大学学报. 2001，1；王卫平、黄鸿山：中国古代传统社会保障与慈善事业——以明清时期为重点的考察. 北京：群言出版社，2004. 297~311

[②] 冯桂芬. 收贫民议. 见：校邠庐抗议. 郑州：中州古籍出版社，1998. 154~156

[③] 冯桂芬. 复宗法议. 见：校邠庐抗议. 郑州：中州古籍出版社，1998. 166~169

而教贫局其实就是荷兰的教养院。法国学者福柯指出，1596年荷兰阿姆斯特丹设立的教养院是欧洲最早的，可视作同类机构原型。其职能为强制收容乞丐和少年犯，运作遵循三个主要原则：（1）羁押期限与犯人的表现相联系；（2）强制劳动；（3）制定严格的作息时间、严密的禁律和义务规定，不断的监督和训诫犯人，并通过宗教读物以及一整套"劝善""改恶"的方法，日复一日的控制犯人。① 所以，冯桂芬的"严教室"构想，显然受到西方教养院制度的影响。在同治年间，冯桂芬在故乡苏州创办洗心局，将严教室的构想付诸实践。洗心局章程的主要内容包括：

（1）洗心局专为20岁上下的"失教废学、误入下流"的名门旧族子弟而设。子弟入局时须父兄或亲族出具保证书，如果出现疾病和意外，"各安天命，与局无涉"。并说明子弟性情举止、所犯过错和读书习业情况，以便对症下药、因材施教。

（2）在生活待遇方面，子弟每人独居一室，以免群聚生事；"每日一粥两饭，饭菜与局中司友无异"，不得私吃零食和吸水、旱烟；亲属不得私下探视和递送钱物。

（3）在教育和改造措施方面，除罹患重病者外，子弟不许外出；每月初一、月半集会聆听教习宣讲《圣谕广训》；每日清晨起身，上午学习书算，下午根据性情所近，各习一技，晚饭后各自回房休息，不准点灯，早眠早起；染有鸦片烟瘾者服药戒烟；子弟须听从约束劝导，平时须平心静气，不准高谈阔论及私下交谈。

（4）洗心局定有专门的考核和奖惩办法。如设"功过簿"，由教习将子弟每天的日常表现分别功、过填写，随时考核；子弟务工应得的酬劳由洗心局代为保管，待出局时发还；号舍分别大小，初入局子弟先住小号，恪守局规、数月无过失者可迁入大号，以示奖励；表现良好者拔为"号长"，现身说法，协助教习管教其他子弟；确已尽除旧习、改过自新者由洗心局通知家属领回，但收容期限由洗心局权衡，家长不得私自领回；不知改悔者由教习严加管教，必要时予以惩戒，如宣讲圣谕时罚令跪听，尤为顽劣者交原保送人领回；野性难驯、私自逃归者准许亲族重新送入，但须从严责罚，以儆其后。

（5）管理方面，洗心局雇"司事"管理号舍和处理文牍，"教习"则身负教育子弟之责。司事教习应以身作则，"凡斗牌及一切游戏等事概宜戒绝"，亦不准代子弟传递消息和物品。经费方面，子弟的衣食医药均由洗心局负责，家属应酌量捐助经费。经费收支按月核算，并将账册抄写一份，粘贴于大门外；年终时汇造经费清册和统计收容人数，上报各级官府，并在神位前焚化副本。②

若将洗心局与冯桂芬"严教室"的构想相对比，我们可以发现，虽然洗心局的收容对象并不如"严教室"宽泛，但收容对象的性质和教养措施，却均与"严教室"一

---

① 福柯. 规训与惩罚：监狱的诞生. 刘北成译. 北京：三联书店，1999. 136
② 苏郡洗心局章程. 见：余治. 得一录（卷16）. 台北：华文书局，1969

致，与传统慈善组织存在重大差别。

首先，洗心局收容的"不肖子弟"，正是传统慈善组织不予救助的对象；其次，传统慈善组织侧重于为受助者提供衣食等生活方面的救助①，但洗心局在生活救助的基础上，还要教授知识工艺、进行职业培训；最后，洗心局开始采取禁闭、劝诫乃至罚跪等手段，以矫正不肖子弟恶习，迫使其改过自新。由此看来，尽管洗心局仍被视作慈善组织，但已初步具备现代"劳动教养"或"劳动改造"机构的特色。

这种特色在洗心局名称中已有透露。从"洗心"很容易联想到的成语"洗心革面"即指彻底改悔之意。儒家经典中也有"洗濯其心"之说。大儒朱熹曾说："汤以人之洗濯其心以去恶，如沐浴其身以去垢，故铭其盘，言诚能一日有以涤其旧染之污而自新，则当因其已新者，而日日新之，又日新之，不可略有间断也。"② 即"洗濯其心"是为了"去恶"，以便改过"自新"。类似观念在《周易》中也有所表达："《象》曰：风雷，益；君子以见善则迁，有过则改。"这里的洗心、自新、迁善和改过，原指儒者修身方法，即通过不断的反躬内省，认识自身不足并加以改正，最终达到"至善"的目标，对普通民众很少有此类要求。③ 但它们后来却常被用来命名收容改造"莠民"的机构。

洗心局首先在苏州地区产生一定影响。同治年间苏州先后设立四所类似机构，苏州城中的兴仁局和归善局"并同洗心局"。城区附近的角直镇也创办迁善局，"旧家子弟不肖者送局管束，如郡城洗心局"。④ 沿至光绪初年，洗心局、迁善局的影响已越出江苏省境，开始在邻近的浙江省推行。

二、洗心局、迁善所的推广与发展

杭州是浙江最早设立迁善所（又名迁善局）的城市，杭州迁善所在浙江的众多同类机构中也最具代表性。光绪九年（1883年），浙江巡抚刘秉璋将迁善所奏报清廷、要求"咨部立案"时写道，杭州地痞无赖白日沿街讹诈，夜晚鼠窃狗偷，民众深受其害，即使官府加以捉拿惩办，效果也不明显，"不免朝释暮犯"。且此类人既无衣食来源，又缺少父兄管教，一日不勒索偷盗，即一日不能生活，其非法行为实际上是由于没有正当职业所致，可恨又可怜。鉴于此，冯桂芬的老朋友、曾在苏州担任过江苏按察使、布政使等职的浙江绅士应宝时等于光绪五年呈请官府，要求设迁善所，将地方上的无业游民、地痞无赖和小偷小摸交府县衙门和保甲局审明，罪行轻微的送入所中收管。⑤

---

① 王卫平. 论中国传统慈善事业的近代转型. 江苏社会科学. 2005，1
② 朱熹. 四书集注. 长沙：岳麓书社，1985. 5～6
③ 迁善所捐序. 申报，1884-7-12
④ （同治）苏州府志（卷24）. 清刻本
⑤ 朱寿朋. 光绪朝东华录（第2册），北京：中华书局，1958. 1579

其主要办法包括：

(1) 迁善所选择临近官衙地方建设，"峻其围墙，中隔四号，每号造低屋五间"，每间收容2至4人。委员、司事、杂役等另造房屋居住。各项事务延请勤劳谨慎的读书人执掌。(2) 迁善所收容对象为县衙和保甲局发送的"窃贼"和"土棍"，统称"匪棍"。到所后先登记，并搜检全身，没收行凶器械，银钱及其他随身物品由所中保管，然后分别收容。(3) 迁善所与外界隔绝，防范严密。大门设专人看守，按时启闭，夜设更夫巡查；司事、工役等外出时须禀明委员，并设簿登记，不准私自带人探视和传递钱物、信函。(4) 号舍分别轻重，宽严程度不同。所中根据"匪棍"日常表现，或"由宽徙严"，或"由严徙宽"，以示劝惩，凶恶者可加以镣锁，甚至"暂带石墩"；只有身在"最宽号"中的"匪棍"，方许地邻亲属保释。(5) 因匪棍大多染有毒瘾，迁善所兼办戒烟，"给予戒烟丸，瘾重者加吞烟泡，立以限期"。(6) 匪棍入所后，由司事查明以往职业，分别教习各种手艺，"巧者画扇，拙者糊冥洋、织草履、打草绳，前者为师，后者为徒"。勤者可优先保出，懒者则加以惩罚。应得酬劳以三成贴补所中开支，七成由迁善所代存，待出所时发还本人，充作谋生之资。(7) 所中每日早、晚开饭2次，冬给棉衣被褥，夏给草席蒲扇，患病者施医，病重不治者由同善堂施棺掩埋，或亲属领回自葬。(8) 迁善所每年经费约需制钱2000串，拟筹款存放，以利息充作日常开支，或劝各业捐款，以便持久。①

除匪棍外，杭州迁善所也兼收"不肖子弟"，只是在创办初期未作区分。光绪十五年浙江巡抚视察迁善所后指出：迁善所将"旧家子弟不务正业"者与匪棍等一同羁押，"殊非培植弃材之道"。所以，迁善所委员随即与绅士应宝时等议定章程，另设专收"旧家子弟"的洗心所。② 办法包括：

(1) 洗心所利用迁善所空余房屋举办，约可收容20人，与迁善所可分可合，戒烟、衣食、医药等办法与迁善所相同。但洗心所"专为年轻子弟不安本分者设"，与迁善所有所区别。(2) 洗心局的收容对象须家住杭州，年龄30岁以下，由父兄保送入所，无父兄者由亲长禀送，"已犯棍窃者"不收。收容时间以半年或1年为期，不准久留。(3) 子弟须每日读抄《同善录》《感应篇》《阴骘文》和《觉世经》等劝善书，"以收其心"，董事亦须随时劝导。原本读书习业者仍在所学习，不可任其坐废。(4) 不服管教者由委员酌情惩儆，情节严重者转入迁善所禁锢。为防止子弟逃逸，洗心局可"链系其足"。改过自新者由亲属保出。③

由此可见，杭州迁善所、洗心所与苏州洗心局、迁善局不但名称雷同，职能和运营办法也颇为相似，应是受苏州影响的结果。但与苏州成例相比，杭州迁善所、洗心

---

①③ 丁丙编. 乐善录（卷4）. 清刻本
② 丁丙编. 乐善录（卷3）. 清刻本

所收容对象的范围大为扩充，已不限于"旧家不肖子弟"，而是将所有的不肖之徒乃至轻罪犯人都包括在内；其职业培训的措施更为具体明确，从事何种职业、所得盈余如何分配等均有规定；强制性和惩戒性也更加明显，可动用锁链等刑具加以惩罚。这类变化说明，杭州迁善所、洗心所"劳动教养"和"劳动改造"的色彩更加浓厚了。

杭州迁善所设立后，类似机构在浙江各地陆续出现，数量颇多，光绪三十一年的《申报》中提到："浙省各州县所设之迁善所，专禁寻常案犯，俾期自新。"① 说明迁善所在浙江省相当普及。

三、迁善所对清末刑狱制度改革的影响

杭州迁善所成为各地仿行的模范。光绪十年（1884年），上海的一位官员开始筹设迁善所，他指出：上海"流氓"和"拆梢党"为数众多，诈骗、抢劫、谋害等案件层出不穷，使官府颇觉头痛。所以当得知杭州迁善所办法后，他准备仿其法而行之，具体设想是：建造房屋数百间，约可容纳千人，延请诚朴绅士管理，将不法流氓收押其中，查清其平日从事的职业，仍令重操旧业。根据其勤惰与否，定其所得食物多少，不让其稍有闲时。收居数月或1年后，收容对象职业技能愈加专精，且萌生悔悟之心，改正不法举动。此时或给予路费，遣送其回本籍或责令充当佣工谋生。② 从实际情况看，光绪二十年设立的上海"改过局"很可能便是迁善所的变型。③ 光绪年间的江苏，也出现过多个名称不一、但职能和办法与杭州迁善所极为相似的机构，如苏州，除原有洗心局外，又建"流氓公所"，"凡不法流民，其罪不至于入监狱者，乃禁之于此"。④ 与此同时，迁善所在全国范围内也得到广泛推行。

光绪十三年（1887年），两广总督张之洞在广东南海、番禺两县试办迁善所，所内区分院落，各设头目，购置工具，招募工师，责令犯人学艺谋生，自给自足，根据其能力授予技艺，并规定学成期限，勒限学成。希望收容对象出所后"各有一艺可以资生，自然不可为非，囹圄可期渐少"。⑤ 十五年，他又饬令广东各府县改良监狱，并要求归善、海阳等五县仿照南海、番禺办法设立迁善所。⑥ 调任湖广总督后，张之洞仍然非常重视狱政，曾对江夏县监狱加以改造。⑦ 以此为背景，湖北也设有迁善所。戊戌维

---

① 教授游民工艺. 申报，1905-3-26
② 迁善所捐序. 申报，1884-7-12
③ （民国）上海县续志（卷2）. 民国刊本
④ （民国）吴县志（卷30）. 南京：江苏古籍出版社，上海：上海书店，成都：巴蜀书社等，1990—
⑤ 张之洞. 札南、番两县勘修迁善所. 见：苑书义等编. 张之洞全集（第4册）. 石家庄：河北人民出版社，1998. 2547~2548
⑥ 张之洞. 通饬各属修建监狱迁善所片. 见：苑书义等编. 张之洞全集（第1册）. 745
⑦ 李细珠. 张之洞与清末新政研究. 上海：上海书店出版社，2003. 283

新时期的湖南迁善所便是仿《湖北迁善所章程》而设。①

光绪二十四年（1898年）六月，鉴于长沙"户口繁盛、盗贼滋多，痞徒滋事，不无扰害"的情形，湖南按察使黄遵宪在巡抚陈宝箴支持下，在长沙创建保卫局，负责缉捕盗贼、编查户口、管理街道和司法审判事务。②迁善所附设于保卫局，其章程主要内容如下：

（1）迁善所有收容号舍156间，每间居住2~3人，另有供犯人习艺的"工厂"3座和管理者居所及浴堂、厨房、厕所等附属生活设施。迁善所戒备森严，设专人看守，以防逃逸。（2）迁善所性质属于官绅合办。"会办大员""提调""坐办委员""帮办委员"和"理事委员"等职由官员担任，"会办大绅"和"副理事委绅"由绅士充任。（3）迁善所收容对象分"流民"和"罪犯"两种。"流民"包括"年轻失教由其家长呈首者""游荡无依时在街市扰累讹诈有人指控者"和"贫困异常及懒惰不堪由其族长姻戚引送者"；"罪犯"指触犯法令、由保卫局收审解送的涉案犯人。因房屋有限，流民、罪犯各收200名，收满为止，有出所者方可依次递补。（4）流民、罪犯入所后，首先须遍身搜检，没收行凶行窃器具，钱物由所中保管，待出所时发还，然后一一登记，并照相存案。入所者发"号衣"1件，标明"流民""罪犯"字样及姓名、监舍字号。迁善所提供衣食、床铺、席扇等生活用品，病者施医，病重者可保出治疗，死者施棺，并通知家属领回。（5）流民、罪犯的出号、用餐、做工、归号时间均有定制，以发梆为号，不得错乱，晚间归号时点名，然后锁门加封，至次日清晨开门。罪犯入所之初须加脚镣，循规蹈矩者1月后解除。每月朔望，委员、绅士轮流宣讲《圣谕广训直解》和各种劝善书，令流民、罪犯聆听。不服教导者由委员视情节轻重，分别施以锁禁、罚作苦役等惩戒措施，特别恶劣者交官府重新发落。流民、罪犯应学习手工技艺，先从打麻绳、织草鞋等"易为之事"做起，文弱者从事抄写、裱糊等"细工"，凡地方有通沟渠、修道路、筑城池等公共工程，亦可由流民、罪犯充任。每日工作时间和任务均有定制，个人生产所得，流民可得七成，罪犯可得五成，均由迁善所代其存储，待出所时发还，充作谋生之资。超额完成任务的赢利悉数发给本人，以资鼓励。安分守己、学艺有成的流民罪犯，由迁善所禀请保卫局释放。（6）迁善所经费由官府调拨，每半年结算一次，将收支账目粘贴于大门外，公布于众。③

从湖南迁善所的运营办法中，我们不难看出其和江浙迁善所的渊源关系。但湖南迁善所"劳动教养"或"劳动改造"的色彩要比浙江迁善所、洗心所更进一步：它的

---

① 黄遵宪. 湖南署臬司黄通饬各州县慎重刑狱札文. 见：黄遵宪集（上卷）. 天津：天津人民出版社，2003. 612
② 韩延龙主编. 中国近代警察制度. 北京：中国人民公安大学，1993. 24~47
③ 湖南迁善所章程. 见：湘报（148号）. 北京：中华书局，1965. 1444~1448

经费完全由官方调拨，管理人员均可领取薪酬，已属政府机构；所中设施更加完备，明确有监舍、工厂之分；管理制度更趋周密。这些新变化，应与黄遵宪出使时对国外监狱的观察有关。有人把我国当代监狱的执行办法归纳为三方面：严格对罪犯进行监督管理、强制罪犯参加劳动改造和对罪犯进行深入细致的教育改造。① 湖南迁善所的收容改造措施虽然具体内容不同，但正是围绕这三方面展开的。由此视之，湖南迁善所已具备现代监狱或劳教工厂的基本形态。

至清末新政时期，迁善所更得到进一步推广。光绪二十七年（1901年）五六月间，刘坤一、张之洞在清末新政的纲领性文件《江楚会奏变法三折》中对各地设立迁善所、改过所的做法表示肯定，并要求进一步改进，"近年各省多有设立迁善所、改过所者，亦间教以工艺等事，然行之不广，教之亦不认真。应令天下各州县有狱地方均于内监外监中必留一宽大空院，修工艺房一区，令其学习，将来释放者可以谋生改行，禁系者亦可自给衣履"②。从实际情况看，新政时期各地不断涌现新的迁善所。随着清末民初刑狱制度的进一步改革，迁善所才逐渐被习艺所、拘留所和新式监狱等更"现代"的机构替代。如宁波迁善所在宣统元年改为拘留所和罪犯习艺所③，温州永嘉迁善所在宣统二年改为贫民习艺所④，杭州迁善所在民国元年改为陆军监狱⑤。在时代变迁的大潮中，迁善所最终逐渐融入现代国家体制当中。

第三节 新型慈善组织的出现和发展——济良所

济良所是以救助妓女为主要职能的新型慈善组织，它最早由美国传教士创立于1901年的上海，后来全国各地纷纷仿效，产生过较大的社会影响。

一、济良所的出现

在清代的绝大部分时间内，娼妓均属非法存在的社会群体。清初政府在革除历代官娼制度之余，对私娼也明文禁止，但在有清一代，娼妓从未禁绝，清代中期后更为盛行。一般情况下，官方对娼妓的存在采取默认态度，平日少加过问，只有涉及讼案时，妓女才会得到官方处置。光绪年间曾有人提及："妓女犯案到官者，势不能发还为娼，皆听官交官媒，或择配或变卖，此定章也。"⑥ 即由"官媒"变卖涉案妓女或替之

---

① 韩玉胜. 监狱学问题研究. 北京：法律出版社，1999. 9
② 朱寿朋. 光绪朝东华录（第4册）. 北京：中华书局，1958. 4746
③ 改设拘留所之办法. 申报，1909-5-3
④ 习艺所开会誌盛. 申报，1910-10-17
⑤ 王倩，何扬鸣. 黑夜中的光亮——浙江陆军监狱报刊. 浙江档案. 2001，8
⑥ 论发堂择配之善. 申报，1889-6-17

择配婚嫁，使其不复为娼。这种做法存在很大弊端，如官媒为了牟取私利，勒令管押妓女卖身，或择配、变卖时谋求高价，甚至有将妓女重新卖入妓院的现象。

西方救助妓女的慈善组织出现较晚。1800年，美国费城设立"从良妓女协会"，以"改善那些不幸被引诱而走上邪路，并且希望回归正路的妇女的悲惨境遇"。这是美国独立后成立的第一个慈善组织。[①] 在19世纪四五十年代，英国对妓女救助问题也投入较多关心，开始出现一些专门的慈善组织。1846年，英国著名作家狄更斯与友人库茨一起创办的"失足妇女感化院"，便以妓女作为主要救助对象。在感化院中，失足妇女除接受职业培训外，还应该"接受磨炼，以形成自己的美德"，只有道德品质有了切实改善，才允许离开感化院，重新走上社会。其道德感化的主要办法是根据《新约全书》，向失足妇女进行宗教教育。[②]

鸦片战争以后，随着西学东渐的进程，西方的这类做法开始进入中国人的视野。太平天国战争期间，冯桂芬在广泛阅读西学书籍的基础上指出，中国应设立收容、救助妓女的慈善机构——化良局，选择年老妇人教其纺织，以3年为期，若能学艺有成并尽去恶习，即可以保释出局。[③] 德国传教士花之安也曾向中国人介绍西方救助妓女的办法。[④] 光绪四年（1878年），英国殖民者统治下的香港出现的"保良局"，应是受西方直接影响的产物。但香港保良局并未对内地产生重大影响，直到上海济良所成立后，这类机构才开始在全国各地普遍推行。

上海济良所由美国女传教士包慈贞发起。据民国年间的记载，上海济良所发起于1896年，包慈贞在华传道时，见娼妓卖淫可怜，遂起救助之意，同年圣诞节时，她看见上海虹口一带有美国士兵在草棚狎妓，更坚定了创办济良所的决心。上海济良所正式设立于1901年9月1日，由上海的一些外国领事夫人和女传教士创办。创办之初的济良所经费主要来自西人捐助，管理工作亦由西人负责。

上海济良所的职能为救助意欲从良的妓女。其运营办法主要包括：

（1）济良所以有志从良的妓女为救助对象，被人霸阻而不能从良的妓女可亲赴捕房申诉，或请人代报济良所，由所中设法拯救。遭受虐待的婢女和童养媳也可以得到济良所的救助。

（2）为使收容妇女能改正性质，去除以往陋习，便于日后重返社会，济良所将传授各种知识和技能，每日上午教授浅近文字，下午教习女红及各种家务技能。济良所特别重视对年幼者的职业培训，"凡年纪幼小未及嫁期者必教以学习一艺，以冀有以成

---

① 李韬. 慈善基金会缘何兴盛于美国. 美国研究. 2005，3
② 严幸智. 关注尊严：狄更斯与社会救助. 学海. 2004，6；60～64
③ 冯桂芬. 收贫民议. 校邠庐抗议. 郑州：中州古籍出版社，1998. 154～156
④ 花之安. 自西徂东. 上海：上海书店出版社，2002. 80～81

立"。在济良所实施的教育办法中,宗教宣传占有非常重要的位置,收容妇女每天都要接受一小时的宗教教育,每周均有牧师讲道,有的收容对象还被送往圣经班或教会学校学习。

(3) 济良所对收容对象的人身自由有着严格限制,带有浓厚的强制和惩戒性质。成立之初的济良所多数收容对象是被巡捕抓来的。[①] 她们未必自愿遵守济良所的各项制度,以致常常发生逃跑的情况。济良所的收容期限至少为1年,如果收容妇女能尽除旧习,则准人迎娶为妻,但不准作妾。

上海济良所创办数年后,中国绅商开始参与其事。1904年,济良所在妓院集中的英租界四马路一带添设分所,为筹集经费,曾邀请中国绅商严筱舫、朱葆三等至济良所参观,严、朱等许诺代筹经费银1 200两。

二、济良所的推行与运营实态

上海济良所成立后,西方传教士力图在中国各地推广济良所。包慈贞为在苏州设立济良分所,曾请求驻沪美国总领事专门致函清朝地方官员,上海济良所还有"刊列章程,宣告中外"的举动。他们的努力得到清朝地方官员的响应,全国各大中城市纷纷设立了济良所。

(一) 北京济良所

北京济良所设立于光绪三十二年(1906年),系仿照上海济良所办理,"大意在拯救烟花妓女跳出苦海,再施之以教育,寓劝化于救济之中,期日后仍为有德之妇"。由外城巡警总厅与地方绅士合办,开办资金来自地方绅士的捐助和官府的拨款,所址设于北京石头胡同。

北京济良所的收容对象有两类:一是受到鸨母虐待的妓女,不论年岁大小一律收留,原身价同时注销,鸨母不得索要;二是没有受到虐待、但年龄已在22岁以上的妓女,可赴济良所请求收容,由所中代为择配婚嫁,由迎娶该女的男子替其缴纳身价。后来,济良所收容对象的范围进一步扩大,无依无靠的孤苦妇女也可以入所收容。愿入所者可禀请巡警厅办理,或自行投赴济良所,待巡警厅查实后收容。

收容妇女入所后,由济良所供给衣食,患病者入"养病室"或民政部设立的医院接受治疗。收容期限至少为3个月,期间收容妇女必须学习书算、伦理、手工、图画、烹饪、体操、音乐等各项知识和技能,并严格遵守各项规章制度,没有管理者的同意和陪同,收容妇女不准外出,外人也不得随便入内。不服管教的妇女,根据情节轻重,

---

① 安克强. 上海妓女——19—20世纪中国的卖淫与性. 上海:上海古籍出版社 2004. 378

分别处以训诫、记过、面壁、"食无菜之饭"乃至禀官究治等惩戒措施。若收容妇女已尽去旧习,济良所将为之择配婚嫁。择配时,济良所事先在"相片陈列室"中张贴待嫁妇女的相片和姓名,有意迎娶的男子先看相片,然后申请与意中人见面。若男女双方均有意愿,则由男方出具保结后迎娶。男方须替女方向济良所缴纳每月3两的伙食费,同时欢迎额外捐助经费。和上海济良所只准娶为正妻的要求不同,北京济良所规定:为妻为妾,听男女自便。

在管理方面,地方绅士是济良所的直接管理者,由北京市政公议会投票选举产生。他们必须接受北京外城巡警总厅的监管,按月将各项情形造册呈报巡警厅,巡警厅亦可随时调查济良所的文牍账簿。济良所还有"女董事""女检察""教习"和"男司事"四类具体办事人员,由绅士与巡警厅会商后聘请。济良所戒备森严,门外设有岗卫,不准随意出入。

北京济良所开办之初,已收容"因案充公"的妓女7名,为扩大影响,主管绅士还准备在北京天乐园召集各妓院的"领家人",举行演说,宣传济良所的宗旨及章程,妓女亦可入座听讲。① 至1908年,济良所收容妇女已近百人。此外还收容多名10岁以下的幼女,所以济良所还增设"幼女工场",招募老妇教以粗浅工艺及烹调、缝纫等事。②

(二) 镇江济良所

1907年,鉴于镇江"近来娼寮林立,其中难保无逼良为娼情事",镇江知府与地方绅士会商,准备在镇江创办救助机构。③ 在得到绅商朱绍周捐助的6 000银洋后,镇江知府饬令镇江商会总理吴兆恩等人领款开办保良、济良2所,因经费不敷,暂设济良所1处,将保良所附入济良所中办理。吴兆恩随即在镇江余善堂附近空地建筑房屋,创办济良所。④

朱绍周捐助济良所时呈称:其幼时家贫母寡,曾得到善士救助,寡母感恩之余,教育朱绍周日后宽裕时应"移奢缘为方便,免甘肥而恤孤嫠,庶报天地使我孤婴成立、门祚犹存之德"。所以,当听闻镇江知府准备创设保良所、收容涉案妇女时,已起捐助之念。加之他与上海济良所"华董"金琴孙晤谈后,觉得上海济良所收容妓女,至16岁以上择配婚嫁等办法颇为可取,于是捐洋6 000元,作为创办保良、济良2所的资

---

① 开通乐户. 大公报,1906-6-20
② 民政部奏外城绅办济良所恳恩赏给米石片. 见:政治官报(第14册),台北:文海出版社,1965. 357~358
③ 捐款创设济良所. 申报,1907-10-21
④ 镇江设立济良所. 申报,1908-7-23;为无怨堂改设济良所的照会(1908年8月28日). 苏州档案馆藏商会档案. 档案号:I14-01-0091-024。

本。镇江济良所开办后,曾参照上海济良所的办法,制定章程38条,主要内容如下:

(1) 镇江济良所主要为救助妓女而设,凡有志从良的妓女,济良所将"拔出苦海,保全始终",管理者应善待收容妇女,"应视同己女,教养成立,安置得所"。

(2) 受虐妓女可亲自投所,如被看管严密,亦可托人代为禀报,待查实后委派差保或巡警提出;妓女赴所途中遭龟鸨阻挠时,警察须加以保护,不得纵容龟鸨;若龟鸨平日有凌虐逼迫之举,须严究龟鸨,若平时并无虐待,官府将酌情垫还鸨母身价,由日后迎娶该女者缴还。

(3) 入所妓女须问明来历,由官府和警察总局备案。由家人鬻卖或逼迫为娼的妓女,与家人已恩断义绝,家人不准到所求领;若该女系被他人拐卖,家人并不知情,该女婚嫁后准其家人探视。

(4) 济良所与外界隔绝,所中妇女不准外出,并与旧相识永远断绝关系,不准传递言语和物品,闲人一律不准入内。所中妇女由"女董"教导,白日学习书算及各种手工、家务技能,晚间由女董讲授《列女传》《女儿经》和《女小儿语》,宣扬孝贞节烈,扫除妓女"浮华懒惰"之习,日后成为贤妇,并要求缠足妓女放足。妓女收容时间至少为半年,若已"堪作良家妇女",即可为之择配婚嫁。婚事已定,男方便可觅保具结后迎娶。男方须替女方缴纳在所期间的伙食杂费,并量力为女方准备必要的首饰聘礼。妇女嫁出后,济良所每年派人探望,若男方有虐待行为,由济良所出面干涉,"轻则招该夫理论,重则禀官究办"。

(5) 济良所中聘请女董、女教习、女仆等人,负责管教妓女和处理杂务,女董、女教习等人管教妓女时"全仗真诚感化","不准打骂,视如下贱",但又要严格要求,不得放任赌博、吸烟、弹唱淫词等行为。为节省经费,济良所的文牍和账目由余善堂司事兼管。济良所另设分所1处,请男性董事和司事常驻,负责接待投奔的妇女。①

(三) 宁波保良局

宁波是最早的通商口岸之一,中外杂处,交通便利,由此成为匪徒和贩卖人口的集散地。拐卖妇女的案件屡屡发生,被拐妇女常常被卖入妓院,"女闾风盛,龟鸨凶狡毒于蛇蝎,娼女受苦出奔,或不愿蒙耻忍辱者,一经到案申诉,皆苦无羁养处,不免展转而仍沦猥贱"。鉴于此,宣统二年(1910年)三月,主管宁波警务的吴鋆禀请宁绍台道,要求创办保良局,收容此类妇孺。至四月初一日,保良局在宁波江北岸正式开办。②

宁波保良系"略仿上海济良所办法"而定,主要运营办法包括:

---

① 为无怨堂改设济良所的照会(1908年8月28日). 苏州档案馆藏商会档案. 档案号: I14-01-0091-024
② 吴鋆. 宁波江北岸设立保良局章程序. 申报,1910-7-19

（1）保良局的收容对象包括官府查获的被拐妇孺、被逼为娼的妓女和遭遇凌虐的婢女。收容妇女应学作手工和浅显文字。保良局每周两次讲解《闺蒙》《女训》等书，并"演说流娼各项苦楚情状"，以便妓女悔悟自新，改正不良习气。有家可归的妇女由家属认领，无家可归而又愿意从良者，可由"正经行业、性情诚朴"的男子领娶为妻，但不准作妾或作婢；不愿嫁人而终身住局者应从事手工，所得工钱由保良局代存，备其日后养老之需。儿童应妥为抚养，至7岁送入附近蒙小学堂读书，至12岁令其出局学习合适工艺，以便日后自立。

（2）为避嫌起见，保良局各项事宜均由"贞娴妇人"负责，女司事主管一切事务，女佣负责膳食、洒扫、哺养儿童、看守门户、盥洗缝纫及各种杂务。保良局还准备聘请"谙习文义"的女教习，负责教导收容妇女。

（3）保良局对宁绍台道和宁波知府负责，管理人员由宁绍台道饬令知县委派，并遴派绅董会同筹办。在创办之初，保良局先由宁波江北岸巡警局兼管，经费从警局"善举"项下开支。①

从以上三地济良所、保良局的创办过程和运营办法中可见，它们均受到上海济良所的直接影响，救助对象和救助办法大体相同：首先，它们均以有志从良或遭受虐待的妓女作为主要救助对象；其次，它们将教授收容对象谋生技能，并努力矫正其恶习，带有一定的强制性和惩戒性；最后，它们均将"择配"视作对收容妇女的最终安置办法。但它们的运营办法与上海济良所也存在一定差异：一是这三地的济良所均不收容童养媳；二是它们都没有基督教的色彩，对收容妇女进行感化教育时，往往依靠《闺蒙》。《女训》《列女传》《女儿经》《女小儿语》等传统的"女学"读本，与上海济良所宣扬基督教教义的办法相比，虽然改造思想的初衷一致，方法却截然不同。这些差异说明，济良所在推广过程中，运营办法已发生较大变化，一些与中国固有观念相抵触的办法被有意无意地摈弃了。

三、济良所的利弊和影响

在济良所的运营办法中，我们仍然可以看到一些传统做法的延续，它们都以帮助妓女"择配"作为最终的安置办法，可以说是"从良"的另一种形式，与此前传统办法并无本质区别。但其中也存在一些更为合理和进步的因素。首先，它们开始主动对不愿为娼的妓女采取救助措施，显示出正视社会问题的努力；其次，济良所教授收容妇女文化知识和谋生技能，并努力矫正其恶习，以便其日后重返社会，救助办法颇为积极；最后，济良所为收容妇女择配时，已开始照顾到妇女本人的意愿，较之"变卖"

---

① 宁波江北岸保良局简章. 申报，1910-7-20

要人道得多。

不过，规章制度和实际运营状况之间并不能直接画上等号。清末的一些济良所在运营过程中还存在较多弊端，常常遭到时人的批评。1909年，天津《民兴报》总理刘孟扬曾对天津济良所提出公开批评。他指出，天津济良所虽有慈善之名，却无慈善之实，济良所的主管绅商均是一方巨富，却不愿分担经费，而是向领娶者索取重价，甚至有要价数百至数千元的事例，几乎与贩卖无异，以致有人将济良所称作"贩人所"。他认为，替妇女择配时应看重男方的家道品行，而不是出价高低。天津济良所辩护时指出："敝所向章，为妻者助经费少，为妾者助经费多，间有一千元者，委系出自情愿，其余数百元者较少，数十元者最多。"可见索取重价之事的确存在。刘孟扬还声称，有人将天津济良所称作"妓女监狱"，这大概是由于其强制与惩戒色彩过浓的缘故。① 这类弊端在民国年间的济良所中也同样存在，1927年，一位上海的报人就认为："实则济良所的办法很有点妓女整卖的意味。"②

尽管在实施过程中存在一些弊端，设立济良所的办法仍被后世继承。清末设立的济良所在民国时期不仅仍在运营，甚至得到进一步推广。在民国时期的废娼运动中，济良所常常被提起。1919年，李大钊便指出，北京应"扩充济良所，有愿入所的娼妓，不问他受虐待与否，一概收容。济良所应该是教育机关兼着工厂的组织"③。1921年，有人呈文北京政府内务部，要求禁止娼妓。在他的设想中，全国各地应设立"妓女救济局"这一专门的救助组织。妓女救济局下分设"妓女择配所""妓女工艺所""妓女储金所""妓女检疗所""妓婴养育所"等机构，分别实行替妓女择配婚嫁、教授妓女文化和职业技能、帮助妓女储备养老金、为妓女体检和治病、抚养教育妓女的子女等事宜。这些构想，与济良所的成例也不无关系，呈文中便提到：妓女择配所"可将现在之济良所扩充办理"。④ 1929年，河南省教育厅编订的《社会教育讲演大纲》中指出，作为实施地方自治的要点之一，"自治区内须设妇女济良所"。

从实际的设立情况看，民国年间的济良所已相当普及。据《近代中国娼妓史料》载，民国年间的保定、张家口、石家庄、济南、长春、沈阳、齐齐哈尔、长沙、兰州、西安、昆明等地均有济良所的设置。此外，江苏南通在1914年创办济良所，"延师授以国文、伦理、算学、缝纫、浣濯、烹饪诸学，其期为六月"⑤。1916年，安徽芜湖建

---

① 民兴报馆总理刘孟扬复济良所函. 大公报，1909-11-29，30
② 刘薰宇. 济良所之类. 见：刘薰宇. 苦笑. 上海：开明书店，1929. 148~149
③ 李大钊. 北京市民应该要求的新生活. 李大钊. 李大钊文集（下册）. 北京：人民出版社，1984. 86~88
④ 学生代表徐培心等建议废除娼妓与救济办法（1921年1月—1925年4月），中国第二历史档案馆馆藏北洋政府内务部档案. 全宗号：一〇〇一，案卷号：725
⑤ 南通县自治会编. 二十年来之南通. 1938年印行. 102~103

立济良所,"收容娼妓并为之择配"。① 至此,济良所这一移植而来的慈善组织,已经融入中国社会,成为中国近代慈善事业的一个有机组成部分。

第四节　新型慈善组织的出现和发展
——工艺局、习艺所和教养局

1901年清末新政开始后,"教养兼施"或"教养并重"的救助理念终被清廷所接纳。光绪三十三年,清朝民政部明确批评传统慈善组织"重养轻教"的弊病,要求全国善堂普遍设立学堂和工艺厂。《民政部奏整饬保息善政并妥筹办法折》指出:"从前各项善堂善局率多重养轻教,物力日绌,生齿日繁,势必难以持久,盖聚此无数不耕不织、非士非商之民,皆纷然待哺于官吏,不惟国家才力不逮,亦为世界公理所无。拟令各该省督抚责成地方官绅,体察情形,以育婴堂附设蒙养学堂,养济院、栖流所、清节堂附设工艺厂……总期民有恒业,款不虚縻,无负朝廷兴养立教之至意。"清廷批准了民政部的建议,表明慈善组织兼筹教养已成为国家政策。②

正是在新政时期,各地纷纷将"教养兼施"的救助理念付诸实践,设立收容和救助贫民的工艺厂局。晚清工艺厂局主要包括工艺局、教养局和习艺所三类。其中许多工艺厂局的设立,得到了民间社会的参与,具备慈善组织的性质。

一、工艺局

光绪二十六年(1900年),江西绅士曾秉钰在南昌创设工艺局,"专织各种洋布,广收艺徒"。但这一工艺局影响有限。至光绪二十七年北京"善后工艺局"出现后,工艺局才得以在全国各地纷纷推行。

光绪二十七年,受八国联军侵华战争影响,北京出现大批失业游民,治安状况急剧恶化。为收容和救助游民,已革翰林院侍读学士黄思永与其子黄中慧随即拟定章程,创办"善后工艺局",收养无业游民,并教授各项工艺,以收"寓养于教"之效。黄思永等拟定《北京工艺局创办章程》,对工艺局的运营办法作了详细规定。主要内容包括:

(1) 工艺局以"收养游民、开通民智、挽回利权、转移风气"为宗旨,老弱残废、无劳动能力的游民应另行收养,不属工艺局的收容对象。工艺局主要收容少壮游民。入局游民由保人保送,并查明来历。游民入局之初应先入"迁善所"数日,以便"去其旧染之污,复其固有之善",并观察其性情材质,然后再入工厂学艺。除游民外,工

---

① 铁道部财务司调查科编.芜湖市县经济调查报告书.1930.81
② 民政部整饬保息善政并妥筹办法折.东方杂志.1907,5:197~198

艺局还兼收自愿学艺的孤贫幼童,衣履不周者可由工艺局发给。工艺局收容的游民,如身有技艺,或能作小工者,应发给工钱,能充当教习者另议。

(2) 工艺局雇请教习数十人,分别传授书画、算数、镌刻、织布、织绒毯、绣货、珐琅、铜铁、瓦木工等技能。局中附设英文学堂、格致学堂和蒙养学堂,良家子弟与资质聪颖的学徒教以英文、格致等学,以冀造就人才;其余人等均入蒙养学堂,每日午后学习1小时;工艺局购置蒙学、白话、工艺、商务各种报纸,随时在学堂宣讲。

(3) 工艺局注重工艺改良,原料来源、产品款式、工匠招募及产品销路等事均加意研求,广为谘访。景泰琅、栽绒毯、平金、雕刻等北京原有土货应精益求精,以广销路;纸张、布匹、针线、火柴、蜡烛之类的洋货亦须设法制造,以塞漏卮。

(4) 工艺局学徒的学艺期限不拘常例,以1年或2年为期。如学艺有成,教习、学徒均可得酬劳奖赏,能改良工艺者额外加奖,以激励学徒精熟技艺,将来不但可多得工钱,且能日后自立。

(5) 开办工艺局需资本甚巨,现招股10万元,以100元为1股,年利7厘,每年结算股息,赢利按股均分,并刊刻账单分送各股东查阅。出资50股以上的股东,可派1人驻局稽查。因工艺局不用官款,专归绅办,所以管理人员并非官派,系仿照"公司"办法运转。①

善后工艺局很快引起时人注意。还有人将其章程刊登于报纸,进行宣传,并号召各地仿行。光绪二十七年十一月,清廷发布谕旨,对工艺局加以肯定,认为其"以教工为收养,实于生计有益",并要求顺天府仿照其办法,在北京内、外城分设工艺局2所。次年五月,外城工艺局正式开办,除招收本地工徒以外,还兼收外地流民。内城工艺局也已选定屋址,待外城工艺局布置妥善后开办。此后,又有御史上书,请求在北京和各省推广工艺局建设。慈禧太后对工艺局建设也表现出浓厚兴趣。光绪三十年冬,慈禧太后拟于内宫设立"女工艺局",选浙江妇女中的纺织刺绣能手入宫,传授宫女和贵族、官僚家庭的妇女技艺。②

在清廷的鼓励下,各省踊跃设立工艺局。光绪二十八年正月,江西巡抚李兴锐会同布政使在南昌创立"工艺院",收容"游荡及曾犯轻罚者",雇请工师教授工艺。工艺院下设粗工厂、细工厂和学工厂,愚钝者教授制鞋、扇、帽、绳等粗工;资质稍优者教授印刷、刻字、缝纫等细工;不遵父兄教导的良家不肖子弟发入学工厂,教授浅近书算及各种精致工艺。学艺有成、改过自新者遣出以手艺谋生。江西工艺院的做法受到清廷的赞赏。光绪二十八年,福建按察使杨文鼎在福州创办工艺局,将闽县、侯官两县"讯结在押匪徒"一律押入学艺。工艺局分设织布粗工、细工二厂,雇工师教

---

① 北京工艺局创办章程. 甘韩. 皇朝经世文新编续集(卷9). 台北:文海出版社,1972
② 彭泽益编. 中国近代手工业史资料(第2卷). 北京:三联书店,1957. 515

以工艺,勤于劳作者准予保释,令其自谋生计。家长难以约束的"良家不肖子弟",亦准入局学艺。① 光绪二十九年,直隶、江苏、广东等处创设工艺局。天津的北洋工艺局(又称直隶工艺总局)下设工业学堂、考工厂、教育品陈馆、实习工场等机构,分别负责培养工业人才、搜集陈列各式货品、收集教科书籍仪器和传授工艺等事。江苏巡抚端方委派官员在省会苏州举办工艺局,招集生徒150人进局习艺。所学工艺分两类:一是制造著名土货,如织常熟布、花素缎及顾绣;二是仿制洋货,如织毛巾、绒毯、地席、洋袜、汗衫及制肥皂、卷烟等。广州除设工艺厂,"收养无业之人,教以工艺,学成资遣出外自谋生计"以外,还有人呈文广州知府,要求添设"女学工艺厂",招集贫家妇女,织造花边。

二、习艺所

光绪三十一年(1905年)七月,北京建设京师习艺所。建设习艺所本为清末刑狱制度改革措施之一,习艺所的职能为对在押犯人进行职业培训。但值得注意的是,习艺所除收容罪犯以外,还酌情收容贫民,并传授谋生技能。收容贫民分为"自请入所"和"强迫入所者"两类,贫民学艺有成后,方可出所自谋生计。学习工艺种类有织布、织带、织巾、铁工和搓绳等。②

各省的罪犯习艺所也大多兼收无业贫民。光绪三十二年制定的《天津监狱习艺所办法》中便规定,监狱分两种:其一为"拘禁监",收押"凡军、流、徒罪犯非常赦所不原者及犯事受罪已定监禁年限者";其二为"惩儆监",收押"凡地痞、恶丐及无业游民或年轻子弟不遵父兄教训者"。无论是"拘禁监"还是"惩儆监",均须订立课程,使贫民从事生产劳动,定期宣讲《圣谕广训》及古今嘉言懿行,教诲囚徒和贫民改过从善,并教授年幼者识字和算术。热河罪犯习艺所准许贫民入内学艺,分织布、织带、打绳、编席4科。三十三年创办的成都习艺所设内、外2厂,"内厂收罪犯,外厂收流民"。③ 宣统元年建成的安徽灵璧县习艺所分前、后两进,"前进招收贫民子弟入所习艺,后进为罪犯习艺之所"。④

专收贫民的习艺所也陆续于各地设立。光绪三十一年,湖北武昌准备将原有之广仁堂改为收容流浪乞丐的栖流习艺所,年老病弱者仍旧赡养,年少强壮者教以手艺。三十二年,江苏镇江筹建收容本地贫民的习艺所。次年,镇江绅士又集议创设流民习艺所,专收外地无业游民习艺。三十三年,山西崞县开设的工艺局下分设"平民习艺

---

① 许应骙片.谕折汇存(第50册).台北:文海出版社,1967.97~98
② 中国第一历史档案馆.清末开办京师习艺所资料.历史档案.1999,2:65~66
③ 前四川总督锡奏开办各项工厂病院折.东方杂志.1907,5.92~96
④ 灵璧建设习艺所.申报,1909-8-25

所"和"犯人习艺所",教授织毛毯、线毯、线带、辫绳等工艺。[1] 两江总督端方饬令在南京创办游民习艺所,"必使游民习艺,得以自食其力,则邪僻亦可不作"。[2] 常州知府筹设"游民习艺所","专收游民及失业烟伙入所学习工艺"。[3] 三十四年,奉天将原有的粥厂改为贫民习艺所,招收13岁至40岁的青壮贫民,教授建筑、缝纫、染织、印刷、木工、铁工等技能,向贫民传授长久谋生之技。

三、教养局

光绪十六年(1890年),江苏阳湖县绅士潘民表前往山东赈灾时,在山东历城县卧牛山麓创办"纺织局",收容灾后的寡妇孤儿,令妇女纺纱织布,10岁以上的儿童读书或习艺。《清史稿》中将潘民表创办的、管理纺织局和义塾的机构称作"教养局"。光绪二十六年,山东巡抚袁世凯为解决无业游民问题,也曾在济南创办"教养总局",教授无业贫民工艺,如造靴、织布、制绳等项。[4]

光绪二十八年,清政府为维持地方治安,在北京创设工巡总局,负责缉拿窃盗、审理案件、修治街道及救济贫民等事宜。工巡总局之下附设有教养局,关押工巡局捕获的轻罪犯人,并教授工艺。光绪三十一年,御史王振声奏请北京各处粥厂改为教养局。王振声指出,北京粥厂收养人数剧增,但其中老弱废疾者为数无几,多属少壮游惰之徒,饱食终日,无所事事。王振声认为,粥厂的救助办法是"徒费无益",不如"因而变通",提议仿照五城教养局收容轻罪犯人的办法,"给以衣食,教以粗浅工艺",将粥厂改为教养局。此后,北京粥厂纷纷改建,至宣统元年十月,北京已有五处饭粥厂改建为教养局或教养工厂,另增设二处教养贫民的工厂。光绪三十三年冬,鉴于北京"旗丁游惰失业者尤众"的情况,庆亲王奕劻等又筹集经费,在北京创办"首善工艺厂"九处,专收北京各营旗丁、旗民入厂学艺。[5]

在改粥厂为教养局的过程中,北京外城先后设立"初级教养工厂""中级教养工厂""教养女工厂""贫民工厂"和"公立贫民养济院",内城设立"贫民教养院"和"博济教养工厂"等机构。它们均以收容贫民乞丐为职能,但分工明确,"初级教养工厂"收容8岁至15岁的未成年人,"中级教养工厂"收容16岁至40岁的强壮男子,"教养女工厂"收容50岁以内、有劳动能力的妇女,"贫民养济院"收容无劳动能力的老弱残疾。它们均属"教养兼施"的机构,"初级教养工厂"和"中级教养工厂"的章

---

[1] 崞县工艺局成立. 申报,1907-5-14
[2] 江督饬办游民习艺所. 申报,1907-7-26
[3] 拟设游民习艺所. 申报,1907-8-4
[4] 济南市社会科学研究所. 济南简史. 济南:齐鲁书社,1986. 375
[5] 彭泽益编. 中国近代手工业史资料(第2卷). 北京:三联书店,1957. 525

程指出，其宗旨为"寓教于养"；"教养女工厂"规定收养对象必须"学习工艺，使有恒业，以谋衣食，不至流离失所"；即便收容老弱残疾的"贫民养济院"，也要求收容对象从事力所能及的工作；"贫民教养院"明确宣称以"收留贫民，兼施教养，勿任失所为宗旨"；"博济教养工厂"以"以教养兼施为宗旨"。① 从北京外城"初级教养工厂"和"中级教养工厂"的事例，可对教养工厂的运营办法有基本了解。

"初级教养工厂"和"中级教养工厂"均由粥厂改建而来。其收容对象分有保（人）、无保（人）两类，入厂者可得到基本生活保障，并接受教育。教育内容分"教科"和"手工"两类，"教科"包括基本的道德规范及书算、体操、唱歌等类，"手工"指谋生技能。教养工厂对收容对象的饮食、起居、习艺等方面和日常行为规范有着严格规定。收容对象日常不许外出，有保者方可在假日由保人带出，出外时间不得超过五小时。不服教导者将处以面壁、坐暗室、减食等惩戒措施，情节恶劣者交巡警厅究治。初级教养工厂收容的幼孩年满16岁后，转入中级教养工厂继续学艺；中级教养工厂收容的成年人学艺有成后遣出，发给少许资本，以便其日后依靠手艺或小本生意谋生。②

各省也有举办教养局的举动。袁世凯调任直隶总督后，曾在天津创办教养局。这应该是沿袭其在山东巡抚任内的做法。光绪三十二年，江苏镇江建造教养局，"将军、流、徒各犯送交教养局管理"。③ 三十三年，鉴于河南省内贫民乞丐众多，且省外灾民纷涌而至的情况，河南布政使袁大化创办"游民教养局"，专收"年富力强，不在残废之列"的无业游民。④ 游民教养局利用省城贡院房屋开办，专收16岁至40岁的青壮游民，以600名为额；官府委派坐办、司事、会计、医生等负责管理，并招聘工匠、艺师教授游民工艺；工艺分别粗细，游民学艺有成后释放，令其自谋生计。⑤ 宣统元年五月，吉林巡抚陈昭常仿照北京、天津等地办法创办"工艺教养所"，下设"习业所""女教养所"和"养济所"三个分支机构，习业所以教授年轻子弟学习工艺为宗旨，种类包括木工、鞋履、皮革、机织、缝纫等，"其性质纯乎为教"；女教养所收容"妇女之有志于工艺及贫寡孤幼不能自存者"，并将救助妓女的济良所一并附入，收容对象须学习工艺，"其性质教养参半"；养济所收容"病废年迈之穷民"，除提供衣食外，有能力者可从事轻便工艺，但不求成效，"其性质纯乎为养"。⑥

---

① 田涛、郭成伟整理. 清末北京城市管理法规（1906—1910）. 北京：燕山出版社，1996. 241～422
② 田涛、郭成伟整理. 清末北京城市管理法规（1906—1910）. 北京：燕山出版社，1996. 275～314
③ 习艺所开办在即. 申报，1906-3-1
④ 各省工艺汇誌. 东方杂志. 1907，5：153
⑤ 护理河南巡抚袁奏兴办实业社会、游民教养局折. 东方杂志. 1907，1：185～187
⑥ 吉林巡抚陈昭常奏吉省设立工艺教养所酌定办法章程折. 政治官报（第34册），台北：文海出版社，1965. 41～42

光绪三十二年成都创办的"乞丐工厂",与教养局也极为类似。成都流民乞丐众多,四川总督锡良饬令警察局总办周善培设法安置,周善培随即在成都创办乞丐工厂2处,将街面乞丐一律收入,令"年轻质敏者"学习工艺,"年壮质拙者"从事劳役,以3月为期,所得工资由工厂代存,至出厂时发还,作为从事小本营业的资本。另设专收流浪儿童的"幼孩工厂"1处,8岁以下者"课以初等小学之学",8岁以上者"教以容易自存之艺",年满14岁后遣出自谋生计。老弱残疾的乞丐则归"老弱废疾院"收养。

清末设立的工艺厂局为数众多。宣统三年(1911年)二月,农工商部曾对各省创办的农林、工艺机构的种类、数量进行过统计。为有清晰了解,兹先将各省工艺机构的名称、数量制成简表如次。

宣统三年二月各省已设工艺机构

省份	工艺机构的名称、数量
直隶	高等工业学堂1,工艺总局1,实业、工艺、艺徒各学堂7,工艺各局厂164,工商各公司45,实习工场3,劝工陈列所2
奉天	工艺传习所2,工艺局2,工艺厂3,工艺公司4,官纸局1,贫民习艺所3,游民习艺所1,罪犯习艺所6
吉林	工艺传习所1,实习工厂2,织布工艺厂1,工艺局1,工艺教养所1,习艺所2
黑龙江	初等工业学堂5,工艺局1,工艺传习所2,工艺制造局1,游民习艺所1,罪犯习艺所3,造纸公司1
江苏	工艺局2,实习工艺厂1,劝工陈列所1,习艺所4,手艺所1,丝纱官厂3,机器米厂1,胰皂织布各公司9,糖业油饼各公司3,劝工厂2,玻璃公司1,制铁造纸各厂3,靛青公司1
安徽	劝工陈列所1,工业研究会1,工艺厂1
山东	高等工业学堂1,实业学堂3,艺徒学堂1,劝工所1,工艺教养各局所79,习艺所37,制造机器局1,草编工场11,玻璃公司1,理化制造器械所1
山西	中等实业学堂1,工业教员讲习1,初等工业学堂1,农工传习所1,工艺局1,电灯公司1,火柴公司1,葡萄酒公司1,织布厂5
河南	高等工业学堂1,初等工业学堂11,工艺局1,纺织公司4,火柴公司2,榨油公司2,电灯公司1,瓷业公司1,崇实公司1,豫富公司1
陕西	中等工业学堂1,中等实业学堂8,初等实业学堂18,艺徒学堂1,工艺试验所1,劝工陈列所1,工艺厂14,实业工艺织纺传习所2,习艺所8,女工织纺所1,织毛制铁制碱厂5,实习工厂1,富秦工厂1,火柴厂6
甘肃	工艺学堂1,工艺小学堂4,工厂4,官书刷印局1,工艺教养局1,习艺所43,女工艺所1,工艺局6,习艺厂1,纸厂4

续表

省份	工艺机构的名称、数量
新疆	中等艺徒学堂1，初等艺徒学堂10，工艺局1，各项工艺厂会所4
福建	工艺中学堂1，工艺传习所1，工艺所7，织布局7，华洋种蔗制糖厂1，明远燎筒玻璃厂1，淘化罐食公司1，新式（？）皂公司1，经源染织公司1
浙江	工业各学堂2，工艺局19，工业各项公司12，工业各厂8，习艺所12
江西	工业学堂1，工业中学堂1，工艺学堂2，工艺半日学堂3，艺徒学堂1，工艺传习所1，女工传习所1，陶业学堂1，磁业砖瓦各公司10，工艺厂4，工艺所1，工艺院20，劝工所4，工艺局7，罪犯习艺所42
湖北	劝工场3，各项工艺公司8，各项制造厂9，造纸厂4，纺纱厂2，织布厂3，手工善技厂1，织业公司1，湘绣研究所1，惠工局1
湖南	工业学堂1，实业学堂1，醴陵磁器公司2，湘绣研究所2
四川	中等工业学堂1，劝业公所1，劝工局70，川瓷公司1，电灯电镀各公司2，织布公司2，玻璃厂1，化学分析试验所2，机器局1
广东	高等工业学堂1，中等实业学堂1，工艺学堂4，艺徒学堂2，工业传习所7，劝工陈列所1，工艺厂14，工艺局2，工艺各公司20，制造各项局场公司20，染织厂1
广西	中等工业学堂1，艺徒学堂5，富强工艺局1，工艺厂2，习艺所10余，制革公司1，汽机缫丝公司1，女子缫丝传习所1
云南	艺徒学堂1，工业补习学堂1，初等工业学堂2，女子职业学堂1，工矿学堂1，劝工局1，各属工艺局厂所83，官印局1，机器制造局1，制革厂1，锯木、活字公司2，磨面、火柴、碗花各公司3，毛毡机器汲滷各公司2
贵州	制革厂1，印刷厂1

资料来源：农工商部奏汇核各省农林工艺情形折．见：政治官报（第44册）．第1231号，宣统三年三月初八日，150～155

第五节 义赈的兴起与发展

光绪二年至六年（1876—1880年），华北地区发生了极为惨烈的奇灾大祲，其波及范围之广（波及苏、皖、鲁、豫、晋、陕、甘、川、直隶等省，而以鲁、豫、晋、陕、直隶五省为最）、持续时间之长（自光绪二年至六年共计5年，尤以光绪三四年即丁丑、戊寅二年为烈，故又称丁戊奇荒）、死亡人数之多（据载达1千万人以上）都是空前的，可以说对中国近代社会产生了深刻的影响。正是在这次灾荒过程中，具有近代色彩的、由民间自行组织劝赈、自行募集经费、并自行向灾民直接散发救灾物资的

"民捐民办"的慈善救助活动——义赈开始登上历史舞台。

一、义赈的开始——江南士绅与苏北赈灾

光绪二年（1876年）开始，江苏北部海州、沭阳一带"旱蝗为灾"，出现"赤地千里"、灾民流徙的悲惨景象。这场灾荒使众多民众受灾，被迫流落他乡。据《申报》消息称，灾民扶老携幼出境就食者不下20万人。这些饥民沿途乞讨，大都流往苏南各城镇。如南京所收灾民较往年多出数倍，计所收养者9千余名。至光绪二年十二月，聚在苏州的灾民已有2万多人。另据江苏巡抚吴元炳奏称，派拨苏、淞、太各属分养者8千数百口、常州收养3千3百余口、江阴收养4千6百余口、镇江收养3千数百口。位处长江北岸的清江、扬州乃南来必经之地，灾民蜂聚尤多，据《申报》称，光绪三年三月初三聚集在此地的灾民数分别达到4万5千与4万2千之众。

灾民饥寒交迫，群处蜂拥，是社会的不安定因素。如果处置不当，极易造成社会动荡与混乱。为处置灾民，清朝中央政府与地方官员采取了一系列措施。

一是多方筹措资金，赈济灾民。面对灾民四处流徙、散处各地的情况，苏抚吴元炳到处筹集经费，"先饬苏藩司与厘局酌拨银二万两解赴漕臣衙门，以备淮、徐两府粥赈之需；江阴先后由司局拨银9千两，扬州开办之初，先由上海垫拨银5千两，奏准裁留"。两江总督沈葆桢、江苏巡抚吴元炳还会衔上疏，要求截留海运漕粮用于赈济。同时，清廷并令沈、吴二人饬令地方官会同绅董查核，从苏州丰备义仓内"酌提十分之三，以备赈需"。

二是设立粥厂，随处留养。灾荒发生以后，江督沈葆桢、苏抚吴元炳即饬令所属，于灾民所到之处设局施粥，如令"清、淮、扬州、浦口各要路，分设粥厂，由江藩司就近碾动仓谷，分拨各属煮赈。已过江者，于苏州、常州、松江、太仓等处委员会同绅士，分投设厂，筹捐赈恤"。从苏州粥厂的事例，我们可以得知当时粥厂运营的基本情况。当时的苏州粥厂分旱厂和水坞两类：灾民中扶老携幼，徒步而来者归入旱厂，每日煮粥两次，每大口约用米8合，小口减半。驾船来者则编号归入水坞，按大小口给予钱米，听其自炊。此外每名酌给柴草、棉花若干，以便御寒。有疾病或生产者，另备医药棉布发给。

三是工、赈结合，寓工于赈。继承中国历史上沿用已久、屡见成效的工赈之策，于赈济的同时，开浚河道，兴修水利。沈葆桢、吴元炳会奏中提到，在筹措经费的同时，"一面委员筹办高宝河工，劝谕商贩疏浚盐运河道，以便灾民藉工谋食"。吴元炳在还曾有饬令部署挑选强壮灾民开浚丹阳河道之举。

虽然清政府主观上仍重视赈灾工作，但由于当时清政府政治腐败，荒政不修，内外交困，财政拮据，因而救荒乏力，难以为继。在这样的情况下，不能不借重民间社会之力，鼓励士绅参与赈灾。部分士绅富商也踊跃捐资，主动参与救灾。如晚清富商、

有上海采运局江西补用道职衔的胡光墉（即胡雪岩）听闻苏北灾情后，随即捐赠小麦8 400石、棉衣4 700件，并劝上海绅商集银11 000余两，棉衣3 000多件，一并由水路运往灾区，并请示官府，要求调拨官轮船拖带。尽管胡光墉有"万勿俯予请奖"之语，但两江总督沈葆祯还是在奏折中为之请奖，希望清廷"按灾赈成案，给予奖叙"。官府的鼓励为义赈的兴起提供了契机。

灾区的惨况在江南地区引起了巨大的震撼，激起了人们的广泛关注。江南士绅出于同情心以及社会责任心，为救灾救饥献计献策，《申报》曾登载望炊楼主人（即苏州士绅谢家福）的《拟上当事筹恤淮灾书》，提出"疏河引水修闸、御卤、寓工于赈三事，实为未雨绸缪刻不容缓之计也"，希望通过这些措施，有所补救，"显以开数百年之水利，默以收数十万之人心"。更有一部分士绅发起募捐，为拯救灾民性命筹措资金，其中最为著名的，当推胡光墉和李金镛。

海、沭义赈的兴起，是与胡光墉、李金镛的活动紧密相关的。胡光墉，字雪岩，是浙江著名绅商，因得到晚清名臣左宗棠的奥援，曾一度成为洋务运动中的风云人物，有"红顶商人"之誉。其为人崇尚义气，乐于施舍，是杭州有口皆碑的大善人，于赈灾方面多有劳绩，是近代义赈的发起人。海、沭义赈的经费、物资主要是由他筹措的。李金镛，字秋亭，江苏无锡人，年少从商，以试用同知投效淮军，因功保举累官运同，赏戴花翎。李金镛是同乡著名慈善家余治的弟子。余治素有"江南第一善人"之称，一生以著述善书、劝人行善为事，因其品格高尚，为人钦敬，大凡清代后期的慈善代表人物均与他有所关联，李金镛亦是深受其影响的人物之一。李金镛的功绩则表现为不顾危险亲赴灾区，主持救荒工作。史称："淮、徐、海、沭大饥，官赈勿给，而民气刚劲，饥则掠人食，旅行者往往失踪，相戒裹足"。而李金镛不为所阻，"独慨然往抚视。至则图饥民流离状，驰书江浙闽粤募义赈，全活无算"。① 李金镛在灾区"周历乡镇，不辞劳瘁，按户而籍之，计口而哺之。经冬历春，所全活者无算。且推其余以惠邻境，如宿迁之免沟瘠者，又千万人"。在救灾告一段落后，李金镛又在沭阳设立了从善堂这一常设慈善机构。

从海、沭义赈的过程可见，这次赈灾与以前的最大不同，在于赈灾款不是通过官府发放，而是由江南士绅中的"善士"亲自赴灾区散放的。没有江南士绅从资金到人力的支持，就没有海、沭义赈。海、沭赈灾是由民间自行筹资、自行放款，确属"民捐民办"行为，开了近代"义赈"的先河。

二、义赈的发展——以山东义赈为例

山东是丁戊奇荒中受灾最严重地区之一。从光绪二年（1876年）开始，山东省出

---

① 闵尔昌纂录. 碑传集补（卷19）. 台北：明文书局，1985

现了严重的旱情,曹州、濮州、济南、东昌、武定、青州、莱州等府州土地亢旱,二麦无收,饥民所在皆是,"哀鸿遍野,满目凄凉"①。至光绪三年(丁丑年),随着灾情的进一步蔓延和日趋严重,受灾区域已扩及82州县,土地干裂,栽种无望,收成"十不获一"。粮食歉收导致了严重的粮荒,当地粮价急剧上涨,山东粮价较平常上涨3~4倍。人们为求购粮食,不得不典卖家中所有的值钱的东西,但在粮食奇缺的情况下,无论田产房屋,还是家具衣物,均"了不值钱",据传教士李提摩太的记载,山东灾区的田地,即使只索原值的1/3,也很难找到买主,在部分地区,每亩田地原价50~100元,此时只能卖2.5元;至于器皿等类,只值原价的1/3,原可质押500文的衣服,典铺也只肯出价百文。② 到了后来,民间已无可质之物,只好毁屋拆木、卖儿鬻女,甚至出现了人吃人的人间惨剧。

山东大旱灾发生以后,地方政府最初采取了隐瞒灾情的做法,但由于西方传教士从人道主义的角度在报刊上募捐赈灾,才使真相为国人所知。当时清政府财政捉襟见肘,根本无力独救。当山东大面积旱灾发生后,政府仅拨4万3千两白银以作赈济。尽管山东巡抚丁宝桢等曾竭力筹款,拼凑银三四万两,采办粮米,设厂放粥,藉资补救,但面临严重的灾情,无疑是杯水车薪,无济于事。③ 政府既无力救灾,只好吁请社会的帮助。为此,丁宝桢"刊发告示,遍行张贴,剀切晓谕,令各州县设法劝捐。绅富无论银钱米麦谷豆杂粮,不限升斗,不计多寡,量力倾助⋯⋯尚可助官力之未逮"。可是山东地方平时不重积聚,绅富财力也相当有限,真正担当起赈济重任的主要是江南地区的绅商,其救灾资金则来自社会各界的踊跃捐助。

山东旱灾发生后,正在青州府一带传教的西方新教传教士李提摩太等人在1876年6—7月之交即开始以私人积蓄救济灾民,次年3月,在上海成立了由传教士、西方商人和外交官组成的"山东赈灾委员会"。西方传教士大规模地参与赈灾工作约在1877年夏天。④ 这大概就是《申报》称山东民间义赈"其创始实起自西人"的依据。江苏北部海州、沭阳、徐州等地的灾情约略与山东同时,也发生于1876年的夏天。⑤ 灾荒发生后,江南绅商李金镛、胡光墉等"首倡义举","筹十余万金,前往灾区散放"⑥,在《清史稿》中,这被称为"义赈之始"。所以就义赈发生的时间而言,苏北与山东很难分出先后。这至少说明江南绅商开展的近代义赈,并非自西方传教士模仿而来。

大约在1877年初春时,已有镇江丹徒士绅严作霖、尹德堃、靳文泰等数人前往山

---

① 朱寿朋. 光绪朝东华录(第1册). 北京:中华书局,1958. 288
② 何汉威. 光绪初年(1876—1979)华北的大旱灾. 香港:香港中文大学出版社,1980. 30
③ 申报,1877-3-6;1877-10-27
④ 夏明方. 论1876至1879年间西方新教传教士的对华赈济事业. 清史研究. 1997,2
⑤ 申报,1877-1-13;1877-4-16
⑥ 李金镛传. 清史列传(卷77). 台北:明文书局,1985

东灾区散赈。同年初夏，李金镛等人在苏北赈灾暂告一段落后，又受江南绅商委派，前往灾情日剧的山东青州、武定一带继续从事义赈工作，在青州府成立江广义赈局，府属各县成立分局，会同地方官员分事散赈。其后，前往山东灾区进行义赈工作的江南绅商人数不断增加，约有20人之多。

在山东义赈过程中，义赈不断完善，并形成相对固定的模式。一般而言，义赈包括劝赈、募捐、发放等几个环节。

劝赈：据不完全统计，从1877年5月5日至6月13日，上海《申报》连续7次登载上海果育堂的"劝捐山东赈荒启"，号召绅商士庶不分多寡，踊跃捐款。通过《申报》等的报道宣传，使江南乃至海内外人士逐渐了解山东灾情，从而发起了向灾区踊跃捐款的热潮。

募捐：经过《申报》的大力宣传倡导，江南社会广泛动员起来，一时捐款者纷纷。从捐款者情况看，既有西方领事、传教士，也有中国的绅商士庶；既有富绅巨贾如胡光墉、唐廷枢、徐润之辈，也有普通市民，如浙江慈水老翁沈开泰，多年经商，"略获盈余"，捐出"各事节用"所得50元，作为"助东省赈款"。[①] 甚至有闺中女子，将一切女工针线、玩具之类变卖所得，"尽数寄往山东，以助赈济"。[②] 从捐赈地域而言，以江南城市如上海、苏州、无锡、常州、镇江、扬州、杭州、宁波等绅商为主，也有香港、广东的善绅、苏北淮阴等地的绅商。一些地方还以某一善堂为中心或者专门成立劝赈处，想方设法筹集赈款，如苏州通过安节局、桃花坞江浙公寓等经收捐款，至于募捐之法，"仿照道光时水灾谢蕙庭先生筹捐成法，以五十文为一愿，只捐一次，十百千愿各随心力"[③]。

发放：各地汇来之赈款，由来自江南的士绅亲自发放。为了提高办赈效率，将有限的经费使用最大化，在发放救灾款物以前，放赈人员总是深入农村，查明确是灾重之处、困难之户，然后有针对性地施赈，以此杜绝冒领赈款之事，同时也可避免胥吏中饱私囊的弊端。江南士绅到达青州府灾区后，设立江广助赈局，作为总理赈务机构，在各受灾县份设立分局，分事调查、放赈，如李金镛抵达青州府后，即会同同志赴受灾各县查赈。[④] 至于查赈方法，逐户清查，查毕给票作为凭据，或放钱，或放粮。[⑤] 这成为义赈的主要模式。至于钱物数量，一般为大人每日钱10文，小人减半。亦有5日一发放，或一次性发放的情况。有时江南士绅还在灾区设立粥厂施粥，这也是一种重

---

① 申报，1877-5-16
② 申报，1876-12-15
③ 山东留养婴孩捐启. 齐豫晋直赈捐徵信录（卷1）. 清刻本
④ 谢家福. 齐东日记（卷上）. 手稿
⑤ 申报，1877-5-26

要的赈济方法。

此外,在义赈过程中,江南绅商特别注重收养弃孩的工作。

由于灾情严重,山东灾区百姓饿死者甚众,留下为数众多的男女幼孩。这些幼孩缺少亲属关爱,四处流浪行乞,或遭歹徒拐卖,成为灾区严重的社会问题。在赈灾过程中,中外办赈人员均把收养幼孩作为义赈的重要工作。英国驻烟台领事与传教士李提摩太在向各处劝集捐资的信中称:"现有一事颇难处置,李佳(即李提摩太)等收留全无倚靠之男女幼孩四百数十人,每日饭食需钱十余千文,无法支持。若令散处本乡,必致仍然饿死,若仍再行收养,此款又无所出,颇有进退维谷之势。"① 尤其当时社会上颇多西方传教士收养中国儿童是为"采生折割"、以眼入药等谣言,收养幼孩本已遭忌,何况经费缺少?遂难以为继。而江南绅商对于西方传教士也颇多猜疑,最担心的是洋人以赈灾为手段收揽民心,即所谓"阳居救灾恤邻之名,阴售收拾人心之术",而幼孩心灵如一张白纸,如被教堂收养,必习异教教义,必"为中国之大患"。甚至有人声称"小孩饿死当是小事,为天主教诱去则大不可"。② 这种与洋人争民心的民族责任感,成为江南绅商从事山东义赈的一个动力,而与西方传教士争夺灾区弃孩的收养权,"视救援教堂之孩尤重于救济"亦成为相当一部分人的共识。③

鉴于此,江南绅商把收养幼孩视为义赈的重点工作之一。苏州士绅谢家福奔赴山东灾区的主要目的便是收留弃婴。他与李金镛到达山东灾区后,即在"郡城设立两局,一曰抚教,一曰留养。抚教者,就其资质之高下,分别教以读书习艺;留养者,收养残疾及生病之婴孩,延医生以疗其疾,给衣食以赡其身,一俟病退力强,再送抚教局习业"④。由于"乡间无着小孩收不胜收",致留养、抚教2局,人数不断增加,规模日渐扩大,据1877年8月16日李金镛、谢家福等"上东抚详报赈务禀"所称:"现在两局共收一千四百余名,除亲属陆续领回外,尚存六百余名,复虞各孩出局之后,流徙出境,即会商府县绅士及徐令大容,捐设同善官堂,以期久远。"⑤ 又据《齐东日记》8月20日所记,养济局共租屋2所,1所40余间,1所60余间,前后收留800余名。⑥ 可见,江南绅商出于民族大义和人道之心,在拯救灾区幼孩生命方面发挥了重要作用。

建议赎田,也曾是江南绅商在赈灾过程中努力推动的工作之一。由于灾情的不断加剧,许多人不得不贱价变卖田产,以延生命。后来随着灾情的逐渐缓和,尤其是考虑到灾后百姓的生活,江南绅商提出了"赎田"的建议。即允许被迫变卖田产的家庭在灾后赎回田产。但最后限于种种困难,未能付诸实施。

从山东义赈过程中我们可以看出,江南绅商自行募款、自备资斧、亲赴灾区进行

---

① 申报,1877-5-14
②③⑤⑥ 谢家福. 齐东日记(卷上). 手稿
④ 申报,1877-11-20

放赈的"民捐民办"义赈方式，突破了中国传统的赈灾模式，而与西方传教士的赈灾方式大致相同，以致被视为对西方传教士所从事的赈灾方式的模仿。但正如前述，早在赴山东灾区以前，这种新的赈灾模式已在江南绅商主持的苏北海州、沭阳等地的救灾工作中有所实践，山东义赈是对苏北义赈的继承和发展。在山东义赈中积累的宝贵经验和教训，为其后义赈工作的顺利开展奠定了基础。

三、义赈与传统民间赈灾活动的比较

在山东义赈之后，江南绅商又先后奔赴山西、河南等地开展赈灾活动，继续沿用义赈的模式。在实践过程中，义赈仍在不断发展和完善，并得到更多人的参与。在义和团运动时期，江南绅商发起救助华北战争难民活动，便模仿了义赈的组织和募捐方法。义赈的影响也非常深远，正如有学者指出的那样，晚清义赈事业的开展与后来中国红十字会、华洋义赈会等新型慈善组织的产生有着密切的联系。与传统民间赈灾活动比较，义赈存在如下特点：

首先，义赈的规模和范围大。传统的民间赈灾往往是比较零散的、规模较小，救助范围往往局限于本地。而近代义赈的规模宏大，动员的资金数量庞大，且救助范围超越本地，面向的是全国范围内的重灾区。

其次，义赈的社会动员能力强。传统的民间赈灾活动由于受到种种条件限制，动员的社会力量往往局限于当地的绅士和富商，至多能够影响到旅居外地的本籍同乡。但以《申报》等近代报刊为媒介，近代义赈活动已经可以在全国乃至世界范围内展开广泛的赈灾动员，发动各个社会阶层，甚至包括海外华侨和外国人在内，一起为赈灾工作出力。

再次，义赈的方法较先进。义赈创造了一套新颖而有效的工作程序和方式。每当有重大灾情发生，义赈的主持者们首先成立由社会名流领衔的义赈组织。然后大力开展宣传活动，如在报刊上发表劝赈启事，印发反映灾区情况的传单等。接着，统一印制募捐册，交由各地代理机构或联络点使用；各地即以此向社会各界开展募捐活动。待筹集到相当赈款后，即直接派人专程赴灾区散发，同时在报上刊登消息，向社会报告赈款用途及去向。在赴灾区放赈过程中，主持者往往强调义赈的"民捐民办"性质，坚决要求"不假胥吏之手"，防止其借机中饱。总之，这是一套将募款、司账、运解、发放相互分开、各有专人负责的赈灾规程，其目的是防止贪污中饱，务求从社会募集来的赈款，最大限度地真正落到处于水深火热状态的灾民手中。

最后，是主持者的身份变化。传统的民间救灾的主持者一般是传统的地方绅士和富人，虽然这部分人仍然在义赈中发挥着重要作用。但综而观之，义赈的头面人物和骨干成员已经是当时新兴的社会阶层，如积极参与义赈的胡光墉、李金镛、谢家福及后来主持义赈的盛宣怀等人，都曾在晚清洋务运动中发挥重要作用。许多洋务企业的

重要商董,也都和义赈活动发生过或多或少的关系。①

> **深度阅读**

1. 王卫平,黄鸿山.晚清借钱局的出现与演变.历史研究.2009,3
2. 黄鸿山.清末济良所的出现与推行.学习与探索.2009,3
3. 黄鸿山."拯救灵魂"的努力:晚清洗心局、迁善局的出现与演变.史林.2009,4
4. 黄鸿山,王卫平.从"教养兼施"到"劳动教养":中国劳动教养制度起源新探.河北学刊.2010,3
5. 李文海.晚清义赈的兴起与发展.清史研究.1993,3
6. 王卫平.光绪二年苏北赈灾与江南士绅——兼论近代义赈的开始.历史档案.2006,1
7. 王卫平,黄鸿山.江南绅商与光绪初年山东义赈.江海学刊.2006,5
8. 朱浒.地方性及其超越——晚清义赈与近代中国的新陈代谢.北京:中国人民大学出版社,2006

---

① 李文海.晚清义赈的兴起与发展.清史研究.1993,3

第八章
民国时期的慈善事业

随着政权的建立与巩固，民国政府逐步建立起具有近代意义的慈善行政管理体制。由于民国处于新旧并存的社会转型期，各种社会矛盾不断激化，社会问题日益突出。各种慈善组织应时而生、并不断发展，数量众多，名目繁杂，呈现出色彩斑斓的多元发展态势。民国慈善救济的形式可归为临时慈善救助和日常慈善救助两大类。前者主要包括灾民救济和难民救济，后者则涵盖恤贫济困、医疗卫生、慈善教育等项目。民国的慈善组织开始跨出国门，加强与国际慈善团体的交往与合作，对一些遭遇灾难的国家、地区给予力所能及的援助。与前代相比，民国慈善事业的发展历程虽然时间不长，但却有着鲜明的时代特点，如慈善管理的法制化、慈善机构的多元化、慈善人物的群体化、慈善救济的跨区域化、慈善资源的近代化、慈善道德的多层化，等等。在近代中国的社会变迁进程中，民国慈善事业扮演着特殊而又重要的角色。

第一节 民国时期的慈善立法

在建立慈善行政体制的过程中，民国政府同时着手推进慈善立法工作，渐次颁行一系列有关慈善事业的法律法规。总的来说，民国慈善立法取得一定成效，其内容基本涵括慈善组织的监管、慈善捐赠褒奖、税收减免等三方面。

一、监管慈善团体立法

中国红十字会成立于清末，民初时各地的分会已达上百处，广泛分布于南北各省，成为全国颇具影响的慈善组织。北洋政府关注到中国红十字会的发展，觉得有必要制定法律进行监管。在袁世凯推动下，1914年9月24日，北京政府公布《中国红十字会条例》。这是民国时期中国第一部关于红十字会的法规，也是第一部监督慈善组织的单行法、专门法。该法明确了政府对中国红十字会的监督、管理权；规定中国红十字会的职责与任务为"辅助陆海军战时后方卫生勤务"，并"分任赈灾、施疗及其他救护事宜"；确定中国红十字会的组织结构与人事任免。[①] 为便于实施，1915年10月，又公布《中国红十字会条例施行细则》，详细规定红十字会的各项事业、会员、议会、职员、资产、奖励及惩罚。[②] 1920年，红十字会条例及施行规则进行修正，将基金增列为总会资产之一，存储于银行，并明定非经内务、陆军、海军三部核准不得动用。尽管北京政府制订的《中国红十字会条例》及其细则还不够完善，但它的颁行，也在一定程度上规范了中国红十字会及其各地分会的发展，开启了中国红十字会立法乃至慈善组织立法的先河。南京国民政府成立后，也很重视中国红十字会的立法工作。从1927年至1949年，先后制定颁行《中华民国红十字会管理条例》及两次修正案、《中华民国红十字会战时组织条例》，并草拟《中华民国红十字会法》，红十字立法趋于成熟和完善。南京国民政府在20世纪30年代的红十字立法活动，基本上继承和移植了北洋政府法规的主要内容；同时，又不断加强政府的监管力度，以致红十字会在抗战期间实行军管，一度演变为国家机构，战后才逐渐回归民间慈善团体。

1928年6月，南京国民政府内政部公布《各地方救济院规则》，要求各级政府依法设立救济院，并斟酌各地经济情形，分别缓急，次第筹办或合并办理养老、孤儿、残废、育婴、施医、贷款等所，以教养无自救力之老幼残废及救济贫民生计。[③] 随后，全国各县对原有善堂善会进行接收、改组，逐渐纳入到救济院系统中。10月，又制定《管理各地方私立慈善机关规则》，规定各地方私立慈善机关应将机关名称、所定地址、所办事业、财产状况、现任职员姓名、履历详细造册呈报主管机关查核，转报内政部备案。[④] 两规则颁布实施后，因有人呈请解释私立慈善机关管理范围，加之其法律位阶低，调整范围及法律关系有限，1928年底，国民政府饬令立法院从速制定慈善团体立案注册条例。1929年6月12日，经多次审议，《监督慈善团体法》最终获得通过颁行。该法由于调整范围广，内容较全面，成为近代中国第一部关于慈善事业的基本法。它首先界定了慈善团体，即"以济贫、救灾、养老、恤孤及其他救助事业为目的之团体"，并对发起人的人数及其资格、主管官署检查事项与褒奖办法等作了规定。[⑤] 7月，行政院出台《监督慈善团体法施行细则》，补充规定了慈善团体设立备案程序、募捐许

---

① 中国红十字会条例. 申报，1914-09-29
② 中国红十字会施行细则. 政府公报，1915-10-08
③ 上海市社会局编. 公益慈善法规汇编. 1932. 20～21
④ 上海市社会局编. 公益慈善法规汇编. 1934. 20～21
⑤ 上海市社会局编. 公益慈善法规汇编. 1932. 16～17

可及财务信息呈报制度等,并进一步明确了各级主管官署,以便查核。及至1932年9月,内政部公布《各地方慈善团体立案办法》,进而细化了立案条件与程序。此外,1929年1月国民政府公布的《寺庙管理条例》及随后修正的《监督寺庙条例》,也规定"寺庙应按财产情形,兴办公益或慈善事业"。①为推动其实施,1932年内政部又制定了《寺庙兴办公益事业实施办法》,后因中国佛教会呈请而暂缓施行。至1935年1月,该办法后经修订改称《佛教寺庙兴办慈善公益事业规则》,由内政部公布实施。这些法规的颁布施行,推动了传统善堂善会向近代慈善团体的组织变革,并进一步规范引导慈善救济事业的转型与发展。

20世纪40年代以后,国民政府先后公布施行《管理私立救济设施规则》《私人办理济渡事业管理规则》等法律法规,以规范各类慈善组织的管理运作。

二、慈善税收优惠立法

近代以来,西方国家普遍从税制上扶持慈善事业发展。民国政府也借鉴西方经验,在税法中规定了慈善组织和捐赠人可享受一定的税收减免优惠政策。

民国年间颁行的各种税法中,对慈善组织予以税收优惠的税种主要有收益税、所得税和行为税三类。

在收益税方面,相关税法主要是《土地法》《土地赋税减免规程》《房捐征收通则》和《营业税法》。1915年10月,北京政府颁行《土地收用法》,规定地方自治团体或人民为谋公益事业之需要,经国家认许,可收用宅地、山林、荒地等公有或民有土地,而"关于教育、学术、慈善所应设之事业"即合于其需要之一项。②1930年7月,南京国民政府公布的《土地法》对慈善组织在土地赋税方面也给予多项优惠政策,如规定:学校、公共医院及慈善机关用地"得由中央地政机关呈准国民政府免税或减税"。③1936年,《土地赋税减免规程》颁行实施,对减免赋税程序作了详明规定。二三十年代,上海、南昌、北平、四川等省市先后制定了房捐征收地方性法规,规定对慈善团体的房产可酌情减免。1941年5月,财政部统一颁行《房捐征收通则》,"业经立案之私立学校或慈善团体"等不以营利为目的之房屋可以减免房捐。④《营业税法》自1931年6月公布施行,其中规定:"不以营利为目的的合作社、贫民工厂等,得免征营业税。"⑤

---

① 谢振民编著. 中华民国立法史(上册). 北京:中国政法大学出版社,2000. 523
② 谢振民编著. 中华民国立法史(下册). 北京:中国政法大学出版社,2000. 1151~1153
③ 徐友春等编. 国民政府公报(第16册). 南京:河海大学出版社,1989. 114
④ 国家税务总局主编. 中华民国工商税收史(地方税卷). 北京:中国财政经济出版社,1999. 195
⑤ 国家税务总局主编. 中华民国工商税收史(地方税卷). 北京:中国财政经济出版社,1999. 29

在所得税方面，相关税法主要有《所得税法》《财产租赁出卖所得税法》。1914年1月，北京政府公布《所得税条例》，但后因政局紊乱，未能在全国推行。①南京国民政府成立后，继续筹办所得税。1936年7—8月，《所得税暂行条例》暨施行细则公布。关于免税条款，该条例以列举方式分别规定了不同所得的减免办法。"第一类营利事业所得之减免，仅限于不以营利为目的之法人所得。此项所谓法人，以合于《民法总则》中规定的公益社团及财团之组织，经向主管官署登记成立者为限。惟非营利事业之法人或团体而兼营营利事业者，视为营利事业，仍应课税。"②第二类薪给报酬所得之减免，卯款"残废者、劳工及无力生活者之抚恤金、养老金及赡养费"亦属之。第三类证券存款所得之免税规定有寅款"教育慈善机关或团体之基金存款"，施行细则解释其"系指具有长期固定性质、用利不动本之定期存款或有特定用途、经主管机关核准得动用本金及作为活期存款存储者"③。1943年2月17日，国民政府公布《所得税法》，仍维持上述减免所得税的规定。④为增辟税源，抑制非法暴利，财政部决定开征财产租赁出卖所得税。1943年1月28日，《财产租赁出卖所得税法》公布实施，其课税范围为土地、房屋、堆栈、码头、森林、矿场、舟车机械之租赁所得或出卖所得，"教育文化、公益事业之租赁所得或出卖所得全部用于各该事业者"，可免税。⑤

在行为税方面，《印花税法》《筵席及娱乐税》等税法对慈善组织也有一些免税规定。如1934年的《印花税法》及其施行细则规定，凡不营业、不营利性质的票据（如慈善机构的账簿）属于免征之列。⑥1942年4月，《筵席及娱乐税法》公布实施。根据该法规定，筵席税率为10%，娱乐税率为30%，由馆商、场商代征；学校、公共团体举行游艺募捐，收入作公益之用，或为赈灾筹款者，经核准可以免税；征收细则及相关免征事宜，由各省市政府依法分别订之，送财政部核准后施行。⑦1943年、1946年和1947年，该税法三次修改筵席税征收税额及娱乐税征收范围，对于公益慈善机构所举办的各种娱乐，如其全部收入用于慈善救济事业，仍属免征娱乐税之列。⑧此外，南京国民政府还制定《铁路运输赈济物品条例》及《减价凭单持用办法》《铁路运输灾区商运粗粮减价条例》等法规，准许赈务机关、民间慈善团体运输赈品时减免一定税费。

民国年间还立法规定慈善捐赠人可享受税收优惠。1915年夏，北京政府曾拟订《遗产税条例草案》11条，其中规定，"凡捐赠其财产于公益慈善或合族义庄在一千元

---

① 国家税务总局主编. 中华民国工商税收史（直接税卷）. 北京：中国财政经济出版社，1996. 7～8
②③ 国家税务总局主编. 中华民国工商税收史（直接税卷）. 北京：中国财政经济出版社，1996. 24
④ 徐友春等编. 国民政府公报（第84册）. 南京：河海大学出版社，1989. 25
⑤ 徐友春等编. 国民政府公报（第83册）. 南京：河海大学出版社，1989. 140
⑥ 见谢振民编著. 中华民国立法史（上册）. 北京：中国政法大学出版社，2000. 574～575
⑦ 国家税务总局主编. 中华民国工商税收史（地方税卷）. 北京：中国财政经济出版社，1999. 316～318
⑧ 国家税务总局主编. 中华民国工商税收史（地方税卷）. 北京：中国财政经济出版社，1999. 323

以下者",准免纳遗产税。① 然而由于军阀割据,政局混乱,该草案悬置未果。南京国民政府成立后,又屡议遗产税。1938年10月、12月,国民政府公布《遗产税暂行条例》及其施行条例。其中第7条列举有关免纳遗产税的五种情形,第五款即为"捐赠教育文化或慈善公益事业之财产未超过五十万元者"。② 1945年和1946年,立法院两次审议《遗产税法》修正案,对调整免税额、扩大免税和扣除范围、提高税率等内容进行了修订。关于捐赠教育文化或慈善公益事业之财产的免税额,也由原来的未超过50万元调整为未超过200万元。③ 1946年7月12日,行政院又公布《遗产税法施行细则》,对遗产税法中存在的若干细节予以进一步完善和补充。

三、褒奖慈善捐赠立法

北洋政府时期的慈善捐赠褒扬立法,主要有《捐资兴学褒奖条例》和《义赈奖劝章程》两项。民国初年,各省陆续以捐资兴学事例向中央政府呈请援例褒扬。然而清朝旧章已不尽适用,北京政府遂令教育部、内务部着手草拟相关法案。1913年7月17日,国务会议公布由教育部草拟的《捐资兴学褒奖条例》。该条例规定:"人民以私财创立学校或捐入学校,准由地方长官开列事实,呈请褒奖。"以私财创办或捐助图书馆、博物馆、美术馆等有关教育事业者,照准前项办理,并对捐资者按捐赠数额分别给予不同等级的金质、银质褒章或匾额。这是民国政府第一次以法律形式明确对捐资者的褒奖,刺激了人们捐资兴学的积极性。1914年、1918年和1925年,教育部先后三次对《捐资兴学褒奖条例》进行修正,补充了团体捐资、华侨捐资、遗命捐资等褒奖情形以及两万元以上巨资兴学的特奖办法,并经国会议准或大总统核准公布实施。④ 这对后来南京国民政府同类法律法规产生了显著影响。民国前期另一部关于慈善捐赠的重要法规《义赈奖劝章程》公布于1914年8月,它主要鼓励人们捐资救助灾害。此外,北京政府于1914年颁行《褒扬条例》,对尽心公益者予以褒奖。1921年,内务部制定《慈惠章给予令》及其施行细则,规定捐募赈款、办理公益与慈善事业的妇女,分等授予慈惠章。这些褒扬条例的制定,有利于鼓励民众积极参与慈善公益活动,通过多渠道聚集财力、人力和物力,弥补政府救济的不足,推动民间慈善公益事业的发展。

南京国民政府成立后,1929年1月底至2月初,相继颁布《兴办水利防御水灾奖

---

① 国家税务总局主编. 中华民国工商税收史(直接税卷). 北京:中国财政经济出版社,1996. 213~216
② 徐友春等编. 国民政府公报(第64册). 南京:河海大学出版社,1989. 18~19
③ 国家税务总局主编. 中华民国工商税收史(直接税卷). 北京:中国财政经济出版社,1996. 232~233
④ 教育部制定捐资兴学褒奖条例及拟定特将巨资兴学办法案(1913—1925). 中国第二历史档案馆藏北京政府教育部档案,档号:1057—96

励条例》《捐资兴学褒奖条例》《捐资兴办卫生事业褒奖条例》《捐资举办救济事业褒奖条例》等系列法规，对以私财捐助水利、教育、公共卫生及救济事业的民众和社会团体，按捐数多寡分等褒奖。这些条例后陆续修订，如《兴办水利防御水灾奖励条例》经修订为《兴办水利奖励条例》，于1933年10月14日公布；1935年4月4日又公布了《修正兴办水利奖励条例》。鉴于民族地区的特殊情况，1934年7月国民政府颁布《捐资兴学褒奖条例补充办法》4条，规定了蒙古、西藏、新疆、西康、宁夏、青海及甘肃等地捐资兴学的奖励办法，由教育部、蒙藏委员会负责奖励的审核、备案与授予。捐资额达3 000元以上者，依等级还可颁令嘉奖、或题给匾额。[1] 至20世纪30年代前期，由于各省灾荒频仍，为鼓励慈善救济团体募集赈款，协力赈灾，国民政府公布实施《办赈团体及办事人员奖励条例》《褒奖条例》《颁给勋章条例》及其施行细则。规定对热心慈善公益者予以褒奖，授予匾额、褒章或勋章。如1935年2月22日公布的《颁给勋章条例施行细则》规定，"创办慈善事业规模宏大、福利社会昭垂久远者"可颁给采玉勋章；若友邦人民"创办教育或慈善事业，有功于我国家社会者"，亦授予采玉勋章。[2]

抗战爆发后，经济形势日趋恶化，工商凋敝，物价飞涨，货币急剧贬值，原有法规的若干条款，如捐资的数额标准已不切实际，有必要进行调整。1942年8月29日，国民政府首先公布《修正捐资兴办社会福利事业褒奖条例》。随后于1943年7月29日修正公布《兴办水利事业奖励条例》。1944年2月10日、4月1日，又接连公布修正后的《捐资兴学褒奖条例》《捐资兴办卫生事业褒奖条例》。1945年5月10日，再度修正《捐资兴学褒奖条例》第2条、第6条及第7条条文。以上修订主要是适应物价变动，相应提高各级奖励的捐资数额要求，同时对褒奖程序也进行一些变更。

综上所述，民国慈善法规已颇具规模，渐臻完备，这在客观上促进了近代慈善事业的兴盛。具体言之，其作用和影响表现为两方面：一是规范和引导慈善活动的主体及其行为；二是鼓励和褒奖各种慈善捐赠，建立激励机制，为慈善事业发展营造有利的条件。当然，以现今的眼光看，民国的慈善法规还存在条文互歧等技术方面的缺陷，但这一系列法规的制定与颁行，已对民国的社会生活产生了较大影响，而且，其在中国近代法制史上也占有一定的地位。

第二节 慈善组织的多元发展及其运作

民国时期是中国社会从传统向现代转型的重要阶段。在剧烈的社会转型过程中，

---

[1] 捐资兴学褒奖条例补充办法. 中华教育界. 1934, 3: 95
[2] 徐友春等编. 南京国民政府文官处编. 国民政府公报（第41册）. 南京：河海大学出版社, 1989. 64~65

伴随着传统社会结构的解体与分化，社会矛盾不断激化，社会问题日益突出。慈善组织应运而生、应时发展，不仅数量增多，且种类更为繁杂，出现了大批新型慈善团体。同时，中国近代工业化、城市化的进一步发展，也给民国慈善事业带来了新的活力，最终形成了慈善组织多元发展的格局，其慈善项目运作呈现出丰富多样性。

一、民国慈善组织多元发展格局的形成

晚清时期，在人口密集、商业繁华的沿海口岸城市，开始出现诸如济良所、习艺所之类的新型慈善组织，传统的善堂善会在近代以来也已发生重大变化，慈善事业已显露出传统与近代糅杂的多元发展态势。

进入民国后，合群结社思潮逐浪涌动，宪法亦明文赋予民众有集会结社权，于是，官商士绅逐渐从血缘、地缘的纽带中挣脱出来，开始以近代民主意识为导向，为共同的信仰和社会目标而结社，进而觅求归属感与实现价值。以此为背景，民国慈善组织的种类更加繁多，在林林总总的民国慈善组织中，既有以"博爱""恤兵""救灾"为宗旨的全国性乃至国际性的慈善团体，如中国红十字会、华洋义赈会、世界红卍字会、国际统一救灾总会、基督教青年会、南京安全区国际委员会、上海国际难民救济协会等，更有大量以改良风俗、启迪民智、改善公共卫生、增进民众健康为鹄的地方性慈善公益团体，如中国妇孺救济会天津分会、上海贫儿院、北京香山慈幼院、沪南广益中医院等。同时，不少以维护旧道德、旧价值观为旨归的传统善堂善会，如清节堂、恤嫠局、惜字会、放生会等仍在继续运营。此外，还有外国教会、外侨办理或主持的育婴堂、孤儿院、医院诊所及救济会。可谓是新旧并存，中西兼备。在传统和西方的双重影响下，民国慈善事业呈现出多元化的发展态势。

1929年，南京国民政府公布施行《监督慈善团体法》后，内政部在全国范围进行了首次大规模的慈善事业状况普查。据1931年10月汇总的统计数据，此次调查，全国共有18个省遵令填报（其中9省未报齐全），调查范围涉及566个县，慈善团体（含由善堂善会改组或新设的救济院）兴办的救济设施有2 087所，其善举涵盖养老、孤儿、育婴、施医、丧葬、残废、贷款、济贫、救灾、习艺等多个方面（详见表8—1）。[①] 这些慈善设施既保留有传统色彩，也透露出一定的近代气息。由于民国年间综合性慈善团体为数不少，各慈善团体举办的慈善活动并不仅限于一项，而一般都有两三项，甚至五六项，如果按每个慈善团体兴办三所救济设施来推算，那么，20世纪30年代初全国约有慈善团体600余个。统计结果还显示，江苏、浙江、湖南、广东、江西5省共有慈善设施1 339个，占被调查总数的64.2%，其他省份只有748个，仅占总数的

---

① 内政年鉴编纂委员会编. 内政年鉴（第1册）. 上海：商务印书馆，1936.（B）404～405

35.8%。这从一个侧面反映出民国慈善事业发展的地区差异。这种差异一是由于各地经济发展水平的不平衡，经济实力影响了慈善组织的数量；二是由于沿海地区近代化过程中的社会问题特别严重，需要社会给予更多的关注。此后，国民政府通令全国各地依照《监督慈善团体法》及相关法规，对慈善团体进行重新审核登记，故而，历年慈善团体总数因清理整顿略有增减，然而，慈善事业多元发展的格局始终未变。

表 8—1　　民国前期 18 省慈善救济设施统计表（截至 1931 年 10 月）　　单位：所

省别＼类别	养老	孤儿	育婴	施医	丧葬	残废	贷款	济贫	救灾	习艺	其他	总计
江苏	59	34	64	39	49	14	19	38	3	24	30	373
江西	23	1	40	27	5	10	—	26	2	—	8	142
湖北	7	1	14	46	28	3	1	8	6	5	13	132
湖南	23	13	78	37	21	5	2	25	3	22	20	249
山西	1	4	26	20	—	5	—	1	5	7	—	67
河南	7	3	2	10	—	12	1	6	1	9	2	53
河北	30	17	9	21	2	27	14	2	—	9	1	132
浙江	34	21	110	61	41	13	18	15	—	11	24	347
福建	2	3	10	16	2	7	—	4	—	1	1	46
广东	5	5	18	113	8	2	—	9	3	—	61	228
云南	5	2	4	14	23	1	—	21	—	2	8	80
辽宁	3	2	2	9	1	—	—	2	9	6	1	36
吉林	2	1	2	3	10	6	—	8	5	14	—	51
黑龙江	3	—	—	2	—	4	—	6	2	1	1	19
新疆	32	—	—	—	—	—	—	5	—	—	20	57
热河	2	—	—	4	—	3	—	5	2	—	—	16
察哈尔	7	1	1	4	1	4	—	—	1	1	—	20
绥远	3	3	7	3	1	—	—	4	17	—	1	39
总计	248	109	387	429	192	115	55	184	59	118	191	2 087

说明	本表汇集 18 省的慈善救济设施总数，浙江、山西、河北、绥远、察哈尔、热河、辽宁、吉林、新疆 9 省业经呈报完竣；江苏、江西、湖北、湖南、云南、福建、广东、河南、黑龙江 9 省则尚未报告齐全。广西、贵州、四川、陕西、山东、甘肃、西藏、青海、宁夏等省未向内政部呈报，故缺。

资料来源：内政年鉴编纂委员会编．内政年鉴（第一册）．北京：商务印书馆，1936．(B) 404～405

第八章　民国时期的慈善事业

抗战爆发后，华北、华东大片国土相继沦陷，损失惨重，不少慈善团体陷于瘫痪或消亡。除部分慈善团体内迁外，留驻原地的慈善团体或毁于战火，或受日伪胁迫而停办，或被日伪接收。1937年秋，国民政府迁都重庆，其实际统治区域已缩至西南、西北等地。据1940年底各省向社会部呈报的调查情况，全国救济慈善团体总数为560个，其中官办的救济院284个，民办的养老、慈幼、育婴等慈善机构仅276个，不到战前一半。此时慈善团体的分布也发生显著变化，四川为数最多，达151个，陕西次之，58个①，两省合数约占战时调查的慈善团体总数的40%。江苏、安徽、山东等沦陷区则无统计资料。慈善救济组织的区域分布变化，显然是华北、华东等地难民大量内迁，社会救济需求剧增的结果，这在很大程度上促进了西部省份慈善事业的发展。1942年9月，经社会部核准组织的各省市慈善团体242个，会员15 973人，其中社会部直属的慈善团体11个，另还有上千个公益团体（也有从事慈善活动的）。② 重庆、汉口、四川等地慈善团体的设立最为集中。至1944年底，全国慈善团体已恢复到604个，其中红十字会37个，红卍字会30个，宗教慈善组织29个，私人慈善团体508个。③ 抗战时期，为救助难民难童、伤兵灾黎，赈济会、儿童保育会等多种形式的慈善团体在各地纷纷成立，进一步凸显出慈善组织多元发展的格局。1945年8月抗战胜利后，原沦陷区的慈善团体陆续恢复活动，募集善款，资遣难民。稍后，国民政府开始对各地慈善团体进行重新核准登记，数量略有减少，但救济范围依然很广，多元格局仍非常明显。

纵观民国慈善组织的多元发展进程，大致经历了北洋政府和南京国民政府两个时期，南京国民政府时期又可细分为战前、战时和战后三个阶段。民国社会之所以产生如此数量、种类繁多的慈善组织，是社会多重因素综合影响的结果。概括言之，主要有以下几个方面：

第一，国内社会局势与自然环境的客观需求。内战纷扰、匪患侵袭、天灾频发，是民国慈善组织成立的外在动因。民初10余年，军阀政客相互征伐，大大小小的战事多达上百次。政治窳败、军事纷乱，自然不能指望当权者拯救民生；庞大的军费支出也耗费、挤占了救济善款的拨给。民国年间的自然灾害也非常频繁，据统计，1912—1948年，全国各地的水灾达7 408县次，旱灾5 935县次，虫灾1 719县次，雹灾1 032县次，疫病767县次，风灾646县次，震灾486次，冷冻灾害491次，其他灾害148县次。④ 民国38年间，全国各地总共有16 698县次发生一种或数种灾害，年均451县次，

---

① 秦孝仪主编. 抗战建国史料——社会建设（三）. 台北：裕台公司，1984. 416
② 秦孝仪主编. 抗战建国史料——社会建设（一）. 台北：裕台公司，1983. 105~106
③ 秦孝仪主编. 抗战建国史料——社会建设（五）. 台北：裕台公司，1984. 427
④ 参见：夏明方. 民国时期自然灾害与乡村社会. 北京：中华书局，2000. 34

即每年约有1/4的国土笼罩在各种自然灾害的阴霾之下,极端年份(如1929年),受灾县份几占全国县数之半。① 对此,官方也并不讳言:"最近数年来,各省所受之天灾人祸,疫疠盛行,民无噍类";1929年全国灾区"共有21省1 093县4市,灾民……最少有7 000万人"。② 如此数量众多的难民,仅靠政府有限的财力救济,显然是杯水车薪,无济于事。正是因为政府救助不力,只能由民间慈善事业担当救灾助困的主力军,导致慈善组织纷纷涌现。

第二,国家法令政策的影响。慈善团体作为一股民间力量,其发展的速度与形态,还与政府的政策导向密切相关。民国政府无力应对诸如灾黎遍地、难民载道之类的社会问题,往往鼓励民间社会兴办慈善设施。民国初期,北洋政府对慈善团体的管理相对宽松,仅要求向各级官府备案即可,这一时期慈善团体的发展较快,组织架构呈现出多样化的态势。但当民间团体发展成为一支不容小觑的势力,在社会生活领域有着广泛影响时,政府又会制定相应法规政策进行约束和管理,以免危及统治。北洋政府公布《中国红十字会条例》和南京国民政府颁行《监督慈善团体法》即为典型例证。

第三,区域人文环境的影响。民国慈善团体多为绅商所立,特别是新式慈善团体,多设于城市之中。这与近代城市化的进程不无关系,一方面,随着近代城市的兴起与崛起,工商业日益繁荣,市政设施日臻完善,为慈善团体的产生与发展提供了经费和人力方面的支持;另一方面,随着城市化的进程,出现了一系列严重的社会问题,如流民、乞丐、贫困、失业等,客观上呼唤着慈善事业的兴起。③ 此外,江南等地历史上的慈善事业就比较发达,这一传统在民国年间仍然得到维持。直至民国年间,江南地区的许多城镇还设有义庄、义局等慈善组织。

二、民国慈善事业的运作

辛亥革命以后,中国红十字会曾自称:"红十字本意原为遇有战争医救伤兵之用,近年来,宗旨日见扩充,即如水旱、灾患时疫流行亦当设法拯救。是故,红会不惟于战争时有应尽之义务,平时亦有应救之灾患。"④ 1923年世界红卍字会成立后,也将其慈善活动分为"临时慈业"与"永久慈业"。1934年,世界红卍字会向北平市社会局申请立案的呈文中说:"计开办迄今,次第推设分会于各省、市、埠、县、镇,连年以来,国内外水旱灾祲,以及迭次战事发生,本会无不竭力设法赈济,及筹办救护各项

---

① 夏明方. 民国时期自然灾害与乡村社会. 北京:中华书局,2000. 35
② 骇人听闻之全国灾情. 广州民国日报,1929-10-03
③ 参见:周秋光,曾桂林. 近代中国的城市与慈善事业. 见:李长莉,左玉河主编. 近代中国的城市与乡村. 北京:社会科学文献出版社,2006. 502~515
④ 红十字会研究大会纪事. 申报,1911-12-13

工作;其在平日则筹办各种慈业,如育婴堂、残废院、恤养院、卍字医院及施诊所、因利局、平民学校、十字新闻等项。"①由此,我们按照救助内容,将民国慈善事业分为临时慈善救助和日常慈善救助两类进行介绍。

(一)临时慈善救助

临时慈善救助指向因突然变故而发生困难的人进行短期救济,如筹办水旱饥荒之义赈、救护意外被难之灾黎等,主要包括灾民救济和难民救济。

首先来看灾民救济。民国时期,每当灾害发生时,各地都有慈善团体倡捐劝募,或临时组设救济机构,拯救灾黎。如世界红卍字会在成立后10余年间,就"次第推设分会于各省市埠县镇,达三百余处"②,其与华洋义赈会、中国红十字会一起,成为民国社会三支最重要的慈善救济力量。由于民国灾害频发,灾情严重,灾民救助工作前后相衔,未曾停歇,详情难以一一缕述。下文仅以其中数次特大灾害为例,对慈善组织开展的灾民救济略作描述。

1920年春夏以后,直鲁豫晋陕五省持续亢旱,田地龟裂,麦禾枯槁,饿殍遍野,饥民达3 500万之众。面对受灾惨状,1920年5月,陕西旅沪绅商率先成立陕西义赈会,筹办救济事宜,并吁请全国解囊相助。7月底,上海慈善团、仁济善堂、广益善堂等多个慈善团体联合组设中华慈善团,呼吁"海内仁人善士体好生之德,纡胞与之怀,慨解仁囊,乐施义果,多多益善",共同为华北五省灾民筹赈募款。很快募得首批善款12 150元,分解灾区,办理急赈。③ 随着旱情的加重,京、津、沪等中心城市也纷纷成立各色名目的慈善救济团体,参与到赈灾的行列中。9月,北京成立华北赈灾会、北方急赈协会、北五省旱灾救济会、顺直旱灾救济会、佛教筹赈会等十多个救灾组织。④ 月底,天津也成立华北华洋义赈会,会长为梁士诒,筹措赈灾事宜,并派人联络上海各慈善团体,以便协力救灾。10—11月,华北华洋义赈会将各界捐款先后2次在京津采办粮食1 400吨,分运灾区散放,受惠灾民达数十万人。在上海,唐绍仪、施则敬、孙仲英等人联合中外人士再度组织华洋义赈会,并于报纸刊登募捐启事,劝捐善款。随着各地救灾组织的纷纷成立,为充分利用善款和增强赈济效率,10月初,北京一些慈善团体合组成国际统一救灾总会,作为办赈总机关,统一协调与联合全国各地的中外义赈团体,分区域开展救灾。由于救灾慈善团体的有序整合,获得了海内外民众的支持,捐赠款物源源而来,救济能力和效果也得到明显改善。如香港各界向上海华洋义

---

① 周秋光编. 熊希龄集(第8册). 长沙:湖南人民出版社,2008. 666
② 周秋光编. 熊希龄集(第8册). 长沙:湖南人民出版社,2008. 649
③ 周秋光,曾桂林. 中国慈善简史. 北京:人民出版社,2006. 268
④ 蔡勤禹. 民间组织与灾荒救治——民国华洋义赈会研究. 北京:商务印书馆,2005. 61

赈会助赈 10 万元,各处华侨也踊跃认捐,槟榔屿筹赈中国饥荒水灾会捐银 5 万两,旧金山中国筹赈会捐洋 5 万元。在这次旱灾中,中国红十字会也向灾区派出数支医疗队,并开设了通州、保定、大名 3 处临时诊疗所,医治贫病灾民,施种牛痘。该会上海办事处还筹募到善款数万元和棉衣数千件,由北京总会转交国际统一救灾会散放。① 1921年秋赈务结束之际,北京国际统一救灾总会、上海华洋义赈会等七团体再次整合,最终成立中国华洋义赈救灾总会,简称"华洋义赈会"。华洋义赈会成立后,于二三十年代在全国各地广泛开展防灾救灾、试验与推广农村合作社,成绩不凡。

  1931 年,江淮洪水泛滥成灾,殃及 16 省,灾民逾 1 亿人,被淹农田 2.55 亿亩,其中,鄂、皖等省受灾最重。② 灾情发生后,国民政府特设立救济水灾委员会,向受灾省份拨款 100 万元开展急赈、散赈,并筹划工赈。面对愈演愈烈的灾情,众多慈善组织也纷纷行动起来,为灾民募捐筹赈,开展多种形式的慈善救济。其中,以上海筹募各省水灾急赈会的组织和筹款规模最大,成为此次水灾救济中居核心地位的民间慈善组织。1931 年 8 月 6 日,上海筹募各省水灾急赈会在仁济善堂内成立,共分总务、设计、劝募、财务、宣传、放赈、医药、审核等 8 组,组下分股,各有其责,并推许世英、王晓籁组成主席团。急赈会随即向上海同业公会及全国各界发出劝募公启。很快,钱业公会募得 8 万元,金业公会募捐 7 千元,农业公会也决定在 1 周内义捐每日营业额的 10% 为水灾救济费,而后又代制棉衣 30 万套,西医公会等也有数额不一的捐助。8月中下旬,急赈会筹集银洋 36 万余元,规银 200 两。9 月 2—17 日,又续收洋 58 万余元,规银 585 两,日元 1 606.5 元。筹措到赈款后,急赈会迅即派出专员前往灾区发放急赈。截至 9 月 18 日,各受灾省份赈款发放情形为:安徽 19.3 万元,湖北 8.5 万元,汉口 2 万元,江苏 1.55 万元,湖南 10.8 万元,河南 9 万元,江西 9 万元,浙江 3 万元,广东 2.75 万元,陕西 2 万元,甘肃 2 万元,贵州 1 万元。华洋义赈会在农赈、工赈方面有着丰富经验,亦是此次救灾活动中的一支重要力量。华洋义赈会选派得力人员,积极协助国民政府救济水灾委员会办赈,担任多项救灾工作。在皖赣农赈中,华洋义赈会将水灾委员会拨交的美麦 16.8 万吨,在散发 2 200 吨麦、粉后,其余变售现款,开展农赈,以复兴皖赣两省农村。该会还将上海中华青年协会捐助的 3 万元赈款办理安徽芜湖农赈,向农民提供贷款,购买籽种、耕畜、购置农具、肥料等。在工赈方面,华洋义赈会兴筑绥远萨托渠、陕西引泾工程、西兰公路等三项重大工程,同时还负责督办扬子江第四区、第五区部分江岸及高邮决堤等水利工程。中国红十字会以征募会员形式筹集善款的同时,积极动员各地分会救济当地灾民。7 月底,中国红十字会汉口分会组成 4 个救护队和 4 个掩埋队,在短短一周内救出灾民 2 800 余名,送至收

---

 ① 周秋光,曾桂林. 中国慈善简史. 北京:人民出版社,2006. 268~269
 ② 邓云特. 中国救荒史. 上海:上海书店,1984. 45

容所，发给馒头，并掩埋男女尸近百具，大小浮棺58具。扬州分会也设有收容所，向灾民发放烧饼、药品。在受灾较严重的江苏省于8月组织江苏水灾义振会，募捐款物，实地放赈。稍后又成立江北水灾临时义赈会，负责办理灾民收容事宜。江苏水灾义振会和江北水灾临时义赈会采取分区合作的办法，前者负责兴化、高邮等16县急赈的查核与发放，共计12.2万元；后者负责镇江、江都等22县，查放赈款额计15.8万元；两组织还在高邮合设收容所，入所灾民逾2万。①

　　面对日趋频繁的严重灾害，除采取急赈、散赈、施粥、留养、收容等传统的治标之策外，民国年间越来越多的慈善组织开始注重积极救助，即通过小本借贷、以工代赈等方法帮助灾民恢复生产，复苏灾区经济。

　　小本借贷救助灾民，源于清末出现的因利局、借本公所之类的善会善堂。这一做法被民国慈善组织沿用，在救助灾民时，慈善组织常向灾民提供小额贷款，给予资金扶持，鼓励其经营生计，尽快实现生产自救。1917年顺直水灾后，在督办京畿水灾河工善后事宜处督办熊希龄推动下，直隶地区共设有309处因利局，由各地方绅商及慈善团体筹集经费，给贫户贷款，提供营生资本，取息4厘。其间，因利局共提供316 213元的贷款，受助者达44 000名。1920年旱灾时，天津组织平济局，以低息贷款抚恤贫民，助其从事小本买卖。② 这种小本借贷的救济方法，与传统的施粥、施银的救助方法相比，化"输血"为"造血"，成效颇大；同时，救济金的及时回笼也便于救济更多灾民，使慈善机构的救济能力进一步增强。

　　工赈，即以工代赈，古已有之，指在灾害年份举办公共工程建设，组织灾民参加建设，领取报酬，既解决灾民的生活问题，又有利于公共建设，一举两得。民国年间，工赈成为慈善组织救济灾民的重要手段之一，如疏浚河渠、修路筑堤、开矿设局等各项工程中，都可以看到工赈的影子。由于民国年间水、旱灾频发，历次赈灾又因道路不畅而影响救济效率，故而兴修水利、修筑公路为各地慈善组织实施工赈的首选项目。1920年华北旱灾后，国际统一救灾协会经与顺直水利委员会协调，决定招募灾民壮丁兴修马厂新河、牛木屯、直鲁运河和潴沱河等四项水利工程。③ 同期，参与赈济华北旱灾的其他慈善组织也雇佣灾民修筑了天津——保定、沧州——石家庄、北京——济南、德州——邯郸等多条公路。④ 在救济1931年江淮大水灾，亦设立工赈处，聘请水利专家及工程技术人员赞襄工务。在扬子江、汉水、运河、淮河、湘江等流域设立了18个工赈局，1932年4—5月，工赈进入高峰，各工赈局容纳的灾民数分别为：扬子江8区

---

① 参见周仪. 1931年江淮水灾救济. 长春：吉林大学硕士学位论文，2005. 29～37
② 任云兰. 近代天津的慈善与社会救济. 天津：天津人民出版社，2007. 101～102
③ 周秋光，曾桂林. 中国慈善简史. 北京：人民出版社，2006. 310
④ 任云兰. 近代天津的慈善与社会救济. 天津：天津人民出版社，2007. 100

54.7万人，汉水 2 区 9.7 万人，淮河 3 区 17.9 万人，运河及里下河各区 4.7 万余人，河南沙洛等河区 2.3 万人，湖南湘沅 1 区民夫多至 21.3 万人，18 区共赈济灾民 110 万人。①

再看难民救济。民国时期内忧外患不断，兵燹战乱连绵相续，出现了数量庞大的无家可归、无所可居的难民。为此，民国慈善组织，特别是以"博爱""恤兵"为宗旨的中国红十字会积极从事慈善救助，解民于倒悬，拯民出水火。如 1913 年"癸丑之役"、1914 年青岛兵灾和 1917 年护法战争等历次救赈中，中国红十字会及其地方分会既医治伤兵，也救护难民出险境，设所收容，或转移疏散。20 世纪 30 年代，随着日本对华侵略的加深，东北、华北地区众多同胞被迫离开故土，流落异乡，成为衣食无着的难民。卢沟桥事变后，难民人数呈直线激增之势，至 1938 年 7 月已达数千万之巨。在难民救济方面，除政府主持的救助活动以外，不少慈善团体也慨然担当起救济重任。

1937 年"八·一三"事变后，多至百万的难民涌入上海公共租界和法租界，每日死于病饿者逾百人，其生活成为亟须解决的问题。面对灾难，上海各善团、同乡会、同业公会等组织展开了积极的难民救济。同时，还临时成立上海市救济委员会、非常时期救济委员会、上海国际难民救济协会等多个团体，劝募资金，收容安置难民，散放食物，随后又组织难民工场、难童学校和医院，组织难民生产自救，适时疏散难民。8 月，市救济委员会借用庙宇、学校、会馆、公所等场地开办 126 处收容所，收容难民 101 865 人，后陆续遣返 7 万余人。8—9 月间，世界红卍字会"东南主会总办事处"设立伤兵医院 4 所，难民收容所 8 所，共救出伤兵 2 千余人，难民 20 余万人。② 至 1938 年，上海战事虽已结束，然而市面萧索，民食维艰，亟须进行善后工作。10 月，由虞洽卿等人发起成立上海难民救济协会，徐寄顾、麦克诺登负责难民救济的各项具体事务。协会主要以"附捐"的办法募集善款，即要求全市旅馆、酒肆等行业依营业额多寡分别捐出 1‰～5‰充作救济经费，并辅以劝募，使"寒者衣之，馁者哺之，疾病者医药之，穷无依者安定之"。1938—1941 年间，先后创设收容所 20 余处，医院 2 所，小学、中学各 1 所，并有工场、职业介绍所，综计入所难民约 8 万人，先后给资遣散，费银币 990 多万元。③

1937 年 12 月，日军攻占首都南京，制造了骇人听闻的"南京大屠杀"。在此期间，一些外国友人及中外慈善团体也积极筹谋救济难民，并成立南京安全区国际委员会，划定安全区范围。1938 年 12 月南京沦陷前后数日，25 万市民涌入安全区，其中 7 万人被安置在 25 个收容所。至 1938 年 5 月底，南京国际救济委员会发放的救济款项达

---

① 邓云特. 中国救荒史. 上海：上海书店，1984. 296～299
② 周秋光编. 熊希龄集（第 8 册）. 长沙：湖南人民出版社，2008. 776
③ 上海难民救济协会编. 上海难民救济协会征信录. 1942. 1～2

28万多美元，为数万名幸存的难民提供了小麦、面粉、大豆、盐等救济食物。① 中国红十字会、世界红卍字会中华总会及东南分会等其他慈善组织也为南京及其附近地区的难民进行了衣食接济。

随着战事的蔓延和扩展，武汉、长沙等地聚集了大量从沦陷区逃出的难民。1938年4—8月间，武汉三镇涌现出百余所难民救济机构，既有国民政府赈济会系统下属机构，也有同乡会、红卍字会及各色名目的民间慈善团体。值得注意的是，一些宗教团体也参与到难民救济当中，如中华基督教徒全国联合会在汉口组织"基督教难民服务团"，利用教会学校收容难民数千人。武汉沦陷后，抗战进入相持阶段，大规模收容、疏散难民的工作基本结束，此后的救助重点是对难民进行生活接济和生产扶助，通过开展工赈、农赈等形式，帮助难民自谋生计。此时，中国基督教青年会以及其他慈善团体在桂林、昆明、贵阳、重庆、成都等后方城市进行了形式多样的难民救济与服务。及至抗战胜利，行政院善后救济总署及其各地分署、办事处又组织起大规模的难民遣返，至1946年8月，各分署资助返乡难民达81万余人。

（二）日常慈善救助

除全力投入临时救济以外，众多慈善组织平时也积极开展恤贫济困、医疗卫生、教育等多项慈善公益事业。

在恤贫济困方面。明清以来出现的各种善堂善会在民国时期大多得到延续，并因时发展。创办于清光绪年间的上海仁济善堂在民国时订立简章，规定矜恤、发粟、给衣、施材、助殓、掩埋、惜字、放生等善举为"普通之慈善义务"。1930年，该善堂施送白米120石、新棉衣裤250套、寿材809具，合计费洋4 743.26元；另支恤嫠经费洋1 393.9元、育婴堂经费洋14 728.8元，并拨助其他善举洋3 412.52元。1931年又施送白米100石、新棉衣裤200套、寿材88具，合计洋4 653.7元；支出恤嫠抚恤经费洋2 039.7元、育婴堂经费洋14 291.11元。② 广益善堂、位中善堂、沪南公济善堂、辛未救济会、中国济生会、中国妇孺救济会等数十个慈善团体也依据本堂（会）宗旨和自身优势，面向上海城内及近郊的贫民开展各种形式的救济，或施衣给米，或施材助殓，或恤嫠育婴，或留养妇孺。在民国前期的宁波，慈溪云华堂、体仁堂、感存公所、安养堂、益善迈妇堂等慈善机构也开展了育婴、施材、给药等善举，救济嫠妇与孤老。③ 天津的许多慈善机构，像广仁堂、备济社、济生社、保赤堂，常年或定期向社

---

① 史迈士呈送南京国际救济委员会工作报告. 民国档案. 1998，2
② 上海仁济善堂委员会和会员大会会议记录：历年收支报告（1931—1937）. 上海市档案馆藏善堂善会档案. 档号：Q115-16-5
③ 参见孙善根. 民国时期宁波慈善事业研究（1912—1936）. 北京：人民出版社，2007. 55～58，123～130

会上的困难群体提供救助，为嫠妇发放米票或钱粮，冬季开办粥厂，无告穷黎得以活命。①

在慈善医疗方面。宋、元、明朝曾置有惠民药局，向贫病者施医给药，清代一些综合性善堂善会也兼办施医施药业务，然而事非专理，影响有限。因而，"慈善医疗"作为一项有规模的慈善事业，直至近代才日渐形成。鸦片战争结束后，广州、上海、宁波等五口辟为商埠，西方传教士为吸引华民入教、打开传教局面，开始在沿海商埠地区开办诊所、医院，减免费用，为贫民治病。在随后的半个多世纪里，由基督教各差会经办的教会医院逐渐由沿海地区拓展到沿江、内地，并更新医疗设备，吸收最新医学成果，提高医术，教会医疗事业在中国获得了长足发展。江浙地区是传教士最先涉足之地，故而教会医院的数量与规模都居全国前列，一些著名的教会医院，如南京鼓楼医院、苏州博习医院、宁波浸会医院等，都长年为贫者免费治病，慈善性质十分明显。上海更得风气之先，及至辛亥前夕，慈善公益医院达数十处之多，成为全国慈善医疗事业最发达的地区。慈善医疗成为晚清时期教会慈善事业的一个重要组成部分。② 进入民国后，情况发生了一些新的变化，这表现在以下两方面。

一方面是教会慈善医疗事业继续发展。基督教各差会除扩充原有医院的规模之外，又陆续兴建一批新诊所和医院，并进一步改善慈善医疗的条件。这些新诊所和医院广泛分布于华东、华南、华北各省，并向西南、西北、东北等边疆地区延展。1915年，宁波大美浸会医院新建病房和手术室，添置医疗器械，改名为华美医院，后又筹款近10万元，继续扩充院址，开展义诊与赠药。由英国循道公会创设的体生医院，1923年在扩大规模、新添设备后改称天生医院。同期，英国圣公会则在城区新办仁泽医院。1931年，这两家教会医院每月门诊病人在400~1 500人之间，其中有相当一部分为减免费用的贫民和教徒。③ 民国年间，天主教在江苏创办一批慈善医疗机构，主要有南京圣心儿童院、无锡若瑟医院、江阴后塍敦博医院、海门教区广济医院、徐州慈惠医疗所等近10家。④ 据《中华归主》一书统计，1920年，基督教在湖南设立的教会医院有18所，分布于长沙、衡阳等15个城市。此外，还在其他地方特设施赠药方处18处。及至新中国成立前夕，基督教在湘教会医院已增至30所，天主教也设有4所。⑤ 就全国范围来看，截至1937年，英、美基督教会在华所办的医院共计300所，病床数约21 000张，另有小型诊所600多处。⑥ 基督教医疗设施在全国各地的广泛设立，一定程

---

① 参见：任云兰. 近代天津的慈善与社会救济. 天津：天津人民出版社，2007. 172~178, 187~190
② 周秋光，曾桂林. 近代西方教会在华慈善事业述论. 贵州师范大学学报. 2008, 1：6~13
③ 孙善根. 民国时期宁波慈善事业研究（1912—1936）. 北京：人民出版社，2007. 107~108
④ 江苏省地方志编纂委员会编. 江苏省志·宗教志. 南京：江苏古籍出版社，2000. 228~230
⑤ 向常水，刘四平. 论近代在湘教会的医疗卫生事业. 长沙理工大学学报. 2006, 2：84~86
⑥ 顾长声. 传教士与近代中国. 上海：上海人民出版社，1991. 278

度上弥补了中国本土医疗资源的不足,为普通民众提供了更多求医问药的机会,减轻了患者的病痛之苦。

另一方面是中国人自己设立的慈善公益医院开始崭露头角。由于外国教会医院的慈善医疗富有成效,至19世纪末20世纪初,上海社会已广泛接纳西医。在此情形下,一些中国绅商开始参与新式医院的创办。1907年,沈敦和、朱葆三募资创设上海时疫医院,辛亥革命前后,王晓籁等绅商又相继设立中国公益医院、广益中医院。民国年间,沪上人烟稠密,贫民需医更切,各商帮与地方士绅联合,建立起一批颇具规模的慈善公益医院,如沪南神州医院、平民产科医院、上海劳工医院等,或施医送药,或种痘防疫。1917年,上海瘟疫流行,时疫医院迅即延聘西医,添购仪器,昼夜救济,全活4 916人。① 在浙江,由于宁波商帮的大力捐助,鄞县、奉化、镇海等地也纷纷建起一批规模宏大、设备先进的慈善医院,如鄞奉公益医院、镇海同义医院、保黎医院、镇海公善医院在当地都有很大影响。鄞奉医院自1917年创立之初,"完全为地方慈善事业",住院收费及门诊药费都非常低廉。1919年7月,又决定以后每逢四、八日,"只取号金,不取药资",以便贫病者就诊,由是门诊辄至七八十号以上,而住院人数亦倍增。1924年,全年门诊数合计5 531人次,住院达1 608人次,出诊47次。镇海公善医院1921年设立西医部之初,"完全义务,不取医费",后因长期施诊,逐年累积亏欠,改为少量收费。② 又如广州城西方便医院,清末创办以来一直踊跃参与当地的慈善救济,"一闻灾即赴救,不避艰险,不计日夜,不论远近,不避时疫,亲理病人,亲济灾民",除办急赈外,更在城区广泛赠医施药。由于众多省城及港澳绅商的长年捐助,至1920年前后,方便医院扩展病房16间,收容100多人,减免费为民众服务,在二三十年代被誉为"广州九大善堂之首"。③ 这些慈善医院由于有当地绅商官民的共同支持与慷慨捐赠,大都延续到新中国成立之初,后被人民政府接管。

此外,民国慈善医疗事业还拓展到公共卫生领域,其社会公益性进一步增强。1926年,在美国麻风救济会总干事谭纳的推动下,成立中华麻风病救济会,随后又在一些地方建立起麻风病院等专门慈善机构,用新式西医疗法来诊治麻风病者。1930年,中华麻风救济会接办上海虹口皮肤病医院,后经扩建成为当时规模最大、设施最完善的麻风疗养院,收治了上百名贫苦无依的麻风病人。④

在慈善教育方面。中国传统善堂善会大都重养轻教,清末有人就指摘其"养则有

---

① 周秋光,曾桂林. 中国慈善简史. 北京:人民出版社,2006. 303
② 参见:孙善根. 民国时期宁波慈善事业研究(1912—1936). 北京:人民出版社,2007. 262~273
③ 唐富满. 广州方便医院与近代广州社会. 中山大学学报论丛. 2007,10:223~224
④ 周秋光,曾桂林. 近代西方教会在华慈善事业述论. 贵州师范大学学报. 2008,1:6~13

之，教尚未备"①。随着近代西方慈善思想的传播，这种情况在戊戌前后开始发生变化。1897年冬，经元善邀集梁启超、施善昌等人捐资创办中国女塾，虽开办时间不长，但揭开了中国近代慈善教育事业的序幕。清末新政期间，全国各地纷纷建立新学堂、习艺所、工艺局等新式教育与培训机构，其多具慈善性质。民国以后，慈善教育事业获得了较大发展，社会影响也更广。

在民国慈善教育事业方面，张謇、熊希龄推动之功不可埋没。张謇较早认识到，弥补慈善之阙，必须重教育之功效。他说："属于积极之充实者，最要为教育；属于消极之救济者，最要为慈善。教育发展，则能率于以增进；慈善周遍，则缺憾于以弥补。"② 因而，在他的慈善活动中，慈善教育得到格外重视。1907年，张謇率先捐资创办通州师范学校，培养平民子弟，后又着手筹办盲哑学堂、盲哑师范传习所。1912年，南通狼山盲哑学校落成开幕，他期望"以心思乎足之有用，弥补目与口之无用，其始待人而教，其归能不待人而自养，故斯校始在教育之效，而终在慈善之效"。③ 盲哑学校的课程设置除国文、修身、算术、历史、地理、手工外，盲部另设凸字、音乐、摩字、体操；哑部另授图画、游戏、农工等。此外，张謇还捐资创办图书馆、博物院等多种文化教育设施。1920年，为收养顺直水灾中京畿地区的孤儿，熊希龄在北京创办香山慈幼院。经过近十年发展，该院不仅设有家庭总部，建起婴儿园、幼稚园等学前教育机构，初等教育、中等教育机构的门类也十分齐全，涵盖了初小、高小、普通中学、中等师范、幼稚师范与职业教育，还设大学部以资助慈幼院的毕业生升大学。在办学方法上注重职业教育与实际训练，凡入院儿童，如不能继续升学，则需习得一门技艺。香山慈幼院前后维持近30年（抗战时曾中断，后异地办学），共教养孤儿6千余人，成为民国时期最著名的慈善教育机构之一。

20世纪20年代以后，慈善教育机构在全国各地已十分普遍，皆以教养兼施、使孤儿自强自立于社会为宗旨。上海的相关设施达30余处，像龙华孤儿院、广慈苦儿院、普益习艺所、私立上海贫儿院、中华慈幼协济会、马桥慈善团宗正小学等，当时都颇负盛名。龙华孤儿院创设于清末，民国年间快速发展，1913年收养孤儿200余人，1937年增为700多名。1917年闵行开办的广慈苦儿院，"收养孤贫孩童不分区域，额定200名，分班授以普通学识，毕业后分送各工厂学习工艺"。到1932年已养育贫苦孤儿数千人，扩充院基40亩，添加院舍百余间。④ 湖南桃源县于1925年创有孤儿院，

---

① 效法泰西以行善举议. 申报，1897-05-31
② 南通张謇研究中心编. 张謇全集（第4册）. 南京：江苏古籍出版社，1994. 355
③ 南通张謇研究中心编. 张謇全集（第4册）. 南京：江苏古籍出版社，1994. 108
④ （民国）上海县志（卷10）. 民国刻本

"收养寒苦无告之孤儿，实施教育，兼以工艺技能"①。山东邹县苦儿教养院，1928年7月由当地慈善家筹募款项设立，"救济当地贫苦之儿童，授以浅近知识及生活技能。内设织巾、织布、织袜数科，贫儿五六十人"。同年，滕县、峄县也设有贫儿教养院收救本境苦儿，"半日做工，半日读书，工艺技能，多数尚见熟练"。此外，在汉口、南京、镇江、宁波等地均有慈善教育机构，以教养兼施、塑就新人为宗旨。

  在民国慈善教育事业的运作中，有几点值得注意。一是课程设置逐渐规范，特别是工艺科课程更为丰富和实用。民国以后，随着普通教育和实业教育的发展，教育部颁布新学制，对各类学校的课程作了规定。慈善教育机构大都能遵循教育部的学制及课程设置规定，对孤贫儿童授以适宜的文化知识和工艺技能。如桃源县孤儿院，"其教育部分系照完全小学办法，前节课程与县属初小无异，后节教科与县立职高相同"。所设课程有三民主义、算术、珠算、自然、图画、唱歌、体育、簿记等，工艺则分缝纫、竹工数科。②香山慈幼院的学制与课程设置更是堪称慈善教育机构的模范。二是慈善教育与实业教育、职业教育相交融。慈善教育的目的在于通过适当教育使孤贫习得技艺，走向自强自立，随着实业教育、职业教育在民国社会的兴起发展，慈善教育也逐渐被融入其中，成为其不可或缺的组成部分。1917年成立的中华职业教育社，在黄炎培领导下，多次对贫民展开职业培训，便其自谋生计，并将贫儿院等慈善教育机构作为职业教育的途径之一。三是慈善教育机构的层次较全，地理分布较广。由于慈善教育思想在民国时广为流播，引起慈善界、教育界人士的重视，各类慈善教育机构纷纷涌现，日渐兴盛。既有幼婴教育，也有初等教育和中等教育，学科专业方面有工科、农科、商科，扩充和丰富了慈善教育的内容。就地理范围而言，慈善教育机构遍布全国各地，其中东部沿海地区的数量明显多于中西部，发展水平也较高。据1934年10月的统计，世界红卍字会中华总会及各地分会办有小学62所，已毕业5 331人，在校学生4 552人；贫民习艺所5所，在所495人；孤儿院2所，在院183人。③考虑到20世纪30年代世界红卍字的活动区域，实际上这些慈善教育机构主要分布在华东、华南及京津一带。

第三节 慈善组织的国际交往与援助

  民国时期，随着中国社会进一步地融入世界体系，中国慈善组织开始积极主动地与国际慈善团体进行友好往来，并对遭遇灾难的国家与地区竭尽所能地给予援助。

---

  ①② 桃源县立孤儿院编. 桃源县立孤儿院第三次报告. 1928
  ③ 周秋光编. 熊希龄集（第8册）. 长沙：湖南人民出版社，2008. 650

一、国际交往

近代以来,随着传教士纷纷来华传教,中国慈善事业已与欧美国家发生联系,国际往来逐渐增多。20世纪之前,这种国际往来主要表现为"走进来",即西方各国基督教差会及其传教士进入中国内地开展灾荒救济、慈善与医疗救助等活动。至20世纪初期,尤其民国年间,国际交往开始表现为"走出去",即中国慈善组织走出国门,到欧美国家参加各种国际会议和救助遭灾的外国人。红十字系为西方慈善理念的舶来品,中国红十字会的产生与发展均具有一定的国际背景,开展国际交往也就更具先天优势。因而,中国红十字会在民国时期的国际交往较为频繁,社会影响很大。其他慈善团体虽也参与一些国际活动,但都不如红十字会典型。鉴于此,以下将主要围绕中国红十字会参与的各项活动来展开论述。①

(一)参加国际性会议

民国时期的中国红十字会参加的国际性会议可分为两类:一是由国际红十字会领导机构定期召开的、以红十字会工作为主要内容、旨在加强各国红十字会之间合作与交流并推介经验的会议,二是国际组织联合召开的关于医疗、卫生、灾荒等方面的与红十字会的工作息息相关的会议。

对于第一类国际会议,从1912年至1926年间,中国红十字会基本都能踊跃参会,积极在国际舞台上宣传推介中国在红十字运动及慈善事业方面的业绩。1912年5月,中国派出驻美公使张德彝、参赞荣揆、留美学生监督黄鼎以及红会顾问福开森4人组成的中国红十字会代表团,参加在美国华盛顿召开的万国红十字会(二三十年代后通译称国际红十字委员会)第九次联合大会,这是民国时期中国红十字会第一次参加国际盛会。会议期间,中国代表把中国红会的图片和医务人员救护情形的照片悬挂于会堂,供代表观览,并借机向曾援助过中国灾赈的各国红会表示谢意,较好地树立了自己的国际形象。1919年至1920年,万国红十字联盟(后通译称红十字会国际联合会)举行成立大会及第一次大会,中国红十字会均派代表王培元出席。后因经费支绌,中国红十字会多就近请使馆人员代为出席会议,影响渐微。抗战结束后,随着中国国际地位提高,为增进国际合作与了解,中国红十字会又积极参与各类国际会议。

对于第二类国际会议,民国时期的中国红十字会也曾数次与会。中国首次派代表参加的此类国际会议是1922年11月在暹罗首都曼谷举行的国际卫生大会。此次大会由万国红十字联盟发起,其主要议题是如何建立和完善公众卫生教育制度,并设有慈

---

① 以下两小节内容主要参考:周秋光. 红十字会在中国(1904—1927). 北京:人民出版社,2008. 268~276、285~295

善教育、养病院、卫生法和取缔毒物四项分议题。围绕这些议题，中国红会代表杨晟副会长和王培元作了充分准备，提交有关教育、救护、办事以及禁止吗啡鸦片方面的四项提案。会上，王培元代表中国红会做重要发言，阐述了中国红会的天职分为战地服务和平时服务两部，具体说明平时服务的内容及其取得的业绩，诸如设立医药部、救济各种天灾、赈济别国大灾、组织青年红十字会、进行红会宣传教育以及征求会员与募集捐款等，发言得到与会各国代表的称赞。中国红会取得预期效果，一方面向外积极宣传中国红会，扩大国际影响，另一方面也学习别国在卫生方面的先进经验与作法。1927年8月，国际救灾协会大会在瑞士日内瓦召开，中国红十字会也曾派代表参加。

除中国红十字会外，也有其他慈善团体积极参加国际会议。1937年2月2日—13日，第二届国联远东禁贩妇孺大会在爪哇万隆（今属印尼）召开，共有9个国家、13个社会团体参加。经各团体会商，公推世界红卍字会、北平香山慈幼院、中华慈幼协会组成中国代表团前往与会。会上，中国的4位代表向大会递交建议书，并积极参与各议题的辩论，拟具提案。红卍字会代表熊希龄提交意见书，介绍中国有关妇孺救济的慈善组织及活动。中国慈善组织代表团此行，基本上达到"将吾人（按：指中国慈善界同人）十余年辛苦及成效发扬于国际之间"①的预期目的。回国后，熊希龄接受报界访谈时说："世界红卍字会为我国首创，然国外尚有不知之处……此次经向各国人士表述，已博得各代表之了解与同情。本人在万隆会欢宴全体代表，尤为欢洽。此次出国，印象至佳。"②

民国时期的中国慈善团体参加国际性会议的活动，有利于中国慈善事业渐渐走出狭隘和封闭，学习各种先进经验和扩大国际影响。

（二）开展经常性会际交往

中国红十字会的会际交往表现在两方面：一是与国际红十字总会、国际红十字联合会的交往，二是与各国红十字会的交往。

民国初年，中国红十字会与总会之间的交往主要围绕两大事务展开。其一是总会在各成员国开展的"调查救护、改良卫生、防止疾病"的工作。欧战结束后，国际红十字总会和国际红十字联合会及一些国家的红会开始反思战争期间在救护、卫生、防疫等方面存在的种种问题。为此，红十字会两大国际组织连续召开若干会议，如1919年国际红十字联合会的第一次大会、1920年国际红十字总会第十次大会和由国际红十字联合会举办的康诺医学会议等。国际红十字总会、联合会期望各会员国与会商讨，

---

① 周秋光编. 熊希龄集（第8册）. 长沙：湖南人民出版社，2008. 730
② 熊希龄等昨返国抵沪. 申报，1937-03-08

并努力付诸实际，以期达到改善、推广、普及医疗卫生的目标。在召集筹备上述会议的同时，1920年，国际红十字联合会还特设医学通告机关，为各国红会组织提供咨询服务，并向其寄送联合会医药部所研究的各种卫生、防疫成果。这年，联合会在短期内就寄给中国红十字会《防止环球疫疠之患各办法》《卫生论说》《卫生新论说》等多种资料，供其学习应用。中国红十字会很重视这些资料，曾分别致函内务部和上海总办事处讨论其应用之法。此后数年间，中国红十字会与国际红十字联合会以及意大利、美国、荷兰等国红会时相讨论、交流卫生改进事宜，有效推动了各国红会医疗卫生事业的发展。1926年5月，为改良会务并推动红会事业发展，国际红十字总会通告各国红会，拟实施两大举措，即将于同年秋在日内瓦开办卫生物品展览会，并调查各国红十字会人员的组织情形。对于第二项措施，中国红会予以及时答复。

其二是代觅他国失踪人员。两次世界大战期间，由于战事连绵，交战范围广，欧美及亚洲各国均有人或沦为敌俘，或下落不明，通讯阻隔，无法联络。国际红十字会本于其中立地位，联络各交战国红会，办理转发国际通讯，寻找失踪人员。第一次世界大战后期的1919年初，中国红十字会收到万国红十字总会函，请为查询德、奥等国平民、战俘的下落。第二次世界大战中，中国红十字会也受国际红十字委员会委托，于1944年开始代办通讯。2年间，先后经发函件3 942件，寄信人约3 500人，"通讯范围以南洋各地居多，德国次之，印度、法国又次之"。① 此外，20世纪20年代初期，中国红会还就保护红十字旗帜及募款保值等问题与国际红十字会进行了沟通。

民国时期，中国红十字会与其他各国红会之间也有一些交往，主要内容包括：一是通报各国红会的重大信息。1920年4月至11月，中国红会先后收到智利、土耳其、日本、巴西等国红十字会（红新月会）关于其会长及重要职员的人事变动的通报信息。二是各国红会之间的工作业务交流。这多集中于救护、医疗卫生等领域，互通有无，取长补短。1919年底，美国红十字会多次函请中国红十字会补送1914年以来所有该会重要报告及其相关出版品。1920年6月，中国红十字会收到日本赤十字社转来的业务册簿多本，其中有《日本赤十字社病院规则》《日本赤十字社支部病院规则》《日本赤十字社救护员养成规则》等。1925年12月，中国红会收到荷兰卫司博士关于以报章宣传卫生及避免危险的方法取得佳绩并盼望各国仿行的函件。同月，中国红会复荷兰京城《环球卫生报》函，并随寄《中国红会二十周年纪念册》一本。中国红十字会除用函电及寄送刊物进行交流外，还派员出国考察。1913年9月，中国红十字会顾问福开森赴欧美等国考察红会举办事宜。1914年中国红会应美国红会之邀请，将该会各种图式、相片、印刷品寄往巴拿马展览等。三是各国红会之间的友好往来。1921年中国红

---

① 中国红十字会总会编. 中国红十字会历史资料选编（1904—1949）. 南京：南京大学出版社，1993. 527

会出国考察人员陈宗璜访美，亲至美国红十字会拜谢其近来救济华北灾民之举。1925年12月，美国红十字会副会长别克奈尔氏夫妇莅沪，红会庄录、王培元和牛惠霖等人陪同参观总医院并设宴欢迎。

总之，中国红十字会与国际红会以及各国红会之间的多层面、全方位的交往，不断锻炼和提高了中国慈善组织的各项业务水平，也促进了中国与各国人民的友好往来。

二、国际援助

民国时期的中国慈善组织开始走出国境，竭尽所能，给遭受重大天灾兵祸的国家和地区予以民间人道主义慈善援助。民国慈善家熊希龄在1927年述中国慈善事业的业绩时说："近十年中，若法兰西之大水，俄罗斯之大旱，日本东京之大地震，我人亦尝追随行列，加入救济团中。"① 究其原因，一方面是受中国传统"救灾恤邻"思想的影响，另一方面，西方互助理论在民初社会的广泛传播，也"进一步增强了中国人从事国际慈善事业的信心"②。民国年间，中国慈善组织参与多次国际慈善活动，其中业绩最显著的主要有欧战（第一次世界大战）期间救助欧洲难民与旅居德奥华侨、1923年日本关东震灾救助等。

（一）捐助欧战受灾国难民及救护德奥受难华侨

1914年6月，第一次世界大战爆发，战火在欧洲大陆快速蔓延，英、法、德、意等国相继卷入。尽管欧洲各国红会及国际红会在战事伊始就开展战地救护，但由于战区广、破坏大、时间长、伤亡重，救援难度很大，救护人员、经费和医药物资也渐趋不敷。1914年9月，中国红十字会在国内发起募捐，把京钞1万元兑成英镑，先后汇往万国红十字联合会及塞尔维亚红会。1917年十月革命爆发后，协约国企图剿灭新生政权，在远东地区集结重兵，联合进攻苏俄，重燃战火。双方在西伯利亚海参崴一带激烈交战，英、美、日等国都派出红十字会救护，由于伤兵过多，救助资源紧缺，1918年冬，中国红十字会派朱礼琦、徐俊臣组成边防医疗队，经东北赶赴海参崴开展救护。1919年2月，医队临时医院正式成立，医治人数颇多。此前医疗队发现俄国西伯利亚的战争难民衣食无着，遂于1919年1月致函中国红十字会，请分电各省，乞为补助，最终募得旧军衣1 500套，善款270 000元，另红会又拨款5 000元，委托美国红十字会驻沪办事处运往西伯利亚代为赈济。对于此次战事，中国红十字会不仅派遣边防医疗队救治受伤兵民，还赈济西伯利亚俄国难民和救护俄属庙街华侨2千余人。③

---

① 周秋光编．熊希龄集（下册）．长沙：湖南出版社，1996．1770
② 赵宝爱．慈善救济事业与近代山东社会变迁．济南：济南出版社，2005．262
③ 参见：周秋光．红十字会在中国（1904—1927）．北京：人民出版社，2008．278～280

至 1922 年，土耳其战事创伤仍未痊愈，灾民嗷嗷待哺，中国红十字会捐赠 2 000 法郎，"交彼国红新月会助赈，稍尽恤邻之谊。"①

欧战前夕，旅居德国、奥地利 2 国的华侨约有 2 千人，因战事骤发，交通断绝，颠沛流离，生活艰苦。1917 年中国对德、奥宣战后，身处异域他乡的华侨处境更加恶化。经与上海护军使卢永祥和上海总商会协商，中国红十字会决定先筹垫 2 万元寄交瑞士国际红十字总会，请其就近调查中国华侨情况并散放赈款，以便资遣归国，或渡送他国。红会还致电中外各商会募集捐款，并与各华侨亲友联系以便接济。②

（二）救助日本关东大地震

1923 年 9 月 1 日，日本关东地区大地震，震灾引起水、火两灾，"被灾区域亘二万英里，被灾人口达一千五百万余"，其中东京、横滨、须贺、千叶等处，大小都市均成荒墟，灾情极为惨重。③ 中国社会各界对此深表同情与慰问，并纷纷募款赈济。6 日，上海总商会在沪上发表公函指出，此次日本突遭亘古未有之巨灾，惨不忍闻，"欧美各国闻已纷纷集资前往救济，我国既为国际团体之一，自应勉尽人类互助之义"；况且我国商、学两界侨居震区者为数不少，事隔多日，仍存亡不知，尤令人悯恻。因而"先议决筹垫款项购备食粮，即日附搭招商局轮前往散放，并于本埠各业及慈善团体合组救灾大会，以谋救济"。并称此次灾情奇重，"一隅之功收效无多，且事关恤邻义举，尤须有举国一致之行动，方足以表国民之态度"。于是又请中华全国商会联合会总事务所通函全国商会，"对于日本灾赈一事，请其共同发起，量力筹助"。此议很快得到中华全国商会联合会和各地商会的积极响应。上海总商会与各团体联合组织协济日灾义赈会，其他地区也相应采取行动，广筹赈款。④ 在短期内，中国协济日灾义赈会购米济运达万石以上，及时舒缓了灾区的民食问题，另外还捐输大量其他赈灾物资。⑤ 与此同时，山东济南军政界、工商界、教育界及报界代表于 9 月 10 日集会筹议救灾事宜，组设山东救济日灾会。随后济南各大报"一致著论鼓吹，化除对日以往恶感而为友谊的赈救济助"，为济南总商会和慈善团体的劝募活动营造了良好的舆论氛围。世界红卍字会即以此为契机，积极筹集粮款，越洋东渡前往震区赈济慰问，并于 1924 年 3 月在神户设立道院及红卍字会分会。至 1930 年，世界红卍字会在日开设的道院、分会已达

---

① 中国红十字会总会编．中国红十字会历史资料选编（1904—1949）．南京：南京大学出版社，1993．486
② 参见：周秋光．红十字会在中国（1904—1927）．北京：人民出版社，2008．277～280
③ 日本领事公署复函（1923 年 9 月 9 日）．苏州市档案馆藏苏州商会档案．档号：I14-001-0539
④ 函知在沪组设协济日灾义赈会并请各地一致行动筹募赈款以彰义举．苏州市档案馆藏苏州商会档案．档号：I14-001-0539-086
⑤ 吴县知事公署公函．苏州市档案馆藏苏州商会档案．档号：I14-001-0539-057

400余处。①

日本震灾在中国引起了广泛关注,许多慈善团体都给予了大力援助。以"人道""博爱"为宗旨、具有国际背景的中国红十字会获悉灾情后,其上海总办事处即日决意组织救护医队,驰赴救援;同时又与上海各慈善团会议组织协济会,首先认捐国币1万元。9月6日,上海各善团合组成立"中国协济日灾义赈会",由红会主导。8日,中国红十字会救护医队组成,队长庄录理事长偕医务长牛惠霖,率领男女医护生、队役计25人携带救援物资从上海出发。4天后抵达神户,随即转至东京参与救援。医疗队在日期间,一边救济日本各埠华侨,赈济衣食,疗治伤病,资遣回国;一边协助日本赤十字社救护当地被灾难民,在东京设立临时医院。中国红十字会此次救护用款计17 000余元,其救护成绩得到日本政府和民众各界的称赞。②

除上述两大国际性慈善救援外,中国慈善组织及民间社会还参加多次国际救护。如1914年日本鹿儿岛发生地震,中国红十字会即捐赠国币2 000元作为急赈。③ 1922年春,俄国旱灾,上海设立俄灾赈济分部,开展游行募捐运动,中国红十字会等多个慈善团体积极参加,"尽国民外交义务,为灾民请命,出水火而解倒悬"④。1922—1923年,15艘俄舰载着白俄罗斯难民由海参崴驶抵吴淞口避难。上海中外善团于难民生计颇为关心,经与官商交涉,决定筹划赈济事宜,嘱中国红十字会总办事处主持其事,"共集捐款二万元,购备煤斤、粮食、面粉、饼干、茶砖、盐、萝卜干等","送俄舰司令接收分派",资遣难民离境。⑤ 1937年,美国遭遇水灾,区域甚广,又届寒冬,灾民困苦。为表示患难相恤之情,华洋义赈会联合中华慈幼会、中国红十字会、上海各界联合救灾会等团体,议决赶速筹募赈款20万元,"以十万元汇美,以十万元购物赈济"。⑥ 抗战期间,中国红十字会在全力开展国内救护的同时,尽可能地参与国际救援,如派遣医护人员随中国远征军入缅甸,救济英美及印度伤兵。虽然中国是二战中损失最惨重的国家之一,民生窘困。但对于战后国际救济,中国慈善组织仍很热心。1947年1月日本又遭地震,中国人民不计前嫌,再次伸出援助之手,世界红卍字会与中国红十字会等4团体"合组中国社会团体救济日本中南部地震灾民委员会,以药品、食

---

① 赵宝爱. 慈善救济事业与近代山东社会变迁. 济南:济南出版社,2005. 263~264
② 中国红十字会总会编. 中国红十字会历史资料选编(1904—1949). 南京:南京大学出版社,1993. 442~444
③ 中国红十字会总会编. 中国红十字会历史资料选编(1904—1949). 南京:南京大学出版社,1993. 461~462
④ 中国红十字会总会编. 中国红十字会历史资料选编(1904—1949). 南京:南京大学出版社,1993. 481
⑤ 中国红十字会总会编. 中国红十字会历史资料选编(1904—1949). 南京:南京大学出版社,1993. 488
⑥ 中国红十字会总会编. 中国红十字会历史资料选编(1904—1949). 南京:南京大学出版社,1993. 410

盐及现款救济日本灾民",其中中国红十字会捐赠药品 25 大箱。①

第四节　民国慈善事业的新特点

民国社会慈善事业的发展时间不长,前后近 40 年,但却呈现出异常兴盛的局面,且时代特点鲜明,如慈善管理的法制化、慈善机构的多元化、慈善人物的群体化、慈善资源的近代化等等。由此,民国慈善事业在近代中国的社会变迁进程中扮演了特殊而又重要的角色。

一、慈善管理的法制化

民国肇建后,继续进行清末开启、但远未完成的法律近代化进程,至 20 世纪三四十年代,形成相对完整的六法体系。在推进法律近代化、确立六法体系的进程中,民国政府尤其是南京国民政府,重视运用法律手段来调整和解决慈善事业发展、慈善组织设立和管理过程中发生的各种社会利益关系,使慈善立法取得了积极成果。从 1913 年《捐资兴学褒奖条例》、1914 年《中国红十字会条例》的制定颁行开始,到 1949 年《中华民国红十字会法(草案)》的拟订,北京政府、南京国民政府在不到四十年的时间里先后颁布实施包括《捐资兴学褒奖条例》(民国年间曾七次修订)、《管理各地方慈善机关规则》《监督慈善团体法》《各地方慈善团体立案办法》《义仓管理规则》《中华民国红十字会管理条例》等在内的一批重要慈善法律法规,连同行政院制定的行政法规和内政部、社会部等制定的部门规章,以及各省市公布的地方性法规,约计百件,初步形成比较完善、完整的近代慈善事业法律体系。在这个慈善法律体系中,从纵向结构看,宪法—慈善基本法—慈善组织单行法—慈善行政法规和章程—地方性慈善法规,五个层次上下衔接;从横向结构看,慈善行政、慈善组织、慈善税收、慈善捐赠及褒奖,四大板块互相配合。从不同层次、不同角度对涉及慈善事业的各种社会关系进行了规范与调整,迈出了近代慈善法制建设的重要一步,在形式上初步实现了慈善事业管理的法制化、规范化,在实践上促进了慈善事业的发展。

民国慈善法律制度的创建,既有继承,也有创新。以民国政府多次修订完善的《捐资兴学褒奖条例》为例,1913 年 7 月,教育部拟定《捐资兴学褒奖条例》送经国务会议议决修正公布。这是民国政府第一次以法律形式褒奖捐赠行为,鼓励人们捐资兴学的积极性。条例规定:"人民以私财创立学校或捐入学校,准由地方长官开列事实,呈请褒奖。其以私财创办或捐助图书馆、博物馆、美术馆、宣讲所诸有关教育事业者,

---

① 中国红十字会总会编. 中国红十字会历史资料选编(1904—1949). 南京:南京大学出版社,1993. 513

准照前项办理",并明确了褒奖方式为褒章、褒状和匾额三种。① 这种褒奖方式,可以说是古代政府对捐赠者赏给匾额、官职或特准建坊之例的延续,但亦随政体变更而有所革新,以褒章、褒状替代官职、牌坊。后北洋政府又3次修正该条例,补充规定了华侨、团体、遗嘱捐资或捐资未得褒奖者亦可依法褒扬等条款,以及巨资兴学特奖办法。② 南京国民政府建立后,于1929年1月29日首次公布《捐资兴学褒奖条例》③,基本沿袭北洋政府同名条例,但删除了受领褒章、褒状、匾额及褒辞者需预缴公费的条款。在随后20年间,又3次修订、颁布《捐资兴学褒奖条例》。总的来说,南京国民政府颁布的《捐资兴学褒奖条例》,其适用范围大体沿袭北洋政府的相关规定,只是取消了对遗嘱捐资或捐资身故者的褒奖,改在《遗产税法》中给予减免税收优惠;同时又渐次增添了关于经募捐资、在蒙藏地区捐资以及外国人捐资、捐资合计等方面的褒奖规定,使条例在历次修订过程中逐步完善,对慈善捐赠的管理趋于规范化和合理化。此外,1929年《监督慈善团体法》的颁行实施,更为全面监管慈善团体提供了规范文本与法律保障。该法规定,欲设立慈善团体,先要向党部申请许可,再到主管官署呈交章程、财产清册等文件,方可登记立案;欲开展慈善募捐,也须得到主管官署的许可,其收据、捐册并须编号送由主管官署盖印方为有效;慈善团体的财务、会务情况也须定期公开,并接受主管官署的审核;社会组织或个人捐资襄助公益慈善,主管官署可为之呈请褒扬。④ 总之,慈善事业管理在民国时期已基本做到有法可依。

值得注意的是,民国时期的地方政府也比较重视慈善立法。上海、广州、青岛、天津、湖南等省市都出台了一系列有关慈善组织注册登记、募捐管理、慈善捐赠及褒奖等方面的地方性法规。如《湖南省褒奖捐资兴学暂行条例》(1928)、《广州市私立慈善团体注册及取缔暂行章程》(1929年)、《青岛市公益慈善教育团体募款限制规则》(1929年)、《天津市慈善机关注册章程》(1929)、《青岛市监督私立公益慈善机关暂行规则》(1930年)、《上海特别市公益慈善团体会计通则及组织》(1930)、《青海省教育厅捐资兴学褒奖规程》(1933)、《湖南省慈善机关组织法规》(1940),等等。这些地方性慈善法规,与中央政府的立法一起构成民国慈善法律的完整体系。民国慈善法的颁行与实施,表明慈善事业发展与管理已逐步走上法制化轨道,这是以往未曾有的。

二、慈善机构的多元化

20世纪上半叶的中国社会,兵祸灾荒不断,民众待哺嗷嗷,慈善救助需求迫切,

---

① 政府公报分类汇编(教育,上册).上海:扫叶山房北号,1915.167
② 教育部制定捐资兴学褒奖条例及拟定特奖巨资兴学办法案(1913—1925).中国第二历史档案馆藏北洋政府教育部档案.档号:1057-96
③ 徐友春等编.国民政府公报(第7册).南京:河海大学出版社,1989.182
④ 上海市社会局编.公益慈善法规汇编.上海:上海市社会局印,1932.17~18

各种慈善组织应时而生,数量激增。据北京基督教青年会1923年对北京内外城的慈善机构进行的调查,计有370余个。① 而在上海,1930年前后也有各类慈善团体119个。② 至40年代,天津城乡的慈善组织亦近50个,此外,历年还临时开办多处粥厂。③ 这既显示出民国慈善事业的发达与兴盛,也表明民国慈善机构呈现出多元化发展趋势,与明清传统善堂善会相比,其类型与功能显得更为繁多。加之民国时期的政局不稳,政府的社会救济功能减弱,为民间慈善组织和其他社会团体开展慈善活动让出了发展空间,这也是民国时期慈善组织数量和种类增多的原因之一。

民国年间,慈善组织已经成为社会救助事业的主导。如1920年北方五省大旱,参与赈灾的民间慈善团体就有华北救灾协会、北方工赈协会、山西旱灾救济会、陕西义赈会、沪南义赈会、上海女界义赈会、中华慈善团、国际统一救灾总会、华洋义赈会、中国济生会等数十个。在数量、社会影响、拥有的救助资源方面,民间慈善组织已大大超过官方救济机构。同时,许多社会机构也形成了附设慈善救助组织的习惯,如申报馆协赈所长期以来为灾区通告灾情,广为劝募,成为江南地区乃至全国一个公信力颇佳的慈善组织。许多基督教、佛教、道教、伊斯兰教的宗教团体都附设有慈善组织,积极参与公益慈善活动。民国以后,基督教在各地遍设男女青年会,广泛开展社会服务。在太虚法师"人间佛教"的倡导下,各地佛教协会相继开设慈善机构,如湖南佛教慈儿院、汉口佛教正信会慈济团,都以收养贫苦孤儿,救灾济贫扶困为职志。20世纪20年代初,镇江穆斯林杨星斋、谈友兰等发起回教敬恤会,捐献基金万元,每月以利息济贫恤孤。此外,民国时期的商会、同业公会、会馆公所以及同乡会等社会团体也积极开展一些业缘性、地缘性的慈善公益活动。从组织类型看,民国时期慈善救济事业已形成以专业慈善团体为主体,附设于其他社会团体的慈善组织和官办慈善救济机关为辅的多元格局。

随着慈善事业的发展,民国慈善机构的内部分工进一步细化,有专门募捐的慈善组织,有专门实施救助的慈善组织,也有负责协调各善团的慈善组织。尽管晚清义赈时就已有专司劝募的慈善团体,但其大发展则是在民国以后。在大灾之年,各地都会发起设立各种劝募组织,其所筹善款都悉数转汇给救助组织。各慈善团体的管理协调机构的涌现,更是民国慈善机构的一个新特征。从现有史料来看,上海慈善团是民国年间最早成立的具有协调性质的慈善机构。上海慈善团设立于1912年9月,系上海南市区的同仁辅元堂、普育堂、清节堂、果育堂合并而成的团体,置文牍、会计、庶务

---

① 刘锡廉. 北京慈善汇编. 转自:李娟. 清末民初北京地区的社会变迁与慈善组织的转型. 史学月刊. 2006,2:96~104
② 张礼恒摘编. 民间时期上海的慈善机构统计(1930年前后). 民国档案. 1996,3
③ 参见:任云兰. 近代天津的慈善与社会救济. 天津:天津人民出版社,2007. 267~281

等科；凡基金、基产、款项收支等项，皆由慈善团酌盈济虚，统一办理，协调拨给下属慈善机构。① 10多年后，上海还出现了一个影响更大的慈善协调机构。1927年4月，由上海20余家慈善团体联合发起成立了上海慈善团体联合会，其目的在于本着互助精神，改善与维持本地各项慈善事业。到1930年，会员组织已扩展到40余个，基本包括当时上海最主要的华人慈善团体。它们在事业上互相支持，资金方面相互通融，实力雄厚的慈善团体向较弱的慈善团体提供补助，形成紧密联系。在天津，民国年间也有各慈善机构的联合组织，如善堂联合会（1911—1938）、八善堂（1925—1928）、天津市慈善事业联合会（1930—1937）、天津市社会救济事业协会（1947—1948），通过各慈善机构的人员、经费的协作与联合，整合有限的社会资源，在救助弱势群体中充分发挥效用。② 此外，民国前期较著名的协调性慈善组织还有1919年成立的中华慈善团全国联合会等。中华慈善团设立之初选熊希龄为主任，设交际、文牍、庶务、调查各科。③ 中华慈善团联合会由多地慈善机构发起倡设，具备全国慈善团体的联合机构、协调机构的性质，它所募集的善款有相当一部分拨给地方慈善机构开展业务。总之，在功能上，慈善募捐组织、慈善运作组织与慈善协调（联合）组织三者既分工又协作，成为民国慈善组织多元化的另一个表征。

三、慈善人物的群体化

尽管中国社会很早就出现赈灾恤贫、育婴养老等善行义举，但多属临时性的施善活动，施善者多为分散个体，即所谓的"善人""善士"。这种情形直到晚清咸丰、同治年间依然未变，仍处传统的"善举"时代。太平天国战后，江南社会重建，士绅余治广刻善书，收授弟子，熊其英、谢家福、严佑之、李金镛等先后入其门下，江浙一带逐渐形成以余治为核心的"江南善士圈"④，这成为近代慈善家群体之先声。此后晚清义赈兴起，进一步推动了慈善家群体的形成。清末民初，随着各地新型慈善机构的设立，传统"善举"渐渐向近代"慈善事业"转型。在开展慈善活动的过程中，慈善家之间相互呼应协作，进而形成一个志同道合、联系紧密的群体。如在中国红十字会的创设及其后的天灾兵祸赈济中，沈敦和、施则敬、任凤苞、吕海寰、盛宣怀、施肇曾等人逐渐形成为一个蜚声海内外的慈善家群体。上海是民国慈善事业最发达之地，不仅慈善机构的数量在全国名列前茅，而且慈善人物也如繁星璀璨，群体化特征十分明显。在上海，一些稍具影响的慈善团体的背后都有慈善家群体的支撑，而且，慈善

---

① 组织慈善团大纲. 申报，1912-09-16
② 任云兰. 近代天津的慈善与社会救济. 天津：天津人民出版社，2007. 250～252
③ 中华慈善团全国联合会通告. 申报，1919-03-31
④ 游子安. 劝化金箴——清代善书研究. 天津：天津人民出版社，1999. 104～105

家往往在多个慈善团体兼职，进而将众多分散、无关联的善人善士联络起来，形成一个交际更广、能量更大的社会组织网络。民国初年，顾履桂、杨逸、张嘉年、吴馨、莫锡纶等人以济渡社为中心形成慈善家群体；姚文楠、王一亭、朱葆三、李平书、熊希龄、徐乾麟、施则敬、虞洽卿、周金箴等慈善家则聚集于中华慈善团全国联合会中。1920年华洋义赈会成立后，又很快形成了一个新的慈善家群，即有孙仲英、严兆濂、傅筱庵、余日章、唐少川等。二三十年代，熊希龄又同钱能训、徐世光、杜秉寅、王芝祥、杨圆诚、郑婴芝等人组成以世界红卍字会为纽带的慈善家群体。慈善家群体化的现象也存在于其他地区。民初湖南慈善界中，沈克刚、李祥霖、汤鲁、胡棣华、周馨祥、劳鼎勋、朱恩绶等慈善家共同主持湖南省城慈善总公所、湖南救济贫民工艺厂等多个机构，他们分掌募捐、司账诸事，又和衷共济，湘省慈善事业办理得颇有声色。① 民国早期的沪、杭、甬等地的浙商亦积极参与各项慈善活动，成为近代慈善事业中的一支重要群体力量。② 总之，民国以后的慈善家逐渐结成一个个有密切关联的群体，以群体的力量去协调、拓展慈善组织的内部结构与外部关系，这不仅提高了慈善救济的效率，而且有利于动员社会力量，众擎易举，推动慈善事业发展。

四、慈善救济的跨区域化

传统慈善机构受宗族、地域观念影响，亲缘、地缘及业缘色彩较浓，其慈善救济的范围多囿于同宗、同乡或同业。辛亥以后，报刊出版业蓬勃兴起，"慈善事业尤应不分畛域"③ 的观念随之在民国社会广泛传播。加之清季以来交通和通讯条件不断改善，电报、轮船等开始运用于救灾，使得跨区域救济已成为现实。恰如熊希龄所言："古时交通未广，救灾恤邻，仅限禹域。海通而后，万里户庭，国际之竞争益烈，而互助能力亦兴。"④

民国年间，一些全国性慈善机构相继成立，在救济范围与对象上都已突破狭隘的地域观，广泛参与各地慈善赈济活动。即便地方性慈善机构，其慈善活动也不限于本地，救济区域大为拓宽。一些财力充裕的慈善机构的影响还扩展到全国，乃至走出国门，影响海外。民国时期的中国红十字会便广泛参与各地兵灾、天灾的救护赈济，以及平时救助。如兵灾救护有1913年"癸丑之役"、1914年胶东战事、1914年皖豫白狼起义、1916年护国战争；灾害赈济有1912年顺直及浙江温处水灾、1915年沪上风灾、

---

① 曾桂林. 清末民初的慈善事业与社会变迁（1895—1928）——以长江中下游地区为中心. 长沙：湖南师范大学硕士学位论文，2002. 23
② 参见：王春霞，刘惠新. 近代浙商与慈善公益事业（1840—1938）. 北京：中国社会科学出版社，2009
③ （民国）川沙县志（卷11）. 上海：1936
④ 周秋光编. 熊希龄集（第8册）. 长沙：湖南人民出版社，2008. 8

1916年苏皖水灾、1917年顺直水灾、1918年广东潮梅震灾、1920年华北五省旱灾、1921年上海闸北火灾、1922年皖北瘟疫、1923年豫皖荒灾与匪灾。① 对于兵灾天灾，中国红十字会及其地方分会几乎是每役必与，蹈锋镝，冒奇险，扶伤而瘗亡，足迹遍及南北各省。三四十年代，中国红十字会广泛动员各地方分会积极投身于抗战救援，先后参与淞沪之战、长城抗战、绥远战役等战地救护，并成立救护总队部，在西南大后方展开赈救。② 除赈济各种天灾人祸外，中国红十字会在平时开展的医疗、卫生、赈济等多种慈善公益事业，不计其数，难以一一缕述。又如，申报馆协赈所，在上海担负着繁重的劝募、收捐等工作，但其慈善救济范围却不限于上海，于全国各地的水旱诸灾亦一并竭力相救。

"办赈为最要之慈善事业，凡为人类皆有热心负此责任，国家且弗论，遑论地方，故对于灾荒区域不可稍有畛域之念，对于同办事人，不可稍有尔我之见"③，这在民国社会已是各界人士尤其是慈善界的共识。正是受此新慈善观影响，民国慈善机构的救助范围已不再囿于本乡本土，跨区域的大规模赈济不乏其例，甚至还超出了国家与民族的界限，将慈善救济延伸到了域外，竭尽所能，给遭受重大天灾兵祸的地区、国家，给以人道主义的民间慈善援助。1927年，熊希龄在述及民国慈善组织发展时曾说："近十稔中，若法兰西之大水，俄罗斯之大旱，日本东京之大地震，我人亦尝追随行列，加入救济团中。"④ 畛域界限的打破，赈济范围的扩大，使得民国慈善组织的救济呈现跨区域化的特点，这也推动其在近代变迁中渐渐融入国际社会；同时，各地慈善机构跨区域的慈善救济，广施博济，救助的民众人数较以往大大增加，慈善事业的社会影响也日渐扩大。

五、慈善资源的近代化

充裕的资金是慈善事业持续发展的基础。民国慈善组织的经费除官款拨助、田租房租、存款生息外，主要依靠社会捐赠和自行筹募。在社会捐赠方面，节糜费移作善款得到了人们的普遍响应，上至社会名流、达官显贵，下至平民百姓都纷纷捐献各种筵资、拜佛求神及娱乐应酬等糜费，赞助慈善事业，以惠饥民。因而时人说："私人出资，足称慈善界之特色。"⑤ 1912年，张謇60寿辰之际，"念乡里老人固有失所而无告

---

① 参见：周秋光. 红十字会在中国（1904—1927）. 北京：人民出版社，2008. 222～264
② 参见：池子华. 抗战初期中国红十字会的战事救护. 江海学刊. 2003，4；1937年中国红十字会淞沪抗战救护简记. 徐州师范大学学报. 2003，4；中国红十字会救护总队抗战救护的几个断面. 苏州大学学报. 2004，4
③ 默告办赈者. 申报，1920-10-03
④ 周秋光编. 熊希龄集（第8册）. 长沙：湖南人民出版社，2008. 8
⑤ 湖南调查局辑. 湖南民情风俗报告书. 长沙：湖南法制院编印，1912

者，愿以觞客之钱，建养老院"①，把宴费及亲友馈金一并移作建院之资，建成南通第一养老院。此外，各慈善组织还多方筹募善款，通过义卖义演、发行彩票、购买股票债券，开辟了一些善款来源的新渠道，这使得民国时期的慈善资源具有了近代气息。

随着近代都市的发展和市民娱乐生活的丰富，举办义演、义卖，募集善款，成为民国慈善资源近代化的一个重要表现。1918年，苏州义赈会借江南名园拙政园举办筹赈游览会，共募得15 000余元救助直隶水灾难民。② 1926年，京剧艺术家梅兰芳在沪举行冬赈义演，门票收入悉作赈贫之费。③ 由于义演者多为名角，主持者亦有声望，故观者乐于为灾民慷解仁囊，使义演募捐在民国社会盛行不衰。与此同时，一些社会名流亦不吝笔墨及珍藏，捐赠书画或其他艺术品，倾情义卖，提供助力。20世纪20年代，张謇、杨度、康有为、吴昌硕等名流都曾鬻字献画助赈，筹得可观善款。④ 1931年江淮大水灾期间，各地商店、游艺场与同业公会亦发起"营业一日捐"等义卖活动，如上海大新绸缎局曾刊载助赈启事："今日一天将门市现售货款提出百分之五助赈。"⑤

善款资源的近代化，还表现在采取发行彩票和购买股票来募集善款，扩充善源，这是民国慈善组织采用的两种最具时代色彩的筹款方式。中国以彩票为慈善机构募捐始于清末戊戌年间，但不久即告停。1920年，北京政府为华北大旱灾筹募赈款，发行义赈彩票，取得预期效果。⑥ 后多次发行彩票，筹资助赈。随着中国民族资本主义进入黄金发展期，股市空前繁荣。一些大中城市的慈善机构除将善款存银行、钱庄获取利息外，还购买公司股票，分享股息红利。民初，湖南省城慈善总公所就购有粤汉铁路股票5万元，后又购得湖南电灯公司及淮盐两只股票，年获股息为2 000余元。1917年，又向省议会申请到湘路股票米盐公股的一部分。⑦ 在上海，买股票以增值保值成为许多慈善组织的普遍做法。1930年，上海特别市慈善团持有华商电气公司股票银88 830元，沪闵长途汽车公司股票银1 000元，沪闵长途汽车公司公债银9 000元，续二五库券银450元，善后公债银250元，上海市公债银13 000元，由此获得比较可观的息金收入。⑧ 有的慈善团体还持有多种债券等有价证券，或拥有房屋建筑、土地等房地产。尽管各慈善团体所持的有价证券有多有寡，息金也有限，但总趋势是"田产的

---

① 南通张謇研究中心. 张謇全集（第4册）. 南京：江苏古籍出版社，1994. 340
② 为直省灾赈本会组织义赈会共募得一万五千余元已汇解在案. 苏州市档案馆藏苏州商会档案. 档号：I14-001-0543
③ 申报，1926-12-23
④ 曾桂林. 清末民初的慈善事业与社会变迁（1895—1928）. 长沙：湖南师范大学硕士学位论文，2002. 32
⑤ 大新绸缎局廉价助赈启事. 申报，1931-09-01
⑥ 参见. 周迎春. 北京政府义赈奖券研究（1920—1922）. 武汉：华中师范大学硕士学位论文，2005
⑦ 曾桂林. 清末民初的慈善事业与社会变迁（1895—1928）. 长沙：湖南师范大学硕士学位论文，2002. 33
⑧ 上海特别市慈善团财产目录. 上海市档案馆藏上海市社会局档案. 档号：Q 6-18-317-35

重要性进一步降低,资产保有形态的都市性格进一步显现"①。譬如上海新普育堂,民国年间的慈善经费就分为捐款、事业收入、租金收入、息金收入等几大部分,并持有多家上市公司的股票。②1931年1月,怡和洋行、太古洋行、上海电车公司、法商电气公司、上海自来水公司、闸北水电厂、大通仁记航业公司、上海银行、金城银行、浙江实业银行等20家近代经济组织,又向新普育堂捐助洋4 700多元。企业捐赠与股息构成了新普育堂的重要财源。以上情形表明,20世纪初以来,随着中国社会经济的嬗变与转型,慈善团体的善源已发生显著变化。新兴的洋行、商号逐渐成为各慈善组织进行劝募的主要对象,它们也捐赠了大量善款,这种情形在沿海发达都市尤为明显。

慈善资源的近代化,使得民国慈善组织的善款来源更广,渠道更多,为慈善事业的正常开展与运作提供了一定经济保障,推动了它在新的历史环境下获得较大发展。

总而言之,民国慈善事业已不再限于单纯的赈灾救荒、济贫扶困,而扩展到慈善医疗、慈善教育等方面,内容十分丰富,尤以慈善教育最为突出。从历史演进的角度来看,慈善事业在由传统到近代的转型中,其内容也由重养轻教趋向教养兼施或养教并重。同时,还将近代报刊媒体、交通与电信技术充分运用到慈善救济中,大大地提高了慈善救济的时效性,促进了慈善事业由传统向近代的转型。

深度阅读

1. 蔡勤禹. 民间组织与灾荒救济——民国华洋义赈会研究. 北京:商务印书馆,2005
2. 池子华. 红十字与近代中国. 合肥:安徽人民出版社,2004
3. 任云兰. 近代天津的慈善与社会救济. 天津:天津人民出版社,2007
4. 孙善根. 民国时期宁波慈善事业研究(1912—1936). 北京:人民出版社,2007
5. 王娟. 近代北京慈善事业研究. 北京:人民出版社,2010
6. 小浜正子. 近代上海的公共性与国家. 葛涛译. 上海:上海古籍出版社,2003
7. 周秋光. 熊希龄与慈善教育事业. 长沙:湖南教育出版社,1991
8. 周秋光,曾桂林. 中国慈善简史. 北京:人民出版社,2006
9. 周秋光. 红十字会在中国(1904—1927). 北京:人民出版社,2008
10. 周秋光,曾桂林. 近代慈善事业的基本特征. 光明日报,2004-12-14
11. 周秋光,曾桂林. 民国时期的慈善法规述略. 光明日报,2009-01-20
12. 周秋光,曾桂林. 近代西方教会在华慈善事业述论. 贵州师范大学学报(社科版). 2008,1

---

① 小浜正子. 近代上海的公共性与国家. 葛涛译. 上海:上海古籍出版社,2003. 95
② 上海新普育堂征信录(民国二十年一月至十二月). 上海市档案馆藏上海市社会局档案. 档号:Q6-18-340

第九章
当代中国大陆的慈善事业

当代中国大陆的慈善事业，经历了整顿与停滞、恢复与兴起、蓬勃发展三个阶段。其兴衰起落，与社会政治经济状况密切相关。新中国以后，慈善事业首先进行全面整顿改造，后受极"左"思潮的影响，很快陷入停滞，并长达二三十年之久。20世纪80年代中期，随着改革开放的进程，中国慈善事业开始恢复。在恢复阶段，慈善事业的主体以半官方或官方的"社会团体"居多，真正意义上的民间慈善团体寥寥无几。1994年中华慈善总会成立后，慈善事业勃然而兴，表现为民间慈善机构纷纷建立和慈善活动的频频开展。进入新世纪后，由于国家对慈善事业日渐重视，慈善政策与法规日渐完善，慈善事业获得快速发展，这不仅表现在慈善组织的增多，也表现在慈善捐赠的升温。同时，随着慈善资源的拓展以及社会大环境的改善，国际援助和国际交往也日益增多。

第一节 新中国成立初期慈善事业的整顿、改造与停滞

1949年10月中华人民共和国成立后，随着各项社会民主改革的进行，中国共产党和人民政府大力贯彻《共同纲领》规定的基本方针，领导广大群众开展了以划清敌我界限、树立为人民服务思想为主要内容的学习运动，对旧有慈善事业进行了全面的清理、整顿与改造。

一、人民政府对旧有慈善事业的整顿与改造

新中国成立之初，面临着复杂的社会情况，各种社会矛盾纵横交错。一方面，军事任务已接近完成，仅西南、华南地区尚待解放，经济恢复和发展已成为中心任务。另一方面，繁重的民主改革和社会主义改造尚待进行，国内外还存在复杂的阶级斗争。

鉴于上述形势，人民政府对旧社会遗留的慈善事业并未采取强制处理，而是任其自然。1950年春夏之际，一些城市失业问题突出，农村出现饥荒现象。至此，人民政府对社会救济工作予以高度重视，并最终明确有关处理旧有慈善事业的方针政策。

（一）关于慈善事业的定性及其法规政策依据

1950年4月26日，中国人民救济代表会议在北京召开。中央人民政府副主席董必武在会议上发表《新中国的救济福利事业》讲话，指出中国人民成立自己的政府后，中国的命运掌握在自己手中，"救济福利事业才不再是统治阶级欺骗与麻醉人民的装饰品，也不再是少数热心人士的孤军苦斗，而是政府和人民同心协力医治战争创伤并进行和平建设一系列工作中的一个组成部分。因此，它就有了新的意义和新的内容"①。讲话进一步指出，"新民主主义国家的福利救济事业在人民政府领导之下，应该吸收个人和团体参加。一切从事真正救济福利工作的个人和团体，只要他们赞成我们共同规定的方针，愿意在人民政府领导之下工作，我们就有责任和义务同他们合作，并吸收他们参加各级救济代表会议和救济组织。全国救济福利事业的工作方针，应该是统一的；工作计划和范围及人力、物力、财力的安排，应该是有机配合的。"为此，他要求，"各级救济组织应容纳从事救济福利工作的代表人物，组成协商性质的会议，进行经常讨论。过去某些救济团体须改造的，在全国救济机构成立以后，即应由其领导进行。某些名存实亡、或已完全失其作用、或假冒慈善的救济团体，应即宣布取消。只有经过这番整理，中国人民的救济福利事业，才能脚踏实地地向着完全符合于人民大众的利益前进。"② 这篇讲话揭露了美帝国主义者以救济为手段在华进行其反动的政治阴谋，如操纵联合国善后救济总署把物资运送给蒋介石，直接间接帮助他进行反人民的战争，进而将旧社会的救济福利事业统统看做是"统治阶级欺骗与麻醉人民的装饰品"。而慈善机构又是救济福利事业的重要构成，必然须由人民政府进行接收、改造，乃至取消。它还明确了党和政府对于民间慈善事业的方针政策，"不再是少数热心人士的孤军苦斗"，而应"吸收个人和团体参加"新民主主义国家的福利救济事业。实际上，这就否认了民间慈善团体的独立地位，政府成为社会福利救济事业的主体，包揽一切救灾救荒工作。这次会议奠定了中国慈善事业走向消亡的基调。会上，还成立了中国人民救济总会，由谢觉哉任会长，通过了《中国人民救济总会章程》，负责接管各地的慈善救济机构和开展全国的灾荒救济活动。

中国人民救济代表会议召开后，中央政府关于处理慈善事业的政策方针已趋明朗，一些地方着手接收与改造旧有慈善团体。当时，全国还存在为数众多的其他社会团体，

---

① 董必武. 董必武选集. 北京：人民出版社，1985. 281.
② 董必武. 董必武选集. 北京：人民出版社，1985. 288～289

情形颇为纷繁。为将这些旧社会团体纳入社会主义改造和建设的轨道，1950年10月19日，政务院颁布《社会团体登记暂行办法》，规定了社会团体的类别以及登记的范围、程序、原则等事宜，并确立了社会团体的分级管理体制。其中，第四条就明确规定："凡危害国家和人民的反动团体，应禁止成立；其已登记而发现有反动者，应撤销其登记并解散之。"根据这一法规，内务部于1951年制定了《社会团体登记暂行办法实施细则》。随后，内务部又在《关于办理社会团体登记工作应注意的事项的代电》中指示各地，办理社会团体登记手续时，"批准之原则应以政治面貌为主……必须分清情况，慎重处理。对已查明无政治问题、办理较好之进步团体，应尽先批准；对政治面貌不清者，应严令详报材料，待查明后处理；对有反动确证者，应立予解散，并依《惩治反革命条例》处理"①。这些社团管理法规针对的是所有社会团体，具有普适性，慈善团体作为社会团体之一种，自然受此约束。从1950年夏秋之交起，对旧有慈善团体、慈善事业的清理整顿工作在全国各地全面展开。

（二）对旧有慈善机构的清理整顿

按发起人、创办者的不同，民国时期的慈善救济机构大体可分为三类：一是由国民政府举办的慈善救济机构，如省城救济院以及各县救济院等；二是士绅、商人兴办的各种慈善团体，其多以"慈善会""善堂"为名，办理施棺、育婴、济贫、施药、恤嫠等善举；三是由西方传教士创办的教会慈善机构，如孤儿院、盲哑院等。除政府系统的救济机构以外，其他的两类机构的管理者多为工商界巨富和其他社会名流，既有殷实的财力，还有广泛的社会影响，是各慈善团体善款的重要来源。随着全国解放和人民民主政权的建立，其中一部分人因阶级立场、政见的不同而逃往国外，或移居港台，慈善机构善款匮竭，实际已处于瘫痪或解散的状态；有些人留在了大陆，但已划为革命对象，财产被没收，亦影响到了其慈善活动的开展。

鉴于上述各种慈善团体创办人的政治面貌及其办理情形，各地对慈善团体的清理整顿主要采取以下三种措施。

首先，对于第一类慈善救济机构，即由国民政府建立的救济院、一些反动官绅创办的各种慈善组织，人民政府基本上采取了解散、关闭和取缔的措施。

其次，对于第二类慈善团体，即由社会各界人士兴办的民间慈善组织，人民政府则采取先接收、后改组的措施。上海曾是民国时期慈善事业最发达的地区。1950年5月，上海市、县政府开始对市区及近郊的各类慈善机构进行全面清理整顿。6月6日，上海慈善团体联合会邀集上海慈善团、普善山庄、仁济堂、闸北慈善团等会员召开座

---

① 陈金罗等.中国非营利组织法的基本问题.北京：中国方正出版社，2006.1~2

谈会，提出"应先自行检讨，以后工作方针完全应配合此次政府所颁发的救济章程之工作范围"，并称，民政局行将举办各慈善团体登记，"此事关慈善前途，极为重要，务请注意"。① 不久，创设于清末民初的马桥慈善团、塘湾慈善团、闵行新安慈善团、广慈苦儿院等多个慈善团体，在历经半世纪的风雨后自行停办，或被改组；清同治年间设立的同仁辅元堂，长期办理育婴、施棺及义葬等善举，此时也渐趋停顿。1951年初，龙华孤儿院划归上海市民政局接管，所有的40余间房屋、30亩田产均充作公产。经整顿后，龙华孤儿院改为公办性质的儿童保育院，仍收养孤儿。是年夏秋，各慈善团体先后为中国人民救济总会上海分会所接管或改组，而普安善堂因与救济章程中工作范围之第五项医药卫生相关，因而在人事调整后允许继续开展施种牛痘、施诊给药等善举。1958年，普安善堂亦受极"左"路线冲击而停办。②

与此同时，京、津、穗等大中城市也着手接管、改造旧有慈善团体。1950年夏秋之际，香山慈幼院，这个由民国慈善家熊希龄创办并发展成为遐迩闻名的慈善机构，由北京市人民政府接管其全部财产，并改组为公办学校，其附属设施也在社会主义三大改造中进行了相应调整，"慈型工厂改为地方国营管件厂，慈华工厂改为国棉四厂，慈平工厂改为北京制革厂，慈成工厂改为交通印刷厂"。③ 经过接管改造，作为慈善机构的香山慈幼院已成为逝去的历史。

最后，对于第三类慈善机构，即教会慈善组织，人民政府分阶段、有针对性地采取了接管、整顿或取缔措施。近代以来，英、美、法等国的基督教传教士在华建立了大量的学校、医院以及育婴堂、孤儿院等慈善机构，在救济国人方面发挥了一定作用。但也有些传教士披着宗教的外衣，打着慈善的幌子，借"慈善机构"的名义为帝国主义的侵略活动服务或从事其他罪恶勾当。新中国刚刚成立，一些地方政府或军管会已对外国教会兴办的慈善机构进行接收、整顿，并提出其慈善经费仍可接收外国的津贴，但不得附带任何政治条件；而对一些民愤大、社会影响恶劣的慈善机构则直接予以取缔。1950年朝鲜战争爆发后，全国各界在政治思想上开展了仇视、反对美帝国主义的运动。原接受美国津贴的宗教团体及慈善救济组织纷纷发表声明，决心割断同帝国主义国家的联系，坚持自办。基督教、天主教界开展了自治、自养、自传的"三自"革新运动。1951年3月，中央人民政府政务院颁布《关于处理接收美国津贴的文化教育救济机关及宗教团体的方针的决定》，月底即成立处理接收美国津贴救济机关委员会。4月，内务部和中国人民救济总会联合发布《关于处理接受美国津贴的救济社团及救济机关实施办法》。由此，全国许多地方都成立了相应的登记管理处，负责接管接受外国

---

① 上海慈善团体联合会. 公函各善团稿（1950年6月15日）. 上海市档案馆藏件. 档号：Q114-1-16-3
② 上海县志编纂委员会编. 上海县志. 上海：上海人民出版社，1993. 297
③ 周秋光主编. 熊希龄——从国务总理到爱国慈善家. 长沙：岳麓书社，1996. 250

津贴的慈善救济团体。至 1952 年,所有接受外国津贴的慈善救济机关全部由人民政府接办,并按实际需要、业务性质、收容对象等情形,进行调整合并,分别改造为当地救济分会或民政部门主管的城镇救济福利事业机构。据统计,新中国成立后,欧美各国在华举办的慈善团体尚存 451 处,其中美国有 247 处,英、法、意、西班牙等国 204 处;属于基督教 198 处,天主教 208 处。① 这些外国教会慈善团体均被人民政府接管、整顿或勒令停办,不复在中国大陆开展慈善活动。

在这次慈善机构接管与整顿运动中,各大中城市中的许多慈善组织调整为政府主管的生产教养院,用来收容孤残儿童、改造游民、乞丐、妓女。仅有少数社会影响较大的慈善组织,如中国红十字会和中国福利基金会仍允许在改组整顿后,继续开展相关活动,但其政府的色彩已非常浓重。

1949 年新中国成立前夕,中国红十字会由于会长蒋梦麟及部分理事、职员追随国民党去台湾,组织机构渐趋涣散,其地方分会也缺乏统一指导。1950 年 3 月,中国红十字会在上海举行工作检讨会,决定推举秘书长胡兰生等七人组成代表团,赴京向中央人民政府反映改组要求。6 月,代表团抵京,同中央政府有关部门就改组事宜进行初步商洽。政务院获悉报告后,随即予以明确指示:鉴于红十字会的特殊性质和历史状况,"由中国人民救济总会、中央人民政府卫生部、外交部共同协商调整中国红十字会的组织"②。随后,在卫生部和中国人民救济总会的主持召集下,政府部门和中国红十字会代表事前进行了充分酝酿和民主协商。8 月 2 日至 3 日,改组中国红十字会协商会议召开,常务理事伍云甫做《对调整中国红十字会有关问题的报告》,在广泛协商的基础上,最终通过了中国红十字会会章,并决定仍定名为"中国红十字会",其性质为"中央人民政府领导下的人民卫生救护团体";并决定将新会章与会长、理事名单呈报中央人民政府政务院。28 日,中国红十字会召开第二次理事会议,通过《中国红十字会总会组织规则》《中国红十字会各地分会整理暂行办法》《中国红十字会分会暂行组织通则》三个文件。9 月 6 日,政务院批准公布了中国红十字会会章、第一届理事会常务理事、理事名单。至此,中国红十字会总会的机构与人员改组完毕。10 月 16 日,内务部、卫生部发出联合通令,要求各省市政府民政、卫生部门,"对该会整理旧分会及成立新分会予以协助并在工作上随时加以指导配合"③。各地分会随即遵照指示进行了改组整理。至 1951 年 9 月底,1 年之中全国各大中城市已改组 38 个旧分会,在中国红十字会 80 个地方组织中约占半数。④

---

① 孟昭华,王明寰. 中国民政史稿. 哈尔滨:黑龙江人民出版社,1986. 300
② 中国红十字会总会编. 中国红十字会历史资料选编(1950—2004). 北京:民族出版社,2005. 1
③ 中国红十字会总会编. 中国红十字会历史资料选编(1950—2004). 北京:民族出版社,2005. 11
④ 中国红十字会总会编. 中国红十字会历史资料选编(1950—2004). 北京:民族出版社,2005. 34,60.

改组之后的中国红十字会总会及其地方分会,其性质已由致力于人道主义救援的慈善团体演变成人民卫生救护团体,并"根据'预防为主'的卫生总方针及'动员和组织人民实行自救助人'的救助福利方针,以协助各级人民政府,面向人民大众,宣传并推广防疫、卫生、医药及救济福利事业为宗旨"①。1950—1954年间,中国红十字会发动各地方分会及医务工作者组织各种形式的医防服务队,奔赴治淮、治黄和荆江分洪、岳阳洞庭湖整修、澄锡运河拓浚等水利建设工地,开展巡回医疗和卫生防疫工作;同时,还组织医防服务队深入工矿、农村和少数民族地区,为群众治疗疾病和预防接种,使一些有严重威胁的地方性疾病得到基本控制。朝鲜战争爆发后,中国红十字会动员北京、天津、烟台等地分会组织三批国际医防服务队(共七个大队)赴朝开展战地救护,医治朝鲜难民,照顾护理英美俘虏。此外,还"曾捐款救济印度、英国、荷兰、比利时和伊拉克等国的灾民,并协助26 000余名在华日侨返回日本"②。

1950年8月,宋庆龄创建的中国福利基金会也在中国人民救济总会的指导下改组,更名"中国福利会",从事妇幼保健和少儿文化教育方面的福利工作。1951年4月,宋庆龄荣获"加强世界和平"斯大林奖,随后将10万卢布奖金捐赠给中国福利会,用于发展中国妇女儿童的福利事业,在上海建立起国际和平妇幼保健院。

综上所述,民国留存的慈善团体在新中国成立后自行解散,或被迫停办,或由政府接管改造,变为政府主办的福利救济机构。至1954年,真正意义上的民间慈善组织在大陆已不复存在。虽然中国红十字会、中国福利基金会的名称仍然存在,但亦冠以"人民卫生救护团体"或"社会福利机构"的名目,它们开展的活动也往往与政府的工作紧密相连,或完全从属于政府,不再具有慈善事业的民间性、自愿性、自治性等特征。

二、慈善事业的停滞

在对慈善机构进行取缔、接收和改组的同时,人民政府着手建立新的社会保障体系。至20世纪50年代末60年代初,已初步建立起包括社会救济、社会福利、优抚安置以及农村"五保"供养、合作医疗等为内容、与高度集中的计划经济相适应的社保体制,这类事务基本由各级政府包办。而后,受极"左"路线的影响,慈善事业又被斥为"旧社会统治阶级麻痹人民的装饰品",由衰歇进而完全停滞。

20世纪50年代中期至80年代初,中国慈善事业之所以走向衰歇与停滞,有政治、经济、意识形态等多方面原因。

首先,政治与意识形态因素对慈善事业的影响尤为深远。随着各级人民民主政权的逐步建立,各地在中央政府的领导下开始对旧有慈善机构进行接管和改组。1950年

---

① 中国红十字会总会编. 中国红十字会历史资料选编(1950—2004). 北京:民族出版社,2005. 7
② 中国红十字会总会编. 中国红十字会历史资料选编(1950—2004). 北京:民族出版社,2005. 49~50

4月，中国人民救济总会成立，负责统筹全国救济工作。众多民间慈善团体被并入中国人民救济总会各地分会。而随着社会主义、资本主义两大阵营对峙局面及冷战格局的形成，以美国为首的西方国家对我国进行军事封锁、政治干涉。在这种氛围下，人们无疑会受到意识形态的熏染，自然而然地将外国传教士在华创办的慈善机构看做帝国主义进行文化侵略的幌子。不仅如此，中国人自办的慈善事业也遭到一概否定，被认为是地主阶级、资本家的伪善之举，是蒙骗和愚弄民众的工具。儿童教养院等慈善机构"是所谓慈善家们用来作沽名钓誉的场所"，是"为统治阶级服务"的。① 由此，慈善事业被当做帝国主义的糖衣炮弹和封建毒素大批特批，人们对于兴办和发展慈善事业自然讳莫如深。随着政治气氛的日趋紧张，慈善事业在文化大革命期间更是遭到彻底否定、无情批判。在极"左"思想的影响下，慈善思想和慈善行为被歪曲，人们对慈善事业产生了误解和偏见——新中国是社会主义社会，由人民当家做主，用不着帝国主义、剥削阶级的施舍，当然不需要发展慈善事业。正由于政治导向的失误和政治运动的不断冲击，慈善事业慢慢失去了生存发展空间，逐渐淡出人们的视野，从人们的头脑里消失。慈善事业趋向衰歇乃至停滞，也就势所必然了。

其次，经济因素也对慈善事业衰歇、停滞造成了影响。慈善事业产生、发展的一个重要的社会基础是社会经济发展及随之而来的贫富差距。新中国成立初期，广大人民群众的生活虽有一定改善，但由于连年灾害，仍比较贫困。从20世纪50年代中期至80年代，国民经济长期徘徊，缓慢发展，物质资料生产远远未能满足人民群众的需求。大多数人自己的温饱问题尚未解决，遑论救助他人，有规模的社会捐献无从形成，慈善事业发展缺乏丰实的经济基础。相较而言，新中国成立后的民族资产阶级仍属于富有阶层，但受长年战争影响，又进行了公私合营，其财富亦大不如前，在国内紧张的政治氛围中，有心为善者也异常谨慎，不敢妄自行动，只能将资产捐给国家，代为施行救助。1956年三大改造完成后，社会主义公有制的经济体制最终确立。收入分配趋于平均主义，社会财富迅速实现平均化，悬殊的贫富差别随之消失。同时，由于经济落后，物质紧缺，全国实行配给制、配额制，人民生活水平普遍不高，个人收入也很有限。在这种情况下，即便允许慈善事业存在，也难以筹措到充裕善款。因此，50年代中期以后，贫困的普遍化和财富的平均化使慈善事业失去了存在和发展的社会经济土壤。

此外，随着社会主义公有制的确立，国家逐渐建立起各项福利设施，政府包揽各种救济活动，客观上挤占了民间慈善事业发展空间，这也是慈善事业停歇的重要原因。

所以，新中国成立以后的30年间，虽然邻里同事之间仍存在诸如互济互助之类的

---

① 关瑞梧. 解放前的北京香山慈幼院. 见：全国政协编. 文史资料选辑（第31辑）. 北京：中国文史出版社，1997

善举义行，但有组织和规模的慈善事业并不存在，全国既无真正意义上的民间慈善组织，也缺乏充裕、稳定的善款来开展经常性的慈善活动。文化大革命开始后，即便是政府主办的福利救济机构也受到干扰和破坏。中国红十字会被扣上"封、资、修"的帽子，从总会直到基层组织都被咒骂为"庙小妖风大"，是"黑线专政"，"总会国内工作部门和地方红十字会，机构被撤销，人员被调走，房屋被移交"，国内工作完全不能开展，国际工作除国际救济外也趋于停顿。① 慈善组织消亡后，面对仍然存在的大量社会弱势群体和频发的自然灾害，政府只能用行政力量开展救助工作，维护社会稳定。1976年7月唐山大地震发生后，国际社会纷纷表示愿意向中国提供医药、帐篷、食物等人道主义援助，然而一概为我国政府婉拒，所有的赈灾及养老恤孤工作全由民政部门担当。政府大包大揽的救济行为使得中国社会失去了一次恢复慈善事业的良机。

第二节 现代慈善事业的恢复与兴起

改革开放以后，中国的政治经济形势发生了巨大变化，恢复慈善事业的条件日益成熟。至20世纪80年代中期，一些现代型的公益基金会重新出现，并获得一定程度发展。进入90年代，随着社会主义市场经济体制的建立和健全，现代慈善理念逐渐传播，人们对慈善事业的地位与作用有了新认识，慈善事业的发展环境得到较大改善。以1994年中华慈善总会成立为标志，中国现代慈善事业进入全面复兴阶段。

一、现代慈善事业恢复的社会背景

1978年12月召开的中共十一届三中全会，确立了"解放思想、实事求是"的思想路线，各领域开始进行拨乱反正工作。20世纪80年代以后，改革开放全面展开，经济快速发展，中国社会发生巨大变化，慈善事业重新萌芽、走向复兴的条件也日益具备。

（一）政局的稳定和经济政治体制改革是慈善事业恢复发展的先决条件

十一届三中全会以后，由于果断纠正了"以阶级斗争为纲"的错误路线，政治生活民主化，以往紧张的人际关系得到改善。至20世纪80年代中后期，随着经济体制改革的深化，政治体制改革亦渐次展开，转变政府职能成为改革的重要内容。在社会救济方面，政府开始改变以往大包大揽的做法，将部分社会救济"让渡"给社会力量，允许其发起成立公益组织，参与社会救助。这消除了人们从事慈善的疑虑，非常有利于中国大陆慈善事业的复兴与发展。

---

① 中国红十字会总会编. 中国红十字会历史资料选编（1950—2004）. 北京：民族出版社，2005. 127

（二）经济发展为慈善事业的恢复提供了物质保证

十一届三中全会确立了以经济建设为中心的基本方针，实行改革开放，国民经济得到迅速恢复与发展。从1980年至1985年，国民生产总值年均增长10%。人民生活水平有了很大提高，财富不断积累，这就为慈善活动的开展夯实了经济基础。

（三）实际存在的社会问题呼唤慈善事业的兴起

在国民经济迅速发展、国民收入不断增长的同时，由于各种原因，社会上尚有相当一部分人仍未解决温饱问题，生活在贫困线下，各种弱势群体和不幸者依然存在。1985年，我国有贫困人口达1.25亿，此后5年政府启动扶贫攻坚计划，数千万人得以脱贫，但至1992年贫困人口仍有8 000万。[①] 这些贫困人口主要集中在农村，主要分布在经济不发达的中西部地区。另据1987年调查，中国有各类残疾人共5 164万名。[②] 这些都是急需救助的人群。而随着改革开放的不断深入，计划经济向市场经济转型，贫富差别亦随之重现，并有不断扩大的趋势。从20世纪80年代初至90年代中期，我国城乡居民收入差距在10余年间经历由缩小到重新扩大的变化过程，区域收入差异也十分明显。"1987年到1993年，城镇居民生活费最高省份与最低的省份，收入比例由1.72∶1扩大到2.50∶1；年收入绝对差额也由520元上升为2 565元。"1996年，我国基尼系数已达0.33，接近国际社会公认的"警戒线"。[③] 由此可见，社会贫富差距的存在、区域发展的不平衡，以及社会弱势群体和不幸者的存在，客观上要求人们给予更多关注，但政府的救济体制已不适应时代需要，不能有效解决问题，这就要求社会各界伸出援手，弥补政府救助的不足。

在社会形势发生重大改变的背景下，一些长期从事民政工作、热心公益事业的领导干部开始意识到，随着社会转型，社会救济问题将日益突出，而财政拨款又十分有限，救济工作难免捉襟见肘，允许民间力量参与社会救济、发展慈善事业乃是务实之举。由此，他们开始在政策制定、制度设计方面初步进行有益改变，如推进社会福利机构改革、允许设立基金会、开展社会福利有奖募捐等，这成为慈善事业恢复的征兆。

二、现代慈善事业的缓慢恢复

20世纪80年代初，在民政部门的推动下，全国各地开始恢复和新建敬老院、康复中心等社会福利机构。1984年底，全国城市福利事业单位改革整顿工作交流会召开，

[①] 王高利. 公益在行动. 北京：五洲传播出版社，2006. 43
[②] 马洪路主编. 中国残疾人社会福利. 北京：中国社会出版社，2002. 10.
[③] 孙铭浩，蔡永江. 慈善事业：中国社会保障的配套工程. 理论导刊. 1998，10：46

提出城市福利事业的改革方向是由国家包办体制向社会办福利转变，这就为民间慈善组织的成立和慈善事业复兴开辟了空间。不久，一些城市引入国际社会通行的"院内家庭照顾"模式，开始筹建SOS儿童村。1987年5月，天津SOS儿童村建成，这成为全国首个同类型的慈善福利机构。随后，武汉、福州等地也建立起中华绿荫儿童村。由此，民间社会力量在介入福利事业方面进行了初步的尝试。

中国慈善事业在获得恢复与新生的进程中，政府是至为重要的推动力量。1982年，值宋庆龄逝世1周年纪念之际，在邓小平倡导下，5月29日发起成立"纪念宋庆龄国家名誉主席儿童科学公园基金会"。在筹建过程中，经中央书记处批准改为"纪念宋庆龄国家名誉主席基金会"（简称宋庆龄基金会），邓小平任名誉主席，康克清任主席，廖承志任顾问，汪志敏任秘书长。基金会宗旨是为纪念宋庆龄国家名誉主席，继承和发扬她关心和从事儿童文教福利事业的精神，培养儿童德、智、体、美全面发展，为增进国际友好和世界和平作出贡献。1984年3月，中国残疾人福利基金会成立。其后，又有数个全国性的公益基金会设立。这些基金会均由政府倡建，属于政府或半政府性质的组织。同时，一些省、市也开始设立地方基金会。为加强管理、规范运作，1988年，民政部颁布《基金会管理办法》，将基金会定义为"对国内外社会团体和其他组织以及个人自愿捐赠资金进行管理的民间非营利组织，是社会团体法人"，其宗旨为"通过资金资助推进科学研究、文化教育、社会福利和其他公益事业的发展"。1989年，国务院公布《社会团体登记条例》，以列举的方式对社会团体的范围作了规定，基金会即为其中之一。这两个法规的出台，既为基金会的设立提供了法律依据，同时也为其他民间慈善组织营造了生存发展空间。在此前后，一些地区经民政部门批准设立了具有独立法人资格的民间慈善组织，并举办多项慈善公益活动。慈善事业由此在中国大陆逐渐得到恢复。

我们以中国儿童少年基金会、中国青少年发展基金会、南京爱德基金会为例，简要介绍当代慈善事业恢复期的概况。

（一）中国儿童少年基金会与"春蕾计划"

中国儿童少年基金会成立于1981年7月28日，创设宗旨为抚育、培养、教育儿童少年，辅助国家发展儿童少年教育福利事业，是新中国第一个以公募资金形式为儿童少年教育福利事业服务的非营利性的全国性公益组织。基金会成立后，相继在全国大中城市资助或兴办多所幼儿园、儿童福利院、儿童养育院、少年宫、少年之家、儿童活动中心等设施，多次拨款拨物救助遭灾地区的儿童少年。1989年，中国儿童少年基金会设立"女童升学助学金"，资助贫困地区失学女童重返校园，成为中国最早开展助学活动的民间组织之一。不久，基金会在贫困地区开办"春蕾女童班"，这一行动后来发展为"春蕾计划"。至2005年，"春蕾计划"已实施16年，累计募集资金6亿多元，使 150 余万人次失学女童重返校园。① 中国儿童少年基金会的成立及其助学活动的开展，从某种意义上来说，是中国现代慈善事业开始恢复与发展的标志。

（二）中国青少年发展基金会与"希望工程"

1989 年 3 月，共青团中央、中华全国青年联合会、中华全国学生联合会和全国少先队工作委员会在北京联合创办中国青少年发展基金会（简称中国青基会），以促进中国青少年教育、科技、文化、社会福利事业发展为宗旨。10 月 30 日，青基会宣布建立"救助贫困地区失学少年基金"，启动"希望工程"，开始向社会各界募捐善款，资助贫困地区的乡村小学改建、新建校舍，为贫困地区特困家庭的孩子捐助学杂费。1990 年 5 月 19 日，青基会援建的第一所"希望小学"在安徽省金寨县落成。1992 年 4 月 15 日，"希望工程——百万爱心行动"正式在全国展开，通过青基会和全国各级"希望工程"执行机构的牵线搭桥，使捐赠人与贫困地区的失学少年结对挂钩，建立直接联系，实行定向资助直至小学毕业。1993 年，又设立"希望工程园丁奖"，奖励在贫困山区希望小学默默奉献的教师。1994 年，开展"1+1 助学行动"，并推出"希望书库"，向贫困乡村小学捐助书籍。"希望工程"激发了海内外各界人士的爱心，捐赠活动十分踊跃。希望工程自 1989 年实施以来，累计接受海内外捐款 25 亿多元，为贫困地区资助援建 11 266 所希望小学，并以"一助一"的方式让 260 万名失学儿童重返校园。② 同时，还为贫困乡村小学捐建 1 万套"希望书库"，培训了 6 000 多名小学教师。③ "虽然中国青少年发展基金会算不上一个纯粹的民间慈善组织，但希望工程在集社会之力，发展贫困地区的基础教育，保障儿童的教育权方面堪称典范"④，成为当代中国慈善事业走向复兴之先声。因而，有学者称希望工程为"中国特色的慈善事业"⑤。

（三）南京爱德基金会及其善举

南京爱德基金会成立于 1985 年，是由中国基督教丁光训主教与匡亚明先生、韩文藻先生共同发起的民间慈善团体，资金来源主要为海外基督教团体和热心于公益慈善事业的友好人士。及至 1999 年，爱德基金会已累计筹募善款 3.4 亿元，在全国范围内开展了多项慈善项目和赈灾活动。其慈善活动主要集中于三方面：一是慈善扶贫。爱德基金会先后在云南、贵州、广西、甘肃等少数民族、边远和贫困地区完成 308 个水

---

① 王高利. 公益在行动. 北京：五洲传播出版社，2006. 33
② 王高利. 公益在行动. 北京：五洲传播出版社，2006. 30, 34～35
③ 周秋光，曾桂林. 中国慈善简史. 北京：人民出版社，2006. 387
④ 徐琳. 论中国当代慈善事业的参与主体. 西北大学学报. 2000, 3
⑤ 张奇林. 中国特色的慈善事业——希望工程. 中国社会工作. 1998, 3

井项目，建成 2 万多口小水窖，缓解当地群众的饮水困难。同时，还援建多个水利水电项目以及其他综合性项目，以促进地方经济发展，脱贫致富。二是助残助学。在爱德基金会的资助下，2 000 多名盲童已完成义务教育，800 多名小儿麻痹症患儿接受特殊矫治，500 多名成年盲人获得各项康复服务。爱德还在全国援建 40 多所小学，帮扶农村失学儿童重返校园。三是慈善医疗。爱德基金会为贫困地区培训了 2 万多名医生，并聘请百名专家组成巡回医疗队，定期下乡义诊，一定程度上缓解了贫困地区缺医少药的状况。爱德基金会由此成为当代中国慈善事业恢复发展时期的一个成功典范，被誉为"民间慈善机构的一面旗帜"。①

此外，中国残疾人福利基金会、中国扶贫基金会也根据其宗旨开展形式多样的慈善公益活动。如中国残疾人福利基金会在全国实施白内障复明手术等慈善助残项目，为患者送去光明，取得良好的社会反响。中国扶贫基金会自 1989 年以来已筹募扶贫资金 8 亿元，累计实施扶贫项目 200 多项，直接帮扶 200 多万贫困群众走上自力更生之路。至 1993 年底，类似这样的全国性公益基金会已近 10 个（见表 9—1），而地方性公益基金会的数目更多，达上百个。

表 9—1　　　　　　　20 世纪 80—90 年代全国性的公益基金会

组织机构	成立时间	宗　旨
中国儿童少年基金会	1981.7.28	抚育、培养、教育儿童少年，辅助国家发展儿童少年教育福利事业
宋庆龄基金会	1982.5.29	开展两岸交流，促进祖国统一；关注民族未来，培育少年儿童
中国残疾人福利基金会	1984.3.15	弘扬人道主义、动员社会力量，辅助国家发展残疾人社会福利事业，促进残疾人平等参与社会生活
中国妇女发展基金会	1988.12	全面提高妇女素质，维护妇女合法权益，促进社会为妇女发展创造良好环境
中国青少年发展基金会	1989.3	通过资助服务、利益表达和社会倡导，帮助青少年提高能力，改善青少年成长环境
中国扶贫基金会	1989.3	扶持贫困社区和人口改善生产条件、生活条件、健康条件并提高其素质和能力，实现脱贫致富和持续发展
中华环境保护基金会	1993.4	广泛募集、取之于民、用之于民、保护环境、造福人类
中华见义勇为基金会	1993.6	发扬中华民族见义勇为的传统美德，激励人民群众、公安干警、武警官兵、治保人员勇于同违法犯罪、灾害事故作斗争，维护社会治安，匡扶社会正义，为改革开放、现代化建设创造良好的社会环境

---

① 戴洪龄：来自民间的一面旗帜：爱德基金会. 慈善. 1999，3

续表

组织机构	成立时间	宗　旨
中国红十字基金会	1993.12	弘扬人道、博爱、奉献的红十字精神，致力于改善人的生存与发展境况，保护人的生命与健康，促进世界和平与社会进步

资料来源：宋庆龄基金会、中国残疾人福利基金会、中国妇女发展基金会等9个基金会官方网站的相关网页。

在基金会创设的同时，中国红十字会也得以恢复重建，并开展人道主义援助。1978年，中国红十字会开始恢复国内各项工作。随着改革开放的全面展开和深入，中国红十字的组织建设稳步发展。1988年，我国大陆30个省、自治区和直辖市全部恢复和建立红十字会。截至1989年9月统计，红十字会的基层组织已发展到87 000多个，会员850万人。[①] 中国红十字会的宗旨和性质也因时而变，由全国性的人民卫生救护团体变为全国性的人民卫生救护、社会福利团体，再变成从事人道主义工作的社会救助团体。[②] 这反映出十多年来中国红十字会的实际工作范围已不断拓展，其事业逐渐向更广阔的领域发展，在慈善医疗与救济领域发挥着日益重要的作用。1987年5月至6月，黑龙江省大兴安岭地区发生了新中国成立以来最大的森林火灾，过火面积101万公顷，经济损失达4亿元，10 807户民房变为废墟，56 092人无家可归，烧伤226人，烧死193人。火灾发生后，中国红十字会总会紧急拨付救灾款3万元，并组织黑龙江各级红十字会组成医疗队赴灾区抢救伤员，安置灾民。同时向国内外呼吁，募请捐赠。在灭火救灾期间，中国红十字会在国内募集捐款4 016 077元（其中黑龙江省募集3 703 661元），257万斤粮票和大量食物药品。国际社会也有19个国家或地区的红十字会捐款或提供救灾物资。[③]

在1978年后，中国红十字会也力所能及地向其他国家提供人道主义援助。从1978年至1992年，中国红十字会向毛里塔尼亚、坦桑尼亚、泰国等30多个亚非拉国家和地区援助50多万美元、40万法郎、50万元人民币和150万元物资。[④] 中国红十字会依其人道主义宗旨，积极参与自然灾害救护、防疫防病、推广无偿献血以及开展国际人道主义救援工作，推动了我国慈善事业的恢复与发展，成为中国当代慈善事业复兴初期的一支重要力量。

中国当代慈善事业的恢复不仅表现在组织创设方面，也体现为善款来源与资金筹措方式的变化。20世纪80年代以后，一些福利社团的经费来源逐步由政府全额拨款向

---

① 中国红十字会总会编. 中国红十字会历史资料选编（1950—2004）. 北京：民族出版社，2005. 205
② 参见1979年、1985年、1990年和1994年的《中国红十字会章程》. 见：中国红十字会总会编. 中国红十字会历史资料选编（1950—2004）. 北京：民族出版社，2005. 130，154，216，300
③ 中国红十字会总会编. 中国红十字会历史资料选编（1950—2004）. 北京：民族出版社，2005. 167～168
④ 中国红十字会总会编. 中国红十字会历史资料选编（1950—2004）. 北京：民族出版社，2005. 249～250

社会募捐和社会捐助过渡。1983年9月，中国红十字会开始试行《接受社会捐助条例》，后于1986年6月修订颁行《中国红十字会向社会募捐和接受社会捐助暂行条例》，规定为"从事自然灾害救护、救济而设立基金或为了完成某项红十字事业，各级红十字会可以采取适当方式向社会募捐和接受社会捐助"；"各省、自治区、直辖市红十字会可在机场、宾馆、货币兑换处等公共场所，设立固定红十字募捐箱"。① 为促进社会福利救济事业的发展，1987年6月3日成立中国社会福利有奖募捐委员会（简称"中募委"），崔乃夫为主任。随后，各省、自治区、直辖市也成立有奖募捐委员会，制定本地发行奖券计划，具体组织发行、销售、开奖和兑奖等工作。7月，天津、上海、黑龙江、河北、山东、湖北、浙江、江苏、广东、福建等10个省、市试点发行奖券，每张面额为1元，发行总额为800万元。② 这是新中国成立以后全国首次举行社会福利有奖募捐活动。1988年，有奖募捐奖券在全国大部分地区发行，定额每年发行10亿元，所筹资金用于兴办和资助社会福利和救济事业，在一定程度上弥补了国家财政拨款的不足。1994年，中国社会福利有奖募捐委员会正式改名为"中国福利彩票发行中心"，发行奖券改称"中国福利彩票"。"福利彩票在中国的发行是中国慈善组织的创立、中国慈善事业重新崛起的一个坚实的基础，并起到了积极的推动作用"。③ 在1991年，因华东地区遭遇严重水灾，民政部门组织大规模募捐赈灾活动，民众捐赠热情高涨，最终募集善款20多亿元。如此规模之大、募集善款之多的募捐活动，在新中国成立以后的中国大陆尚属首次。虽然这些捐赠款物多半来自港澳台，但内地民众亦纷纷解囊相助，和衷共济，慈善意识逐渐苏醒，为后来全国各地慈善协会的创建准备了条件，也为其开展慈善募捐积累了经验。由此而言，1991年赈济华东水灾成为新中国慈善事业走向复兴具有重要意义的事件。以此为契机，许多地方开始酝酿筹设慈善组织，积极筹募善款开展扶贫济困活动。慈善事业在全国范围内从恢复走向全面兴起。

三、现代慈善事业的全面兴起

（一）中华慈善总会的成立及其活动

1994年4月12日，中华慈善总会在北京成立，创始基金为2 000万元，首任会长为崔乃夫。这是新中国成立以来第一个全国性的民间慈善组织。它在一定程度上催生了各地慈善组织，促进了各地慈善事业的发展。因而，中华慈善总会的成立标志着慈善事业在中国大陆已得到恢复，进入到一个全面兴起的新阶段。

---

① 中国红十字会总会编. 中国红十字会历史资料选编（1950—2004）. 北京：民族出版社，2005. 143, 164
② 中国红十字会总会编. 中国红十字会历史资料选编（1950—2004）. 北京：民族出版社，2005. 170
③ 李玉林. 慈善大手笔. 北京：中国社会出版社，2008. 150

中华慈善总会成立后，以发扬人道主义为己任，以扶危济困为天职，积极拓宽慈善资源、劝募善款善物，收效明显。至1998年底，中华慈善总会在5年间累计募集善款7.5亿元。2002年共募集善款人民币8 873万元，慈善物资折币6 200万元，分别比上一年度增长15％和20％。① 以善款为基础，中华慈善总会尽心致力于各种灾事赈济，用心血和业绩书写中国慈善事业发展的光辉篇章。

1996年2月3日，中华慈善总会向遭受地震灾害的云南省丽江地区提供紧急援助。② 8月，又为湖南、湖北、江西3省遭受特大洪灾的地区捐款166万人民币，以帮助当地灾后重建敬老院及福利院。③

1998年1月10日，河北省张北、尚义发生地震。中华慈善总会立即发起"98第一救援行动"，震后2天已将首批救援物资送抵灾区。由于社会各界的踊跃捐赠，中华慈善总会共筹募到善款1 005万元，衣被、食品、帐篷、药品、活动板房等捐赠物资折款200多万元，救济和安置了众多灾民。春夏之交，西藏、青海部分地区遭受特大雪灾，大量牛羊冻死。中华慈善总会发起募捐活动后，国际扶轮社港澳区于6月初捐赠了80万元港币，定向用于为帮助遭受雪灾的青海灾民购买牲畜，恢复生产。④

1998年入夏以来，长江、嫩江、松花江同时发生全流域性的大水灾，全国有29个省、自治区、直辖市遭遇了不同程度的洪涝灾害，受灾人口达2.23亿，死亡3 656人，倒塌房屋733万间，直接经济损失达2 650亿元⑤，灾情之重为百年来罕见。当洪灾初显时，6月30日，中华慈善总会首先致函全国各团体会员，建议紧急动员起来，发挥慈善组织职责，开展多种形式的筹募活动，为灾区募集善款和各种紧急救援物资，积极参与抗洪赈灾工作。8月初，灾情日趋严重，中华慈善总会开会决定发起"98'抗洪赈灾紧急救援行动"，借助新闻媒体动员社会各界为抗洪赈灾募捐，由先前的一般劝募转为全国性的大型募捐活动。经过1周筹备，8月16日，中华慈善总会与中国红十字会、中央电视台联合举办了"我们万众一心"大型抗洪赈灾募捐义演晚会，向海内外直播，社会反响极大，晚会募集款物共计人民币6亿多元。为帮助灾民恢复生产生活，重建家园，9月中旬以后，中华慈善总会与全国政协、全国工商联、各民主党派共同举办"同舟共济·重建家园"等多场赈灾义演，共募得善款2.4亿元，书画作品70多幅，在全国范围内再次掀起抗洪救灾的捐赠高潮。截至1998年11月底，中华慈善总会募集捐赠款物总计达6.27亿元，其中捐款3.65亿元，捐物折合人民币2.62亿元。对于接收的善款善物，中华慈善总会以公开、透明的方式及时拨付灾区，其中对捐赠物资基本做到随捐随拨，全部于年内运至灾区并发放到灾民手中；对捐款则从8月下

---

① 范宝俊. 与时俱进，开拓创新，开创慈善事业发展的新局面. http：//www. ccf-online. org.
②③④ 中华慈善总会大事记（1996）. http：//www. ccf-online. org.
⑤ 郑功成等. 中华慈善事业. 广州：广东经济出版社，1999. 133

旬开始陆续下拨灾区，及至 11 月已拨善款 2.68 亿元，用于灾民衣物、口粮和医药等紧急救助有 4 100 万元，用于灾后重建为 2.27 亿元。① 通过这次抗洪募捐赈灾活动，中华慈善总会赢得了海内外社会各界人士的普遍信任与支持，共募集善款善物 6 亿多元，及时救援了灾区群众，协助其重建家园，成为政府部门抗洪救灾和社会救济的重要补充力量。同时，它也在一定程度上催醒了社会各界的慈善意识，推动了中国当代慈善事业的发展。

作为一个全国性的慈善团体，中华慈善总会除参与赈灾外，还充分利用社会各界捐助的善款善物，在平时开展扶贫济困、教育、医疗等多个有影响的慈善项目，兹举几例：

其一，慈善雨水积蓄工程。1997 年 7 月，中国慈善总会筹集善款 800 多万元在甘肃启动"慈善雨水积蓄工程"。该项目首先在缺水严重的定西、榆中等 5 县 28 个乡 136 个村实施，计划分两期帮助 1 万户贫困居民每户修建 30 立方米水窖和 100 平方米的集雨面。至 1998 年 8 月项目结束时，实际资助 12 767 户缺水农民，建成 13 226 口水窖，硬化 116.98 万平方米的集雨面，解决了旱区贫困人群及其家畜的饮水困难，使得农民不用再翻山过沟背水吃，由此腾出时间、劳力来发展生产。同时。中华慈善总会还利用所集雨水帮助农户种植大棚蔬菜，让其尽快走上脱贫致富之路。②

其二，安老工程。1995 年以来，中华慈善总会先后向北京中华慈老院、天津鹤童老人院、天津红桥老人公寓等慈善福利机构资助现款或设备物资，改善其康复医疗及生活条件。1996 年，中华慈善总会资助江西省永修县社会福利院 10 万元，用于被洪水损坏的休养楼修复工程。③ 1999 年，香港汇丰银行捐赠出资在中华慈善总会内合作设立汇丰慈善基金，专门用于购置康复器械，资助福利院。

其三，助孤助残工程。中华慈善总会成立后，先后调拨善款资助北京、山西、青海、西藏、武汉、成都等地的儿童福利院，并捐建一批儿童书库，改善孤残儿童的生活、医疗、教育条件。1996 年，中华慈善总会资助河南省新乡市社会福利院 10 万元，用于购买康复医疗设备和智障孤儿的文化培训用品。同年底，邢台市希望儿童村经费紧缺，中华慈善总会紧急资助该村孤儿 9 个月（1996 年 12 月至 1997 年 8 月）生活费共 15 万元。④

其四，慈善医疗。中华慈善总会从 1995 年起启动孤残儿童康复项目，至 1998 年底，中华慈善总会共筹集善款 400 多万元，在西部 16 个省、区为 3 500 多名孤儿进行

---

① 郑功成等. 中华慈善事业. 广州：广东经济出版社，1999. 133～134；周秋光，曾桂林. 中国慈善简史. 北京：人民出版社，2006. 395～396
② 阎颖. 慈善化甘泉——记中华慈善总会雨水积蓄工程. 慈善. 1999，1
③④ 中华慈善总会大事记（1996 年）. http://www.ccf-online.org.

了唇腭裂手术矫治。这一项目引起了美国慈善组织"微笑行动"的关注。1999年，中华慈善总会与之合作启动"微笑列车"项目，由美方捐赠价值1 500万美元的外科医疗设备，中方选派专业医务人员组成医疗列车，第一期计划于3年内在中国100个城市进行巡诊。至2002年，"微笑列车"已为10多万名唇腭裂患儿成功实施矫治手术，同时还与沿途100家医院进行合作交流，培训1万名医护人员。1998年，中华慈善总会与美国CBN公司合作实施癌症康复工程，资助灾区和贫困地区患者接受救疗。另外，中华慈善总会启动了复明工程，旨在帮助白内障患者恢复视力、重见光明，也获得较好的社会反响。

其五，慈善教育。"烛光工程"是中华慈善总会启动的最具影响力的慈善项目。1998年4月，中华慈善总会设立"烛光工程专项基金"，启动烛光工程，以期通过救助、培训的方式改善中国农村贫困教师的生活条件，提高其教学水平，促进中国农村教育事业的发展。至1999年，总会2次拨付基金110多万元，向510名贫困教师发放了一次性困难补助金，866名贫困地区优秀教师颁发了烛光奖励金。此外，在NCR（中国）公司的捐赠资助下，1996年5月，中华慈善总会设立星星雨孤独症儿童教育专项基金，开展相应的慈善助残活动。[①] 同年，中华慈善总会还资助金钥匙视障教育研究中心7万元，用于该中心培训256名辅导教师的费用。[②] 随后，联合香港建设服务基金、中国教育电视台一同为贫困地区学校援建电教设施，改善办学条件，并资助了高校1 000余名学业优秀的贫困大学生。

（二）全国各地慈善组织的成立与发展

当中华慈善总会还在筹备酝酿之际，1993年1月，吉林省慈善总会率先成立，这是新中国成立以来第一个经民政部门批准设立的省级慈善团体。从1993年冬至1994年春，北京、辽宁、安徽三个省市亦相继建立慈善协会（总会）。及至1994年4月中华慈善总会创立，全国有若干省、市正在筹建或准备筹设慈善组织。1994年5月7日，上海市慈善基金会成立。12月，浙江省慈善总会成立。在随后的数年里，直接冠以"慈善"名称的慈善组织在全国各地如雨后春笋般地设立。"据不完全统计，截至2000年底，全国共建立各级慈善组织306个，其中，省（市、自治区）级慈善会（基金会）25个，地（市）级慈善会109个，县（市）级慈善会106个，乡（镇、街道）级慈善会66个。"[③] 慈善事业呈现出新中国成立以来前所未有的繁荣局面。至2002年8月，全国30个省、直辖市、自治区中，仅江苏、河北、贵州、西藏4省、区尚未成立省级

[①][②] 中华慈善总会大事记（1996年）. http://www.ccf-online.org.

[③] 于学廉，吴凤华，倪凯林. 2000年中国慈善事业研究报告. 见：时正新主编. 中国社会福利与社会进步报告（2001）. 北京：社会科学文献出版社，2001. 157

慈善组织。① 下面，试以吉林省慈善总会、上海市慈善基金会、晋江市慈善会为例叙述中国当代慈善事业的发展。

作为第一个省级慈善组织，吉林省慈善总会在成立后的十年里，已组织开展了"关心孤儿献爱心""百家企业献爱心""千人微笑·万人站起来"等一系列有影响的慈善项目。至 2000 年底，累计募集善款达 1 000 万元，为孤儿、灾民、残疾人及贫病患者等特困群体送去了人间真情和社会关爱。② 吉林省慈善总会在赈灾方面也多有贡献。1998 年，嫩江发生百年未遇的特大洪涝灾害，该会即募集社会各界捐赠款物 1.05 亿元，有力支援了抗洪抢险和灾后重建工作。2003 年春季 SARS 疫情发生后，又及时筹措安排近 400 万元善款，走访慰问一线医护人员，还为全省各县、市配备了 120 台抗击非典专用车辆。在吉林省慈善总会的示范下，全省 9 个市（州）、60 个县（市、区）普遍建立了慈善组织和队伍，发展了人数众多的志愿者，形成了"组织建设有规模、开展慈善活动有影响"的良好局面。各级慈善组织根据资金丰盈状况也开展一系列扶贫、济困、助困、助残、助医等慈善活动。吉林省不仅在全国最早建立慈善组织，而且在全国率先规范慈善捐赠活动。2002 年，出台了《关于全省开展社会慈善捐赠活动的实施意见》，规定除发生全省性重大自然灾害外，每年只集中开展一次社会慈善捐赠活动，各级慈善组织受民政部门委托，负责日常工作。该法规很好地解决了以往存在的重复捐赠、交叉捐赠、层层捐赠的问题，减轻了群众负担，增强了资金使用透明度。《实施意见》得到中华慈善总会的肯定和各省、市慈善组织的赞同，认为它在规范捐赠方面提供了新的思路。实施效果也的确明显。从 2002 年起，吉林省慈善总会每年组织开展一次"慈善救助双日捐"活动，捐赠额呈逐年上升趋势，2002 年为 5 568 万元，2003 年为 6 678 万元，2004 年为 7 060 万元，3 年累计达到 1.9 亿多元。③

上海市慈善基金会自成立以来就长期秉持"依靠社会办慈善，办好慈善为社会"的方针，通过广泛的宣传发动，调动各方力量，采取多种形式，不断开拓新的募捐渠道，使募集基金的总量持续增长，到 2004 年 4 月底共募集基金 8.5 亿元。募捐之目的在于开展慈善救助。10 年中，上海市慈善基金会共出资 4.7 亿元（其中物资 5 000 万元），救助 38 余万人次。同时，还成立慈善义工总队，招募爱心人士，更好地为弱势群体提供服务。基金会还按照国际惯例，对基金的募集、管理和使用等运作环节，制定严格的规章制度，并聘请法律顾问和会计顾问，对基金的收支情况进行年度审计后

---

① 参见：周秋光，曾桂林. 中国慈善简史. 北京：人民出版社，2006. 389. 江苏省慈善总会成立较晚，在苏州、徐州、无锡、南京等市都有慈善会后才于 2005 年筹设，但发展势头良好，仅 1 年时间，江苏全省的慈善基金就达到 17 亿元人民币。
② 周秋光，曾桂林. 中国慈善简史. 北京：人民出版社，2006. 398.
③ 李玉林. 慈善大手笔. 北京：中国社会出版社，2008. 25.

向社会公布，接受社会监督。① 进入 21 世纪后，上海市慈善基金会经过不断探索，开拓创新，慈善救济取得了令人瞩目的业绩，并形成了一些有品牌知名度的慈善项目。

在县、市级慈善组织中，晋江市慈善总会很有特色。晋江市慈善总会于 2002 年 8 月开始筹建，在短短 4 个月的时间里筹募慈善资金达 7 460 多万元。到 2003 年慈善资金募集额突破 1 亿元，达 10 268 万元，成为全国第一个慈善基金超亿元的县级慈善机构。2005 年 10 月，晋江市慈善总会的慈善基金已达 11 601 万元。晋江市慈善组织具有很强的民间特色，总会会长、副会长均由民营企业家担任。②

当然，受经济和社会发展水平等因素的影响，就全国范围来讲，慈善事业的发展存在着明显的区域差异。东南沿海和京、津地区经济较发达，慈善组织的数量、募捐能力都高于西部地区。上述两个省、市慈善组织由于成立较早，实施得力，其慈善活动在全国都有相当的影响。总的来说，在 20 世纪 90 年代中后期，慈善事业在全国各地复苏，并得到快速发展。

但我们也注意到，各地的慈善协会（总会）多由民政部门牵头设立，多少带有官方色彩或官办性。与之相比，这一时期出现的一些宗教慈善团体就纯粹为民间性质。如向称"闽南佛教圣地"的厦门南普陀寺，1994 年 12 月创办起南普陀寺慈善基金会，设立慈善处、佛经流通处、义诊院等慈善设施，"到 1995 年底在社会慈善方面捐款 73 万余元，为文化教育事业捐款 16 万余元"。目前，南普陀寺慈善基金会拥有海内外会员 2 万余人，慈善捐赠已达 1 000 多万元。③ 自 20 世纪 90 年代以来，河北省佛教协会设立佛教慈善功德会，开展救济孤儿、向贫困生提供助学金及其他功德事业；山西佛教协会亦创设五台山佛教功德慈善总会，致力于扶贫济困和其他社会慈善捐助活动。无锡祥符禅寺本着"济世利民、慈悲喜舍"的宗旨，大力参与捐资助学、济困扶贫、助医救灾等多项慈善活动，从 2000 年至 2003 年，短短四年时间，累计捐助各种善款达 1 000 多万元，其中，西藏、青海、新疆等西部民族地区是其捐资助学的重点。2000 年，祥符禅寺捐资 60 万元在青海建造喜饶嘉措教学楼 1 栋；2001 年又捐助 30 万元建设青海循化县道帏乡古留中学教学楼工程；2003 年再出资 60 万元帮助西藏拉萨堆龙德庆县援建希望小学 1 所。

综观 20 世纪末各地方性慈善组织的慈善活动，可归纳出如下特点：

其一，慈善活动形式多样，社会影响日益广泛。地方性慈善组织在成立之后，大都举办了以赈灾募捐、扶贫济困、助残扶弱、安老恤孤为主要内容的慈善活动，并在

---

① 徐麟主编. 中国慈善事业发展研究. 北京：中国社会出版社，2005. 47~48
② 李玉林. 慈善大手笔. 北京：中国社会出版社，2008. 31
③ 上海市慈善基金会，上海慈善事业发展研究中心编. 慈善理念与社会责任. 上海：上海社会科学院出版社，2008. 266~267

当地产生了较大影响。1995—2000年,天津市慈善协会在成立后的5年间先后多次发动社会力量,募集2 000多万元善款,开展了13次大型社会救助活动(如"冬季助困""慈济助学"等项目),使15 000人直接受益。[①] 济南慈善总会亦发起"我为慈善一日捐""贴花募捐""春蚕助才劝募"等活动,多形式多渠道地开展募捐,扶助困难群体。每逢春节、中秋等传统佳节,各地慈善会还开展"送温暖、献爱心"活动,送年货,或发放救助金,为贫困家庭筑起一道爱心桥。在重阳节、助残日,许多慈善组织也有针对性地开展安老助孤、帮残济困行动,为弱势群体提供物资救助和精神抚慰。平时,这些地方性慈善组织的善举都立足本地,服务本地,但一遇其他地区发生重大自然灾害,它们并不囿于狭隘的地域观念,也量力而行地参加灾区的救济行动。这些慈善救济活动的蓬勃开展,不仅救助了众多的弱势人群,还进一步扩大了慈善事业的社会影响,营造了良好的社会风气。

20世纪90年代末,各地在开展慈善救济的过程中,不断摸索,开拓创新,出现慈善教育机构、慈善医院和慈善超市三种新的救助方式,取得明显成效。

一是慈善教育。1995年1月,上海市慈善基金会和上海第二工业大学联合创办上海慈善教育培训中心,减免费为特困、残疾、重病康复者或下岗人员提供实用技能培训,在全国率先开展慈善教育。后因国有企业改革的深化,上海出现大量下岗工人。从1996年开始,该中心确定慈善教育的重点是为下岗失业人员进行再就业培训。1997年1月,上海市慈善基金会正式推出"慈善教育万人培训"计划,开设家电维修、美容美发、点心制作、家政服务等20多种实用性、技能性强的培训项目。至2004年4月,上海市慈善基金会为此支付培训经费达1 000万元(其中香港汇丰银行慈善基金捐赠300万元),共培训学员37 000人,约半数已成功实现再就业。[②] 2004年2月,慈善教育培训中心又实施"外来媳妇就业技能培训"项目,截至2005年9月15日,"共有6 060外来媳妇接受培训,上岗人数达到3 515名,上岗率为58%"[③],项目取得一定效果。

二是慈善医院。许多地方性慈善协会成立后,定期或不定期地推出"慈善义诊日",方便贫病者就诊。随着这些慈善医疗活动常年开展,其管理运作日渐规范化、制度化,慈善医院遂应时而生。1998年11月,全国第一所慈善医院在广州市建立并投入使用。2000年6月8日,南京市慈善总会联合雨花台区中医院开办雨花区慈善医疗门诊部,即日起减免费为贫病市民诊治。[④] 2001年,在上海市慈善基金会浦东办事处的

---

① http://www.ccf-online.org/orgnization/
② 上海市慈善基金会,上海慈善事业发展研究中心编. 慈善:关爱与和谐. 上海:上海社会科学院出版社,2004. 327~328
③ 上海市慈善基金会,上海慈善事业发展研究中心编. 转型期慈善文化与社会救助. 上海:上海社会科学院出版社,2006. 351
④ 周秋光,曾桂林. 中国慈善简史. 北京:人民出版社,2006. 393~394

积极推动下,上海浦东慈善医院通过定向募捐的方法正式成立,慈善医院配合市基金会"慈善医疗门诊"项目的开展,每年为新区5 000名无医保的困难对象每人免费提供价值近千元的医疗服务;后又从2003年起每年向5 000名协保、失业的困难对象发放"慈善爱心就诊卡"。2003年,浦东慈善医院共为4.4万余人次的"吃低保、无医保"对象提供约418万元的免费医疗;为下岗、协保人员减免医疗费用约105万余元。为方便边远郊区贫病者就诊,慈善医院还定期派"慈善医疗队"送医下乡,确保病人能得到及时诊治。① 慈善医院的开设,使许多贫病者获得及时治疗,身体得到康复,并减轻了其家庭的经济负担。

三是慈善超市。慈善超市又称"爱心超市""扶贫超市"。2002年7月,辽宁省沈阳市创建全国第一家扶贫超市。其最初的功能是"借助超市的形式,把社会捐赠物资归类上架,救助对象可以凭借民政部门发放的救助卡到超市限额低价或免费领取所需要的物品。它的出现改变了传统'你捐我受'的救助方式,服务更加人性化,起到了很好的社会效果。"② 2003年5月18日,上海率先将超市冠以"慈善"之名,正式建立慈善超市,由此揭开我国慈善超市发展的帷幕。此后,武汉、广州、济南、苏州、扬州等城市也陆续建成一批慈善超市。2004年,由于民政部的提倡和推动,③ 慈善超市如雨后春笋在全国普遍建立。到2004年底,全国已建成慈善超市1 842个,2005年底时增至3 076个,2006年仍在不断增多。④ 如江苏扬州,2003年12月,琼花观社区慈善超市开市,成为扬州第一家慈善超市。至2006年初,扬州广陵区"已有7家慈善超市,共募集捐款捐物折合人民币25万元,救助困难居民1 000多人次。"⑤ 2005年上半年,上海普陀区在6个街道3个镇、闸北区在8个街道1个镇已全部建立起社区慈善超市。及至年末,上海全市共成立慈善超市36家。⑥ 慈善超市的出现,成为新时期我国慈善事业的一种新型救助方式。

其二,慈善组织网络逐步形成,并向乡镇、街道等基层延伸。世纪之交,随着各省慈善会的相继成立,许多地级市也普遍建立慈善组织,一些县级、区级慈善会也陆续出现。1994年底,浙江绍兴市及市辖新昌、诸暨、上虞、越城等县级市、区,都建

---

① 上海市慈善基金会,上海慈善事业发展研究中心编. 慈善:关爱与和谐. 上海:上海社会科学院出版社,2004. 261

② 蒋积伟. 论慈善超市市场化. 广东行政学院学报. 2008,4:90

③ 2007年7月,民政部发出通知,要求各地民政部门在全国大中城市推广和建立慈善超市。通过这一社会捐助新模式,加强对城市困难群众的经常性生活救助,并争取用两到三年时间,在全国大中城市普遍建立慈善超市。

④ 王先进. 当前我国慈善超市的特点和发展困境. 广东青年干部管理学院学报. 2007,6:55

⑤ 刘世领. 社区慈善超市里的"爱心故事". 社区. 2006,5:24

⑥ 上海市慈善基金会,上海慈善事业发展研究中心编. 转型期慈善文化与社会救助. 上海:上海社会科学院出版社,2006. 316,314

有慈善组织。2000年，江西赣州所辖1区2市15县全部建立起慈善会。更值得注意的是，慈善组织还出现了向乡镇、街道基层延伸的趋势，形成慈善救济网络，救助覆盖面进一步扩大。1994年4月，绍兴市区戢山街道慈善分会成立，这是浙江省第一个街道慈善机构。1996年8月6日，广州首个基层慈善组织文昌街道慈善会也正式创立。1997年5月，绍兴市禹陵乡慈善会设立，成为浙江省第一个乡镇慈善组织。至2000年，全市136个乡镇中已建立慈善组织的有36个，占26%，成为浙江省慈善组织发展最快的地区。至2000年，天津市红桥区已建有16个基层慈善会。江西赣南地区也于同期建立起149个县、乡镇级慈善会。① 慈善组织的网络化，慈善活动的常态化，使得中国大陆的慈善事业得到迅速恢复，并走向全面兴盛。

第三节　新世纪初期中国慈善事业的新发展

进入新世纪后，国家对慈善事业的地位和作用日益重视，出台和完善了一系列慈善政策法规，社会各界对慈善事业的关注程度与支持力度日渐增强，民众对慈善事业的参与热情日趋高涨，中国慈善事业在短时期内获得了迅速发展，无论是慈善组织的数量与规模，还是慈善资金的筹募金额，都有很大增长，达到前所未有的水平。慈善事业在扶危济困、救灾助学等方面发挥了极其重要的作用，产生了重大社会影响。

一、当代中国的慈善政策与法规

2001年3月，九届人大四次会议审议通过的《国民经济和社会发展第十个五年规划纲要》提出"发展慈善事业"的要求。随后，党和政府对慈善事业给予了越来越多的关注，政策支持力度逐渐加强。2004年10月，中共十六届四中全会决议第一次明确提出，要"健全社会保险、社会救助、社会福利和慈善事业相衔接的社会保障体系"，并以之作为"构建社会主义和谐社会"的一个重要目标。将"慈善事业"写入党的文献，这在中国共产党80余年的发展史上是前所未有的。这表明，作为社会保障体系的重要组成部分，慈善事业已受到党和国家领导人的重视。2005年3月，温家宝总理向十届人大三次会议作《政府工作报告》，代表中国政府明确提出"支持慈善事业发展"。同年11月，民政部联合中华慈善总会召开了首届中华慈善大会，设"中华慈善奖"，表彰在赈灾、扶老助残、济困救孤、助学助医以及支持文化艺术、环境保护等公益慈善领域作出突出贡献的个人、机构和项目。会议期间，民政部公布《中国慈善事业发展指导纲要（2006—2010）》。《纲要》提出了未来5年发展慈善事业的总体要求、主要

---

① 周秋光，曾桂林. 中国慈善简史. 北京：人民出版社，2006. 390

目标和工作原则,提出了发展慈善事业的基本政策和措施,并将慈善立法纳入立法规划。① 同年召开的中共十六届五中全会上,党中央更加明确地提出了"支持社会慈善、社会捐赠、群众互助等社会扶助活动";"加快完善社会保障系"的要求。2006 年 3 月,在十届人大四次会议上,"开展社会慈善"再次被写入《国民经济和社会发展第十一个五年规划纲要》。10 月,中共十六届六中全会通过《中共中央关于构建社会主义和谐社会若干重大问题的决定》,再次提出要"逐步建立社会保险、社会救助、社会福利、慈善事业相衔接的覆盖城乡居民的生活保障体系";"发展慈善事业,完善社会捐赠免税减税政策,增强全社会慈善意识"。2007 年中共十七大召开,大会报告对以往的提法进行了补充修改,指出"要以社会保险、社会救助、社会福利为基础,以基本养老金、基本医疗、最低生活保障为重点,以慈善事业、商业保险为补充,加快完善社会保障体系"。这些事实说明,新世纪以来,慈善事业已引起党和国家前所未有的高度重视,屡屡出现于党和政府的重要文件,确立了慈善事业在我国国民经济和社会发展中的地位。中央的积极倡导,为慈善事业的发展提供了极为有利的政策保障。此外,中央和地方政府出台的一系列规范性法律法规,也推动着慈善事业发展走上法治轨道。②

20 世纪末,在中国慈善事业恢复发展初期,国家已颁行《红十字会法》(1994 年)和《公益事业捐赠法》(1999 年)。但这两部法律,一部属于专门的特殊立法,仅适用于与红十字会相关的慈善活动;另一部也仅规范和调整慈善事业发展过程中的部分问题。法律法规建设远远滞后于慈善事业的实际,制约了中国慈善事业在新世纪向广度和深度发展。2003 年春夏之交,一场突如其来的灾害——非典型肺炎(简称"非典",SARS)肆虐中国南北,酿成巨大的人员和财产损失。然而,这起突发的公共卫生事件,却在客观上推动了中国慈善事业的法制化进程。2003 年 4 月 30 日,财政部、国家税务总局联合发出通知:"对企业、个人等社会力量向防治非典事业捐赠的现金和实物,允许在缴纳所得税前全额扣除。"这是我国首次针对突发性公共卫生事件及重大自然灾害出台的税收优惠政策。③ 此前,包括 1998 年抗洪赈灾时的捐赠活动,都没有如此优惠的税收减免规定。④ 这项税收优惠政策的出台,极大地提高了社会力量捐助的积

---

① 中华人民共和国民政部. 中国慈善事业发展指导纲要(2006—2010). 中国民政. 2006,12
② 刘京主编. 中国慈善捐赠发展蓝皮书(2003—2007). 北京:中国社会出版社,2008. 14
③ 刘京主编. 中国慈善捐赠发展蓝皮书(2003—2007). 北京:中国社会出版社,2008. 6
④ 当时,税法对公益慈善捐赠的优惠政策主要有两条:一是 1994 年 1 月 1 日起施行的《企业所得税暂行条例》第六条,其第四款规定:"纳税人用于公益、救济性的捐赠,在年度应纳税所得额 3% 以内的部分,准予扣除。"且减免税仅限于纳税人是通过国内非营利社会团体(包括青基会、希望工程等)、国家机关向公益事业和受灾地区捐赠者,如直接向受赠人捐赠者不允许扣除,仍须照章纳税。二是 1994 年 1 月 28 日颁行实施的《个人所得税暂行条例》第二十四条,规定"捐赠额未超过纳税义务人申报的应纳税所得额 30% 的部分,可以从其应纳税所得额中扣除。"

极性，同时也促进了社会公益慈善事业的发展。非典期间，社会各界捐赠的善款接近40亿元，而中华慈善总会、中国红十字会以及其他基金会等民间组织所募集的资金占有相当大的比重。① 这些民间慈善组织在防治非典中显示出的积极作用，更赢得了广泛的社会赞誉，党和政府不能不重新估量、充分认识它们在社会发展中的地位和作用。因而，非典过后，科学发展观、和谐社会等一系列具有强烈价值取向的社会发展目标的提出，促使中国的慈善政策法规开始进行较大调整，不断走向完善。

2004年3月8日，国务院公布《基金会管理条例》，自6月1日起施行，同时废止1988年颁行的《基金会管理办法》。新条例将基金会分为公募基金会和非公募基金会，非公募基金会包括企业和个人设立的基金会。同时，允许港澳台同胞和外国人设立基金会，允许境外基金会在中国内地设立代表机构。条例还对基金会的设立、变更和注销、组织机构、财产管理和使用、监督管理及其法律责任作了详细规定。如条例对基金会支出就有明确规定："公募基金会每年用于从事章程规定的公益事业支出，不得低于上一年总收入的70%；非公募基金会每年用于从事章程规定公益事业支出，不得低于上一年基金余额的8%。基金会工作人员工资福利和行政办公支出不得超过当年总支出的10%。"② 这些条款对规范基金会的组织和活动，维护基金会、捐赠人和受益人的合法权益，促进和鼓励社会力量参与慈善公益事业起到了积极作用。

与此同时，政府也通过税收立法，加大对慈善事业的支持力度，给予慈善捐赠人更多的税收减免优惠。2007年，全国人大修正通过了《企业所得税法》《个人所得税法》，分别于2008年1月1日、3月1日起施行。新《企业所得税法》规定："企业发生的公益性捐赠支出，在年度利润总额12%以内的部分，准予在计算应纳税所得额时扣除"，取代了原来"在年度应纳税所得额3%以内准予扣除"的条款。新《个人所得税法》也规定："个人将其所得通过中国境内的社会团体、国家机关向教育和其他社会公益事业以及遭受严重自然灾害地区、贫困地区的捐赠，捐赠额未超过纳税义务人申报的应纳税所得额30%的部分，可以从其应纳税所得额中扣除。"这两条规定，都在一定程度上提高了公益、救济性捐赠税前扣除的额度，有助于鼓励慈善捐赠的积极性。

志愿服务与慈善事业也有紧密的联系。20世纪90年代初期以来，志愿服务在全国许多大中城市蓬勃兴起，并有方兴未艾之势。为此，一些省市开始尝试制定地方性法规和政策，以指导和推动慈善志愿者队伍建设，加强规范化管理。1999年，广东省通过了《广东省青年志愿服务条例》，成为国内较早进行相关立法的省份。2001年8月，山东也出台《山东省青年志愿服务条例》。近几年，志愿服务立法在我国继续发展。2004—2005年，浙江杭州、宁波也先后颁行《杭州市志愿服务条例》《宁波市青年志愿

---

① 刘京主编. 中国慈善捐赠发展蓝皮书（2003—2007）. 北京：中国社会出版社，2008. 6~7
② 陈金罗等. 中国非营利组织法的基本问题. 北京：中国方正出版社，2005. 170~175

服务条例》。2005年7月1日,《深圳市义工服务条例》正式公布实施。① 这些地方性法规大都规定了义工和义工服务组织的权利和义务、义工和服务对象之间的关系以及义工组织所承担的法律责任等方面的内容。它们的制定颁行,对于规范鼓励地方志愿服务事业起到了促进和推动作用,为义务工作的开展营造了良好的法制环境。

政策倡导的加强和法律法规的出台,表明进入新世纪后,中国发展慈善事业的社会大环境已日渐成熟,慈善事业进入一个快速发展时期。

二、慈善事业的新发展

(一) 慈善组织数量的快速增长

2004年6月1日,《基金会管理条例》正式实施之日,旅美华侨叶康松捐赠原始基金200万元发起的"温州市叶康松慈善基金会"获浙江省民政厅批准设立,这是新条例施行后第一个成立的地方性非公募基金会。不久,上海市民政部门亦批准了上海福岛自然灾害减灾基金会等4家基金会的申请立案,成为上海首批非公募基金会。随之,山东、宁夏等地也成立了非公募基金会。② 2005年6月,经国家民政部批准,广东香江集团董事长翟美卿、刘志强夫妇捐资5 000万元设立香江社会救助基金会,其资助领域主要是教育、体育、医疗及救灾等。这是新条例实施后第一个成立的全国性非公募(私立)基金会。新条例催生的地方性非公募基金会则为数更多。据民政部统计,截至2006年底,全国基金会总数已达1 144个,比2005年增长13.9%。其中,非公募基金会349家(在民政部登记的有29家)。③ 在政策的鼓励下,中国人设立基金会的热情得到极大释放,腾讯公益慈善基金会、李连杰壹基金、嫣然天使基金都是在这期间成立的。其他各类慈善公益组织,也因新税法的出台、优惠政策的倾斜,创设的数目逐年增多,中国慈善事业由此获得了新的发展动力。

(二) 慈善捐赠的持续升温

随着税法优惠政策的出台和国民慈善意识的普及,我国公众和企业的慈善捐赠热情被激活,慈善捐赠款物的数额逐年增多。

2003年,因非典型肺炎疫情爆发,财政部和国家税务总局曾于4月30日下发通知,对企业和个人等社会力量向防治非典事业捐赠款物,允许在缴纳所得税前全额扣

---

① 上海市慈善基金会,上海慈善事业发展研究中心编. 志愿服务与义工建设. 上海:上海社会科学院出版社,2007. 44
② 王高利. 公益在行动. 北京:五洲传播出版社,2006. 106
③ 刘京主编. 中国慈善捐赠发展蓝皮书(2003—2007). 北京:中国社会出版社,2008. 22

除。这一免税新规的出台,很快点燃了社会各界的捐赠热情。5月2日,新规颁布仅3天时间,北京市共收到各界捐款1.66亿元,捐物折合1 755万元,所收捐赠款物总额较此前一月增长了1倍多。截至5月12日,全国各级民政部门、卫生部门、红十字会以及中华慈善总会系统共接收抗非防疫的社会捐赠款物达9.61亿元。此后民众和企事业单位的捐赠热情未减,捐赠规模不断扩大。据年底统计,全年接收非典捐赠善款善物将近40亿元。① 据2004年公布的中国慈善排行榜,2003年49位上榜企业家总共捐赠10.2亿元现金和物资。其中,世纪金源集团董事局主席黄如论先生成为当年最慷慨的慈善家,捐赠总额为2.1亿元,主要用于非典防治和教育;贵州神奇集团董事长张芝庭和天津天狮集团总裁李金元也分别捐献了1.28亿元和6 600万元,分列第二、三位。② 中国企业开始积极地承担起社会责任,自愿捐助社会公益,支持慈善事业。2004年,上榜的135位企业家向慈善公益领域捐款亦接近10亿元。2005年,162位上榜企业家年度捐赠总额达15.9亿元。③ 除上榜企业家外,其他企业和普通民众的捐赠数额也相当可观。2006年全国募集的慈善捐款物约合100亿元,其中各类慈善组织募集善款65亿元,其余为通过政府渠道所筹集的资金。④ 2007年,国内企业和个人的慈善捐赠款物总额达到223.16亿元,据初步估计,约占当年全国GDP的0.09%。捐赠数额已较上年增长123%。此外,还有境外捐赠总额86.09亿元。2007年,全国慈善捐赠呈现出两大亮点:一是全年平民捐赠达32亿元,约占境内捐赠总额的1/7;二是亿元捐赠渐成风气,全年过亿捐赠13起。⑤

(三)慈善事业发展的新动向

1. 企业慈善方兴未艾,企业的社会责任逐渐增强

现代社会衡量一个企业成功与否,不仅要看企业的经济效益,还关注企业的社会责任,从事慈善公益事业正是企业社会责任的重要体现。⑥ 近年来,随着国内媒体、学界、NGO以及公众对员工权益、环境污染等社会问题的热论,企业界开始重视社会责任,并积极投入和参与慈善公益活动中。据2006年公布的慈善捐赠排行榜显示,2005年,捐赠金额在100万元以上的国内上市公司有44家,跨国公司有42家,其中,中国

---

① 刘京主编. 中国慈善捐赠发展蓝皮书(2003—2007). 北京:中国社会出版社,2008. 6~7
② 2004中国慈善排行榜. 见:刘京主编. 中国慈善捐赠发展蓝皮书(2003—2007). 北京:中国社会出版社,2008. 190~192
③ 刘京主编. 中国慈善捐赠发展蓝皮书(2003—2007). 北京:中国社会出版社,2008. 163
④ 刘京主编. 中国慈善捐赠发展蓝皮书(2003—2007). 北京:中国社会出版社,2008. 36
⑤ 刘京主编. 中国慈善捐赠发展蓝皮书(2003—2007). 北京:中国社会出版社,2008. 38~39
⑥ 上海市慈善基金会,上海慈善事业发展研究中心编. 慈善理念与社会责任. 上海:上海社会科学院出版社,2008. 158

联通和索尼（中国）公司分别捐款 890.2 万元、5 215.09 万元，分列两榜之首。① 而据 2007 年中国慈善排行榜的有关数据，2006 年，捐赠金额在 100 万元以上的企业（不分民企、国企与外企）共有 188 家，其中，中国石油化工集团公司捐款 2.19 亿元位居首位，而国家电网公司、深圳富士康企业集团、中国石油天然气集团公司、东方高尔夫国际集团也捐款过亿元，位列第二至第五名。②

  在开展慈善捐赠的同时，一些企业还成立自己的基金会，或在全国、地方慈善组织中成立"冠名"基金、"冠名留本"基金。从 2005 年起，广东日生集团深圳市日生实业有限公司与中华慈善总会开展长期合作，共同设立"阳光专项资金"，由企业在 5 年内捐赠 5 000 万元（首批捐赠款为 300 万元），用于建设救助艾滋病孤儿的"阳光慈善家园"。年底，第一个"阳光慈善家园"在河南周口市郸城落成。③ 2005—2006 年，丰田汽车公司向宋庆龄基金会捐赠 2 000 万元，设立"丰田助学基金"；吉利汽车公司向中国教育发展基金会捐赠 5 000 万元，启动"吉利教育资助计划"；奇瑞汽车公司与中华社会文化基金会合作设立"奇瑞 21 世纪东方之子公益基金"，累计捐助 1 200 万元，同时还在全国 35 所高校设立"奇瑞东方之子奖学金"，资助贫困学子完成学业。④ 2006 年，国海证券发起成立国内证券业第一个慈善基金会——"广西国海扶贫助学基金会"，首批资助广西区内的 1 000 名贫困大学生。随后，易方达基金公司捐赠 1 000 万元设立"易方达教育基金会"。2007 年，招商证券公司捐资 1 200 万元，在中国红十字会下设立专项"招商证券博爱基金"，用于资助"中国红十字心灵阳光工程"公益项目，以及为改善落后地区医疗设施而设立的"博爱乡村卫生站"。⑤ 2007 年 6 月 7 日，兴业银行捐资 1 000 万元设立"兴业银行慈善助学金"。⑥ "冠名留本基金"最先是在民营经济较发达的江浙地区出现的。运营模式为：企业与慈善会订立合作协议，设立基金会，基金本金仍留在企业，由企业运作和管理，企业承诺在若干年内确保每年基金增值 5%～10%，并将增值部分全部捐赠给慈善会。慈善会根据捐赠企业的意愿，实施专项救助，并将每年救助情况向企业通报。这一慈善救助新模式在宁波、台州等地发展迅速。2005 年，宁波市鄞州区在短短 1 年间就有 16 家企业建立"冠名留本基金"，基金总额计 595 万元。此后两三年中，先后有 80 多家企业建立起此类基金，累计金额达 5 725 万元。⑦ 企业冠名留本基金在江苏常州、无锡等地也得到较快发展。它推动了

---

① 刘京主编. 中国慈善捐赠发展蓝皮书 (2003—2007). 北京：中国社会出版社，2008. 217～220
② 刘京主编. 中国慈善捐赠发展蓝皮书 (2003—2007). 北京：中国社会出版社，2008. 221～230
③ 李玉林. 慈善大手笔. 北京：中国社会出版社，2008. 160
④ 刘京主编. 中国慈善捐赠发展蓝皮书 (2003—2007). 北京：中国社会出版社，2008. 83，87
⑤ 刘京主编. 中国慈善捐赠发展蓝皮书 (2003—2007). 北京：中国社会出版社，2008. 91～93
⑥ 刘京主编. 中国慈善捐赠发展蓝皮书 (2003—2007). 北京：中国社会出版社，2008. 95
⑦ 刘京主编. 中国慈善捐赠发展蓝皮书 (2003—2007). 北京：中国社会出版社，2008. 49

慈善事业的发展,调动了企业捐赠的积极性。

2. 网络慈善渐成气候

所谓"网络慈善",是指慈善组织或门户网站使用互联网进行募捐,开展慈善救助,利用新媒体构筑起慈善宣传、募捐与救助的重要平台。随着21世纪初网络信息技术的迅速普及,互联网已成为人们社会生活的一部分,是人们获得时事资讯的重要渠道。于是,网络慈善应时而生。2006年9月,腾讯发起腾讯公益慈善基金会,2007年6月22日正式获民政部批准为全国非公募基金会,成为中国首家由互联网企业发起设立的公益慈善基金会。① 这也是国内较早通过网络平台进行慈善募捐与救助的慈善组织之一。2008年汶川大地震的发生,进一步扩大了网络慈善的影响,推动其臻于完善与成熟。震后数小时,国内许多门户网站迅即做出反应,推出专栏网页对灾区进行滚动报道,并开始倡议发起网上在线募捐。5月14日凌晨,网易率先发起"抗震救灾,共铸爱心丰碑"网上捐赠活动。随后,慈善组织也充分利用互联网的力量进行网络募捐,开展慈善救助。中国红十字基金会联合新浪网、李连杰壹基金和腾讯公益慈善基金会联合腾讯网、宋庆龄基金会联合PPLive网相继发起了网络在线募捐行动。搜狐、淘宝、天涯社区等国内知名网站及论坛也同许多慈善组织联手启动网上捐赠。中华慈善总会等慈善团体也在自己网站上公布捐赠热线、捐赠账户、地址,进行网络募捐活动。同时,国内各大网站与慈善组织均及时在网上公布捐赠者名单、捐赠款额以及使用去向,赢得了捐赠人的信任,增强了善款使用的透明度,提高了慈善组织的公信力。网络成为各界人士、特别是年轻人参与慈善事业的一个新途径,成为开展慈善募捐与救助的新平台。

3. 慈善品牌项目影响渐广,救助成效显著

"对于营利性企业来说,品牌是其赖以经营和参与竞争的基础,打造品牌是其赢得可持续发展的一个重要战略问题。慈善事业在其发展过程中,也必须重视打造品牌问题。"② 中国慈善事业经过十多年的恢复与发展,目前,一些慈善项目收到了明显的社会效益,在国内已具有相当的影响。2005年,在首届中华慈善大会上,就有12个慈善项目获得"中华慈善奖",见表9—2。

在这12个品牌项目中,"希望工程"发起时间早、运作规范、宣传力度大,是目前最为公众接受和认可的慈善项目,具有很高的知名度和美誉度。近年来实施的"新长城——特困大学生自强项目""中华红丝带家园"等项目也很注重宣传和推广,公众认知度较高,募集到大量物资和现金。据中国扶贫基金会统计,截至2006年底,仅国

---

① http://news.qq.com/zt/2009/xxc
② 林建鸿. 慈善·规矩·品牌——关于加快发展中国慈善事业的若干思考. 见:杨团,葛道顺编. 和谐社会与慈善事业. 北京:社会科学文献出版社,2007. 172

表 9—2　　　　　　　　荣获首届"中华慈善奖"的慈善项目

项目名称	实施机构	实施年数	受益范围	募捐款数
希望工程项目	中国青少年发展基金会	16 年	1 000 万人	25 亿元
春蕾计划项目	中国儿童少年基金会	16 年	150 多万	6 亿多元
中华健康快车项目	中华健康快车基金会	8 年	5 万多人	4 列列车
微笑列车项目	中华慈善总会	6 年	逾 10 万人	2 900 万美元
宣明会广西扶贫项目	世界宣明会广西项目办公室	6 年	66 个村	5 500 万元
"大地之爱——母亲水窖"项目	中国妇女发展基金会	5 年	100 多万	2.5 亿元
侨心工程项目	中国华侨经济文化基金会	5 年	11 万	4 800 万元
新长城——特困大学生自强项目	中国扶贫基金会	3 年	2 万多	4 600 万元
592 法律援助项目	中国法律援助基金会	2 年	592 个县	5 000 多万元
孤残儿童救助项目	中国社会工作协会	1 年半	200 万人	50 万美元（创始基金）
中华红丝带家园（河南上蔡）	中华全国工商业联合会	半年	76 名艾滋孤儿	658 万元
光彩事业项目	中国光彩事业促进会	12 年	200 万人次受训 210 多万人就业	500 多亿元（投资）

资料来源：杨淦，傅钵编著．漫话慈善．北京：新华出版社，2006

家开发银行、中国农业银行、中国民生银行、交通银行、招商银行等银行就累计向"新长城"项目捐款 3 000 余万元，直接帮助近万名特困生。[①] 2006—2008 年，民政部先后三次公布获得"中华慈善奖"的慈善项目，共计 36 个。[②] 在新形势新条件下，越来越多的慈善组织已意识到，慈善事业要发挥更大的作用，就必须要把自身及其开展的慈善项目打造成品牌，获得更多公众的认可和支持。品牌项目的塑造，救助效果的增强，成为目前和今后中国慈善事业发展颇值得关注的新动向。

第四节　中国慈善组织的国际交往

慈善是人类共同的追求，慈善事业是人类社会共同的、崇高而圣洁的事业。改革

---

① 刘京主编．中国慈善捐赠发展蓝皮书（2003—2007）．北京：中国社会出版社，2008．95
② 参见：杨团，葛道顺编．中国慈善发展报告（2009）．北京：社会科学文献出版社，2009．191~192

开放新时期，随着中国对外交往的不断扩大，一些著名国际慈善组织（如福特基金会）再度跨越重洋，在中国开展慈善活动。及至20世纪80年代末90年代初，随着中国各地慈善组织逐渐恢复，一些国际慈善组织遂寻求与国内慈善组织携手合作，共同实施慈善项目，或在我国发生重大灾害时向灾区捐赠款物，提供援助。伴随着中国社会经济的发展，国内慈善组织也开始跨出国门，积极主动地参与国际救援，参加国际会议，进行会际往来，在国际舞台上充分展示了当代中国慈善事业的发展水平。

一、实施国际慈善项目，参与国际慈善救援

在中国当代慈善事业恢复发展过程中，经中国政府批准，福特基金会等国际慈善组织在国内许多省市设立办事机构，独立开展慈善活动，或捐赠款物资助国内慈善组织。一些由国外慈善组织捐赠、国内慈善组织具体运作的国际慈善项目逐渐出现。10余年来，由国内外慈善组织合作实施的国际项目已达数十个，其中最具影响的当属"微笑列车"和格列卫项目。

"微笑列车"项目最初源于中华慈善总会1995年启动的孤残儿童康复项目——为西部贫困地区患唇腭裂孤儿进行免费矫治手术。由于项目获得成功，社会反响极大，引起了美国慈善组织"微笑行动"的关注。1999年，美国"微笑行动"与中华慈善总会签署合作协议，由美方捐赠外科医疗设备（价值1 500万美元），中方遴选专科医生，并开出医疗列车在国内100个城市进行巡诊，"微笑列车"项目由此全面启动。至2005年项目结束时，已有近7万名唇腭裂患者获得免费手术治疗，并在全国30个省、市、自治区建立了100多家医治唇腭裂患者的定点医院，形成覆盖面颇广的慈善救助网络，使得贫困患者有了更多被救治的机会。由此，"微笑列车"项目成为当代中国最有影响的慈善项目之一，也是迄今为止"我国慈善医疗救助史上最大的合作项目之一"。① 随后，双方又续签一项新合作协议，确定下一阶段的目标是将为贫困人群的唇腭裂患者免费修复手术的数量由每年1万例增加到3万例，定点医院由100多家增加到200家。②

格列卫项目全称为"格列卫全球患者援助项目"，是瑞士著名医药企业在全世界实施的慈善公益项目，旨在对贫困慢性粒细胞白血病患者给予无偿资助。2003年9月，瑞士诺华公司与中华慈善总会合作，在中国启动了这一国际慈善项目。项目第一期的援助对象主要是城镇低保和农村贫困人群，二期援助计划在一期的基础上，帮助那些临床证明应继续接受格列卫治疗、不享受任何医疗保险、已无力再继续支付治疗费用

---

① 李玉林. 慈善大手笔. 北京：中国社会出版社，2008. 71
② 李玉林. 慈善大手笔. 北京：中国社会出版社，2008. 119~120

的困难患者。① 该项目的启动，得到全国 30 个省、市、自治区慈善会的通力协作，一个完整的、上下联动的全国救助网络机制基本形成。中华慈善总会"格列卫患者援助项目"已经发展成为中国慈善事业的重要项目。在全国 27 个省市、自治区建立了 78 个项目医疗中心。至 2005 年，格列卫患者援助项目已向近 800 名慢性粒细胞白血病和胃肠道质肿瘤患者提供了总价值 5 亿元人民币的免费药品援助。②

  这些国际合作的慈善项目，在立项申请、组织实施、检查验收、项目监督与评估等诸多环节都有一整套规范、统一、严谨的操作规程，中国慈善组织参与其中，在学习、借鉴国际慈善界先进的管理理念及运作经验方面收获甚多。从实际情况看，各地项目执行机构在实施过程中，严格规范项目运作，照章办事，努力与国际接轨，提高自身执行国际慈善项目的能力。国际慈善项目的开展，不仅提高了慈善工作者的组织管理水平，也推动了中国慈善事业的进一步发展，提升了中国慈善事业在国际上的地位，扩大了影响。

  在项目合作之外，赈灾救灾是最能体现世界各国慈善组织的国际人道主义精神和宗旨的，也是世界各国慈善组织进行协作、合作的又一个重要平台。在这个平台上，我国主要由中华慈善总会、中国红十字会等数家全国性慈善组织参与。

  在 20 世纪 90 年代，我国发生多次严重自然灾害，一些国际慈善组织常常向各国呼吁为我国灾区进行募捐，提供援助，许多国家的慈善团体也有捐赠行为。如 1998 年抗洪救灾中，世界健康基金会、世界儿童基金会等机构向中华慈善总会分别捐赠 100 万元人民币、90 万美元的善款。这年 8—9 月间，中国红十字会还收到埃及红新月会提供的 3.7 吨药品、德国政府捐赠的 46.2 万元人民币；此外，丹麦、韩国、加拿大等国红十字会也将大批救援物资转赠中国红十字会。③ 这些善款善物，在开展灾民紧急救援方面发挥了积极作用。世纪之交，国际红十字会还协调加拿大、德国、美国、日本等国红十字会，资助中国红十字会建立了 6 个区域性备灾救灾中心。④

  在接受国际慈善组织援助的同时，对于遭受战乱和重大自然灾害的国家，我国慈善组织也常常施以援手，尽其所能地开展救助。尤其最近几年，中国社会经济继续保持快速发展，慈善资源得到较大改善，国际救援的力度随之加大。从 20 世纪 90 年代中期开始，中国红十字会"每年投入 600 多万元人民币对遭受战乱和自然灾害的国家进行人道主义援助"。⑤ 1999—2003 年间，中国红十字会积极开展国际人道主义救援工

---

① 李玉林. 慈善大手笔. 北京：中国社会出版社，2008. 108
② 李玉林. 慈善大手笔. 北京：中国社会出版社，2008. 115
③ 周秋光，曾桂林. 中国慈善简史. 北京：人民出版社，2006. 401~402
④ 中国红十字会总会编. 中国红十字会历史资料选编（1950—2004）. 北京：民族出版社，2005. 472
⑤ 中国红十字会总会编. 中国红十字会历史资料选编（1950—2004）. 北京：民族出版社，2005. 478

作,"共向 53 个遭受战乱和自然灾害的国家红十字会或红新月会捐赠了 266.5 万美元和价值 1 719 万元人民币的物资"。① 2004 年底至 2005 年初,为印度洋海啸灾区开展的募捐行动,堪称当代中国慈善组织参与国际慈善救助活动的典范。这也是近 30 年来中国慈善组织为国外灾区开展的一次捐赠规模最大、救助范围最广、募集款物最多的慈善行动,它充分展现了中国慈善事业蓬勃发展的新风采,表现出其积极参与国际慈善事务的新姿态。

2004 年 12 月 24 日,印度洋发生强烈地震和海啸。消息传来,中国红十字会和中华慈善总会立即启动全国紧急募捐,各地捐赠情形十分踊跃。截至 2005 年 11 月 30 日,中国红十字会共募集款物 4.43 亿元人民币,先后向 11 个受灾国提供 1 396 万美元的援款、价值 1 560 万元人民币的物资和服务(如国航提供的价值 450 万元人民币的包机运输费用),累计价值超过 1.5 亿元人民币。其余善款则主要用于灾后重建。为发挥善款的最大功能,中国红十字会先后派出 3 个考察组分赴印度尼西亚、斯里兰卡和泰国考察灾情。随后,中国红十字会根据受灾国的实际,独立或与中华慈善总会合作,开展大规模的灾后重建工作。截至 2007 年底,为印尼、斯里兰卡、马尔代夫、泰国等受灾地区兴建友谊村 9 个,修建永久性住房 1 487 套,以及医院、学校、社区诊所、活动中心、寺庙和红十字综合楼等。此外,香港、澳门特别行政区红十字会也为印度洋海啸灾区募捐了 6.5 亿元港币和 4 000 万澳元,并积极参与灾后重建项目。②

中华慈善总会在 2004 年 12 月至 2007 年 1 月间,也接收捐款人民币 25 645 万元。其使用情况具体为:(1)拨付 5 500 多万元(折合 655 万美元)紧急救援款给 11 个受灾国政府。(2)拨付 2 000 万元(折合 240 万美元)紧急救援款给印尼苏北华社赈灾委员会和印尼佛教总会两个民间团体,每社团各 120 万美元,帮助其安置灾民。(3)拨付印尼尼亚斯地震灾区 500 万元(折合 60 万美元);为巴基斯坦地震灾区购置和运输 13 000 顶棉帐篷,合计 4 000 万元。(4)通过民政部拨付 800 万元资助有关国际组织开展减灾项目。(5)拨付 12 000 万元在受灾最严重的印尼、斯里兰卡、马尔代夫三国修建灾民新村——友谊村,其中,印尼 6 000 万元、斯里兰卡 5 000 万元、马尔代夫 1 000 万元。至 2006 年 12 月,由中华慈善总会和中国红十字会合作援建的 3 个中斯友谊村已全部竣工,并交付灾民入住;2007 年,中印友谊村、中马友谊村也相继竣工。另外,还安排 300 多万元款项帮助灾民添置生活用品。此外,还根据捐献者的捐赠意

---

① 中国红十字会总会编. 中国红十字会历史资料选编(1950—2004). 北京:民族出版社,2005. 499,531~533

② 前言. 见:中国红十字会编. 博爱无国界——中国红十字会印度洋海啸救援纪实. 北京:国际文化出版公司,2007. 1

向，定向拨付善款 240 多万人民币。①

二、参加国际性会议

20 世纪 80 年代中国红十字会恢复工作以来，即开始以积极的姿态、务实的作风主动参与国际红十字运动。1993 年 5 月，中国红十字会在北京举办第四届亚太地区红十字会与红新月会议。会议期间，中国红十字会首先倡议并最终促成签订了《北京宣言》。② 1998 年 11 月，红十字会与红新月会联合会在越南河内召开第五届亚太地区红十字会与红新月会议。中国红十字会派代表参加，同与会各国代表进行广泛深入的讨论和磋商，最终通过《河内宣言》。③ 2002 年 11 月，中国红十字会代表团又参加菲律宾马尼拉举行的第六届亚太地区红十字与红新月会议。中国代表团成员有 8 人，为参会国最多。会议回顾了上届会议后各国红十字会依照《河内宣言》开展工作的情况，并对地区内最为关注的卫生、流动人口、灾害管理等三个问题进行讨论，最后通过《马尼拉行动计划》。④

1999 年 11 月、2003 年 12 月，中国红十字会先后两次组团参加第 27 届和第 28 届红十字与红新月国际大会。在会上，中国红十字会宣传和展示了其开展人道主义救援和慈善救助工作的业绩，并主动做出承诺，将"进一步加强并完善现有的 6 个区域性备灾救灾中心及省级备灾救灾中心"；"加强备灾救灾范畴内的相关培训工作"；"加强红十字会救灾工作的筹资能力和渠道，为更多的灾民服务"；加强社区红十字会的服务工作。⑤ 还与红十字国际委员会签订关于传播国际人道法的两个 3 年合作协议（1998—2001 年、2002—2004 年）

2002 年 5 月 8 日至 11 日，国际联合劝募协会 2002 年会在南非开普敦举行。中华慈善总会会长范宝俊、副会长张宝泽率中国代表团出席，代表团成员还有民政部官员、地方慈善会代表和热心慈善的企业家代表 30 余人。⑥

2006 年 5 月 2 日，国际联合劝募协会世界大会在澳大利亚墨尔本举行。由中华慈善总会和北京、安徽、浙江、河北、新疆、内蒙古等地方慈善组织组成的中国慈善代表团共 21 人参会。这次会议的重点议题是讨论与创建国际联合劝募组织的"全球标准"。该标准包括社会慈善、志愿精神、资源动员、治理与志愿者领导、财务公信力与

---

① 中华慈善总会. 致捐赠者. 见：李玉林. 历史的铭刻——中国慈善飞跃印度洋. 北京：中国社会出版社，2007
② 中国红十字会总会编. 中国红十字会历史资料选编（1950—2004）. 北京：民族出版社，2005. 291
③ 中国红十字会总会编. 中国红十字会历史资料选编（1950—2004）. 北京：民族出版社，2005. 371～374
④ 中国红十字会总会编. 中国红十字会历史资料选编（1950—2004）. 北京：民族出版社，2005. 451～453
⑤ 中国红十字会总会编. 中国红十字会历史资料选编（1950—2004）. 北京：民族出版社，2005. 468～469
⑥ 中华慈善年鉴编委会. 中华慈善年鉴 2002. 北京：2002. 304

透明度、声誉与关系、运作与管理等7款40条。此前的2005年底,亚太地区国际劝募慈善组织会议在北京召开时,中华慈善总会会长范宝俊与国际联合劝募会组织已进行了通报与商讨。① 这使得中国慈善组织在国际慈善舞台上扮演了有分量的角色,地位有了明显提升。

为借鉴国际经验,提高管理水平,国内地方性慈善团体也有主动发起召开国际慈善会议之举。2004年5月31日至6月2日,"上海国际慈善论坛"在沪举行。这是上海市慈善基金会成立十年来首次举办的大型国际交流活动,也是上海首次召开的以慈善为主题的大型国际会议。论坛得到国内慈善机构和社会科学界的热情关注和响应,中、日、英、美、德、俄、加拿大、爱尔兰、墨西哥、新加坡以及中国港台地区的30个慈善公益机构、250余名专家学者和慈善活动家参加了这次国际慈善盛会,并在论坛上广泛讨论慈善事业的历史与现状、政府与慈善、企业与慈善、社会与慈善、慈善基金募集与使用、慈善机构自身建设与管理等问题,交流和探讨国内外慈善事业的先进理念和实践经验。② 同年10月,为推进中国的慈善法制建设,中国慈善总会还在北京发起、召开国际慈善法律比较研讨会。③ 这些国际会议,对加快中国慈善事业的发展起到了一定的推动作用。

三、进行经常性会际交往

近年来,中国慈善事业发展迅速,各慈善组织与国外同行交流密切,会务往来增多,会际交往日趋频繁。鉴于中国红十字会和中华慈善总会在全国慈善事业中所处的地位,此处仅以二者为例进行讨论。

自20世纪50年代中国恢复在国际红十字会大家庭的地位后,中国红十字会与红十字会国际委员会、红十字会与红新月会国际联合建立了良好合作关系。近年来,双边交流更加活跃,实质性合作增加。在备灾救灾、无偿献血、社区服务、红十字青少年工作、艾滋病控制预防等方面,总会广泛开展与各国红十字会或红新月会的交流合作,先后与18个国家红十字会或红新月会签订或续签合作文件。1995年7月,应日本红十字会邀请,中国红十字会常务副会长顾英奇率团对日本进行友好访问,受到日本红十字会长山本正淑等的接见。双方就人员交流计划、血液事业合作计划进行会谈。④ 同时,中国红十字会也邀请国外同行组团访问我国。1999—2004年间,"总会和省级红

---

① 李玉林. 慈善大手笔. 北京:中国社会出版社,2008. 139~140
② 上海市慈善基金会,上海慈善事业发展研究中心编. 慈善:关爱与和谐. 上海:上海社会科学院出版社,2004. 404
③ 参见:中慈国际交流中心编译. 首届国际慈善法律比较研讨会论文集. 北京:中国社会出版社,2005
④ 中国红十字会大事记(1995),http://www.redcross.org.cn

十字会共接待国外来访团组 83 批 3 178 人次,组团出访 295 批 1 632 人次"。①

中华慈善总会自成立以来,十分注重与国外慈善机构开展工作交流。② 1996 年 7 月,美国、加拿大、泰国非赢利机构专家代表团来中华慈善总会访问,总会会长崔乃夫及总会常务理事、理事等 20 余人与代表团就非赢利组织发展问题进行了座谈和交流。1998 年 5 月,中华慈善总会代会长阎明复应邀率团访问总部设在美国的国际联合劝募协会,与该会负责人进行会谈。后代表团又应邀出席在牙买加举行的国际联合劝募协会第十三次世界大会。③ 进入新世纪后,中华慈善总会的会际交往日趋频繁。2006 年 1 月,以中华慈善总会会长范宝俊为团长的中国慈善代表团访问美国、秘鲁。在美国,代表团访问纽约葛瑞斯儿童基金会(该慈善组织主要收养中国孤儿)、国际联合劝募协会华盛顿总部以及盐湖城 LDS 慈善基金会,就慈善事业更好更快地发展问题进行了深入交流,并探讨了慈善组织如何制订完善的捐赠制度及对慈善项目的管理问题。在秘鲁访问了利马慈善会,考察利马慈善会的不动产和公墓管理以及慈善档案管理方面的情形。④

深度阅读

1. 刘京主编. 中国慈善捐赠发展蓝皮书(2003—2007). 北京:中国社会出版社,2008
2. 刘京主编. 中国慈善捐赠发展蓝皮书(2008). 北京:中国社会出版社,2009
3. 上海市慈善基金会,上海慈善事业发展研究中心编. 转型期慈善文化与社会救助. 上海:上海社会科学院出版社,2006
4. 上海市慈善基金会,上海慈善事业发展研究中心编. 慈善理念与社会责任. 上海:上海社会科学院出版社,2008
5. 田凯. 非协调约束组织运作——中国慈善组织与政府关系的个案研究. 北京:商务印书馆,2004
6. 徐麟主编. 中国慈善事业发展研究. 北京:中国社会出版社,2005
7. 杨团,葛道顺编. 和谐社会与慈善事业. 北京:社会科学文献出版社,2007
8. 杨团,葛道顺主编. 中国慈善发展报告(2009). 北京:社会科学文献出版社,2009
9. 郑功成等. 中华慈善事业. 广州:广东经济出版社,1999
10. 周秋光,曾桂林. 中国慈善简史. 北京:人民出版社,2006

---

① 中国红十字会总会编. 中国红十字会历史资料选编(1950—2004). 北京:民族出版社,2005. 499
② 中华慈善总会大事记(1996). http://www.ccf-online.org
③ 中华慈善总会大事记(1998). http://www.ccf-online.org
④ 参见:李玉林. 慈善大手笔. 北京:中国社会出版社,2008. 124~130

第十章
港澳台地区的慈善事业

港澳台地区的慈善事业发轫于明清之际,很大程度上是受闽粤两省善堂善会影响而兴起的,并与之联系密切。鸦片战争后,随着传教士的接踵而来,西方慈善观念逐渐传播,港澳台三地出现了中西慈善组织并存共生、竞争发展的格局,慈善事业发生重大变化。在近代百余年的发展进程中,港澳台慈善事业形成了中西合璧、传统与现代交融的特色。在推进本埠慈善事业发展的同时,三地慈善界也在中国内地积极开展赈灾恤贫、扶危济困等慈善活动。港澳台地区的慈善事业,是中华慈善事业一个重要组成部分。

第一节 香港的慈善事业

香港慈善事业的历史发展轨迹,大体可分为两个阶段:19世纪40年代至20世纪50年代为第一阶段,这是民间慈善组织自由发展、政府不干预的时期。西方教会的慈善机构以及华人的东华三院、保良局和乐善堂三大慈善组织,成为香港慈善事业的主体,其经费来源主要依靠海外和本埠募捐。20世纪60年代迄今为第二阶段,是港府介入慈善事务暨慈善组织多元发展时期。自20世纪60年代起,香港政府开始承担福利救济责任,从资金资助、政策规制方面加强了对慈善组织的管理,双方形成合作互补关系。20世纪80年代以后,各类慈善组织发展迅速。

一、西方教会的慈善活动

香港开埠之初,西方教会是香港慈善事业最重要的举办者。1841年,英军侵占港岛后,随军传教士收容了一些流浪儿童,并提供免费教育,作为传教工作的前哨,继而又开设诊所和医院,向附近的渔民赠医施药。"当传教士在香港建起教会的架构后,就马上从欧洲请来女传教士,为慈善事业加添人手。"① 1848年9月,法国沙德尔圣保禄修女会阿方西娜(Alphonsine)等4位修女最先来到香港。当时的香港路途上多有弃婴,且虚弱多病,她们觉得这是最紧要的工作,于是在铜锣湾海边筹建孤儿院,至年底收养了170个弃婴。1848年至1854年,香港圣保禄修会共收留弃婴1 360余名,对开埠初仅有3万多人口的香港而言,这已是一个很大的数目,从中反映出建立一所孤儿院的迫切要求。② 1851年,第二批修女来到香港,她们在湾仔建立修道院、教堂,并附设"神圣儿童院",它既是照顾弃婴的育婴院,亦是抚养孤女的孤儿院。③ 这种集慈善设施、教堂及修道院等机构于一体的做法,为日后教会各修道团体竞相仿效,成为教会慈善事业的特色。20世纪初,神圣儿童院的收容量已趋饱和,遂于1908年在跑马场开办分所。20世纪30年代,又在九龙半岛新办一所孤儿院。

1874年,香港圣保禄修会还建立一所老人病院,收留诊治年迈的妇女,由修女分派医药。1894年香港鼠疫流行,许多年迈妇女得不到治疗,圣保禄修女为此投入更多精力,对其进行照顾和医疗。不久后,病院由照顾伤残及年老妇女的疗养机构逐渐发展成一所综合性医院,1898年正式更名为香港圣保禄医院(St. Paul's Hospital)。该医院在20世纪初已收留中国内地各省妇女,1年入院治疗的妇孺约有2 000人。1914年以后,香港圣保禄修会在铜锣湾购地成立总部,继续开展慈善医疗服务。二战中,太平洋战争爆发后,香港受战事影响,难民增多,圣保禄修会遂在铜锣湾成立难民中心及医院,收容护理受伤与患病者。同时,在九龙半岛增建圣德肋撒医院,诊治病人。④

1848年,圣保禄修女首先在湾仔设立天主教中文书馆,教养8名贫苦学童。经过近30年努力,1876年最终创办为圣保禄书院(St. Paul's Convent School in Causeway Bay),内设英文部、法文部,1925年增设中文部。1927年又在跑马地创办圣保禄天主教小学部。⑤

由上可见,在近百年间,"圣保禄修会在香港的慈善活动不断发展、增长及演

---

① 梁洁芬. 一九六〇年代以前香港天主教会的慈善事业. 见:张学明,梁元生主编. 历史上的慈善活动与社会动力. 香港:香港教育图书公司,2005. 260
② 张学明. 香港圣保禄修会的慈善服务. 见:张学明,梁元生主编. 历史上的慈善活动与社会动力. 香港:香港教育图书公司,2005. 244
③ 张学明. 香港圣保禄修会的慈善服务. 见:张学明,梁元生主编. 历史上的慈善活动与社会动力. 香港:香港教育图书公司,2005. 247
④ 张学明. 香港圣保禄修会的慈善服务. 见:张学明,梁元生主编. 历史上的慈善活动与社会动力. 香港:香港教育图书公司,2005. 248~249
⑤ 张学明. 香港圣保禄修会的慈善服务. 见:张学明,梁元生主编. 历史上的慈善活动与社会动力. 香港:香港教育图书公司,2005. 252

变——从最初的孤儿院、育婴堂而至教育与医疗"①。20世纪50年代以后，随着香港政府福利政策的改进，香港圣保禄修会收养弃婴和孤儿的慈善活动日趋式微，但它仍秉承基督博爱精神，服务社群，将行善的重点放在教育及医疗方面。修会的两所医院——圣保禄医院、圣德肋撒医院在七八十年代获得较快发展，增添不少病床，为市民提供慈善医疗服务。它曾安置1960年香港石硖尾大火灾中的数万名无家可归的难民。在教育方面，修会兴办圣保禄中学、圣保禄学校，为适龄少女提供良好教育。

虽有论者批评19世纪来华的传教士是帝国主义及其文化侵略的急先锋与帮凶，但不能否认，他们举办的慈善事业对当地社会作出过积极贡献。从基督教（含天主教）在香港兴办的孤儿院、盲人院、感化院、医院等慈善设施及其活动内容来看，办学成为他们有效的传教工具。传教团体之间因宗派、信仰的不同，所办的慈善事业及善款筹募、管理运作上亦不尽相同，有时还存在竞争。②

20世纪以后，香港先后成立基督教青年会、女青年会，向外开展各项社会服务，募集善款，济贫助困。近半个世纪来，随香港社会的变迁，基督教应时而变，为适应社会需求成立了一些新的慈善组织，开展多种形式的慈善服务。如由圣公会于1935年创办的香港圣公基道儿童院，最初的职能为收容孤儿。为配合港府的社会福利政策，1993年改变模式，在沙田设立婴儿部，在港岛、九龙、新界各区成立24个儿童之家，为来自破碎家庭的儿童及青少年提供住宿照顾服务。同时还开展儿童健康发展综合服务，努力为香港儿童营造健康的成长环境。③ 1952年发起创设的香港基督教难民服务处，自成立后即不分宗派，向那些在体能、智力、情绪上有需要的人，提供教育、辅导及治疗等服务；并促进基督徒及一般市民对社会的关注，进而参与社会服务。新近30年来的基督教励行会、基督教施达基金会等教会慈善组织亦关注港岛的社区发展，为香港失业者、新来港人员、外籍佣工等人员提供职业辅导或实习机会，开展扶贫济困行动。在国际基督教会支持下，寰宇希望于1991年在香港成立，1993年注册为慈善机构。该组织除照顾贫乏的儿童和长者外，还推动教育、医疗等公益福利工作，通过举办职业、科技培训以及基础教育援助，增强社会上贫困的成年人和青少年的谋生能力，协助他们贡献社会。另设有长者服务中心，由义工定期探访并提供关爱服务。此外，还有数十个差会慈善组织为香港社会提供慈善救济、医疗、教育方面的服务，并成为现代香港慈善事业发展的一支不可忽视的社会力量。

---

① 张学明. 香港圣保禄修会的慈善服务. 见：张学明，梁元生主编. 历史上的慈善活动与社会动力. 香港：香港教育图书公司，2005. 237
② 冼玉仪. 一九七〇年代以前慈善活动在香港之发展与特征. 见张学明. 香港圣保禄修会的慈善服务. 见：张学明，梁元生主编. 历史上的慈善活动与社会动力. 香港：香港教育图书公司，2005. 182
③ www.skhsch.org.hk

二、华人社会中的著名慈善组织

东华三院、保良局和乐善堂是香港社会影响最广的三大华人慈善组织,均创办于晚清时期,迄今已有百余年的历史。

(一) 东华三院

东华三院,系东华医院、广华医院和东华东院的合称,是香港社会历史最久、规模最大的慈善机构。东华医院创设于1869年,其兴设的最初动因在于开埠后香港人口激增,医药需求日益剧增,以及港英政府采取歧视华人政策。当时,虽设有公医院,但纯用西医西药治病,收费昂贵,华人崇信中医,前去就医者甚少。一些贫病华民遂被送到设有义诊处的广福义祠,借以栖身。不久,义祠挤满了流浪汉和行将谢世者,卫生状况极为恶劣。被记者报道后,引起社会轰动,酿成1869年4月的"广福义祠事件"。事件发生后,以买办阶层和南北行商为主体的华人领袖们意识到兴建用中医中药治病的医院,为华人提供免费医疗服务已刻不容缓。不久,仁记洋行买办梁云汉等倡议筹设医院,得到华人社会中有力者的支持,筹得3万元。[①] 1870年3月,东华医院总局成立,4月,东华医院在太平山下举行奠基礼。经过近两年的建设,1872年2月14日,东华医院正式开幕。

东华医院成立后,广泛向在港华人开展慈善救济活动,诸如施赠医药、兴办义学、兴建义冢、赈灾恤难。东华创设的初衷即为救治贫病,历年施医舍药自不待言,惠及穷苦民众甚多。

东华医院不仅医治病人,凡贫民困难疾苦,无不予以救济,尤以赈灾恤黎方面最为尽力。在近代香港历年所遭受的重大灾劫中,东华医院或首倡义举,或联合港埠其他华人善团一同募捐,开展赈济。如救济1874年风灾、救恤1894年全港瘟疫、赈济1904年黄泥涌火灾以及1926年、1931年两次特大风灾。[②] 1874年9月22日,台风吹袭香港,船艇倾覆,溺毙人命无数,海中浮尸被恶浪漂激于岸,纵横狼藉。东华医院雇工捡拾尸体,妥为安葬,并派医救治伤者。

伴随着近代香港社会的发展,需救济的人群数量不断增加。东华医院历届总理适应社会需求,不断扩建院舍,更新设备,规模日盛。至1929年,先后创设广华医院、东华东院,正式形成东华三院的格局。广华医院倡建于1907年,其与东华医院均寓意"广东华人医院"。当时九龙半岛连同新界地广人众,缺少医疗设施,居民一旦生病,必须渡海至香港就医,极为不便,故筹设华人医院救济贫病者,实属当务之急。在何

---

① 东华三院编. 东华三院一百三十年. 香港:香港东华三院,2002. 19~20
② 李东海编撰. 香港东华三院一百二十五年史略. 北京:中国文史出版社,1997. 74~76

启等行商的劝募下,各界人士、社会名流纷起响应,慷慨解囊,踊跃捐输,很快筹建到建院基金10余万元,至1911年始落成。20世纪20年代,港岛东区铜锣湾一带需医急切。然而,集善医院是东区唯一的慈善医疗机构。但因筹款维艰,难以为继,遂请求东华医院接办,作为东华医院东区分院。1925年秋,东华医院正式接办集善医院的工作。由于原来院址狭窄,发展空间有限,董事局决定觅地另建新院,命名为"东华东院"。1926—1927年,董事局向海内外人士募捐,得到了广泛赞助,募得30余万元,得以进行基建工程。1929年,东华东院竣工开业。①

第二次世界大战中香港沦陷,贫苦居民生计无着,奄奄待毙者甚多,东华三院董事局又特设收容所,予以救济,并对死者进行义葬。抗战胜利后,在港九各处设立慈善救济站,举办以工代赈,施饭救济贫民。自1945年9月17日至1946年10月,共用米88万余斤,面粉29万余斤,发放饭面救济共达3 059 000余份。②

20世纪40年代末,一些麻风病者因战事流落到香港,引起社会人士关注,吁请政府和慈善机构予以收容。1950年,港府应允拨款拨地,由东华承担此项收容工作。不久,东华三院在大口环义庄建成木屋三座,作为麻风病者临时收容所,收容160人,后增至200多人。1952年,港府另建麻风病院,收容所设备由东华接收,董事局遂倡议筹建护养院,收留东华医院的慢性病者。60年代后,大口环护养院改扩建院舍,增设百余张病床,至80年代改名为冯尧敬疗养院,90年代定名为东华三院冯尧敬医院。经东华几届董事局勉力筹募经费,60年代,在黄大仙区又新建一所护养院,以缓解东华三院病房紧张的情况。90年代,该护养院定名为黄大仙医院。③

随着规模扩张,东华三院开展社会服务的范围日益宽广,服务对象也日益增多。东华三院在维持医院正常营运的同时,依旧秉承创办之初济贫扶困的宗旨,一如既往地热心慈善事业,开展赠医施药等免费医疗服务。20世纪80年代以来,东华医院、广华医院及东华东院的普通科、专科门诊服务仍然全部免费,由董事局筹募善款予以补助。从1991年至2000年,东华共为免费病床及门诊服务承担2.45亿元港币的费用。另外,东华医院和广华医院的中医门诊部也提供免费门诊服务,2000—2001年该项支出就达4 360万元。④ 除免费医疗外,近二三十年来,东华医院的慈善活动已拓展到捐赠或经管安老院、滥用精神药物者辅助中心、弱智人士日间活动中心等多项社会服务,开展日常护理工作。此外,东华还开办有20多所幼儿园、小学、中学,并资助优等生和因患疾病而读书困难的学生。这些慈善教育举措进一步扩大了东华三院在香港社会

---

① 东华三院编. 东华三院一百三十年. 香港:香港东华三院,2002. 48～54
② 李东海编撰. 香港东华三院一百二十五年史略. 北京:中国文史出版社,1997. 79～80
③ 东华三院编. 东华三院一百三十年. 香港:香港东华三院,2002. 72～76
④ 东华三院编. 东华三院一百三十年. 香港:香港东华三院,2002. 78～79

各界中的影响。

近代以来，东华三院的慈善赈济并未局限于香港一地。对于内地发生的天灾人祸，东华也竭尽所能，屡屡伸出援助之手。1906年台风袭击广东沿海，淹毙人口，损失货物甚巨。东华医院为之多方筹措善款赈灾。翌年夏间，珠江之西、北两江同时暴涨，"广州、肇庆各围先后崩缺达廿余处，饥民逾百万"。东华医院接到广东省各县乞赈电文后，迅即先汇1万元往广州九大善堂办理急赈，并着手募集捐款。同时，东华还联络九大善堂、澳门镜湖医院，共同成立"省港澳救灾公所"，负责办理水灾救济事宜。东华在港发动募捐，获得南洋华侨所汇善款，可谓"义声所①播，退迩风从"，随即陆续与救灾公所办理施赈平粜，接济内地灾民，并向沿江各县拨款，协助修复溃围。此次赈灾，合共约80余万元。民国以后，也多次救济广肇等内地灾民，如1915年乙卯水灾、1917年天津涝灾、1922年潮汕风灾等。② 1932年，日本军阀在上海挑起"一二八事变"，受战火波及无家可归的难民达20余万。东华医院总理除沿门劝募外，又义演粤剧筹款，共筹得40多万元汇往上海。其后，又救济来港难民，获资遣回籍的达23 000余人。③

东华医院创建于19世纪后期东西文化交汇融合的香港，在组织管理上借鉴了西方慈善机构的运作模式，创办之初即设董事会为院务最高组织。历届董事会成员多为当地绅商、买办，每遇重大救济，各董事纷纷建言献策，慷解仁囊，并严格管理，确保每笔善款涓滴归公。正因如此，东华三院的慈善事业经百余年而不衰，且历久弥新，历届董事之功不可湮没。

（二）保良局与乐善堂

保良局初立时名为华人保良会，又名保良公局。其出现与19世纪下半叶香港社会诱拐人口之风有关。④ 鸦片战争后，随着一系列不平等条约的签订，西方殖民者在广州、香港等通商口岸豢养了一批地痞恶棍，专门捕掠和诱拐华工。至六七十年代，贩卖华工和妇女儿童的行为达到高峰，出国华工剧增至100多万。他们大都被当做"猪仔"贩运到美洲和西印度洋群岛及东南亚。这些被贩卖的华工中，很大一部分是经香港出洋的。虽然当时港英当局禁止非法贩卖华工和妇女儿童，但受暴利驱使，仍有人暗中从事这一罪恶勾当。据统计，从1865年至1891年的27年间，"香港拐卖妇孺案件多达一千四百八十多宗"⑤。由于拐卖妇孺之风炽盛，逼良为娼的案件也时有发生，不

---

① 李东海编撰. 香港东华三院一百二十五年史略. 北京：中国文史出版社，1997. 91
② 李东海编撰. 香港东华三院一百二十五年史略. 北京：中国文史出版社，1997. 93~96
③ 东华三院编. 东华三院一百三十年. 香港：香港东华三院，2002. 144
④ 本局倡设源起. 参见保良局网站，http：//poleungkuk.org.hk
⑤ 东华三院编. 东华三院一百三十年. 香港：香港东华三院出版，2002. 157

利于香港社会的安定。1878年11月8日,旅港东莞籍绅商卢赓扬、冯普熙、施笙阶、谢达盛4人以"港地拐风日炽,歹徒逼良为娼,转卖外埠"为由,联名上呈港督轩尼诗(Hennessy),要求港英当局"遇有拐匪,立即就地请差协助",并"审明严办";对抓获拐匪有功者"赏给花红",对被拐者"资遣回籍"。同时请求当局准许其设局,"自捐赏金,献备官库,协助追缉",采取切实有效的措施遏止拐匪恶行,以"保赤安良"。①

卢赓扬等人呈请港府禁拐设局之事,很快引起社会各界人士的关注和赞同。港府内部也有官员认为港岛拐案频发,亟应革除,对此深表同情。1878年冬,全港绅商集会,吁请政府"俯顺舆情,准设'保良公局',防范拐带,禁压拐风"②。东华医院绅商更是积极响应,并予以大力支持,积极协助筹组保良公局,先是借出平安、福寿二楼作为临时办公处和收容妇孺难民之所,继而又捐出大量善款为公局开办经费。这样,保良公局一面等候香港政府批准注册,一面以"防制拐卖及保护妇孺"为宗旨而开展活动。③ 为缉捕拐匪,保良局于1880年开始雇用访事暗差,调查案情,并将每日工作禀报巡捕官。1881年又订立缉匪赏格:"凡由巡理府定谳者获首犯赏十元,从犯赏五元;由臬署定谳者获首犯赏二十元,从犯赏五元。"④

1879年春,港督饬令巡理府商议禁拐事宜,后由法兰些士起草了《拟设华人保良会传保护妇女及幼童章程》,规定保良会(局)由捐助同人组成,每年选出值理7人,负责处理日常工作;公局查禁拐匪时,须设法解救被拐卖或沦为娼婢的妇孺,使之各回原籍。章程还规定了对收容对象的安置办法:凡遇被拐卖男女,须待官讯后方准发落,在未送回原籍前,由公局收留抚养;若被拐卖女子无家可归,由公局代为择配,或设法安置。后来,卢赓扬等人又两次召集港岛绅商会议,对章程进行讨论修改。然港英当局并未立即批准颁行,该章程仍停留在草案阶段,但这并未妨碍保良局工作的开展,最初两年,冯普熙以"暂充值理"身份处理局务。1881年,局内同人依《章程》草案进行选举,选出梁云汉为第一任主席,卢赓扬、冯普熙等8人为总理,协助处理局务。与此同时,卢赓扬等积极开展"保赤安良"的工作,解救被拐妇女脱离苦海。自1878年至1891年的13年间,保良局共收容2 751人,她们或被遣送回籍,或由亲属领回,或由华民政务司遣发及批准择配、领养。保良局以其实际行动和不俗成绩,引起了港英当局的重视,1880年,港英政府正式批准成立保良局,1882年8月批准保良局立局章程。由此,保良局工作基本步入正轨。1892年,香港议例局着手重订局章,

---

①② 曾鸣整理. 香港保良局史略. 见:广东文史资料(第61辑). 广州:广东人民出版社,1990. 213
③ 东华三院编. 东华三院一百三十年. 香港:香港东华三院出版,2002. 157
④ 叶汉明. 慈善活动与殖民主义——香港早期的保良事业. 见:张学明,梁元生主编. 历史上的慈善活动与社会动力. 香港:香港教育图书公司,2005. 219

并于翌年 6 月颁行新《保良局组织条例》，承认保良局的合法地位。①

保良局创建之初，收容人数众多而屋宇狭窄，无法进行长期施教，只好将获救的妇孺尽快送回原籍。随着社会各界人士和社会团体在经济上的大力援助，20 世纪初期，保良局的楼宇逐步扩建，设施得以进一步完善，为向收容人员开展培训教育创造了有利条件。1928—1929 年，修辅督夫人及罗旭和夫人开办女楼，士坚拿夫人每周到女楼义务传授针黹、手工织造等手艺，这是保良局举办职业教育的开始。后又增加刺绣等工艺。抗战胜利后，香港人口剧增，社会问题日益突出，保良局收容妇孺的人数逐年增加，种类也不断增多，"其范围之广，几集各种慈善机构之大成"。保良局收留对象由最初的被拐妇孺扩大到被强奸少女、未婚孕妇及其入局所产婴儿、无人领养的弃婴，每年收容入局的各类人群约 450 名。除按华民政务司意见处理外，局内仍有 100 多人留居。保良局将她们一一登记在册，注明姓名、年龄、性别、籍贯、入局日期、身世遭遇、家庭境况，并贴上照片。然后，根据习之所近，进行各种教育培训，培养他们成为社会有用之才。保良局对入局妇孺的职业教育内容繁多，先后开设育婴、洗熨、家政、编织、裁剪、机绣、儿童工艺、制饼及面包等职业训练班，目的在于使妇孺掌握一技之长，出局后可以自立自足。② 为适应社会发展需要，保良局在 40 年代后期开始兴办学校。1946 年，保良局设立小学部及幼稚园。初办时有一至五年级共 7 班，留局儿童按其程度编入各班，学生 100 多人，其中 70％为女生。后幼稚园开始接收局外儿童入园。除教授普通课外，保良局办学特别重视女工科和德行培养，规定 12 岁以上女生必须实习车缝、刺绣和编织，掌握谋生技能。1953 年，保良局新建保良小学校舍后，班级、年级增加，成为完全小学。不久，又开办婴儿班和成人教育班，分别收留 2～4 岁的幼童和教导超学龄妇女。在此过程中，保良局的办学方针逐渐明确："凡适龄者注重小学教育，超龄者侧重职业教育"。保良局注重聘请优秀师资任课，确保教学质量。③ 1964 年，保良局在董事会下分设总办事处、妇孺管理部、学务部三大部门，明确职责，加强管理。随着时代变迁，保良局由建局之初的"只属单纯防范拐卖人口（的机构），后来逐步发展到教养兼施的慈善机构"。④

保良局创设之初，经费十分紧张，随着局务日繁，收容被拐卖妇孺增多，1885 年借取文武庙盈余款项，作为经费补充。后又经批准每年四季度向港九各行业团体、商铺募捐，年收入约有 1 万余元。保良局历届主席和总理一方面设法筹集善款，另一方面又多次提出申请，要求政府予以协助。1932 年，经过多年努力，港英政府每年补贴

---

① 曾鸣整理. 香港保良局史略. 广东文史资料（第 61 辑）. 广州：广东人民出版社，1990. 224～225.
② 曾鸣整理. 香港保良局史略. 广东文史资料（第 61 辑）. 广州：广东人民出版社，1990. 221～222.
③ 曾鸣整理. 香港保良局史略. 广东文史资料（第 61 辑）. 广州：广东人民出版社，1990. 222～223.
④ 曾鸣整理. 香港保良局史略. 广东文史资料（第 61 辑）. 广州：广东人民出版社，1990. 224

7000元。抗战爆发后,物价腾贵,随着收容留局妇孺数量的猛增,保良局的开支进一步增加,遂每年举办卖花筹款活动,以维持善举。①

20世纪50—60年代,由于保良局在半个多世纪里慈善业绩不凡,声誉日隆,赢得社会各界信赖与支持,所以捐赠较为踊跃,保良局由此进入平稳发展时期。同时,随着香港社会的转型,虽"保赤安良"的宗旨未变,但保良局的收容对象已发生很大变化。从60年代末开始,保良局收容、接收由社会福利署转介的来自问题家庭的儿童,安排适龄者入学,并提供医疗、辅导服务,努力使孩子尽快与家人团聚;无亲人的幼儿则予以领养,并使之能自立于社会。后来,还成立昕妍居妇女庇护中心,为被虐待或面临严重个人或家庭问题的妇女儿童提供一个安全的临时居所;同时,还通过专业服务、心理康乐活动以及其他社区教育办法,创建和谐家庭,防止家庭暴力。② 近30年来,保良局已发展为一个服务多元化的慈善团体。

九龙乐善堂也是香港地区一所历史悠久的慈善机构。18世纪中期,九龙城寨附近商民在石板码头墟集进行交易时,均须先在公秤处称量货物,公秤处收费全部用于当地赠医施药、助殓等善举。在此基础上,1880年正式成立慈善机构,名曰"乐善堂"。早期乐善堂的善举以赠医、助丧为主,其善款除交易税外,还有市民、货商捐款。1894年香港疫病流行,乐善堂普施医药,祛疫除瘟,又于西贡清水道附近设义冢安葬死者。随着近代香港社会的变迁,乐善堂的规模渐次扩充,所辖属机构达33个,分布香港、九龙、新界各处,其慈善救助内容有所扩大,逐渐演变为多元服务,包括医疗、教育及老人福利等,并积极支持及赞助各项社会公益及文娱教育等活动。③

在抗日战争期间,香港慈善组织与祖国内地休戚与共,频频开展救助活动。"七七事变"爆发后,香港纷纷成立以援助抗战、救济难民为宗旨的社会团体,多达数十个,向各界广泛募捐筹款。从1938年到1940年,香港学生赈济会先后组织4个回乡服务团,利用港澳、东南亚等地捐赠的救济物资,以多种形式赈济救助饱受战火煎熬的难民贫民。④ 香港其他赈济团体、慈善组织也踊跃行动,劝募款物,救济内地贫民或流落到港的难民。无论是香港本埠救济还是内地救济,战时的香港慈善组织都发挥了重要作用。

三、香港慈善事业的繁荣发展

20世纪60年代以来,香港经济迅速腾飞,社会变迁迅速,客观上需要港府调整社

---

① 曾鸣整理. 香港保良局史略. 广东文史资料(第61辑). 广州:广东人民出版社,1990. 219
② 保良局昕妍居妇女庇护中心. 参见:保良局网址,http://poleungkuk.org.hk
③ 乐善堂简介. 参见:乐善堂网址,http://www.loksintong.org.hk
④ 刘蜀永. 香港史话. 北京:社会科学文献出版社,2000. 71

会福利政策。1973年,港府公布《社会福利未来发展计划》,提出"不论其种族或宗教信仰如何,政府有责任向全体市民提供满意的社会福利服务"①。为此,港府除直接举办医疗、教育与住房等福利项目外,还积极鼓励、扶持民间社会举办的慈善事业,并以财政补贴资助部分民间慈善机构。所以,从20世纪70年代中期至90年代末,各类慈善公益团体纷纷成立,香港慈善事业发展迅速,呈现出繁盛局面。"截至1999年3月,香港地区经过登记认证的慈善组织共有3 060家",另还有许多由邻里发起、未经注册的小型慈善组织。② 2000—2006年,又有22家慈善基金会成立,如"何鸿毅家庭基金";"陈慧琳儿童助学基金"等③虽宗教慈善团体仍占相当比例,但现代慈善基金会已逐渐在香港慈善事业中居于主导地位,尤以华人社会精英创办的慈善基金会资金雄厚,规模庞大、影响广泛。

香港现代慈善基金会的出现大体始于20世纪70年代初,进入80年代后呈现兴盛之势。李嘉诚基金会、田家炳基金会、霍英东教育基金会、曾宪梓教育基金会、邵逸夫基金会、朱敬文教育基金会等著名慈善基金都创设于此时。这成为近30年来香港慈善事业发展中最为瞩目的现象。

李嘉诚基金会成立于1980年,由著名实业家李嘉诚先生捐赠创设。此前,李嘉诚已多次捐助香港和内地的医疗、教育机构。基金会成立后,李嘉诚开始对教育、医疗、文化公益事业展开系统规模的捐助。目前,该基金会已实施了香港明爱庄月明中学、香港大学庄月明楼、长江学者奖励计划和西部教育医疗计划等多个慈善教育项目,并出资襄助香港理工大学、汕头大学、长江商学院、北京大学等多所高校。基金会捐助的慈善医疗项目计有香港医学专科学院、香港安老院服务、沙田威尔斯亲王医院李嘉诚专科诊所、香港医院管理局"健康创繁荣"行动,并在内地启动"健康快车""微笑行动"、残疾人长江新里程计划以及全国宁养医疗服务计划。同时,还向潮州医院、潮州市中心医院和上海金山众仁护理院等多个医疗卫生机构捐献善款,改善其诊疗条件。在文化事业方面,基金会在捐资修缮与保护中华文物古迹、传承中华文明之外,又大力赞襄中央芭蕾舞团、香港管弦乐团等文艺团体的演出,推进文化交流。在慈善公益方面,李嘉诚基金会积极参与本埠和内地的赈灾救济,并捐资赞助香港公益会、香港救助儿童会、亚洲防盲基金会、成长希望基金会等公益慈善团体,救助各类弱势人群。历年来,捐款累积已达港币48亿元,其中约占70%的款额由李嘉诚基金会统筹资助,

---

① 冼玉仪. 一九七〇年代以前慈善活动在香港之发展与特征. 见:张学明,梁元生主编. 历史上的慈善活动与社会动力. 香港:香港教育图书公司,2005. 179
② 徐麟主编. 中国慈善事业发展研究. 北京:中国社会出版社,2005. 341
③ 葛道顺等. 中国基金会发展解析. 北京:社会科学出版社,2009. 168

其余30％则由其李嘉诚旗下的企业集团捐助。①

　　田家炳基金会于1982年创办，其资金主要由田家炳先生个人及其家族公司捐献，属于非公募性质。基金会以"安老扶幼，兴学育才，推广文教，造福人群，回馈社会，贡献国家"为宗旨，致力于在大陆及香港推动教育、医疗、卫生、文娱、康乐、交通等社会公益事业，兴教助学和捐建医院是田家炳基金会的捐助重点。20多年来，田家炳基金会已向全国各地的上千所幼稚园、小学、中学捐赠善款，并为全国1 150所农村中小学捐赠图书，设立"田家炳图书室"。同时，在一些大学及师范大学、特殊专业学院也捐建有教学楼（多冠名为田家炳教育书院或田家炳学前及特殊教育书院）。该基金会捐建的田家炳医院及相关医疗项目，主要分布于广东梅州、丰顺、平远、大埔、福建永定、四川雅安地区，共28项；在田家炳祖籍地广东大埔，全县25家县、镇两级的医院有23栋医务大楼是由田家炳捐建。田家炳基金会在老人服务和青少年服务方面亦不遗余力，分别在香港和大埔捐建多间老人宿舍、老人中心和青少年活动中心。田家炳基金会对其他慈善公益机构亦予以大力支持。基金会成立后，不仅每年向香港东华三院、保良局、仁爱堂、博爱医院、香港管弦乐团等慈善公益团体进行固定年度捐助，还曾向麦理浩爵士基金、尤德爵士基金、卫奕信爵士基金、香港公益金、护幼教育基金捐赠巨额善款，并在台湾捐设田家炳文教基金会。基金会在海外也有捐献善举，已捐资设立英国剑桥大学东亚科学史图书馆田家炳堂。②

　　霍英东教育基金会成立于1986年，由香港实业家霍英东先生出资1亿港元设立。基金会旨在鼓励中国高等院校青年教师脱颖而出和出国留学青年回国内高校任教，对从事科学研究和在教学科研中表现优异的青年教师进行资助和奖励。基金会设立高等院校青年教师基金，为优秀青年教师的研究工作提供5 000~20 000美元/项的资助；设青年教师奖，对在教学科研工作中作出突出贡献的青年教师个人进行奖励，每项奖金1 000~5 000美元。为鼓励高校青年教师结合国民经济与社会发展的需要进行科学研究，霍英东教育基金会从2003年开始，设立"优选资助课题"，每项课题资助2万美元左右。基金会成立以来，本着发展教育、培育人才的宗旨，扶植新秀，奖掖群贤。截止到2002年底，基金会共襄助1 844名青年教师，资助金额1 159.786万美元。基金会16年进行的资助和奖励，已成为最受我国高等教育界瞩目和赞誉的奖项之一，一批有作为、有成就的优秀人才脱颖而出，成为各学科的带头人；不少获得资助的科研项目也取得了丰硕的成果，为我国高校教育科研事业的发展做出了宝贵贡献。③

　　曾宪梓教育基金会由曾宪梓先生捐资1亿港币于1992年12月设立，以振兴中华、

---

① 李嘉诚基金会项目介绍. http：//www. lksf. org/ big5/project/charity/index. html
② 田家炳基金会网站项目介绍. http：//www. tinkaping. org
③ 霍英东教育基金会简介. http：//www. hydef. edu. cn/introduction/introduction. htm

培育英才、促进教育事业发展为宗旨。自成立以来，基金会在教育部协作下已顺利实施"奖励优秀教师计划""优秀大学生奖学金计划"等一批有影响的教育奖励项目。①

1985 年成立的朱敬文教育基金会，以"为国储才、自助助人"为宗旨，自 1988 年至 2006 年，在大陆部分高校设立奖助学金、捐建图书馆，累计捐资达 1 亿元人民币，上万名学子受其恩泽。②

此外值得关注的是香港公益金。香港公益金成立于 1968 年 11 月 8 日，其行政费用来自香港赛马会的慷慨赞助，以及于各项基金的投资收益。该基金会实行董事会制，在董事会之下设有 4 个委员会和多个筹划委员会，均由志愿者组成。每年它通过各式各样的筹款活动，呼吁市民踊跃捐款，并将市民所捐善款悉数拨给香港 130 多个慈善组织和社会福利机构，为老人、伤残人士、儿童、青少年、问题家庭、精神病康复者、释囚、垂危病人等提供全面服务。③

近 20 年来，随着香港慈善事业的繁荣，香港慈善组织在中国内地积极开展慈善援助。除基金会大量捐赠内地外，还有慈善组织以扶贫济困为宗旨，深入内地开展慈善活动。1976 年成立的香港乐施会，自 1987 年开始，致力在中国大陆推行扶贫发展及防灾救灾工作，项目内容包括社区发展、农村综合发展、增收活动、小型基本建设、卫生服务、教育、能力建设及政策倡议等。乐施会从不接受外国政府捐款，其资金主要来自香港市民和商业机构捐赠，超过 93% 的资金来自香港市民个人捐款。2005—2006 年度在香港筹款约 14 000 万港元。④ 又如，香港福幼基金会自 1994 年 1 月成立以来，先后在广东、广西、云南、贵州、湖南、湖北、四川、河北、新疆、甘肃、安徽、陕西等 12 个省、区开展"助残扶贫""送暖到华南""沃土计划""栋梁计划"等多个慈善项目，并设立"绿叶奖助金""雨林班"，资助贫困地区的学生完成学业，另还向张北地震灾区、汶川大地震灾区捐助大量善款，进行紧急救援行动。⑤ 近年来，香港工商界知名人士霍英东、李兆基、郑裕彤、郭炳湘等捐资设立香港培华教育基金，以协助内地培训人才为宗旨。目前，已先后主办或资助 367 个项目，培训内容包括经济与工商管理、旅游与酒店管理、税务会计、医学、室内设计、园林管理、物业管理、城市规划、环境保护等多个方面，特别是对少数民族干部和西部地区干部的培训，在维护祖国统一，加强民族团结，提高民族地区和西部地区干部素质，促进民族地区和西部地区的发展与稳定方面，发挥了重要作用。

---

① 曾宪梓教育基金会简介. http://www.zxzfoundation.org
② 丁姗，朱金龙. 香港朱敬文教育基金会内地捐资助学已达亿元. 文汇报，2006-10-14
③ 香港公益金网站. http://www.commchest.org/hk/about/about_01.aspx
④ 乐施会简介. http://www.oxfam.org.cn/about.php
⑤ 福幼十五年默默耕耘的成绩表（1994—2008）. 见：香港福幼基金会网站，www.cfcf.org.hk/

由上而见，众多的慈善基金会和慈善团体一起，致力于紧急救济、养老育幼、伤残及弱智康复等慈善活动，不仅构筑起香港社会多层次、全方位的慈善救助网络，而且还惠及内地及世界其他地区。

第二节　澳门的慈善事业

明嘉靖三十二年（1553年），葡萄牙人开始居留中国澳门。为管理居澳葡人，明廷在香山县署下设守澳官。清初，承袭明制，中央政府在澳门也派驻官员，行使管辖主权。鸦片战争后，葡澳总督乘机越界扩张，并于光绪十四年（1888年）强迫清政府在北京签订了不平等条约，取得"永居管理澳门"的特权。清中期以前，澳门地少人稀，慈善活动并不活跃，处于萌发阶段。明隆庆三年（1569年）葡萄牙人设立的仁慈堂是澳门历史上第一个慈善机构，但其救助范围多限于教徒间的济贫、诊疗，惠及华人不多。至晚清光绪年间，华人绅商创设的慈善机构才逐步在澳门慈善救济体系中发挥主导作用。澳门慈善机构中声誉卓著者当属镜湖医院，此外，中华澳门总商会、四界救灾会、澳门公益基金会等团体也开展了形式多样的慈善活动。

一、宗教慈善机构及其善举

葡萄牙奉天主教为国教，伴随着其海外殖民扩张，天主教逐渐在澳门地区传播开来。1576年，天主教将澳门划为独立主教区，这是其在远东最早设立的教区。此后天主教的宗教影响日益扩大。天主教神职人员在传教活动以外，亦热衷于慈善救济，最终导致了澳门仁慈堂的出现。

仁慈堂是葡萄牙人在世界各地建立的一种宗教兼慈善机构的通称，创设初衷是通过慈善救济来传播上帝福音。1498年4月，仁慈堂首先在里斯本成立，不久在葡萄牙国内获得较快发展，并于1500年制定正式章程，对救济弱者的事项作了初步规定。16世纪，随着葡萄牙人的海外扩张，仁慈堂被移植到亚非及拉美各地。1568年，葡萄牙天主教耶稣会士贾尼劳（D. Carneiro）到达澳门，翌年建立起仁慈堂。不久，仁慈堂附设贫民医院，贫民医院中设隔间，专收麻风病人。① 澳门仁慈堂建立后，通过救助和医治穷人，使天主教耶稣会在华人社会中的影响逐渐扩大，也有助于维护葡萄牙商人的经济利益。1627年，澳门仁慈堂参酌里斯本仁慈堂章程及澳门当地实际，制定新章程，规定澳门仁慈堂的宗旨为执行14项功课，给予需要救助者精神和物质帮助，并规定仁慈堂教友的数量及其义务、服务方式等内容。②

---

① 马根伟. 明清时期澳门慈善机构研究（1569—1911）. 广州：暨南大学硕士学位论文，2006. 4～6
② 马根伟. 明清时期澳门慈善机构研究（1569—1911）. 广州：暨南大学硕士学位论文，2006. 8～10

仁慈堂作为天主教会在澳门最早设立的慈善组织，随着时代的发展，相继创办贫民医院、麻风病院、育婴堂和孤女院等 4 个附属设施。贫民医院是仁慈堂首个附设的慈善机构，创立时间略晚于仁慈堂，位于三巴炮台山南，后因医院前修成白马行街道，中国人通常称之为"白马行医院"，别称"医人庙""医人寺"。1640 年和 1747 年，贫民医院先后 2 次改建，1766 年再度重建。1747 年改建后的贫民医院分男女 2 个住院部，中间为小礼拜堂。① 贫民医院建立伊始，就"接受所有天主教和异教徒"，收诊病人并不限于西人教徒。不过，起初中国官民对其了解不多，几乎无人前来求医。直到 19 世纪中叶鸦片战争前后，入院治疗的贫困华人才逐渐增多。麻风病院最初附于贫民医院，后从中分离，迁至城外。1726 年，麻风病院收治 115 位病人，为历年之最。一般情况下，病院内只有六七十名患者，每年开销约 1 000 两银。

明清时期，弃婴之风在中国南方各省颇为盛行，澳门亦然。时至清末，澳门社会的弃婴问题仍然存在。天主教耶稣会士来华以后，遂在澳门仁慈堂下附设育婴堂和孤女院，收养弃婴孤女，并把他们培养成忠实的教徒。由此，传教士把西方的育婴办法引介到中国。《澳门纪略》云："南隅有庙曰'支粮'，如内地育婴堂制，门侧穴转斗悬铎，有弃其子者，挈绳响铎，置转斗中。僧闻铎声至，收而育之。"② 1857—1866 年，堂中共收容弃婴 2 286 名，成效颇大。1867 年，澳门总督颁布禁止收容弃婴法令，仁慈堂育婴堂随即停办，然仍有婴孩弃于堂前。③ 孤女院在 1718 年开始酝酿，1726 年正式建立。其时院内有孤女 20 名，还有 10 名寡妇，衣食均由仁慈堂支给。主教任命 1 名有声望的修女为总管，另聘数人向孤女们传授女工、家政、宗教等课。孤女成人后，可做富商的家庭教师，也可以结婚，仁慈堂予以奁费。但因经费不继，孤女院于 1737 年被迫关闭。

贫民病院、麻风病院、育婴堂和孤女院，作为仁慈堂下属的四个慈善机构，自然受仁慈堂董事的管理，其经费也多由仁慈堂统筹。仁慈堂早期的经费来源主要是遗产捐赠，后来还有一部分海关税收和物业租金。17—18 世纪，许多居澳葡商在临终前将财产付仁慈堂托管，转交其继承人，有时则直接捐献给仁慈堂。如 1737 年 5 月尼古拉弗乌梅斯去世，遗嘱将数笔款项留给仁慈堂施舍穷人。④ 19 世纪初，澳门博彩业已发展到一定规模。1810 年 1 月，葡国准许澳门每年发行一次慈善彩票。同年 6 月 15 日，澳门首家彩票发行站成立，从中抽取博彩税，资助仁慈堂等慈善福利机构。同年，仁慈堂获澳门议事会批准，以慈善名义发行彩票，部分收入列为慈善经费。起初 20 余年间，彩票由仁慈堂自办，每年发行 1～2 次；1833 年改为招商承办，抽取部分资金资助

---

① 马根伟. 明清时期澳门慈善机构研究（1569—1911）. 广州：暨南大学硕士学位论文，2006. 11
②③ 马根伟. 明清时期澳门慈善机构研究（1569—1911）. 广州：暨南大学硕士学位论文，2006. 17
④ 马根伟. 明清时期澳门慈善机构研究（1569—1911）. 广州：暨南大学硕士学位论文，2006. 19

仁慈堂，后规定其数目为发售彩票总额所获取的12%的利润。至19世纪60—70年代，慈善彩票收入占仁慈堂总收入的2%～10%，历年彩票收入在400元至1 000元不等。19世纪末20世纪初是澳门博彩业发展的黄金时期，仁慈堂从彩票发行中获得了更多收益，每年可得5～6万元，1900年和1904年达到8万余元。[①] 而后，由于内地禁赌，澳门博彩业的市场随之萎缩，仁慈堂彩票收益急剧锐减，慈善经费又趋紧张。不过，彩票收益补助澳门仁慈堂将近1个世纪，成为其稳定、宽裕的经费来源。多途径的资金襄助相济，使得仁慈堂的慈善活动有了较为坚实的经济基础。

除耶稣会外，天主教其他教派在澳门也展开传教。18—19世纪亦办有慈善事业。稍后，基督新教在澳门传教，在本国教会支持下，一些传教士也开展了若干慈善活动。

1827年，英国人郭雷枢（Thomas R. Colledge）受东印度公司派遣前往澳门传教。他目睹广东沿海一带沙眼等疾病盛行，常有穷人因贻误治疗而失明，决定开办诊所，收治眼疾患者，借以感化中国人。刚开始，诊所规模较小，经费开支全由郭雷枢1人担当。1年后，有教友觉得诊所成效颇大，遂捐资赞助其扩大规模，在澳门租赁2间小屋，建成澳门眼科医院，可收治40名病人。不久，东印度公司决定免费供应医院所需药品，英国商人渣甸（Jardine）、英国在华事务主管朴劳顿（Plowden）、美国商人罗素（Samuel Russell）也先后向该院捐款。1828年至1833年，澳门眼科医院获得捐款总计7 000余元[②]，为郭雷枢进行慈善医疗提供了较为充裕的经费保障。在为贫病者免费治疗的同时，医院还给予住院的特困病人一定生活补助，减免其食宿费。1833年，郭雷枢离澳归国，眼科医院随之关闭。这年10月，《中国丛报》载称："自从1827年医院小规模开业到现在，大约有四千名贫穷的中国人解除了即将失明的痛苦，恢复了他们的工作，解除了他们的负担，救助了他们的家庭。"[③]

眼科医院停办后，澳门仍有许多染病贫苦华人得不到及时治疗，求医急切。1838年初，中华医疗传道会决定在澳门重开1所医院，派伯驾医生前往，觅租到两层楼房1栋，维修后扩建为医院病房。7月5日，澳门新医院在伯驾的主持下开诊，很快赢得民众信任。短短3个月内，医院就收治了700名病人。10月，伯驾返回广州，医院暂时歇业。1839年1月，中华医疗传道会任命经验丰富的外科医生洛魏林为澳门医院主管，医院于7月1日重新开门接诊。英美传教士如合信（Benjamin Hobson）等也加入该院，为贫病者义诊。8月以后，因中英鸦片战争爆发在即，局势紧张，医院再次关门。1840年8月1日，医院停顿1年后再次开业，直到1841年6月底关闭。这11个月期间，医院共收治1 290名患者，主要是患外科疾病者，尤以眼疾者居多，绝大多数是贫

[①] 马根伟. 明清时期澳门慈善机构研究（1569—1911）. 广州：暨南大学硕士学位论文，2006. 20～21
[②] 马根伟. 明清时期澳门慈善机构研究（1569—1911）. 广州：暨南大学硕士学位论文，2006. 24～25
[③] 马根伟. 明清时期澳门慈善机构研究（1569—1911）. 广州：暨南大学硕士学位论文，2006. 25

困华人。① 中华医疗传道会澳门医院具有慈善医疗性质，虽然活动断断续续，但前后也收治数千人，在澳门慈善事业发展进程中也发挥了一定作用。

近20年来，为顺应澳门社会需求，澳门明爱社会服务中心（前身为利玛窦院）开设安老院、老人中心、弱智人士学院，向社会困难人群提供基本援助。目前，这个天主教会慈善机构已成为澳门社会颇有影响的民间慈善组织。与此同时，新教也积极参与澳门慈善福利事业，开设福利机构7家，中小学20所。②

二、华人社会中的著名慈善组织——镜湖医院慈善会

镜湖医院创设于清同治十年（1871年），是澳门历史最悠久的华人慈善团体。鸦片战争后，澳葡当局逐渐控制澳门全境，推行殖民统治，居澳华人的社会地位低下。19世纪60年代，随着华商势力的逐渐崛起，有商民提出，华人应联合起来互助共济。1870年初，沈旺、王禄、德丰、曹有四位华商先后邀集同人，倡设医院，并向香山县署呈请拨地。不久，曹有等人又向澳葡政府公物会办理院址立契手续。同年10月28日，公物会批准华人在三巴门外沙岗山边建筑院房。1871年，正式定名为"镜湖医院"。③ 沈旺等人以医院初创，须合群力，共襄其事，推举热心慈善事业的各界人士152人为倡建值理会，沟通与各界的联系，获得广泛支持。1874年，镜湖医院举办的各项善举已初入轨道，为便于司职，乃改创值理为理事制，并选出理事12人。④

镜湖医院创建之初，以施医赠药、安置病残、停棺寄柩为宗旨。从筹办、创设的最初10年（1870—1880）间，镜湖医院在华界士绅商民中共募集善款69 305银元，合银49 900两⑤，先后建起医院正屋、附屋、医房等60余间，另设有癫房、殓房、济生所、福生所，并置有义地。其中济生所专为赤贫无依、病重残疾者入院就医所设，福生所用于暂厝棺柩，以备葬入义地。⑥ 在随后的20年中，镜湖医院陆续添建物业，立章订规，渐臻完备。随着组织设施的改善，镜湖医院积极参与澳门本埠救灾、平粜、施茶、施棺、殓葬以致排难救伤等慈善救济活动。1874年，澳门遭台风袭击，损失惨重，伤亡甚众，罹难死者几近万人，无家可归者不可胜数。镜湖医院倾力相救，发起义捐，掩埋尸骸，疗治伤病，安置老弱。

对内地发生的水旱各灾，镜湖医院也乐为善举，施以援助。1877年，山东、山西、

---

① 马根伟. 明清时期澳门慈善机构研究（1569—1911）. 广州：暨南大学硕士学位论文，2006. 26～27
② 李蓓蓓编著. 台港澳史稿. 上海：华东师范大学出版社，2003. 621～622
③ 镜湖医院慈善会创办一百三十周年纪念特刊. 澳门：澳门镜湖医院慈善会，2001
④ 丁身尊，吴春泉. 镜海慈航 泽衍濠江——澳门镜湖医院概述. 广东文史资料（第58辑）. 广州：广东人民出版社，1988. 95～96.
⑤ 邓开颂等. 澳门史话. 北京：社会科学文献出版社，2000. 149
⑥ 游子安. 善与人同——明清以来的慈善与教化. 北京：中华书局，2005. 295

河北等华北各省大旱,镜湖医院闻讯后在澳发起募捐,赈济灾区。1878年广东清远水灾,1885年新会、怀集水灾等,该院均有救济捐助之举。抗战期间,大陆与香港难民大量涌入澳门,镜湖医院利用既有设施,不遗余力地开展遣送难民、收容难童等战时救助工作。1939年,镜湖医院又向中山大学同学战地服务团捐赠一批急救药品。香港沦陷后,镜湖医院慈善会于1943年开设难童教养所,收容英美籍难童留医。直到1947年,教养所才结束。抗战后期,慈善会还资助流落澳门的近千名内地难民川资,协助其返乡,重建家园。[①]

医院初创时,只有中医中药,并无西医。1892年,镜湖医院延请香港西医书院毕业的孙中山入院行医,始采用西药,为平民义诊施医。1896年,经与葡澳当局交涉,准将湾仔海船保安所改为痘局,为民众接种牛痘。不久,该院又获准在本院和另一处所施种痘苗。由此,为市民免费种痘、预防天花的善举得到顺利发展。1916年,为贫苦民众治病疗伤之余,镜湖医院又收葬义地骨骸,尽力于丧葬善后事宜。

镜湖医院慈善会还积极筹措善款,兴学育才,为贫穷子弟提供就学机会。19世纪后期,澳门因家境贫困而失学的儿童日渐增多。光绪初期,澳门富户曹、周二姓特向镜湖医院捐献产业,以部分租息充作义学经费。镜湖义塾遂告成立,专收贫家子弟免费入学。这是近代澳门第一所慈善性质的义学。至1896年,已先后开设了5所义学,统称为"镜湖义塾"。因义学分散于五处,管理不便,为充分利用师资及设备,于1905年将5校合并,集中办学。民国后,义塾先后改称义学、小学。1944年将原设各义学与平民小学合并,改名为镜平小学,继续推行慈善教育。镜平小学主要招收贫民子女就学,使家境贫寒的儿童能获得教育机会。学校设于望厦街,并附有夜校,以补日校之不足;另在下环区鹅眉街设一分校。[②] 1923年,镜湖医院开办护士学校,"这一创举,不但为医院培养了合格的护理人才,且对发展澳门的护理事业起了先导作用"[③]。

在长期的发展过程中,镜湖医院逐渐形成了一套颇具特色、适合自身发展的组织管理机构和制度。在组织机构方面,1874—1927年,镜湖医院采用值理会总理制,总理由全澳各行业推举12人组成。1928年改为总协理制,10年后又改作值理制。镜湖医院为使办院宗旨更加明确,1942年经澳葡政府批准立案,更名镜湖医院慈善会,增加值理人数,成立新值理会;同时完善管理机构,设立总务、医药、财政、审计工程、教育、交际、租务等八部门。抗战胜利后,原先的值理制已不适应时代发展需要,于

---

① 丁身尊,吴春泉. 镜海慈航 泽衍濠江——澳门镜湖医院概述. 广东文史资料(第58辑). 广州:广东人民出版社,1988. 97~98.

② 丁身尊,吴春泉. 镜海慈航 泽衍濠江——澳门镜湖医院概述. 广东文史资料(第58辑). 广州:广东人民出版社,1988. 97,104.

③ 丁身尊,吴春泉. 镜海慈航 泽衍濠江——澳门镜湖医院概述. 广东文史资料(第58辑). 广州:广东人民出版社,1988. 96.

是酝酿改值理制为董事制。1946年2月17日,镜湖医院慈善会召开第一次代表大会,修正会章,选举出正副主席、秘书长各1人,董事19人,组成董事会,任期2年。董事会下设各种专门委员会,专职管理院产、财政、慈善、教育等事务。经过这番改制和整顿,会务管理更趋健全,慈善事业也有了新进展。①

1949年以后,澳门社会局势趋于稳定,镜湖医院慈善会大举革新,改善院舍环境,更新医疗设备,为慈善公益事业的发展奠定了有利的物质基础,进一步推动了慈善活动的开展。同时,由于镜湖医院慈善会的影响日增,其募捐活动得到市民踊跃支持,善款收入颇为可观。1954年,镜湖医院举办奖券筹款,募得善款60余万元。1958年,又募得170余万元的善款。1960年以后,募捐活动虽然有所减少,但在1962—1986年的25年间,募捐所得仍达1 085万元。此时的港澳社会贤达对镜湖医院的发展也作出了卓越贡献。进入20世纪50年代以后,随着对护理人才的需求日益增加,镜湖医院护士学校招生规模有所扩大,原有校舍已不敷使用。澳门著名实业家、镜湖医院慈善会主席何贤慷慨解囊,捐资兴建澄溪纪念堂,1956年落成后即作为护士学校新校舍。1963年,何贤再次捐赠镜湖医院3处房地产及屋宇35间。霍英东、马万祺先生亦为澳门镜湖医院出钱出力。社会赞助成为镜湖医院慈善会的重要财源。80年代初起,澳门旅游娱乐有限公司固定每年向镜湖医院捐赠葡币50万元,澳葡政府当局每年补助120万元。② 目前,镜湖医院慈善会已发展为全澳规模最大的综合性慈善组织,在澳门及内地的慈善公益事业发挥着积极作用。镜湖医院从清末创办迄今,已历130余年,其会史称其业绩"为文化善绩之光辉,民族善德之弘扬"③,诚非虚言。

第三节 台湾的慈善事业

台湾慈善事业发轫于清康熙年间。300余年来,台湾慈善事业从组织形式到救济对象都发生了很大变化。考察其演变历程,我们大致将其分为三个发展阶段:第一阶段从康熙中期至甲午战争前夕,这是传统慈善事业发展和近代转型时期。第二阶段为日本割占台湾时期,传统善堂中断发展,教会慈善活动渐居主导。第三阶段从20世纪五六十年代至今,基金会等新型慈善组织大量涌现,现代慈善事业获得蓬勃发展。

---

① 丁身尊,吴春泉. 镜海慈航 泽衍濠江——澳门镜湖医院概述. 广东文史资料(第58辑). 广州:广东人民出版社,1988. 98
② 丁身尊,吴春泉. 镜海慈航 泽衍濠江——澳门镜湖医院概述. 广东文史资料(第58辑). 广州:广东人民出版社,1988. 99,103
③ 澳门镜湖医院慈善会会史(1871—2001)"前言". 转引自:游子安. 善与人同——明清以来的慈善与教化. 北京:中华书局,2005. 296

一、台湾传统慈善事业的发展和近代转型

康熙二十三年（1684年），清统一台湾。翌年，清政府设台湾府，置台湾（今台南）、凤山（今高雄）、诸罗（今嘉义）3县，隶于福建省。首批赴台官员沈朝聘、杨芳远、季麒光就任知县后，依清制分别在县城内设养济院，收养鳏寡孤独残疾无告者。①此后，赴台任职的官员亦秉承仁政观念，继续倡行善举。至甲午战前，台湾各县厅的慈善机构已颇为可观，从早期恤老、助丧逐渐扩展为育婴、施医、义渡、义仓等多个方面，基本形成一个涵盖生老病死的慈善救济体系，详见表10—1。

表 10—1　　　　　清代台湾善堂设置情况表（1685—1894年）

善堂	创建年代	地点	创建人
凤山养济院	康熙二十三年	县辖土凤埕	知县杨芳远
诸罗养济院	康熙二十三年	县辖善化里东堡	知县季麒光
台湾县养济院	康熙二十三年	县治镇北坊	知县沈朝聘
彰化养济院	乾隆元年	县治八卦山下	知县秦士望
台湾县普济堂	乾隆十一年	县治城隍庙内	不详
彰化留养局	乾隆二十九年	养济院之左	知县胡邦翰
淡水厅留养局	乾隆二十九年建，光绪十五年重设	原在竹堑城内，后在县治	不详
嘉义育婴堂	嘉庆六年设，同治七年重设	县治城隍庙内	绅商
澎湖厅栖流所	嘉庆二十四年	妈宫	商户
澎湖厅普济堂	道光六年	附设妈祖宫内	通判蒋镛、绅商
彰化育婴堂	道光年间建，光绪七年重建	在县治	官绅合建，后由知县朱干隆劝富绅重建
淡水厅栖流所	道光、咸丰年间	境内鸭母寮	不详
新竹栖流所	道咸间建，同治三年毁，光绪时重筑	县境树林庄	不详
台湾县育婴堂	咸丰四年	县治外新街	富户石时荣
淡水厅保婴局	约咸丰年间	摆接堡枋桥庄	富绅林维源
淡水厅育婴堂	同治九年	艋舺街学海书院后	官绅合建
台湾县恤嫠局	同治十三年	在县治	巡抚沈葆桢

---

① （乾隆）重修台湾县志（卷3）.上海：上海书店，1999

续表

善堂	创建年代	地点	创建人
新竹育婴堂	同光之际	县治龙王庙之右	不详
新竹养济院	光绪六年	在县治	知府陈星聚
台湾县栖流所	光绪十二年	县治圣公庙街	知县谢寿昌
澎湖厅育婴堂	光绪年间	妈祖庙附近	绅商

资料来源：1. 连横. 台湾通史（下册）. 北京：商务印书馆，1983. 398～400

2. 咸丰. 淡水厅志（卷4）. 赋役·恤政

3. 光绪. 新竹县志初稿（不分卷）

从上表而知，清前期的台湾府各县厅已设有养济院、普济堂、留养局、栖流所等传统慈善救助机构，其多由官员发起倡设，性质属于官办。及至中后期，绅商民众开始积极介入，传统善堂由此在全岛获得进一步发展。除凤山、云林外，台湾有6个县、厅均从道光末年至光绪中期新建或重修各类慈善机构，其中以育婴堂最多，共7所，其次是栖流所，共3所，而养济院、留养局、恤嫠局各1所，总计13所，数量较清中期大为增加。

康熙、雍正之际，随着台湾社会的不断开发，内地移民的大量涌入，流寓渐多，需救助者亦复不少，而原有养济院早已额满。乾隆元年（1736年），彰化知县秦士望遂倡建养济院，在县治东门外八卦山置屋宇，"收养麻风残疾之人约四十名"。① 乾隆十一年（1746年），御史范咸巡台，察觉到"比年以来，户口既盛而地不加辟，内地流民日聚"；"穷黎以贫病转沟壑者，不一而足"②，"凡直省州县各设有普济堂，安集流移，立法至善。东瀛一方，是典独阙，所宜急为举行者"③，于是率先捐俸以为倡，并饬令台湾县知县李闻权择地创建普济堂。翌年，堂屋竣工，"凡十二间，拨公款千余元充用，以收养穷民"④。这是全台最早设置的普济堂，使"四方之旅无死于道路者"⑤。道光六年（1826年），澎湖厅通判蒋镛等建普济堂，"以惠孤寡废疾无依民"⑥。此议很快得到了澎湖官绅士民的响应，"捐款四百元交妈祖宫董事生息"。道光九年（1829），又有绅商合捐210元，交盐课馆生息，并续捐制钱47 500文；后又获准征收小船之费，岁入19 800文，以充口粮。在民间有力之士的支持下，澎湖厅普济堂善款较为充足，养赡

---

① 连横. 台湾通史（下册）. 北京：商务印书馆，1983. 398
②③ （乾隆）重修台湾府志（卷2）. 北京：中华书局，1985
④ 连横. 台湾通史（下册）. 北京：商务印书馆，1983. 398
⑤ （乾隆）重修台湾县志（卷3）. 上海：上海书店，1999
⑥ （光绪）新修澎湖厅志（卷2）. 台北：成文出版社，1983

孤贫废疾者,"额定三十名,月给三百文"。① 由此可见,普济堂在台湾的兴起,最初由官府发起创设,但以绅商为主体的地方有力者在善堂运作管理中发挥了主要作用,其经费主要由民间筹措而得。

除养济院、普济堂外,台湾亦照内地成例,设有留养局、栖流所等善堂。乾隆二十九年(1764年),彰化知县胡邦翰鉴于"养济院例收麻疯残疾,孤老不与",倡建留养局,并首捐养廉银,巡检程铿、杜潮、典史夏宗本等官员纷纷捐输,很快建成房屋43间,收养孤贫100名,"每名月给口粮钱四百八十文,逢闰加给,不扣小建。至冬寒时,加给绵衣钱八百文。如有孤贫病故者,每名给予棺木钱八百文"②。王人榜等百余名士绅商民踊跃认捐田租银,"捐置田园,岁收租银一千二百八十四元以为经费"。同年,淡水厅在竹堑城内设留养局,收养穷民。彰化、淡水两处留养局曾一度受战乱影响。乾隆五十二年(1787年)林爽文起义,彰化留养局屋宇在战火中大部受损,后由县府逐年给银补葺。同治元年之乱,淡水留养局"佃册纷失,收租渐渐,仅养七十名"。光绪十五年分治之际,重设此局,"以旧时局产拨充,并捐经费,额收四十名"。清中期以后,在开发较早的台湾北部淡水、新竹等县,随着流民问题的日趋严重,创设栖流所渐渐得到地方官员重视。道光末年,淡水厅最早在鸭母寮建成栖流所,新竹随即亦创设栖流所,栖流所为鳏寡孤老残疾无告者栖身之所,收养百余名。同治三年毁,光绪间重筑。③

康熙年间,"台地土著者少,户口未繁,婴孩从无弃者"④,未设育婴堂。随着雍正以后闽粤移民的增多,溺婴陋俗也被移植到台湾,台南的溺婴之风尤盛。为挽救生命,官绅合力创办育婴堂,"凡有乡妇生女不养,准投堂送人"⑤。嘉庆六年(1801年),嘉义育婴堂设立,收抚遗弃女婴,同时资助贫家之婴,这是清代台湾第一个育婴慈善机构。清后期的彰化、新竹、台湾、淡水、澎湖等县厅也相继设立育婴机构。台湾县育婴堂于咸丰四年(1854年)建成,由富户石时荣自捐家屋倡建,并捐5千元生息为育婴经费。而后,又劝绅商集款数千元,并禀官府批准,对出入商船抽税,充作经费。富户亦各捐田园铺屋,入款颇多。巡道黎绍棠"更劝绅士办理,并以洋药厘金提拨充用",光绪八年(1882年)改"以司库平余及盐课余款千余元拨为经费"。⑥ 光绪年间,澎湖绅士捐资在妈宫之侧建育婴堂,先由"监生林培树董其事,嗣后归厅办理"⑦。育

---

① 连横. 台湾通史(下册),北京:商务印书馆,1983. 399~400
② 胡邦翰. 留养局记. 见(道光)彰化县志(卷2). 台北:成文出版社,1983
③ 连横. 台湾通史(下册),北京:商务印书馆,1983. 399
④ (乾隆)重修台湾府志(卷2). 北京:中华书局,1985,1468
⑤ 台湾省文献委员会编. 重修台湾省通志(卷7). 1992
⑥ 连横. 台湾通史(下册),北京:商务印书馆,1983. 398
⑦ (光绪)新修澎湖厅志(卷2). 台北:成文出版社,1983

婴经费主要有"岁收租息三十二万四千文,每月又于盐课拨银五十两以充经费",以士绅捐献和店铺租息为大宗。光绪十八年(1892),收养女婴33名,"每名月给八百文"①。

晚清台湾还出现了恤嫠局。该局于同治十三年(1873年)由钦差大臣沈葆桢倡设,沈自捐千元,并命巡道夏献纶拨助公款,此外,"劝绅富捐款九千元,购置田园,生息以恤嫠妇。凡年三十以内,家贫守节者,邻右保结,每名月给二元"②。

台海两岸同一血脉,丧葬礼俗亦大体相同,都讲求入土为安。在台湾开发过程中,多有孤身流寓、客死他乡而露尸荒野者。这不仅容易导致疫病流行,也有违儒家伦理。因此,台湾出现了义冢、殡舍等以施棺代葬为职能的慈善机构。如台湾县大南门外义冢,"为江浙游幕人士公置,并置一堂,春秋祭祀,公举一人为董事";乾隆四十二年(1777年),浙江绍兴人魏子鸣与彰化巡检王坦在鹿港街外"购地充用,曰敬义园,以其余款置业生息,岁举泉、厦郊商为董事"③。这些义冢、殡舍等慈善设施,既收殓施棺,也掩瘗骨骸,让客死异乡者不再暴尸于野外。清代台湾各属县、厅义冢纷立,数目众多,约有上百处,丧葬救济成为清代台湾一项重要的慈善事业。

台湾河流较多,因山区面积大,又四面环海,所以险滩众多,渡河不易,尤其在台风季节,常有山洪暴发,使人却步。由此,义渡、义桥的设立也为数不少。台湾最著名的义渡是"东势义渡会"。东势渡位于彰化,溪虽不甚阔,但水流甚急。道光十四年(1834年),生员刘济川、贡生刘章职等鸠金倡设义渡,以济行人。不久,募得2500余元,置有渡船12艘,并购置水田10余亩,以每年田租收入为运作经费。此外还有屏东二渡河义渡、浊水溪永济义渡等处。台湾绅民还捐资建有多处义渡和义亭,供旅人乘舟涉河或驻足休憩。④

由于独特的地理环境和地质构造,台湾自然灾害频仍,尤以风、震之灾为害最烈。面对经常发生的灾害,官府和民间开始沿用大陆的办法,设置仓储,积粮备荒。清前中期开始,台湾各县厅均置有谷仓,仓储有官仓、社仓、义仓和番社仓之分,其中义仓和社仓建设得到民间的广泛参与,带有慈善设施的性质。道光后期,淡水同知娄云"劝各庄合设社仓,众多踊跃,后先设立"⑤。同治六年,署同知严金清复捐廉俸1千元,购谷千石,业户林恒茂、郑永承等共捐谷4万9千石,在竹堑、艋舺两处设明善堂,管理此事。此外大稻埕、后垅、北埔、中港、大湖口、大溪墘、桃仔园等处亦设

---

① 连横. 台湾通史(下册),北京:商务印书馆,1983. 400
② 连横. 台湾通史(下册),北京:商务印书馆,1983. 398~399
③ 连横. 台湾通史(下册),北京:商务印书馆,1983. 400~401
④ (道光)彰化县志(卷2). 台北:成文出版社,1983
⑤ 连横. 台湾通史(下册),北京:商务印书馆,1983. 387

有义仓。① 清代台湾各处的社仓、义仓达28处，番社仓57处②，其中约半数设于晚清。如光绪十九年（1893年），澎湖咸雨为灾，在知府劝谕下，绅民黄济时、蔡玉成等共捐1 435两，三郊合捐163两，署总兵王芝生捐300两，众将弁兵勇捐924两，计银3 000两，"以为社仓资本"。③ 在凤山、嘉义、彰化和淡水等处，绅民也捐钱捐谷，公建仓储，出陈易新，以备荒年赈济。

在清代台湾慈善事业的发展进程中，官府是其最初的推动力，但因台湾孤悬海外，官方力量有限，由士绅商民组成的民间社会力量便积极参与，并逐渐在晚清慈善事业中发挥重要作用。官民合作，共襄善举，救助了老弱病残等社会弱势群体，促进了台湾的开发与稳定发展。

二、西方教会的慈善活动与日据时期的慈善事业

从19世纪60年代起，西方教会在台湾兴办了医院、孤儿院、教会学校等慈善机构。同治四年（1865年），英国长老会传教士马雅各创建台湾第一所教会慈善机构——义诊所，为附近贫病者免费诊治。7年后，加拿大长老会牧师马偕建立淡水传道所病院，在传教之余施医赠药，就诊者颇众。④ 80年代，英国人梅威令医生进入台湾，开办慕德医院，除日常施医救病外，还培养医护人员，传播红十字精神。⑤ 在灾荒之年，传教士往往通过本国教会募集款物，赈济台湾饥民和救恤孤童。近代西方教会的慈善活动，成为推动中国传统善堂改良的外部因素之一，如因疗效明显，西医在台湾产生了示范效应。光绪十二年（1886年），台湾巡抚刘铭传在台北设官医局，"招聘西人为医生，以医人民之病，不收其费，并设官药局于内"⑥。

甲午战败后，1895年清政府签订《马关条约》，割让台湾给日本。此后在台的西方基督教会因其背后有列强作支持，尚能开展一些济贫、施医等慈善活动，但总体上不如内地活跃。

日本侵占台湾以后，台湾原有的慈善救恤机构大都被毁或停辍，不少善堂善会所属财产、屋舍、土地被地方官厅任意变卖或占用。如台北艋舺义仓的土地为日本宪兵屯所充用，彰化义仓仓库被用于电信所的办公地，而嘉义义仓也曾为日本军队占用。至1898年前后，因台湾频频遭遇自然灾害，米价腾贵，灾民得不到救济，一些地方人

---

① 连横. 台湾通史（下册），北京：商务印书馆，1983. 390
② 连横. 台湾通史（下册），北京：商务印书馆，1983. 389～391
③ 连横. 台湾通史（下册），北京：商务印书馆，1983. 391
④ 周秋光，曾桂林. 中国慈善简史. 北京：人民出版社，2006. 431
⑤ 周秋光. 红十字会在中国. 北京：人民出版社，2008. 6～7
⑥ 连横. 台湾通史（下册），北京：商务印书馆，1983. 398

士开始向地方官提议，请求恢复传统慈善救济机构。①

此时，适逢后藤新平就任台湾总督府民政长官。在他的推动下，日本殖民当局进行了一系列针对清统治时期遗留的政治、经济及社会风俗方面的社会调查（即所谓"台湾旧惯调查"），其中一次是专门针对慈善救济事业及恤政的。通过调查，台湾总督儿玉源太郎意识到，依循"旧惯"鼓励民众捐输进行慈善救济，是维系社会安定的一个便捷、省心的途径。1899年，他创设台北仁济院，继而发起创设慈惠院。在他的倡议下，各州纷纷整顿和复建荒废的养济院、普济堂、同善堂，设立慈惠院。至1922年，全台以劝募资金、接管整理旧有善堂的方式陆续建立起6所慈惠院。② 由此可见，日本统治台湾前期，主要"借由清代所遗留下来的丰沛资源来进行救贫的事业"，不过，这样的"旧惯"已被日本殖民者所裁剪和整理，逐渐以重新规划的"慈惠院"制度取而代之。

1899年，日本台湾总督府颁布《台北仁济院、台南慈惠院及澎湖普济院规则》和《台湾穷民救助规则》，规定救济内容与人数，但其受助者十分有限。1904年，又修订颁行《台湾慈惠院规则》，统一各厅慈惠院的工作与经营，使其组织机构与制度渐渐完善。而这些慈惠院的实际运作，也有赖于旧有保甲组织之协力。③ 基于此，有学者认为，日本殖民者为了制造"好善赈恤"的形象，在统治前期（1895—1920），"大体还是维持清代那种官民合力救济灾民的情形，地方头人还是要应地方长官的要求，向所管辖区民众筹募救恤资金"。④ 这也在一定程度上反映出日本殖民当局对于台湾慈善事业态度的转变，从最初的消极处之，渐渐趋于以官方的力量积极介入。

1920年日本国内的米骚动运动使日本的社会政策发生重大转向，并影响到台湾。1921年，台湾总督府总务长官贺来佐贺太郎下达《关于社会事业设施之件》，宣称日本殖民当局要易弦更张、积极介入慈善与社会福利领域，以"饴与鞭"的模式来实施殖民地慈善福利政策。随后，殖民当局重组台湾慈善福利行政机构，在穷民救助、罹难救助、行旅病人及医疗救助方面开展活动。⑤ 这一时期，台湾慈惠院、仁济院虽可利用御下赐金的利息补助开支，但数额非常少，地方慈善救济机构的经费补充还是依靠地

---

① 刘晏齐. 从救恤到社会事业——台湾近代社会福利制度之建立. 台北：台湾大学法律研究所硕士论文，2005. 67

② 刘晏齐. 从救恤到社会事业——台湾近代社会福利制度之建立. 台北：台湾大学法律研究所硕士论文，2005. 71，注释70.

③ 参见刘晏齐. 从救恤到社会事业——台湾近代社会福利制度之建立. 台北：台湾大学法律研究所硕士论文，2005. 71~72、75~79

④ 刘晏齐. 从救恤到社会事业——台湾近代社会福利制度之建立. 台北：台湾大学法律研究所硕士论文，2005. 79

⑤ 参见：刘晏齐. 从救恤到社会事业——台湾近代社会福利制度之建立. 台北：台湾大学法律研究所硕士论文，2005. 91~105

方社会及政府。并且，赐金的发放只是为了塑造和强化天皇的国家象征，日本需通过恩赐受领仪式，巩固天皇和皇室在台湾人民心目中的地位。① 这说明了日据时期台湾慈善事业的殖民地特性。

三、1945年以后的台湾慈善事业

1945年8月15日，日本无条件投降。9月2日，中华民国政府接收台湾。此时，受灾荒与战局影响，台湾失业问题十分严重，而民间慈善救济机构也因经济环境欠佳，几近停顿。1945年底，行政院善后救济总署台湾分署在台北设立，到1946年6月，救济工作渐次展开。为解决粮荒问题，台湾分署利用国际社会捐赠的物资，采取平粜、赈济（急赈）等方式展开救济，还向各地免费发放分派粮食、物品、旧衣物、旧鞋及炼乳、鱼肝油等营养品。对于失业问题，分署采取以工代赈的方法救助失业贫民。据台湾分署计划，其工赈范围包括都市复建、农田水利灌溉工程、河堤修筑、建筑平民住宅、修复码头六项。至1947年7月中旬，据台湾分署公布的统计数据，工赈中受惠的劳工有15万人，分布在10个县市。医疗服务主要通过20多个公私立医院进行。此外，有些地方政府社会局也联络当地耆老乡绅，组织地方救济协会或平粜委员会，协助分署分发救济物资，或另筹款项，购买米粮以衡平米价。②

1949年国民党退居台湾后，总结失败教训之余，对下层民众生计倾注了更多关心，推行了一些社会福利事业措施。及至20世纪60年代中期，台湾经济复苏，并在70年代获得快速发展，形成一批财力富足的中产阶层，为台湾民间慈善机构兴起创造了必要的经济条件。1987年解除"戒严"后，政治氛围渐趋宽松，慈善组织的发展"在数量和性质上都有了明显的变化"，"社会福利型慈善组织蓬勃发展，组织化的慈善事业渐渐取代零星的福利工作。"③ 至世纪之交，台湾的慈善团体数量多、种类繁。截至1999年底，台湾共有非赢利的社会服务组织、慈善团体4 740家；至2002年，属于财团法人性质的基金会已达3 014家。④ 若按发起人或举办者的身份划分，这些慈善团体可分为社会人士捐赠或冠名的慈善组织、社区慈善组织及宗教慈善组织。⑤

---

① 刘晏齐. 从救恤到社会事业——台湾近代社会福利制度之建立. 台北：台湾大学法律研究所硕士论文，2005. 160、163
② 参见刘晏齐. 从救恤到社会事业——台湾近代社会福利制度之建立. 台北：台湾大学法律研究所硕士论文，2005. 180~184
③ 徐麟主编. 中国慈善事业发展研究. 北京：中国社会出版社，2005. 350
④ 徐麟主编. 中国慈善事业发展研究. 北京：中国社会出版社，2005. 345，346
⑤ 本目以下内容主要参考：周秋光，曾桂林. 中国慈善简史. 北京：人民出版社，2006. 432~435

（一）社会人士捐赠或冠名的慈善组织

1996年，辜林瑞慧、黄吴珍等八位女士发起成立儿童慈善协会，目的在于使儿童皆能获得良好的成长与发展机会。儿童慈善协会经常举办关怀活动，如援助贫困弱势儿童，为其提供生活、入学及医疗扶助；推广听障儿童音乐课程项目，帮助听障儿克服耳疾障碍，建立自信快乐的生活；拓展育幼院童、残障、智障等弱势族群及国小启智班学童的生活视野，举办发展及健全身心活动等。为谋求发展，儿童慈善协会举行年度募款活动，筹办慈善募款音乐会及晚宴。台湾省玉德慈善会于1997年设立，以牺牲奉献之精神开展济急、救贫为宗旨，主要办理急难救助、冬令救济活动，设有清寒奖助学金，并定期配合医疗机构办理义诊，协办环保活动。同时，慈善会也向老人、儿童、青少年、妇女、身心障碍者等提供公益服务以及举办其他的社会福利项目。

冠名慈善组织多为公益性的文教事业基金会，多由工商界、文艺界及其他各界知名人士捐资设立。1995年，台湾歌星邓丽君去世后，中华电视台和宝丽金唱片公司于同年10月按其遗愿共设邓丽君文教基金会。该基金会以"推广并举办各项文化、教育、音乐、艺术等活动及公益慈善等相关事业及奖助"为宗旨，自成立以来，已举办或奖助多项全球华人社会的艺术活动，并奖励或资助一些从事相关公益、文教、艺术活动的社团与工作者。此外，基金会还致力于改善及援助遭遇不幸的演艺文化界人士，救助贫困地区和贫弱社群，为贫寒学生设置奖助学金。又如1997年6月成立的白晓燕文教基金会，以"营造安居乐业的社会"为宗旨，关注妇幼安全教育及儿童美德培育，努力使孩子平安成长。在善心人士的捐助下，该基金会开展了一系列关爱少年、慈恤幼童的慈善公益活动，产生了一定的社会影响。

（二）社区慈善组织

在台湾岛内，由地方社区及所属团体兴办的慈善组织占有相当大的比重，其设立目的主要是服务当地社群，福利一方民众。1974年创设于高雄的台湾福泽基金会，奉"服务为快乐之本，行善为幸福之源"的理念，致力于推行社会公益事业，提升民众生活品质。伊甸社会福利基金会于1982年12月成立后，着眼于社区服务，服务范围逐渐扩充，已从成年身心障碍者的培训、就业辅导和心灵重建，延伸至发展迟缓儿童的早期疗育服务、高龄老人居家照顾服务及灾区的重建工作。目前，基金会在全台有20县市60个服务据点，提供区域化的身心障碍福利服务。[①] 彰化秀和慈善事业基金会成立于1984年，它以彰化民众为主要服务对象，通过补助现金、捐助物品、义工等方式

---

① www.eden.org.tw

开展冬令救济、急难救助、义诊施医多项慈善活动,并致力于提高老弱妇孺及残障人士的福利。此外,基金会还赞助优秀的医疗服务及相关管理人员进修与研习,推展社区医学服务,补助低收入户的医疗费。其慈善救济活动成效明显,在当地树立起良好口碑。此外,宜兰县私立慈怀社会福利慈善事业基金会、台南县私立庆美社会福利慈善事业基金会也是台湾岛内较有影响的地方性民间慈善组织。前者设有中途之家,向当地无家庭依靠的辍学青少年进行安辅工作,提供学习成才环境;后者则向台南县六岁以下的发育迟缓儿童免费提供早期治疗。这类社区民间慈善组织,往往注重结合本地实际,能够充分挖掘地方社会的资源优势,整合社区民间力量,为当地弱势群体提供有效的物质救济与精神支持。

(三) 宗教慈善组织

台湾社会受传统文化和外来文化的影响,因而仍保留着比较浓厚的宗教传统,传统的宗教慈善组织仍是当代台湾慈善事业机构体系的重要组成部分。台湾宗教性质的慈善组织,以佛教和天主教会创设居多。佛教慈济慈善事业基金会对台湾社会的影响尤大。

慈济慈善事业基金会始称佛教慈济功德善会,1966年3月24日,由证严法师创设于台湾花莲县。慈济善会秉承佛教行善积德、普度众生的教义,奉"菩萨慈悲、济世救人"为宗旨,开展送药施医、助丧安葬等善举。成立伊始,慈济善会会员多为家庭主妇,仅有数十人。经过会员的努力耕耘,基金会影响逐渐扩大,在岛内声名鹊起。20世纪70年代以后,一些义工、社会各界贤达也开始加入其中。1980年1月,为兴办医院,慈济善会向台湾政府申请变更为财团法人,获准后改组成立佛教慈济慈善事业基金会。在台湾各阶层民众的支持和资助下,目前慈济善会已发展成为规模宏大、资金雄厚的慈善团体。

慈济慈善事业基金会(慈济功德善会)成立之初即确立慈善、医疗、教育、文化为"四大志业"。近年来还致力于骨髓捐赠、环境保护、居住小区志工、国际赈灾等行动。总之,慈济善会以贫弱群体为主要关注对象。慈济善会不但常年关注突遇不测之人及贫困之家,帮助其走出生存困境,在遭遇大灾大难之时,也会义无反顾,竭力赈济。1999年,台湾遭遇"九·二一大地震",慈济善会全力参与灾区善后重建工作,救济大量孤老无依者。近20年来,慈济善会的救济范围不断扩大,已越过台湾海峡,惠泽两岸。1991年江淮大洪灾、1998年长江特大水灾、2003年SARS疫情、2008年汶川大地震等重大灾害发生时,慈济善会均援赠大量赈灾物资,缓解了灾区民众的燃眉之急。如1991年江淮水灾过后,慈济善会在华东灾区向灾民进行紧急救助,在安徽、江苏等灾区为灾民建立多所敬老院。① 目前，慈济善会仅慈善救济一项每年就要支付款额约数亿元新台币。在医疗卫生方面，1984—1986年，该会建成佛教慈济综合医院，除举办收费医疗以维持营运外，还侧重向贫病者开展医疗救济，实施义诊，或减免其医疗费用。教育方面，慈济善会创办慈济护士专科学校、慈济医学院、慈济大学等院校，为贫困生设立奖助学金，资助其顺利完成学业。在文化事业方面，慈济善会广泛刊布善书，并资助有关中华文化、佛教文化书籍的刊印出版，扶助图书馆、博物馆等公共文化事业发展。② 近20年来，慈济善会在大陆举办了一系列的慈善教育事业，如在江苏兴化，就捐建有周庄慈济中学、新城慈济小学、周奋慈济中心中学、严家慈济中心小学、荡朱慈善中心中学、西鲍慈济中学、东鲍慈济中心小学、戴窑慈济中学、舍陈慈济中心小学9所学校。③ 从20世纪90年代开始，慈济慈善基金会的援助行动已跨出宝岛，走向世界。2004年以来，先后援助日本新泻地震、资助约旦贫困学生、菲律宾与马来西亚的贫困者，并参与了南亚海啸斯里兰卡等受灾国的人道主义救援。

净觉社会福利慈善事业基金会和莲花临终关怀基金会也是台湾颇具社会影响的佛教慈善组织。净觉基金会在台湾岛内举办救灾济贫、助学等多项义举善行，口碑甚佳。莲花临终关怀基金会设立于1994年，是由多名崇佛的医学界、教育界学者与志工创建的佛教公益机构。它以临终关怀为宗旨，向晚期病人及其家属提供安宁疗护咨询及善终服务，以减轻患者家属的哀伤，并推广生命/生死教育。

天主教在台湾传教有百余年的历史。20世纪50年代以后，天主教圣母圣心会继续在台北、台中等地传播福音，在基督博爱精神指导下，天主教会积极办理社会福利慈善事业，陆续创办了幼稚园、中小学等教育机构，从事启智教育与社会福利工作。1971年又将其社会服务对象的范围拓展至贫困儿童与劳工。1988年，教会成立光仁文教基金会，接管经营各项事业，10年后又将慈善福利事业独立出来，以谋求进一步发展。2001年7月，天主教圣母圣心会台北教区众教徒捐资设立天主教私立慈爱残障教养院，并正式成立天主教光仁社会福利基金会。经过多年的经营和发展，光仁社会福利慈善事业已渐成规模，建成育仁启智中心、圣心儿童发展中心、育仁启能中心、龙山启能中心、八里圣心山庄老年安养中心，并设立光仁幼稚园、小学、中学各层次的启智班，基本涵盖由幼婴至老年各个不同年龄段，在台湾社会具有一定影响。

---

① 李玉林. 慈善大手笔. 北京：中国社会出版社，2008. 268
② 慈济大藏经新闻快报. http://www.tzuchi.org.tw/express/index
③ 李玉林. 慈善大手笔. 北京：中国社会出版社，2008. 268～269

深度阅读

1. 李东海编撰.香港东华三院一百二十五年史略.北京:中国文史出版社,1997
2. 徐麟主编.中国慈善事业发展研究.北京:中国社会出版社,2005
3. 游子安.善与人同——明清以来的慈善与教化.北京:中华书局,2005
4. 张学明,梁元生主编.历史上的慈善活动与社会动力.香港:香港教育图书公司,2005
5. 周秋光,曾桂林.中国慈善简史.北京:人民出版社,2006
6. 周秋光,曾桂林.近代港澳台地区的慈善事业述论.福建师范大学学报.2008,5

参 考 文 献

一、资料

(一) 纪传体史书

司马迁. 史记. 北京：中华书局，1982
班固. 汉书. 北京：中华书局，1962
范晔. 后汉书. 北京：中华书局，1965
陈寿. 三国志. 北京：中华书局，1959
房玄龄. 晋书. 北京：中华书局，1974
沈约. 宋书. 北京：中华书局，1974
萧子显. 南齐书. 北京：中华书局，1972
魏收. 魏书. 北京：中华书局，1974
刘昫. 旧唐书. 北京：中华书局，1975
欧阳修，宋祁. 新唐书. 北京：中华书局，1975
宋濂. 元史. 北京：中华书局，1976
张廷玉. 明史. 北京：中华书局，1974
赵尔巽. 清史稿. 北京：中华书局，1977

(二) 旧方志

(绍定) 吴郡志. 苏州方志数据库
(宝佑) 重修琴川志. 苏州方志数据库
(至正) 昆山郡志. 苏州方志数据库
(弘治) 太仓州志. 苏州方志数据库
(弘治) 徽州府志. 上海：上海古籍书店，1981
(弘治) 吴江志. 苏州方志数据库
(正德) 新乡县志. 上海：上海古籍书店，1982
(崇祯) 吴县志. 苏州方志数据库

（康熙）杭州府志．清刻本
（乾隆）重修台湾县志．上海：上海书店，1999
（乾隆）重修台湾府志．北京：中华书局，1985
（嘉庆）松江府志．清刻本
（嘉庆）瑞安县志．清刻本
（道光）彰化县志．台北：成文出版社，1983
（道光）贵阳府志校注．贵阳：贵州人民出版社，2005
（光绪）新修澎湖厅志．台北：成文出版社，1983
（光绪）松江府续志．南京：江苏古籍出版社，上海书店，巴蜀书社等，1990
（光绪）南汇县志．南京：江苏古籍出版社，上海：上海书店，成都：巴蜀书社等，1990
（光绪）淮安府志．南京：江苏古籍出版社，上海：上海书店，成都：巴蜀书社等，1990
（光绪）嘉定县志．清刊本
（光绪）华亭县志．清刻本
（同治）苏州府志．清刻本
（光绪）重修嘉善县志．南京：江苏古籍出版社，上海：上海书店，成都：巴蜀书社等，1990
（光绪）吴江县续志．南京：江苏古籍出版社，上海：上海书店，成都：巴蜀书社等，1990
（光绪）武进阳湖县志．南京：江苏古籍出版社，上海：上海书店，成都：巴蜀书社等，1990
（光绪）平湖县志．清刻本
（光绪）黄岩县志．清刻本
（光绪）嘉兴府志．南京：江苏古籍出版社，上海：上海书店，成都：巴蜀书社等，1990
（光绪）桐乡县志．南京：江苏古籍出版社，上海：上海书店，成都：巴蜀书社等，1990
（光绪）江阴县志．南京：江苏古籍出版社，上海：上海书店，成都：巴蜀书社等，1990
（民国）青浦县续志．台北：成文出版社，1970
（民国）上海县志．民国刊本
（民国）吴县志．南京：江苏古籍出版社，上海：上海书店，成都：巴蜀书社等，1990

（民国）太仓州镇洋县志．南京：江苏古籍出版社，上海：上海书店，成都：巴蜀书社等，1990

（民国）川沙县志．上海：1936

（民国）上海县续志．民国刊本

（民国）宝山县续志．民国刊本

（民国）崇明县志．南京：江苏古籍出版社，上海：上海书店，成都：巴蜀书社等，1990

（民国）续修盐城县志．南京：江苏古籍出版社，上海：上海书店，成都：巴蜀书社等，1990

（民国）遂安县志．南京：江苏古籍出版社，上海：上海书店，成都：巴蜀书社等，1990

（民国）平阳县志．南京：江苏古籍出版社，上海：上海书店，成都：巴蜀书社等，1990

（民国）北京市志稿．北京：燕山出版社，1998

（民国）东莞县志．南京：江苏古籍出版社，上海：上海书店，成都：巴蜀书社等，1990

（民国）乐昌县志．南京：江苏古籍出版社，上海：上海书店，成都：巴蜀书社等，1990

（清）元妙观志．苏州方志数据库

（光绪）罗店镇志．南京：江苏古籍出版社等，1992

（光绪）平望续志．南京：江苏古籍出版社等，1992

（民国）南浔志．南京：江苏古籍出版社等，1992

（民国）南浔志．南京：江苏古籍出版社等，1992

（民国）濮院志．南京：江苏古籍出版社等，1992

（民国）苏州育婴堂续志．苏州：1922

（三）新方志

吉林省志．长春：吉林人民出版社，1991

重修台湾省通志．南投：台湾省文献委员会，1992

安徽省志．合肥：安徽人民出版社．1993

上海县志．上海：上海人民出版社，1993

甘肃省志．兰州：甘肃人民出版社，1994

南京民政志．深圳：海天出版社，1994

湖南省志．北京：中国文史出版社，1994

遵义市志．北京：中华书局，1998
江苏省志．南京：江苏古籍出版社，2000

（四）档案

苏州档案馆藏商会档案
上海市档案馆藏档案
史迈士呈送南京国际救济委员会工作报告．见：民国档案．1998，2
天津档案馆编．北洋军阀天津档案史料选编．天津：天津古籍出版社，1990
中国第一历史档案馆．光绪宣统两朝上谕档．桂林：广西师范大学出版社，1996
中国第一历史档案馆．清末开办京师习艺所资料．历史档案．1999，2
中国第二历史档案馆藏档案

（五）资料汇编

湖南调查局辑．湖南民情风俗报告书．长沙：湖南法制院编印，1912
津河广仁堂征信录．清刻本
潘遵祁．长元吴丰备义仓全案．清刻本
潘祖谦．长元吴丰备义仓全案三续编．清刻本
潘灏芬．序．见：长元吴丰备义仓全案四续编．苏州：1914刊
齐豫晋直赈捐徼信录．清刻本
上海难民救济协会编．上海难民救济协会征信录．1942刊本
上海新普育堂征信录（民国二十年一月至十二月）．上海市档案馆藏
桃源县立孤儿院编．桃源县立孤儿院第三次报告．1928刊本
吴大根．长元吴丰备义仓全案续编．清刻本
余治．得一录．台北：华文书局，1969

（六）文集、笔记

陈龙正．几亭全书．北京：北京出版社，1998
范仲淹．范文正公集．上海书店．1989
冯桂芬．显志堂稿．清刻本
冯桂芬．校邠庐抗议．郑州：中州古籍出版社，1998
高攀龙．高子遗书．上海：上海古籍出版社，1987
顾禄．桐桥倚棹录．上海：上海古籍出版社，1980
顾文彬．过云楼日记（手稿）．苏州博物馆藏
黄潜．文献集．上海：上海古籍出版社，1987

花之安. 自西徂东. 上海：上海书店出版社，2002
胡珠生辑. 陈虬集. 杭州：浙江人民出版社，1992
黄遵宪：黄遵宪集. 天津：天津人民出版社，2003
李鸿章. 李文忠公全集. 台北：文海出版社，1977
李大钊. 李大钊文集，北京：人民出版社，1984
南通张謇研究中心编. 张謇全集. 南京：江苏古籍出版社，1994
彭绍升. 二林居集. 清刻本.
彭绍升. 一行居集. 清刻本
彭启丰. 芝庭先生集. 清刻本
盛宣怀. 愚斋存稿. 台北：文海出版社，1975
谈迁. 国榷. 北京：古籍出版社，1958
陶澍. 陶文毅公全集. 台北：文海出版社，1968
谢家福. 齐东日记（手稿）. 苏州博物馆藏
夏东元编. 郑观应集（下）. 上海：上海人民出版社，1988
裕谦. 裕忠节公遗书. 台北：文海出版社，1969
虞和平编. 经元善集. 武汉：华中师大出版社，1988
朱熹. 晦庵集. 上海：上海古籍出版社，1987
中山大学历史系中国近代现代教研组、研究室编. 林则徐集·日记. 北京：中华书局，1962
张之洞著，苑书义等编. 张之洞全集. 石家庄：河北人民出版社，1998

（七）报刊

东方杂志. 原刊
国民政府公报（影印本）. 南京：河海大学出版社，1989
工商半月刊. 上海图书馆藏缩微胶卷
广州民国日报（影印本）. 北京：人民出版社，1985
合作月刊. 上海图书馆藏缩微胶卷
商务报. 上海图书馆藏缩微胶卷
申报（影印本），上海：上海书店，1983
万国公报（影印本）. 台北：华文书局，1968
湘报（影印本）. 北京：中华书局，1965
政治官报（影印本）. 台北：文海出版社，1965

（八）法规汇编

捐资兴学褒奖条例补充办法．中华教育界．1934，3
江苏省例．清刻本
上海市社会局编．公益慈善法规汇编．1932刊本
上海市社会局编．公益慈善法规汇编．1932刊本
商务印书馆编译处编．最新编订民国法令大全．上海：商务印书馆，1924
田涛、郭成伟整理．清末北京城市管理法规（1906—1910）．北京：燕山出版社，1996
政府公报分类汇编（教育）上册．上海：扫叶山房北号，1915

（九）其他

大元圣政国朝典章．北京：中国广播电视出版社，1998
国语．北京：商务印书馆，1958
管子．重庆：正中书局，1944
（光绪）大清会典事例．上海：上海古籍出版社，1995
甘韩．皇朝经世文新编续集．台北：文海出版社，1972
皇明经世文编．上海：上海古籍出版社，1996
皇明诏令．台北：文海出版社，1984
贾思勰．齐民要术．上海．上海书店，1989
（嘉庆）大清会典事例．台北：文海出版社，1992
刘锦藻．清朝续文献通考．上海：商务印书馆，1936
吕氏春秋．长沙：岳麓书社，2006
龙文彬．明会要．北京：中华书局，1956
李文海、夏明方、黄兴涛编．民国时期社会调查丛编"社会保障卷"，福州：福建教育出版社，2004
孟子．上海：上海古籍出版社，2007
闵尔昌纂录．碑传集补．台北：明文书局，1985
南通县自治会编．二十年来之南通．1938年印行
内政年鉴编纂委员会编．内政年鉴．上海：商务印书馆，1936
彭泽益编．中国近代手工业史资料．北京：三联书店，1957
清朝通志．上海．上海古籍出版社，1987
清朝文献通考．上海：商务印书馆，1935—1937
清史列传．台北：明文书局，1985

清实录. 北京：中华书局，1985
秦孝仪主编. 抗战建国史料——社会建设（一）. 台北：裕台公司，1983
秦孝仪主编. 抗战建国史料——社会建设（三）. 台北：裕台公司，1984
秦孝仪主编. 抗战建国史料——社会建设（五）. 台北：裕台公司，1984
（苏州）彭氏宗谱. 苏州：1922 刻本
铁道部财务司调查科编. 芜湖市县经济调查报告书. 1930 年印行
吴师澄编. 余孝惠先生年谱. 北京：北京图书馆出版社，1999
马端临. 文献通考. 上海：商务印书馆，1935—1937
王圻. 续文献通考. 上海：商务印书馆，1935—1937
（万历）明会典. 上海：商务印书馆，1936
徐天麟. 西汉会要. 上海：上海人民出版社，1977
荀子. 郑州：中州古籍出版社，2006
席裕福，沈师徐. 皇朝政典类纂. 台北：文海出版社，1982
谕折汇存. 台北：文海出版社，1967
（雍正）大清会典. 上海：上海古籍出版社，1987
周礼译注. 上海：上海古籍出版社，2004
朱熹. 四书集注. 长沙：岳麓书社，1985
左传. 上海：商务印书馆，1931
朱铭盘. 南朝梁会要. 上海：上海古籍出版社，1984
朱寿朋. 光绪朝东华录. 北京：中华书局，1958
中国学前教育史资料选. 北京：人民教育出版社，1989
中华慈善年鉴编委会. 中华慈善年鉴2002. 北京：2002

二、研究论著

（一）著作

澳门镜湖医院慈善会编. 镜湖医院慈善会创办一百三十周年纪念特刊. 澳门：澳门镜湖医院慈善会，2001
蔡勤禹. 国家、社会与弱势群体：民国时期的社会救济（1927—1949）. 天津：天津人民出版社，2003
蔡勤禹. 民间组织与灾荒救治——民国华洋义赈会研究. 北京：商务印书馆，2005
东华三院编. 东华三院一百三十年. 香港：香港东华三院，2002
戴鸿映. 旧中国治安法规选编. 北京：群众出版社，1985

邓云特. 中国救荒史. 上海：上海书店，1984

费成康编. 中国的家法族规. 上海：上海社会科学院出版社，1998

夫马进著，伍跃等译. 中国善会善堂史研究. 北京：商务印书馆，2005

顾长声. 传教士与近代中国. 上海：上海人民出版社，1991

韩延龙主编. 中国近代警察制度. 北京：中国人民公安大学，1993

酒井忠夫. 中国善书的研究. 东京：弘文堂，1960

李东海编撰. 香港东华三院一百二十五年史略. 北京：中国文史出版社，1997

李蓓蓓编著. 台港澳史稿. 上海：华东师范大学出版社，2003

李向军. 清代荒政研究. 北京：中国农业出版社，1995

刘淑芬. 慈悲清净. 台北：三民书局，2001

孟昭华，王明寰. 中国民政史稿. 哈尔滨：黑龙江人民出版社，1986

马洪路主编. 中国残疾人社会福利. 北京：中国社会出版社，2002

乔志强. 中国近代社会史. 北京：人民出版社，1992

任云兰. 近代天津的慈善与社会救济. 天津：天津人民出版社，2007

上海市慈善基金会，上海慈善事业发展研究中心编. 慈善：关爱与和谐. 上海：上海社会科学院出版社，2004

上海市慈善基金会，上海慈善事业发展研究中心编. 转型期慈善文化与社会救助. 上海：上海社会科学院出版社，2006

上海市慈善基金会，上海慈善事业发展研究中心编. 志愿服务与义工建设. 上海：上海社会科学院出版社，2007

上海市慈善基金会，上海慈善事业发展研究中心编. 慈善理念与社会责任. 上海：上海社会科学院出版社，2008

孙善根. 民国时期宁波慈善事业研究（1912—1936）. 北京：人民出版社，2007

王卫平，黄鸿山：中国古代传统社会保障与慈善事业——以明清时期为重点的考察. 北京：群言出版社，2004

王子今等. 中国社会福利史. 北京：中国社会出版社，2002

魏承恩. 中国佛教文化论稿. 上海：上海人民出版社，1991

徐麟主编. 中国慈善事业发展研究. 北京：中国社会出版社，2005

小浜正子著，葛涛译. 近代上海的公共性与国家. 上海：上海古籍出版社，2003

夏明方. 民国时期自然灾害与乡村社会. 北京：中华书局，2000

星斌夫. 明清时代社会经济史研究. 东京：国书刊行会，1989

游子安. 劝化金箴：清代善书研究. 天津：天津人民出版社，1999

袁啸波编. 民间劝善书. 上海：上海古籍出版社，1995

张文. 宋朝社会救济研究. 重庆：西南师范大学出版社，2001

张文. 宋朝民间慈善活动研究. 重庆：西南师范大学出版社，2005

朱浒. 地方性及其超越——晚清义赈与近代中国的新陈代谢. 北京：中国人民大学出版社，2006

赵宝爱. 慈善救济事业与近代山东社会变迁. 济南：济南出版社，2005

中国红十字会总会编. 中国红十字会历史资料选编（1904—1949）. 南京：南京大学出版社，1993

中国红十字会总会编. 中国红十字会历史资料选编（1950—2004）. 北京：民族出版社，2005

中国红十字会编. 博爱无国界——中国红十字会印度洋海啸救援纪实. 北京：国际文化出版公司，2007

中慈国际交流中心编译. 首届国际慈善法律比较研讨会论文集. 北京：中国社会出版社，2005

周秋光编. 熊希龄集（第8册）. 长沙：湖南人民出版社，2008

周秋光，曾桂林. 中国慈善简史. 北京：人民出版社，2006

周秋光. 红十字会在中国（1904—1927）. 北京：人民出版社，2008

郑功成等. 中华慈善事业. 广州：广东经济出版社，1999

（二）论文

陈采勤. 试论"周礼"的荒政制度. 学术月刊. 1998，2

陈业新. 两汉荒政初探. 淮南师范学院学报. 2002，1

陈宝良. 明代的社与会. 历史研究. 1991，5

池子华. 抗战初期中国红十字会的战事救护. 江海学刊. 2003，4

丁身尊，吴春泉. 镜海慈航　泽衍濠江——澳门镜湖医院概述. 广东文史资料（第58辑）. 广州：广东人民出版社，1988

关瑞梧. 解放前的北京香山慈幼院. 见：全国政协编. 文史资料选辑（第31辑）. 北京：中国文史出版社，1997

何兹全. 中古时代之中国佛教寺院. 中国经济. 1934，9

黄鸿山，王卫平. 清代社仓的兴废及其原因. 学海. 2004，1

黄鸿山. 长元吴丰备义仓研究. 苏州大学硕士学位论文，2004

黄鸿山. 清末济良所的出现与推行. 学习与探索. 2009，3

黄鸿山. "拯救灵魂"的努力：晚清洗心局、迁善局的出现与演变. 史林. 2009，4

黄鸿山，王卫平. 从"教养兼施"到"劳动教养"：中国劳动教养制度起源新探. 河北学刊. 2010，3

梁其姿. 明末清初民间慈善活动的兴起. 食货. 1986, 7~8

李尚全. 汉传佛教慈善事业的理论来源及其实践模式. 中国宗教. 2010, 3

李文海. 晚清义赈的兴起与发展. 清史研究. 1993, 3

刘晏齐. 从救恤到社会事业——台湾近代社会福利制度之建立. 台北：台湾大学法律研究所硕士论文, 2005

梁洁芬. 一九六〇年代以前香港天主教会的慈善事业. 见：张学明，梁元生主编. 历史上的慈善活动与社会动力. 香港：香港教育图书公司, 2005

马根伟. 明清时期澳门慈善机构研究（1569—1911）. 广州：暨南大学硕士学位论文, 2006

潘孝伟. 唐代救荒措施总体特征. 安庆师院学报. 1993, 3

全汉升. 中古佛教寺院的慈善事业. 食货. 1935, 4

王卫平. 光绪二年苏北赈灾与江南士绅——兼论近代义赈的开始. 历史档案. 2006, 1

王卫平，黄鸿山. 江南绅商与光绪初年山东义赈. 江海学刊. 2006, 5

王卫平, 论中国传统慈善事业的近代转型, 江苏社会科学, 2005, 1

王卫平，黄鸿山. 晚清借钱局的出现与演变. 历史研究. 2009, 3

夏明方. 论1876至1879年间西方新教传教士的对华赈济事业. 清史研究. 1997, 2

冼玉仪. 一九七〇年代以前慈善活动在香港之发展与特征. 见：张学明，梁元生主编. 历史上的慈善活动与社会动力. 香港：香港教育图书公司, 2005

杨国安. 救生船局与清代两湖水上救生事业. 武汉大学学报. 2006, 1

叶汉明. 慈善活动与殖民主义——香港早期的保良事业. 见：张学明，梁元生主编. 历史上的慈善活动与社会动力. 香港：香港教育图书公司, 2005

阎颖. 慈善化甘泉——记中华慈善总会雨水积蓄工程. 慈善. 1999, 1

臧知非. "王杖诏书"与汉代养老制度. 史林. 2002, 2

朱浒. 跨地方的地方性实践——江南善会善堂向华北的移植. 中国社会历史评论. 2006, 第6卷

朱英. 戊戌时期民间慈善公益事业的发展. 江汉论坛. 1999, 11

周仪. 1931年江淮水灾救济. 长春：吉林大学硕士学位论文, 2005

周迎春. 北京政府义赈奖券研究（1920—1922）. 武汉：华中师范大学硕士学位论文, 2005

周秋光，曾桂林. 近代西方教会在华慈善事业述论. 贵州师范大学学报. 2008, 1

张国刚. 《佛说诸德福田经》与中古佛教的慈善事业. 史学集刊. 2003, 2

张学明. 香港圣保禄修会的慈善服务. 见：张学明，梁元生主编. 历史上的慈善

活动与社会动力．香港：香港教育图书公司，2005

曾桂林．清末民初的慈善事业与社会变迁（1895—1928）——以长江中下游地区为中心．长沙：湖南师范大学硕士学位论文，2002

曾鸣整理．香港保良局史略．广东文史资料（第61辑）．广州：广东人民出版社，1990

后 记

还是在 2008 年底，南京大学林闽钢教授给我打来电话，说劳动与社会保障出版社准备编一套研究生教材，约我写一本《中国慈善史纲》。我因多年来一直进行中国历史上的慈善事业研究，本就有在原著《中国古代传统社会保障与慈善事业》基础上再进行系统梳理的打算，当然一口应承。于是我约请从我读博、后留校工作的黄鸿山博士以及当时还在从我读博的曾桂林博士一起商量本书框架，分工协作。由于在此以前已有周秋光、曾桂林合著的《中国慈善简史》出版，我的想法是这本书无论在体例还是内容方面均要写出自己的特色。根据出版社"尽管是教材，要按专著来写"的要求，经过多次商量，最终确定了本书的框架目录。

本书的写作历时近三年，其中既有出版社变动的原因，也有我们自己的原因。我因多年从事行政工作，学科建设任务繁重，时间很难保证，而鸿山博士刚刚走上工作岗位，课务繁多，科研任务又重（期间先后承担了省、厅级 2 项课题），桂林博士先是忙于博士学位论文，2009 年 9 月工作以后碰到了与鸿山博士同样的问题。让我感到高兴的是，两位博士都非常刻苦勤奋，且在中国慈善史研究方面均有很好的积累。因此，本书稿的完成，两位博士贡献很大。需要特别指出的是，鸿山博士不仅很好地完成了自己承担部分的撰写，还帮我做了很多的工作。

本书撰写的分工情况如下：第一章，王卫平；第二章，王卫平、黄鸿山；第三章，王卫平、黄鸿山；第四章，黄鸿山、王卫平；第五章，黄鸿山、王卫平；第六章，黄鸿山；第七章，黄鸿山；第八章，曾桂林；第九章，曾桂林；第十章，曾桂林。最后由我统一定稿。需要说明的是，出版社有字数约定，所以我在统稿过程中删去了大约 7～8 万字，至为可惜。

中国历史上存在着相当发达的慈善事业，这一事实正在被不断的挖掘出来。毫无疑问，历史上的许多做法和经验，对于现代中国慈善事业的发展和中国特色社会保障体系的完善，具有借鉴、启示作用。我们希望本书的出版，能够引起更多的人关注中国慈善事业史，并将慈善事业不断发扬光大。

王卫平
2011 年 3 月 20 日

共建共享全民健康保障丛书

丛书主编／郑功成

医疗服务体系建设与发展

顾海／著

中国劳动社会保障出版社

图书在版编目（CIP）数据

医疗服务体系建设与发展/顾海著. -- 北京：中国劳动社会保障出版社，2025. -- （共建共享全民健康保障丛书）. -- ISBN 978-7-5167-6830-3

I. R199.2

中国国家版本馆 CIP 数据核字第 2025BG1313 号

医疗服务体系建设与发展
YILIAO FUWU TIXI JIANSHE YU FAZHAN

中国劳动社会保障出版社出版发行

（北京市惠新东街1号　邮政编码：100029）

*

北京利丰雅高长城印刷有限公司印刷装订　　新华书店经销

787毫米×1092毫米　16开本　17.25印张　236千字

2025年3月第1版　2025年3月第1次印刷

定价：86.00元

营销中心电话：400-606-6496

出版社网址：https://www.class.com.cn

版权专有　　侵权必究

如有印装差错，请与本社联系调换：（010）81211666

我社将与版权执法机关配合，大力打击盗印、销售和使用盗版图书活动，敬请广大读者协助举报，经查实将给予举报者奖励。

举报电话：（010）64954652